Selin Visne
Die Überlieferung der Welt

 *Selin Visne*, geboren 2001 in Wien, schrieb ihren ersten Roman bereits mit dreizehn Jahren, worauf viele weitere Geschichten folgten. 2018 gewann sie mit »Die Überlieferung der Welt« den dtv-Schreibwettbewerb mit der Onlineplattform Sweek. Wenn die Studentin nicht gerade mit der Nase in einem Buch steckt oder an einem solchen arbeitet, sitzt sie in der Uni und tauscht Fantasyliteratur mit Fachbüchern.

Selin Visne

Die Überlieferung der Welt

Roman

Ausführliche Informationen über
unsere Autoren und Bücher
www.dtv.de

Originalausgabe
© 2020 dtv Verlagsgesellschaft mbH & Co. KG, München
© der Landkarte und Kapitelillustrationen: Katharina Netolitzky, 2020
Umschlaggestaltung: Katharina Netolitzky
Gesetzt aus der Janson
Satz: C.H.Beck.Media.Solutions, Nördlingen
Druck und Bindung: Druckerei C.H.Beck, Nördlingen
Umschlagdruck: RMO, München
Printed in Germany · ISBN 978-3-423-71852-3

Für Izzy
und die Donaukanal-Unterstützerinnen

Begabte der Neuen Götterlande:

Blutende
Gottheit: Luina
Symbol: Stern
Fähigkeit: Blutbändigung,
nur bei Nacht möglich

Schattentänzer
Gottheit: Fenia
Symbol: Schattenwirbel
Fähigkeit: Schattenbändigung,
geschwächt durch Kontakt
mit Sonnenstein

Heiler
Gottheiten: Talina & Iulius
Symbol: Blatt
Fähigkeit: Heilung, nur bei
körperlicher
Unversehrtheit des Heilers
und nicht am eigenen Körper möglich

Lauscher
Gottheit: Kijana
Symbol: Ohr
Fähigkeit: verstärktes Gehör mit
einhergehender Lärmempfindlichkeit,
Gedankenlesen von Magielosen

Seher
Gottheit: Ezana
Symbol: Auge
Fähigkeit: verstärkte Sicht, Nachtsicht,
Visionen, Anfälligkeit für
eine Abhängigkeit von Traumsand

Zeitrechnung der Neuen Götterlande:
1 Jahr ≙ 6 Intervalle
1 Intervall ≙ 10 Weichen
1 Weiche ≙ 6 Tage

DIE GEBURT DER
NEUEN GÖTTERLANDE

Die alte Welt wartete darauf, wiedergeboren zu werden.

Als Talina wund in Iulius' Armen lag,
Der Himmel in ihren Augen noch schöner
Als der Himmel über ihren Köpfen,
Sah er das Gute, das die neue Welt brauchte,
Und heilte mit ihr dieses Land
Und verfluchte die Geirrten.
Die Erde lernte von der Aufrichtigkeit der Liebenden
Und die neue Welt stieg empor.

Fenia schenkte Schatten und Finsternis allerorts,
Wo das aufrichtig Gute den Platz nicht füllte.
Sie sprang und rief,
Bis die schwarze Flut verebbte.

Luina blutete, trank und stockte,
Hielt sie nun Wille und Geist in eins,
Brachte die blaue Flut
Und Mond und Sterne waren ihre Zeugen.

Ezana blickte empor,
Wärmte das erkaltete Leben,
Sah alles und nichts,
Wie Anfang und Ende einander berührten.

Kijana hörte die Worte flüstern, rufen, weinen im Wind,
Schrieb sie, las sie, sprach sie,
Wusste, was er nicht wissen konnte,
Wusste, dass das Gute, das Schlechte, die Kälte, die Wärme
Und die Zeit die neue Welt teilten,
Und es war getan.

Gemeinsam erhoben sie sich,
Ließen zurück, was neu und gut und schön war,
Und schenkten dem Boden der neuen Welt das Herz der Magie.

Auf dass die Magie die Nahtstelle zwischen Irdischem und Göttlichem
war.
Auf dass die Magie das neue Leben vor den Geirrten bewahrte.

Die Magie würde schön und grausam zugleich sein.
Sie würde Weile haben.
…

Laelia

»Gar nicht mal schlecht. Zumindest für eine Anfängerin.«

Laelia zuckte zusammen, als mit den Worten warmer Atem unmittelbar über ihr Ohr strich.

Sie zwang sich, weiterzugehen und die bunte Menschenmasse und den Lärm um sie herum möglichst unbemerkt zu durchqueren. Allerdings war Hadrian nur einer von vielen Gründen, die Laelia dazu verleiteten, so schnell wie möglich von Talinas größtem Marktplatz verschwinden zu wollen. Ein weiterer war der kleine Beutel voller Kupfertaler, den sie gerade in ihren Besitz gebracht hatte – und nicht zu vergessen die Soldaten, die vereinzelt neben Gemüse- und Textilwarenständen Wache hielten.

»Ich weiß nicht, was du meinst.« Ihr Blick war starr auf die ruinierte Flechtfrisur einer Frau vor ihr gerichtet, deren Kinder jedem Einfangversuch geschickt auswichen und kichernd zwischen den Menschen hindurchschlüpften.

»Ich spreche von dem erbärmlichen Bündel, das du gerade dieser reizenden alten Dame abgeknöpft hast.«

Sie hörte hinter sich das verdächtige Klimpern von kleinen Metallteilen, die gegeneinanderschlugen. Ruckartig blieb Laelia stehen und vergewisserte sich eilig, dass niemand die Bemerkung gehört hatte. Sie tastete ihre versteckt eingenähten Taschen ab, nur um sie vollkommen leer vorzufinden. »Wie …«

Er legte eine Hand auf ihren Unterarm und ließ sich auch durch mehrere vehemente Versuche nicht wieder abschütteln.

»Eine Leichtigkeit. Man sollte meinen, besonders du, als zweifellos professioneller Bandit, wüsstest, dass man in Menschenmengen auf sein Geld aufpassen muss. Aber so was sollten wir wohl besser nicht auf offener Straße besprechen.«

Begleitet von den leisen Flüchen der Leute, denen sie in den Weg traten, zog er sie so lange hinter sich her, bis sie in einer verlassenen Gasse landeten, wo er schließlich wieder von ihr abließ.

Nur wenig Sonnenlicht des anbrechenden Frühlings drang in diesen Winkel des Marktes vor, weshalb das Regenwasser des letzten Niederschlags Laelias abgewetzte Ledersandalen durchnässte. Jedenfalls hoffte sie, dass es sich bei der brackigen Pfütze auch darum handelte und nicht um die Hinterlassenschaft eines Trunkenbolds. Doch außer dem fauligen Gestank einiger Kohlköpfe, die wohl von einem Karren hierhergerollt waren, drang ihr, den Göttern sei Dank, nichts Verdächtiges in die Nase.

Hadrians grünbraune Augen funkelten belustigt, als sie die Arme vor ihrer Brust verschränkte. »Wie ich dieses strahlende Lächeln vermisst habe«, kommentierte er.

»Aber sicher.«

Der sonore Bassbariton aus ihrer Erinnerung erklang, als er leise lachte. Grinsend blickte er auf sie herab, während er sich durch das dunkle Haar fuhr. »Ich meine ja nur. Ich habe dich seit unserer letzten … Begegnung gar nicht mehr gesehen. Man könnte fast meinen, du wärst mir aus dem Weg gegangen.«

»Dann meint man wohl richtig. Wenn du mir jetzt bitte den Beutel zurück…«

»Weißt du, ich habe schon ein wenig gerätselt, wieso du mich nicht mehr sehen wolltest.« Er machte einen Schritt auf sie zu. »Immerhin«, seine Hand umfing ihre Taille, »hast du das letzte Mal, als ich dich gesehen habe, noch neben mir …«

»Lass das.« Sie schob seine Berührung von sich und wollte zurückweichen, fühlte jedoch sogleich die kühle Wand in ihrem Rücken, worauf er die Hände entwaffnend hob. »Ich bin betrunken gewesen«, sagte sie. »*Sehr* betrunken.«

»Ich kann mich nicht erinnern, dass du an dem Abend auch nur einen Tropfen Wein getrunken hättest.«

»Vielleicht hast du es einfach nicht gesehen, weil du ständig in den Spiegel geschaut hast.« Laelia konnte ein ungeduldiges Seufzen gerade noch unterdrücken. Sie kam nicht umhin, jeden Moment dieses Gesprächs als Zeitverschwendung anzusehen. Aurel würde jeden Augenblick zu Hause sein.

»In dem Laden ist keine Fläche sauber genug, um auch nur ansatzweise als Spiegel zu funktionieren.«

»Aber ich bin mir sicher, dass du für den Notfall immer einen bei dir trägst.«

»Man soll sich schließlich auf das Schöne im Leben konzentrieren.«

Wenn sie eine Möglichkeit gehabt hätte, ihn zumindest *einmal* in ihrem Leben erfolgreich zum Schweigen bringen zu können … Laelia massierte sich den Nasenrücken, bevor sie ihn wieder ansah. »So gerne ich mich mit dir unterhalte, würde ich es trotzdem begrüßen, wenn du langsam zum Punkt kommen würdest.«

Plötzlich hatte Hadrian den ihr vertrauten Beutel wieder zwischen den Fingern. »Du stiehlst jetzt also.«

»Und? Willst du mich etwa verraten?« Ihre Stimme klang nicht ansatzweise so gelassen, wie sie beabsichtigt hatte.

»Jetzt beleidigst du mich aber.«

Ohne weiteren Kommentar warf er ihr das kleine Säckchen zu und sie versuchte sich die Erleichterung über das wenige Geld nicht anmerken zu lassen, als sie es eilig verstaute. Von wegen, man könne sich Glück nicht erkaufen; sie war mit dem zusätzlichen Gewicht in ihrer Tasche deutlich glücklicher. Seine Braue zog sich bei ihrer Reaktion leicht in die Höhe.

»Du willst mich nicht auffliegen lassen ... Wolltest du mir also
nur auf die Nerven gehen?«

»Nichts lieber als das, aber ich bin eigentlich aus einem anderen
Grund hier. Nero schickt mich.«

Es dauerte ein wenig, bis Laelia begriff, wen Hadrian da genannt
hatte. Unwillkürlich strich sie über die Wölbung, die der Beutel in
ihrer Tasche formte.

»Nero? Seit wann arbeitest du für *Nero*?« Wenn sie damals gewusst hätte, dass sie sich auf einen von Neros Männern einließ,
hätte sie in demselben Augenblick, in dem Hadrian die Schenke betreten hatte, das Weite gesucht.

Nero war der Kopf des größten Räuberbundes Talinas, wenn
nicht der ganzen Iulisch-Talinischen Nation. Kaum einer hatte ihn
je zu Gesicht bekommen; die Drecksarbeit ließ er seine zahlreichen
Handlanger für sich erledigen. Und die, die ihn persönlich ange-
troffen hatten, waren in den meisten Fällen nie wiederaufgetaucht.
Jedenfalls hatte Laelia sich das sagen lassen, doch sie hatte auch
nicht die Absicht, es darauf ankommen zu lassen. Sie hatte ihm in
ihren siebzehn Lebensjahren bisher erfolgreich aus dem Weg gehen
können und plante, es auch in Zukunft dabei zu belassen.

Das Schmunzeln verschwand aus Hadrians Gesicht. »Laelia, ich
bin nicht hier, um dich zu ihm zu bringen. Aber wenn du weiter in
seinem Territorium stiehlst, ohne ihm Abgaben zu entrichten, kann
ich nicht garantieren, dass er seine Meinung nicht ändert.«

»Du hast meine Frage noch nicht beantwortet: Seit wann arbeitest du für ihn? Geht der verehrte Herr jetzt etwa unter die Krimi-
nellen?«

»Sagt das Mädchen, das einer alten Frau gerade den Geldbeutel
gestohlen hat.«

Offenbar beabsichtigte er nicht, auf ihre Frage einzugehen. Sie
zuckte mit den Schultern. »Sie hat ihn mir praktisch unter die Nase
gehalten.«

Die Frau hatte den einen Fehler begangen, den selbst der unerfahrenste Taschendieb auf bedrängten Einkaufsstraßen nicht verzieh: Um sicherzugehen, dass sich ihr Geldbeutel noch am richtigen Ort befand, hatte sie an die Stelle in ihrer Robe gefasst, wo er verstaut war. Sie hätte Laelia genauso gut ein rotes Kreuz für den Weg zum Schatz markieren können.

»Und wenn sie sich eine solche Robe leisten kann, braucht sie diese paar Kupfertaler nicht.«

»Aber du schon? Ich erinnerte mich dunkel daran, dich vor gerade einmal einem Jahr in einem ähnlich teuren Kleid bei einer von Monias Feiern gesehen zu haben.«

Du hast mich dort gesehen? Sie konnte diesen Gedanken noch einfangen, bevor er ihren Lippen entkommen konnte. Das war nur wenige Intervalle vor ihrer gemeinsamen Nacht gewesen und es hatte bis dahin nie so geschienen, als wäre er interessiert an ihr. Sie war ein wenig überrascht, dass er bei all seinen weiblichen Bekanntschaften ihren Namen noch kannte.

Wahrscheinlich sollte sie sich geehrt fühlen. Bis sie unfreiwillig an den ursprünglichen Namen dachte, den er hatte fallen lassen, und das Zittern unterdrücken musste, das in ihre Finger kriechen wollte. »Das war geliehen.«

»Wie dem auch sei: Ich soll dir ausrichten, dass du deine Spielchen besser einstellst, wenn du keine Probleme mit dem Bund bekommen willst. Es gibt Regeln, das weißt du.«

Es war ihr ein Rätsel, wieso Nero sich überhaupt für ihre Machenschaften interessierte. Die Geschäfte konnten doch unmöglich so schlecht laufen, dass er nichts Besseres mit seiner Zeit anzufangen wusste, als irgendwelchen Taschendieben nachzusetzen. »Der Mann hat mehr Geld als der gesamte Senat zusammen, kann er da ein, zwei Silbertaler weniger nicht verkraften?«

»Es geht ums Prinzip. Sein Gebiet, seine Spielregeln. Wenn du mich also nicht wiedersehen willst – was bedauerlich wäre –, dann lass das mit dem Stehlen und such dir eine andere Unterhaltung.«

»Entschuldige bitte?«, schnaubte Laelia empört.

»Ach komm schon.« Er wagte es tatsächlich, wieder zu schmunzeln. »Du bist nicht die Erste, die sich aus Langeweile als Taschendiebin versucht, um sich ein wenig Aufmerksamkeit und einen kleinen Zeitvertreib …«

»Das ist kein *Zeitvertreib*«, platzte es aus ihr heraus. Sie wünschte, dass es so wäre. »Hör auf, mich mit euch gelangweilten Senatorenkindern gleichzusetzen.«

»Und was ist das hier dann?« Hadrian wirkte skeptisch.

Anstatt ihm zu antworten – warum sollte sie auch? –, musterte sie die silbrige Narbe, die sich von seinem linken Ohr bis zu seinem Grübchen zog. »Ich wüsste nicht, was dich das angeht. Sind wir jetzt fertig, oder willst du noch einen Kommentar loswerden, bevor ich gehe?«

»Im Moment nicht, aber danke der Nachfrage.«

Sie stieß sich von der Wand ab und wollte sich schon abwenden, als er doch noch einwarf: »Was ich über Nero gesagt habe, war ernst gemeint. Es ist kein Spielchen, Laelia. Welchen Grund du auch haben magst, Nero interessiert das nicht. Er sieht, dass du in seinem Revier wilderst, und reagiert so darauf, wie er es für angemessen erachtet.«

Allein der Gedanke, was Nero darunter verstehen könnte, ließ sie sich möglichst beiläufig nach Zuhörern umsehen. Nicht, dass sie Nero erkannt hätte, wenn er in ihr Blickfeld geraten wäre. »Ich habe schon verstanden.«

Es war schwer zu erkennen, ob und wie sich sein Gesicht regte; die eine Hälfte war in dunkle Schatten gehüllt, was seine Kieferpartie kantiger und seinen Mund schelmischer wirken ließ. Fast als hätte er sich mit Absicht so platziert. Sie war sich sogar ziemlich sicher, dass er sich des Effekts sehr genau bewusst war.

»Ich werde mein Gebiet woandershin verlegen.« Sie legte sich die Hand feierlich an die Brust. »Ehrenwort.«

Er lehnte nun mit einer Schulter an der Wand, an der sie eben noch gestanden hatte, während die Schatten immer noch wie strategisch geschickt platzierte Farbe an seinen Gesichtszügen hingen. »Wieso glaube ich dir nicht?«

Sie lächelte. »Könnte vielleicht an den Leuten liegen, mit denen du dich neuerdings umgibst.«

Damit wirbelte sie herum und tauchte in der Menschenmasse auf der Hauptstraße unter.

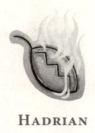

HADRIAN

Hadrian war weit entfernt vom belebten Marktplatz, als er sich Neros Anwesen näherte. Es war etwas zu pompös für seinen Geschmack, die Augen seiner Eltern allerdings leuchteten jedes Mal ehrfürchtig auf, wenn sie gemeinsam daran vorbeiliefen.

Er fragte sich nicht selten, was er wohl in ihren Augen lesen würde, wenn er ihnen offenlegen würde, dass er seit seinem zehnten Lebensjahr für den Besitzer dieses Anwesens tätig war. Gerüchte über seine unkonventionelle Freizeitgestaltung keimten zwar seit Jahren immer wieder im Senat auf, aber ernsthaft Glauben schenkte ihnen niemand.

Anfangs war er noch ein kleiner Fisch gewesen, so klein, dass man ihn in den Teich zurückgeworfen hätte, hätte man ihn gefangen. Doch davon konnte mittlerweile keine Rede mehr sein: Hadrian war gut, hatte sich hochgearbeitet, sich Neros Respekt verdient, das wusste er, und es war nur eine Frage der Zeit, bis Nero ihn zu seiner Hand ernennen würde.

Er war sogar so gut, dass er schon seit Ewigkeiten von den Taschendieblappalien der Straße entbunden und ein fester Bestandteil der wirklich großen Coups war. Und das nicht nur, weil er zu attraktiv war, um sich ungesehen in der Masse zu bewegen.

Umso überraschter war Nero also gewesen, als Hadrian sich für einen unbedeutenden Botengang gemeldet hatte. Als er mitbekommen hatte, um welche Diebin es sich handelte, hatte er einfach nicht widerstehen können, ihr einen kleinen Besuch abzustatten.

Da seine Eltern im Senat saßen und ihre Familien sich immer in unterschiedlichen Kreisen bewegt hatten, hatten er und Laelia nie viel miteinander zu tun gehabt. Nur zufällig hatten sie manchmal ein paar Worte gewechselt. Auf ein paar Festen war sie ihm dennoch aufgefallen, warum, wusste er aber nicht genau. Sie war hübsch mit den nicht ganz schulterlangen Haaren, die dieselbe Farbe hatten wie ihre dunkelbraunen Augen, dem landestypischen Bronzeton ihrer Haut und ihrer zierlichen Figur, doch er hatte nie viele Gedanken an sie verschwendet.

Bis er an diesem einem schicksalhaften Abend in dieser stinkenden Taverne gelandet war, weil es geschüttet hatte wie aus Kübeln und ein reißender Sturm getobt hatte. Und da hatte er sie an der Theke entdeckt. Er war gelangweilt gewesen vom Warten auf das Ende des Unwetters und sie überdurchschnittlich attraktiv. Da hatte er kurzerhand seine bewährte Masche durchgezogen.

Doch es war irgendwie unterhaltsamer als sonst gewesen; sie war witzig und schlagfertig gewesen und es war doch noch recht nett geworden, wenn nicht mehr. Und dann war sie einfach ohne ein Wort verschwunden. Er war nur froh, ihr in der Gasse nicht gesagt zu haben, dass er wie ein naiver Idiot am nächsten Abend in dieser verseuchten Taverne auf sie gewartet hatte, bis der Wirt ihn hinausgeworfen hatte. Zudem hatte er sich danach oft genug dabei erwischt, wie er Küsse mit anderen Mädchen mit ihr verglichen hatte. Nach ein paar Weichen hatte er sich endlich wieder einkriegen können.

Jetzt diese Geschichte, fast ein Jahr später. Er hatte Laelia nicht für die Art Mädchen gehalten, die Taschendiebstahl beging, und hielt sie immer noch nicht dafür, denn er wurde das Gefühl nicht los, dass da mehr dahintersteckte. Außerdem war ihm aufgefallen, wie dünn sie geworden war.

Er brauchte gar nicht anzuklopfen und wurde schon von einem der Wachtposten ins Haus geführt. Die durchtrainierte Frau – Va-

lentina –, die ihn begleitete, war nur eine von vielen, die Neros Anwesen rund um die Uhr bewachten, so traute sich niemand auch
nur in die Nähe des Grundstücks. Wobei es oft auch schon ausreichte, Neros Namen zu nennen, um die Leute das Weite suchen
zu lassen.

Valentina ließ ihn das Arbeitszimmer betreten und war gleich
darauf wieder verschwunden, nicht ohne Hadrian noch einen vernichtenden Blick zukommen zu lassen, nachdem er ihr zum Abschied zugezwinkert hatte.

Der auserlesen eingerichtete Raum war größer als manche Behausung im Armenviertel. Mit ziemlicher Sicherheit waren auch
einige der Schmuckstücke, wie das Bärenfell am Boden aus Luina
oder die Harfe an der Wand aus Fenia, teurer als so manche Gesamt-
einrichtung. Es waren Geschenke aus allen fünf Nationen des Kontinents. Obwohl es sich vermutlich eher um Opfergaben als um Geschenke handelte.

Nero blickte von seinen Papieren auf, hinter ihm eine riesige
Fensterfront, welche einen Blick auf die Vene erhaschen ließ. Der
Fluss, der durch jede Hauptstadt des Kontinents floss und direkt
am Anwesen vorbeizog. Je näher man dem Fluss kam, desto teurer
wurden auch die Grundstücke und umso reicher die Bürger in
ihnen.

»Alles geklärt?«

Als Antwort nickte Hadrian bloß, während er zu der Theke an einem Ende des Raumes ging, um sich etwas einzuschenken. Er warf
seinem Boss einen fragenden Blick zu.

»Für mich nichts«, tat dieser ab, worauf Hadrian sich das Glas
leicht nickend an die Lippen setzte, ohne einen Schluck zu nehmen.

»Setz dich, mein Sohn.«

Nero war mit den vielen wulstigen Narben – Andenken seiner
Rivalen – alles andere als konventionell gut aussehend, hatte aber
gelernt, genau das zu seinem Vorteil zu nutzen. Genauso wie Ha-

22

drian gelernt hatte, seine Attraktivität zu *seinem* Vorteil zu nutzen. Unwillkürlich rieb er sich mit der Hand über sein Kinn, sodass er die glatte Haut seiner Narbe streifte. Wenn man neun Jahre seines Lebens in einem solchen Umfeld verbrachte, lernte man, dass man mit genug Geschick und ein wenig Tücke alles so drehen konnte, dass Profit daraus geschlagen werden konnte.

»Wie ist das Gespräch mit dem Mädchen verlaufen?«

»So wie erwartet«, antwortete er.

Nero schien sich mit Hadrians Wortkargheit nicht zufriedengeben zu wollen. »Kläre mich auf: Ich habe immer noch nicht verstanden, warum du den Job unbedingt erledigen wolltest.«

Gelassen lehnte Hadrian sich zurück. »Ich vermisse das Einfache manchmal. Mitten im Geschehen zu sein.«

»Wirst du schon träge, mein Junge? Bist du deines Aufstiegs schon müde?«

Hadrian schwenkte die Flüssigkeit in seinem Glas. »Darauf zu antworten, erspare ich mir jetzt wohl besser.«

»Du hast immer eine Antwort parat, Hadrian. Das gefällt mir so an dir. Die meisten Menschen scheinen in meiner Gegenwart ihre Zunge zu verschlucken.«

Und das gefiel ihm noch mehr, dachte Hadrian im Stillen. Es war eine weise Entscheidung gewesen, nichts zu trinken. »Kann man es ihnen denn verübeln?«

»Vermutlich nicht. Es liegt in der Natur des Menschen, feige zu sein.« Nero beobachtete, wie Hadrian einen weiteren vermeintlichen Schluck aus seinem Glas tat, während im Hintergrund leise das beständige Rauschen der Vene zu hören war. »Ich würde gerne etwas mit dir besprechen.«

Bei diesen Worten richtete Hadrian sich unwillkürlich auf und stellte das Getränk vor sich ab.

»Du weißt, nach dem, was mit Lucretian geschehen ist, bin ich auf der Suche nach jemandem, der seinen Posten einnimmt. Und du weißt auch, dass viele im Bund Vorbehalte haben, an seine Stelle zu treten.«

Innerlich musste Hadrian über Neros Wortwahl lachen. Lucretian war Neros letzte Hand gewesen. Das aber, üblich für Neros Standards, nicht für lange: Nach nur ein paar Intervallen im Amt war ein nettes, kleines Päckchen mit Lucretians Einzelteilen vor Neros Anwesen abgegeben worden. Hadrian hätte gelogen, wenn er gesagt hätte, dass er überrascht gewesen war. Seit Hadrian dabei war, hatte keine Hand Neros länger als höchstens zwei Jahre durchgehalten, und selbst das war nicht gelungen, ohne sich dann und wann von einem kleinen oder größeren Körperteil verabschieden zu müssen. Außerdem war Lucretian immer schon übermütiger gewesen, als gut für ihn war, was ihm letztendlich zum Verhängnis geworden war.

Wenn man also wollte und einen sehr optimistischen Tag erwischte, konnte man die Hemmung im Bund, Lucretians Nachfolger zu werden, als *Vorbehalte* bezeichnen.

»Ein, zwei Bemerkungen sind mir da zu Ohren gekommen, ja«, sagte Hadrian.

»Dann weißt du auch, dass meine Wahl für meine neue Hand bereits gefallen ist.«

»Ich bin jung.«

»Aber trotzdem besser als alle anderen, die infrage kämen. Es hatte einen Grund, warum ich dich persönlich ausgebildet habe. Und wir wissen beide, dass dieser Tag früher oder später ohnehin gekommen wäre.«

Hadrian fuhr sich mit der Zunge über die plötzlich staubtrockenen Lippen. »Ich nehme an, Theresia weiß nichts von dieser Entwicklung?«

Nero schwieg einen Moment, bevor er sagte: »Sie wird sich damit arrangieren müssen. Also«, Nero griff blind nach einem Stapel Papier auf seinem Schreibtisch.

Hadrian nahm ihm die Dokumente aus der Hand, überflog ein paar Begriffe und wusste, auch ohne genauer hinzusehen, worum es sich handelte. Immerhin hatte er die letzten Jahre genau auf dieses Schriftstück hingearbeitet.

Nur die wenigsten konnten sich Papier aus Ezana leisten, dessen Qualität Hadrian zwischen seinen Fingern deutlich fühlen konnte. Für Nero war Geld nie etwas gewesen, das man sparte oder mit Bedacht ausgab. Hadrian war selbst nicht anders aufgewachsen.

»Ich weiß, dass du es schon lange wolltest, aber es hat einige Zeit gebraucht, alles zu regeln.« Bestimmt hatte er mit Absicht so lange gewartet, um zu sehen, wie geduldig sein Gegenüber war. »Ohne weiter lange herumzureden: Ich will dich zu meiner Hand ernennen. Unterschreib diese Papiere und es ist beschlossene Sache. Doch bedenke: Sobald die Tinte getrocknet ist, gibt es kein Zurück mehr.« Ganz der Schausteller, der er war, machte er eine spannungserzeugende Pause. »Was sagst du? Haben wir eine Abmachung?«

Hier handele es sich um einen Pakt mit den Geirrten, würden die meisten diesen Augenblick wohl kommentieren. Wer sich auf einen solchen Vertrag mit Nero einließe, sei dumm, leichtsinnig und lebensmüde. Hadrian war alles andere als dumm oder leichtsinnig; lebensmüde, das vielleicht.

Und vielleicht, sagte er sich, als er um Feder und Tinte bat, war es für ihn ohnehin schon längst zu spät.

Merla

Die Frühlingssonne am Himmel würde bald schon untergehen, doch es waren die nebelartigen Schatten, welche die Dunkelheit über den gepflegten Boden des Schlossgartens hereinbrechen ließen, nicht der drohende Abend. Getrimmte Hecken, Büsche und Blumen wurden von ihnen schwarz ummantelt, Farben gerieten in Vergessenheit.

Prinzessin Merla saß mitten in diesem finsteren Meer auf einer Bank und versuchte, die wachsamen Blicke der Wachen auszublenden. Auch wenn die Leibgarde, schon seit sie denken konnte, stets an ihrer Seite war, sobald sie den Palast verließ, hätte sie gerne darauf verzichtet. Doch wenn die Königin erführe, dass sie sich einen Tag mehr in ihrem Zimmer verkrochen hatte, anstatt sich bei Hof zu zeigen, würde es weit unangenehmer werden. Und ein ruhiger Nachmittag im Garten schien ihr erträglicher, als im Damensalon gehobenen Augenbrauen und nach Skandalen Ausschau haltenden Blicken ausgesetzt zu sein.

Sie beobachtete das tiefe Schwarz, das aus den Schattenwirbel-Narben auf ihrem Rücken floss. Es schlich ihre Arme entlang und gab ihr die Deckung, nach der sie suchte. Dankbar lächelte sie leise.

Oft wunderte es sie, wie die Schatten ein Teil von ihr sein konnten. Sie besaßen eine so anmutige Anpassungsfähigkeit, von der sie selbst nur träumen konnte, fügten sich mühelos ihrer Umgebung, den Naturelementen und den Befehlen ihrer Schöpfer.

»Euer königliche Hoheit?«

Innerhalb weniger Augenblicke zogen die Schatten sich unter ihre Haut und ließen den Garten zurück, als wären sie nie gewesen. Merlas Herzschlag dagegen kam nicht so schnell zur Ruhe. Wieso musste sie immer so schreckhaft sein?

»Es tut mir leid, es war nicht meine Absicht, Euch zu überrumpeln.« Neben ihr verbeugte sich ein junger Palastdiener.

In ihrem Schoß begann Merla ihre Finger zu kneten. »Es sei verziehen.« Sie versuchte, ihm zuzulächeln, doch es war vermutlich mehr ein eigenartiges Fletschen ihrer Zähne. Ein miserabler Nachgeschmack bedeckte ihre Zunge. »Was wolltet Ihr mir nun berichten?« Egal wie sehr sie sich bemühte, auch ihre Stimmlage schien sich nicht wieder senken zu wollen.

»Ihre Majestät trug mir auf, Euch wissen zu lassen, dass das Abendmahl heute etwas verspätet stattfinden wird.«

Merla horchte auf. »Wieso das?«

»Ihr erwartet wohl einen Gast.« Der junge Mann hatte sich immer noch nicht aus seiner gebückten Position aufgerichtet. Sein Blick glitt immer wieder zu den Schatten hinüber, die aus den Uniformen der Wachen flüchteten. Genau wie alle anderen niederen Angestellten des Königshauses war er magielos.

Merla erhob sich dank ihres ausladenden Rocks raschelnd von der Bank, die Hände immer noch vor sich verschränkt. Die prächtigen den Palastwachen vorbehaltenen Rüstungen, die allesamt mit feinen Schattenwirbeln verziert waren, blitzten in ihrem Augenwinkel auf, als ihre Garde sich eisern klirrend rührte. »Muss ich sonst noch etwas wissen?«

»Bei dem Besucher handelt es sich um einen Lord. Ihr sollt Euch dementsprechend präsentieren.«

Diese Aufforderung konnte bloß von der Königin stammen. Schatten krochen zu ihren Füßen und begleiteten sie als obsidianfarbene Wolke, als sie bereits den ersten Schritt machte, um ins Schloss zu gelangen. »Bitte schickt meine Zofe auf mein Zimmer.«

Der Diener verbeugte sich noch tiefer vor ihr. »Wie Ihr wünscht, Euer Hoheit.«

Zu Merlas Erstaunen fand sie ihr Zimmer allerdings leer vor, als sie es wenige Minuten später, endlich allein, betrat.

Etwas zögerlich nahm sie trotzdem an ihrem Frisiertisch mit den elegant geschwungenen Beinen Platz und zog ihre Schatten ein, da sie wusste, dass ihre Zofe Megan sie nur ungern zurechtmachte, wenn sie ihr im Weg waren.

Ein Mädchen mit lockigem Haar und einem runden Gesicht blinzelte Merla im Spiegel entgegen. Die flammende Röte machte es gänzlich unmöglich, sie in der Menge zu übersehen. Durch die satte Farbe schienen ihr Gesicht, ihr Hals und ihre Schultern noch blasser.

Zehn Minuten vergingen, aber von Megan war immer noch keine Spur zu sehen. Merla wollte schon selbst nach der silbernen Bürste greifen, von der sie nicht wusste, wann sie diese das letzte Mal eigenhändig benutzt hatte, als die Flügeltür zu ihrem Zimmer unangekündigt aufgestoßen wurde.

»Was ist denn mit dir passiert?«, entwich es Merla.

Megan war vollkommen außer Atem. Die kleinen Schweißperlen auf ihrer Stirn schimmerten und ihre Wangen glühten, als sie die Tür hinter sich schloss. Hastig trat sie hinter Merla und band sich gerade ihr braunes Haar in einen unordentlichen Pferdeschwanz, als sie keuchend hervorbrachte: »'tschuldige, dass ich zu spät bin. Hab die Zeit vergessen.«

»Ich … kein Problem, aber *wieso* bist du zu spät?«

Ihre Zofe schnappte sich die Bürste, die mit vielen feinen Borsten versehen war, und arbeitete sich geübt, wenn auch etwas gröber als sonst, durch Merlas Haar.

»Wurde aufgehalten«, nuschelte sie kaum verständlich, nachdem sie sich eine Haarklammer zwischen die Zähne geklemmt hatte. Merla entging nicht, wie sie ihrem suchenden Blick im Spiegel bewusst auswich.

Sie wusste, dass Megan mit einer ihrer Freundinnen – Harper war ihr Name, wenn Merla sich richtig zu erinnern glaubte –, die hochschwanger war, alle Hände voll zu tun hatte. Aber derart rastlos hatte sie Megan deswegen noch nie gesehen. »Ist Harper auch wohlauf?«

Die Zofe hielt kurz inne. »Ja, ihr geht es gut.«

»Oh. In Ordnung.« Sie hatte nicht die Absicht, Megan dazu zu drängen, ihr zu antworten, trotz des zunehmenden Unbehagens, das sich bei Megans Anblick in Merlas Magen breitmachte und sie die Lippen zusammenpressen ließ.

»Ich soll dich in etwas Rotes stecken«, sagte Megan nach einer Weile der Stille. Zum wiederholten Male löste sie frustriert Merlas Frisur auf, welche heute nicht sonderlich kooperativ war. Wo Megan mental wohl gerade herumirrte?

»Etwas Rotes? Wird sich das denn nicht mit meinen Haaren beißen?«

»Das Einzige, was beißen wird, ist deine Mutter, wenn du nicht in einem roten Kleid aufkreuzt.« Bei den Worten hielt Megan wieder kurz inne, wahrscheinlich um sicherzugehen, dass sie diese auch nicht zu laut geäußert hatte. Merla wusste genau, nach wessen spitzen Ohren sie Ausschau hielt, und sie konnte es ihr nicht verübeln. »Dein Gast, wer er auch sein mag, scheint ganz verrückt danach zu sein. Ich wünschte, du würdest endlich mit deiner Mutter darüber sprechen«, fügte Megan hinzu.

»Worüber denn?«

»Darüber, dass sie ständig versucht, dir einen Ehemann zu beschaffen.«

»Denkst du das?« Sie wusste, dass Megan recht hatte, aber sie hatte sich irgendwann angewöhnt, Fragen zu stellen, obwohl sie die

Antworten bereits kannte. Anfangs hatte sie es getan, um nicht zu riskieren, wie ein Neunmalklug zu wirken, bis sie es irgendwann ganz automatisch gemacht hatte.

»Stell dich doch nicht dümmer, als du bist, Mer«, meinte ihre Freundin dann. »Er ist nicht der Erste, für den ich dich zurechtmache.«

»Vielleicht, aber ich soll ihn doch bloß kennenlernen.« Sie verschwieg, dass sie zu gerne darauf verzichtet hätte. »Damit ich auch etwas mitzureden habe.«

»Mitzureden?« Megan begann das schließlich kapitulierende Haar der Prinzessin halb hochzustecken und mehrere dicke Haarsträhnen zusammenzuflechten. »Es geht darum, wen du heiratest. Du bist sechzehn Jahre alt. Du solltest mehr als nur etwas mitzureden haben. Du solltest rausgehen und jemanden kennenlernen dürfen.«

»Du weißt, dass das so nicht funktioniert.« Außerdem wusste sie nicht, wo sie jemanden hätte kennenlernen sollen. Sie schaffte es ja kaum, Freundschaften zu schließen, wie sollte sie da gar romantische Beziehungen pflegen? Eigentlich war Megan ihre einzige richtige Freundin, mit der sie nicht verwandt war.

Sie hatte nur selten Lust, den Palast zu verlassen, und wenn sie es denn tat, waren ihre Wachen nur wenige Meter von ihr entfernt. Die wenigsten fühlten sich bei schwer bewaffneten Kriegern willkommen und die, die sich trauten, sie anzusprechen, sahen in ihr Prinzessin Merla von Fenia und nicht einfach … Merla. Noch dazu war sie in Anwesenheit von interessanten Männern vollkommen unbrauchbar und befangen; also alles andere als verführerisch. »Wenigstens darf ich die endgültige Entscheidung fällen.«

»Das kann ich nur für dich hoffen«, murmelte Megan, die gerade die eine Kopfhälfte fertig geflochten hatte und sich an die nächste machte.

Merla rutschte auf ihrem Stuhl herum und begann an ihrem Nagelbett zu pulen. Auch dafür hätte die Königin sie gerügt, wenn sie es zu sehen bekommen hätte.»Nolan hat es auch getan.«

»Findest du etwa, dass dein Bruder und Cara glücklich wirken?«

»Das persönliche Glück ist Nebensache. Wenn wir heiraten, heiraten wir nicht für uns, sondern für unser Königreich. Mit Cara hat Nolan unsere Bindung zum Adel maßgeblich gestärkt.«

Megan begann erneut zu flechten, dieses Mal aber besonders aufmerksam.»Wie du meinst.« Und wieder tauchte sie sichtlich in die Tiefe ihrer Gedanken hinunter. Sie ließ die restlichen Haare, welche sie nicht in Merlas Frisur eingearbeitet hatte, vorne über ihre Schultern fallen. Die Hochsteckfrisur war eine künstlerische und komplizierte Verflechtung verschiedenster Strähnen, die sich in einem hoch angesetzten Knoten auf Merlas Kopf trafen.»Gefällt es dir?«

»Es ist wunderschön, danke.« Sie drehte ihren Kopf so, dass sie auch einen Blick auf ihren Hinterkopf erhaschen konnte.

Bald hatte Megan ihr auch in ein wie gewünscht rotes Kleid geholfen, das aber stumm und mit einer derartig unübersehbaren Konzentration im Gesicht, dass Merla gar nicht anders konnte, als noch mal ihr Glück zu versuchen, auch wenn sie sich dabei unangenehm penetrant vorkam.

»Meggie?«

Diese schaute auf, als sie gerade den Stoff straffte.

»Hm?«

»Was ist los?«

Kurz nur schien Megan abzuwägen, ihr zu antworten, musterte Merla dabei mit einem nachdenklichen Blick, bloß um dann fast schon enttäuscht die Augen zurück auf das Kleid zu senken.»Nichts von Bedeutung.«

»Bist du dir da sicher?«

Megan schüttelte den Kopf.»Du willst es nicht wissen, glaub mir, Mer.«

Was konnte bloß geschehen sein? Hatte sie etwas angestellt? Je länger sie ihre Gedanken kreisen ließ, desto katastrophaler wurden sie. »Wieso …«

Bevor Merla den Satz beenden konnte, klopfte es an der Tür, als Nolan auch schon seinen ebenfalls roten Haarschopf durch die Tür steckte.

»Störe ich?« Ihm waren die Anspannung im Raum und die großen Augen der beiden wohl nicht entgangen.

»Selbstverständlich nicht, Euer königliche Hoheit«, sagte Megan. »Ich wollte gerade gehen.«

Sie verbeugte sich vor ihm und vor Merla, bevor sie den Raum auch schon mit eiligen Schritten verließ.

Ihr Bruder sah ihr mit gerunzelter Stirn hinterher. »Du weißt, dass Mutter dich nicht gerne so vertraut mit ihr reden sieht?«

»Ich …«

»Keine Sorge. Dadurch habe ich dich nur lieber.«

Mehr als ein erzwungenes Lächeln brachte sie beim besten Willen nicht über ihre Lippen. Etwas stimmte mit Megan ganz und gar nicht, und nicht zu wissen, was dieses Etwas war, trug nicht gerade zu ihrem Seelenfrieden bei.

»Alles in Ordnung?« Nolans smaragdgrüne Augen blickten besorgt. Mit ihren Haaren und ihren Augen hätten sie Zwillinge sein können, wäre da nicht der Altersunterschied gewesen.

»Sicher«, tat sie ab. »Was wolltest du eigentlich?«

»Ich wollte nur, dass wir gemeinsam zum Abendessen gehen, aber …«

»Dann tun wir das. Wir wollen meinen Gast ja nicht warten lassen.«

Als die Geschwister den Speisesaal betraten, saßen die anderen bereits bei Tisch. Er war prächtig gedeckt, mit duftenden Gerichten, feinstem Geschirr und noch feineren Getränken, die schon die Kelche füllten. Alles blitzte wie frisch poliert und lud ein, sich den

Magen gütlich vollzuschlagen. Im Kamin prasselte ein Wärme spendendes Feuer.

Es war Lord Roarke, den die Königin am heutigen Tage eingeladen hatte. Sehr beliebt bei Volk und Adel, und das nicht nur, weil ein Großteil des königlichen Heers aus Truppen unter seiner Führung bestand.

Der Mann, der fast doppelt so alt war wie Merla, ließ seinen Blick an ihr hinaufgleiten und verbarg bei der Farbe ihres Kleides ein verschlagenes Schmunzeln, als er nach seinem Wein griff und einen Schluck davon nahm, bevor er sich erhob und auf sie zukam.

Die Prinzessin fragte sich unweigerlich, was er wohl sah, wenn er sie betrachtete. Ihr karmesinrotes Kleid mit den hellroten Stickereien, die in mühsamer Handarbeit den teuren Stoff zierten? Den engen Schnitt um ihre Arme und ihren Oberkörper, der nicht nur ihre spärliche Brustgegend, sondern auch die dafür umso geschwungenere Taille und die üppigen Hüften und Schenkel betonte? Die gesamte Damenwelt im Volk orientierte sich am Beispiel der Prinzessin und so waren ausgeprägte Kurven das gegenwärtige Ideal. Das Königshaus machte es vor und das Volk kopierte im Handumdrehen. Immerhin waren sie das Aushängeschild für Reichtum und Wohlstand.

»Euer königliche Hoheit, Ihr seht wahrlich umwerfend aus, wenn ich mir diese Bemerkung erlauben darf«, begrüßte Roarke sie, bevor er den Kopf senkte, nach ihrer Hand griff und ihren Handrücken küsste.

Ein Schauer durchfuhr sie, als seine Lippen ihre Haut berührten, und sie musste sich zwingen, ihren Arm nicht fortzuziehen. Ganz automatisch antwortete sie: »Vielen Dank, Lord Roarke.« Er deutete auffordernd auf den Platz neben sich. Dass er dabei zur Königin spähte, entging ihr nicht.

Das Mahl schritt zäh voran. Merlas Vater, König Killian, blieb größtenteils stumm und trank tassenweise und unmenschlich viel

Tee, der stets dampfend vor ihm zu stehen schien. Als stellte das Personal sicher, dass der König nicht einen Schluck lauwarmen Tee zu sich nehmen musste. Cara, die Frau ihres Bruders, blickte die ganze Zeit über gelangweilt auf ihren Teller, nur wenig beeindruckt von dem üppigen Festmahl, das sich unmittelbar vor ihrer Nase auftürmte.

Allanah, Nolan und Roarke unterhielten sich über verschiedene Handelsrouten zum benachbarten Kontinent Nalandes und schließlich auch über die Xhalisten; ein Kult, der die Lehren des Sehers Xhalel predigte und immer wieder Unruhe in den Nationen zu stiften wusste. Der Konsens im Königshaus lautete, dass er ein übermütiger Spiritueller gewesen war, der nicht selten mit Traumsand geliebäugelt hatte, wenn man den Erzählungen Glauben schenken wollte. Was von seinen angeblichen Visionen also der Wahrheit entsprach und was bloß einem Rauschmittel entsprungene Halluzinationen waren, konnte niemand mit absoluter Bestimmtheit sagen.

Zu guter Letzt landeten sie aber bei einem Thema, bei dem sich der Hofstaat so wohlfühlte wie Merla bei ihren Schatten: Gerüchte.

»Habt Ihr gehört?«, fragte Lord Roarke, der an seinem Kelch nippte. »Zwölf weitere magielose Kinder des Adels sind allein im letzten Intervall zur Welt gebracht worden. *Elf* davon mit einem unbegabten Elternteil.«

Allanah, Königin von Fenia, ließ einen Bissen des Desserts in ihrem Mund verschwinden, bevor sie zu einer Antwort ansetzte. Die *Flammende Mutter*, wie sie vom Volk gerne genannt wurde, dank ihrer Haare, die sie an ihre Kinder weitergegeben hatte. Auf ihrem Kopf trug sie eine filigrane, mit Juwelen besetzte Goldkrone, die das Licht der Schattenlaternen und Kerzen einfing. »Wenn ich über solche Dinge nicht Bescheid wüsste, wäre ich keine allzu gute Königin, nicht wahr, Lord Roarke?«

Jener ließ bei diesen Worten zum ersten Mal an diesem Abend

ein paar Augenblicke verstreichen, bevor er der Königin antwortete. »Ich möchte wirklich nicht in ihrer Haut stecken. Das Einzige, was ihr Ansehen jetzt noch retten könnte, wäre ein begabtes Kind. Wobei sie, wenn Ihr mich fragt, gerne noch ein wenig leiden dürfen.«

Die Jungen Götter, Talina, Iulius, Fenia, Luina, Ezana und Kijana, waren gewöhnliche, magielose Menschen gewesen, als sie die Neuen Götterlande erschaffen hatten. Vor einem aussichtslosen Krieg und seinen Geirrten flüchtend, waren sie in See gestochen, als die Urgottheiten sie mit den Kräften und heute heiligen Werkzeugen ausgestattet hatten, die es brauchte, um eine neue und sichere Welt kreieren zu können. Bruchteile ihrer Gaben wurden seitdem ausschließlich auf ihrem Kontinent als Geschenk und Schwelle zu den Göttern von Generation zu Generation weitergereicht. Schattentänzer, Heiler, Lauscher, Seher und Blutende, sie alle waren der Beweis dafür, was vor über einem Jahrtausend geschehen war. Und durch ihre Magie den Göttern näher, als es ein Magieloser jemals sein konnte.

»Ihr vergesst, dass die magielosen Eltern ebenso viel Schuld tragen«, erinnerte Allanah nun Roarke, immer noch seelenruhig das kleine Küchlein vor ihr verspeisend. »Die Menge an Magie, die wegen ihnen in den letzten Jahren schon verloren gegangen ist …«

»Was wird mit ihnen passieren? Den magielosen Eltern?« Für Nolans Verhältnisse hatte er sich überraschend lange bei diesem Thema zurückhalten können.

Der nächste Bissen wurde von der Königin sorgfältig gekaut, bevor sie erwiderte: »Das, was notwendig ist.«

Seufzend schwenkte Roarke den Kelch zwischen seinen Fingern und beobachtete, wie die Flüssigkeit in ihm umherschwappte. Merla konnte den intensiven Geruch deutlich bis zu ihrem Platz neben ihm vernehmen. »Man kann nur hoffen, dass diese Taktik auch Früchte trägt. Bloß weil sie es dürfen, heißt das nicht, dass sie es auch tun sollten. Jedenfalls so unvorsichtig. Das Risiko, ein magieloses Kind auf die Welt zu bringen, sollte an sich schon Abschreckung genug sein.«

»Solche Leute kümmert das Geschenk der Götter aber nicht.« Die Königin tupfte sich jeweils zweimal mit einer Stoffserviette über die ohnehin sauberen Mundwinkel. »Deswegen müssen wir das wohl oder übel für sie übernehmen.«

»Da kann ich Euch nur zustimmen, Euer Majestät«, beeilte Roarke sich ihr beizupflichten. »Wenn Ihr weitere Unterstützung brauchen solltet, wisst Ihr hoffentlich, dass ich und meine Unterstellten auch dafür zur Verfügung stehen.«

»Ich weiß Eure Bereitschaft sehr zu schätzen, vielen Dank.« Die Königin lächelte zufrieden.

Als sie ihre Gläser und Teller geleert hatten, wollte Merla, erleichtert darüber, dass niemand sie auf ihre selbst für sie auffällige Schweigsamkeit angesprochen hatte, sich entschuldigen, um sich auf ihr Zimmer stehlen zu können, als Lord Roarke sich ebenfalls erhob. Merlas Hoffnung, dass er von der Präsenz der Königin zu eingenommen wäre, um ihr Entschwinden zu bemerken, blieb also unerfüllt.

»Prinzessin? Ich würde mich freuen, wenn Ihr für mich vielleicht noch ein paar Minuten Eurer Zeit erübrigen könntet.«

Alles in Merla schrie danach, höflich abzulehnen, doch ein kurzer Seitenblick auf Allanah genügte, um zu wissen, dass sie damit heute Abend nicht durchkommen würde.

»Natürlich, Mylord.«

Sie wünschten den Verbliebenen – Cara und Nolan hatten sich bereits verabschiedet – noch eine gute Nacht und verließen dann den Speisesaal.

Ihre Schritte hallten auf dem steinernen Boden und von den hohen Steinwänden neben ihnen. Panisch suchte Merla nach einem Thema, um die peinliche Stille nicht zu lang werden zu lassen, doch zu ihrer Erleichterung kam ihr der Lord zuvor.

»Ich weiß, ich wiederhole mich, doch dieses Kleid steht Euch ganz ausgezeichnet, Euer Hoheit.« Seine Schatten folgten ihm wie eine Schleppe.

Merla strich über den Stoff ihres Gewands, während sie mit gemessenen Schritten den kerzenerhellten Gang Richtung Schlossgarten entlanggingen. »Vielen Dank.«

»Ich muss zugeben, ich habe eine Schwäche für die Farbe Rot.« Ihr entging nicht, wie er seinen Blick nicht zum ersten Mal an diesem Abend an ihrer Gestalt entlangschleichen ließ. Sie wünschte sich, ebenfalls nicht zum ersten Mal an diesem Abend, dass sie sich hinter ihren Haaren hätte verstecken können, die aber dank der präzisen Arbeit Megans immer noch perfekt hochgesteckt waren.

»Ich kann Euch keinen Vorwurf machen.« Andere hätten hinter den Worten den Unmut der Prinzessin gespürt, er aber schien diesen geflissentlich zu überhören. Merla war es gewohnt, dass man das in ihr sah, was man sehen wollte, und nicht das, was tatsächlich da war.

»Mir wird tatsächlich nachgesagt, einen ganz fantastischen Geschmack zu haben.« Sie kamen vor der weiten Fensterfront zum Stehen, die auf den nächtlichen Garten blicken ließ. Lord Roarke schien aber nicht daran zu denken, sich auf den Ausblick zu konzentrieren. »Eine meiner liebsten Ballettaufführungen ist *Die Schattentänzerin*. Habt Ihr die Aufführung schon gesehen, Hoheit?«

Natürlich hatte sie das. Es war kein Geheimnis, dass die Prinzessin eine Schwäche für diesen Klassiker des fenischen Balletts hatte; sie hatte die Aufführung bestimmt schon mehrere Dutzend Male gesehen und geliebt, jeder Schritt war ihr bekannt. Dessen war sich sicherlich auch Lord Roarke bewusst.

»Ja, und ich habe es jedes Mal genossen.«

Sie hätte ihren Anflug von Begeisterung dimmen sollen. Roarkes Augen funkelten nämlich auf eine Art und Weise, als hätte er auf genau diese Antwort gehofft. »Sie führen es gerade wieder auf. Der

37

neue Dirigent des Staatsorchesters soll ganz frischen Wind in die Atmosphäre bringen. Ich könnte uns beiden Plätze besorgen, wenn Ihr das gerne wollt.«

Ohne Frage, sie war in seine Falle getappt, doch sie brachte es nicht über sich, sein Angebot auszuschlagen, sosehr sie es auch wollte. »Das wäre ganz wunderbar, Lord Roarke. Vielen Dank.«

»Ich bedanke mich bei Euch, Euer Hoheit. Dann soll es so sein; ich werde mich bei Euch melden, sobald ich mich darum gekümmert habe.« Als Mitglied der königlichen Familie stand ihr die royale Privatloge ohnehin bei jeder Aufführung zur Verfügung, doch es schien ihr unschicklich, ihn darauf hinzuweisen.

Mit respektvollem Abstand voneinander starrte Merla auf die Pflanzen, die von einem kalten blauen Licht beschienen wurden. Sie stellte sich vor, wie ihre Schatten sie endgültig in Dunkelheit tauchten.

»Ich hoffe natürlich, dass ich damit keinen Eurer zahlreichen Verehrer vor den Kopf stoße.« Sie löste sich vom Anblick der Pflanzen. Da war er nun. Der eigentliche Grund, wieso er um dieses Gespräch ersucht hatte. Bestimmt hatte die Königin ihn auch noch dazu angeregt

»Ach, macht Euch da keine Sorgen.«

Vorsichtig kam er ihr ein Stück näher und sie unterdrückte den Impuls, zurückzuweichen. »Also gibt es zurzeit … keinen Mann in Eurem Leben? Ich hoffe, ich überschreite mit dieser Frage keine Grenzen«, beeilte er sich hinzuzufügen, doch sie beide wussten, wie es um seine Aufrichtigkeit bei dieser Angelegenheit bestellt war.

»Im Moment gibt es keinen Mann an meiner Seite, nein.«

»Aber Ihr müsst doch unzählige Angebote haben!«

»Die Königin kümmert sich um solche Angelegenheiten.« Erst nachdem sie es ausgesprochen hatte, merkte sie, dass es wie eine bissige Anspielung auf die Quelle seiner Motivation hätte klingen können, aber er schien zu wissen, dass das nicht ihre Art war. Doch nicht die sanftmütige Prinzessin von Fenia, die niemandem etwas Böses hätte wünschen können, so sagte man jedenfalls.

»Und? Hat Ihre Majestät schon einen Anwärter für Euch im Auge? Immerhin werdet Ihr doch in wenigen Intervallen schon Euren siebzehnten Geburtstag feiern, die Zeit verrinnt. Der Adel ist nicht dafür bekannt, bei solchen Angelegenheiten Geduld beweisen zu wollen, wie Ihr wisst.«

Sie wollte nicht daran denken, sie wäre nämlich gerne für ewig sechzehn geblieben. Die Aussicht auf die Dinge, für die sie sich bald würde verantworten müssen, war ihr zuwider. »Ich wüsste von niemandem, der speziell näher in Betracht gezogen werden würde.«

Wieder funkelten seine Augen. »Hervorragend. Dann muss ich erst mal mit keinem liebestrunkenen Rivalen konkurrieren.«

Ihr wäre es lieb gewesen, hätte er gar nicht die Intention gehabt, um sie zu konkurrieren, doch wieder hielt sie sich zurück, einen derart unhöflichen Gedanken von ihrer Zunge zu lassen. Also lächelte sie, vermied aber seinen stechenden Blick.

Laelia

Mit gesenktem Kopf beeilte Laelia sich, die Viertel zwischen der Innenstadt und ihrem Haus zu durchqueren.

Auch wenn Hadrian gesagt hatte, dass es bloß eine Warnung war, wollte sie ihr Schicksal Nero und seine Grausamkeiten betreffend bestimmt nicht herausfordern. Nur ein Narr hätte das gewagt.

Sie würde sich ein anderes Revier suchen müssen. Blöd nur, dass Nero praktisch die ganze Hauptstadt zu seinem Besitz zählte. Allein bei ihrer Stelle als Transporthilfe des Gemüsehändlers konnte es aber wirklich nicht bleiben. An einem guten Tag auf der Straße machte sie als Taschendiebin nämlich mehr Geld als in einer Weiche bei dem verkniffenen alten Mann.

Sie hatte noch viel zu lernen, auch wenn ihre Finger in den letzten Intervallen recht flink geworden waren.

Hadrian hatte sie als eine Anfängerin bezeichnet, und wenn sie ehrlich war, hatte er nicht ganz unrecht. Obwohl sie besser war als viele andere, die wie sie allein durch Versuch und Fehlschlag lernten, war sie nicht so töricht, ihre Fertigkeit mit mehr als allenfalls ausreichend zu beschreiben.

Vielleicht konnte Hadrian ihr ja behilflich sein. Immerhin arbeitete er für Nero höchstpersönlich, musste also technisch mehr zu bieten haben als den Amateurtrick, den er heute an ihren Innentaschen demonstriert hatte. Nein, das schlug sie sich besser wieder aus dem Kopf. Weder mit ihm noch mit Nero wollte sie etwas zu tun haben. Ausnahmslos jede Angelegenheit, in welcher der Bund involviert war, endete mehr als übel.

Sie würde einfach ihre Aktivität ein wenig eindämmen müssen, gänzlich einstellen konnte sie diese allerdings nicht, wenn –

»… *Der Himmel in ihren Augen noch schöner als der Himmel über ihren Köpfen,*

Sah er das Gute, das die neue Welt brauchte,

Und heilte mit ihr dieses Land und verfluchte die Geirrten. …«

Als sie um die Ecke bog, sah sie vor sich vor einer verkommenen Hütte sitzend eine verjährte Dame. Ihr schulterlanges Haar war ergraut und dünn, die Hände durchzogen von herausstechenden Adern und ihr Gesicht gezeichnet von der Willkür des Wetters, der man bei Feldarbeiten ausgesetzt war. Vor ihr hatten sich Kinder aller Altersgruppen versammelt, Jungen und Mädchen, um gespannt der Entstehungsgeschichte des Kontinents zu lauschen, welche die lächelnde Frau sicherlich nicht zum ersten Mal predigte.

Laelia eilte weiter, ließ die sanfte und gleichzeitig durchdringende Stimme der Erzählerin sowie die großen Kinderaugen hinter sich; immerhin kannte sie wie jeder, der hier lebte, die ganze Geschichte Wort für Wort auswendig. Der Zauber der sechs Götter hatte schon lange seine Wirkung auf sie verloren.

Zugegebenermaßen fand sie die Überlieferungen über die Entstehung der anderen vier Nationen wenigstens ansatzweise interessant, besonders die Geschichte Kijanas hatte sie schon von klein auf fasziniert. Aber genau ihre Nation war geprägt von Kitsch und *unbändiger* Liebe. Sie gehörte wohl zu den wenigen Menschen, die Talinas und Iulius' Liebesgeschichte nicht für die romantischste und mächtigste ihrer Zeit hielten.

Bald stand sie vor ihrer Haustür. Einfaches Holz, welches allein beim Anblick jeden Augenblick auseinanderzubrechen drohte. Laelia trat ein und fand eine leere Küche vor. Auf dem Tresen stapelten sich die Überreste des Frühstücks. Es hätte sie gewundert, wäre es anders gewesen. Gelüftet worden war wohl auch nicht. Schnell hatte sie die wenigen Fenster im Erdgeschoss aufgestoßen und war dankbar für die kühle Luft, die der anbrechende Abend mit sich brachte und sie wieder richtig atmen ließ.

Ihr Blick glitt die schmalen Treppen nach oben. Unerwartet ertönte in genau diesem Augenblick: »Lia? Bist du schon da?«

Sie versuchte, auf die Schnelle ein Lächeln aufzusetzen, welches hoffentlich nicht furchtbar erzwungen wirkte. »Aurel, warum …« Bevor sie den Satz beenden konnte, hörte sie vertrautes Getrampel über sich – bei dem sie nicht selten fürchtete, bald unter der Decke begraben zu werden – und ihr kleiner Bruder raste gefährlich schnell die steilen Stufen hinunter. Auf der vorletzten Stufe sprang er ab und landete direkt in ihren geöffneten Armen.

Kurz blieb ihr die Luft weg, bevor sie beabsichtigt dicke, schmatzende Küsse auf seinem ganzen Gesicht verteilte, bis er sich wie ein Wurm aus ihrer Umklammerung herauswand. »Na großartig, wie ekelhaft«, protestierte er und wischte sich mit dem Handrücken über Stirn und Wangen.

»Das nenne ich mal einen echten Charmeur«, sagte sie, während sie begann, die Schattenlaternen aus dem Stauraum unter der Treppe zu räumen und im Wohnzimmer aufzustellen. Die Schatten in den kleinen Glaskästchen reagierten auf die fortlaufende Flucht der Sonne in die Nacht und senkten sich als pechschwarzer Rauch auf den Boden des jeweiligen Kastens. Die Flammen, die den Tag über verdeckt gewesen waren und nun den Raum erhellten, züngelten, als wollten sie vor Freude über ihre wiedererlangte Freiheit tanzen.

Als sie sichergestellt hatte, dass jede Vorrichtung stabil aufgestellt war, wandte sie sich wieder an Aurel. »Bist du jetzt zu erhaben, um dich von deiner Schwester küssen zu lassen?«

»Ich bin nicht zu erhaben, sondern schlicht zu groß«, meinte er, während er sich auf die gepolsterte Bank legte und begann, etwas ungeschickt herumzuturnen.

42

Sie wünschte, er hätte recht. Genau das Gegenteil war nämlich der Fall, gestand sie sich ein, als sie ihn ermahnte, bei einem seiner Purzelbäume nicht die Schattenlaterne umzuhauen. Er hatte noch mehr abgenommen, wurde immer dünner. Aurel war noch viel zu jung, er sollte nicht mit so viel Hunger und falschem Lächeln aufwachsen müssen. Doch seit dem Tod ihres Vaters vor etwas mehr als sechs Intervallen hatten sie alle mit unschönen Dingen leben müssen.

»Das sehe ich. Wann hat dich Marcs Mutter nach Hause gebracht?«

»Ich erinnere mich nicht genau«, antwortete er etwas außer Atem, kurz bevor er beinahe über den Rand der Bank auf den Boden gerollt wäre, hätte sie ihn nicht lachend am Hemd greifend zurück auf die Bank gezogen. »Ich glaube, vor zehn Minuten.«

»Und sie hat dich hier allein gelassen, obwohl noch niemand zu Hause war?«

Er setzte sich auf und zuckte mit den Schultern. »Sie hat gemeint, sie hätte zu tun.«

»Das sieht ihr aber nicht ähnlich.«

Wieder zuckte er bloß mit den Schultern, doch als er ihre gehobene Braue bemerkte, seufzte er resigniert: »Gut, ich habe gemeint, du wärst schon da.«

»*Aurel.*« Mehr brauchte sie nicht zu sagen. Zu oft hatten sie diese Diskussion geführt und zu oft hatte er sie schlussendlich verloren.

»Sie muss nicht ständig auf mich aufpassen, wenn ihr nicht da seid. Ich bin alt genug, auf mich selbst aufzupassen.«

»In ein paar Jahren gerne, aber ganz bestimmt nicht heute. Ich will nicht, dass du allein hier bist, wenn ich nicht da bin. Verstanden?«

»Ich bin elf Jahre …«

»Verstanden?« Ihr Ton blieb ruhig, doch ihre Augenbraue rutschte noch ein Stückchen weiter nach oben.

»Tut mir leid«, murmelte er kleinlaut.

Als sie seine beschämte Miene sah, kam sie nicht umhin, ihm durch das wilde Haar zu fahren. »Das will ich hoffen.« Es klopfte.

»Und jetzt öffne Mama bitte die Tür.«

Er nickte und raste, schon wieder energie- und elanüberladen, zur Tür.

Kurz verschwand er und erschien dann hinter ihrer Mutter, welche er versuchte in ihrem klobigen Rollstuhl in das Haus zu schieben. Schnell half Laelia Aurel, den Rollstuhl über die Schwelle zu bugsieren, bevor ihm noch vor Anstrengung die Arme abfallen konnten.

»Und?«, erkundigte sie sich und ging in die Küche, um das Abendessen vorzubereiten.

»Nichts. Jeder lehnt ab. Aber morgen wird es besser, keine Sorge«, lächelte ihre Mutter, doch ihre Augen schienen glanzlos und ihre Augenringe wie auch Falten schienen von Stunde zu Stunde tiefere Furchen in ihrem eingefallenen Gesicht zu schlagen. Im Licht der Flammen schien sie besonders kränklich.

»Ich habe heute ein wenig Geld zusammenkratzen können«, sagte Laelia. »Wir können morgen, glaube ich, sogar wieder einkaufen gehen, wenn wir ein wenig einsparen.« *Als ob wir das nicht schon die ganze Zeit tun würden*, giftete eine verbitterte Stimme in ihrem Inneren, die in letzter Zeit beunruhigend oft die Oberhand über ihre Zunge gewann.

Jubelnd rannte Aurel wieder ins Wohnzimmer, holte seine kleinen Holzpferde aus der Ecke und ließ sie mit schrillen Lauten gegeneinanderkrachen.

»Aurelius, mach sie bitte nicht wieder kaputt!«, bat ihre Mutter und ihr Blick verfinsterte sich, doch Laelia achtete nicht darauf und holte drei Teller aus einem der Hohlräume, die in die Wände eingelassen waren. Ihre Mutter senkte ihre Stimme, damit Aurel das Folgende nicht zu hören bekam, obwohl das ganz und gar hinfällig war, denn er war viel zu eingenommen von seinem Spielzeugkampf. Das eine Pferd schien heute besonders schlechte Karten zu haben, so wie es ständig gegen die Wand donnerte. »Ich habe dir schon tausendmal gesagt, dass ich nicht will, dass du weiterhin ehrliche Leute bestiehlst. Es reicht vollkommen, dass du ständig von diesem Gauner von Gemüsehändler herumkommandiert wirst.«

»Und ich habe dir schon tausendmal gesagt, dass das Geld, das er mir gibt, nicht ausreicht, um uns alle drei über Wasser zu halten. Und wer sagt, dass diese Menschen ehrlich sind?«

Laelia hörte das mittlerweile vertraute Rattern und Klappern der hölzernen Räder, als ihre Mutter sich näher in ihre Richtung schob. »Versuch dich nicht rauszureden: Stell dir vor, jemand würde *dir* das Geld stehlen. Wärst du dann auch noch so überzeugt davon?«, warf ihre Mutter ein.

Doch Laelia zuckte bloß mit den Schultern, während sie den Brotlaib in Scheiben schnitt. »Willst du, dass ich ehrlich bin, oder nicht?«

»So haben dein Vater und ich dich aber nicht erzogen. Stell dir vor, Iulius wäre so selbstsüchtig gewesen und wäre vor der Armee der Geirrten geflohen, anstatt an Talinas Seite zu bleiben. Dann wäre unser ganzer Kontinent …«

»Komm mir nicht wieder mit diesem Märchen. Dein Iulius hat auch keine Familie gehabt, um die er sich kümmern musste.«

»Talina war nun einmal die höchste Priorität für ihn.« Wie so viele hier sprach ihre Mutter von den Göttern, als wären sie alte Bekannte, die man manchmal beim Einkaufen auf dem Markt antraf.

»Soll ich dir was verraten? Iulius wäre ohne Talina viel besser dran gewesen. Sie war ja nicht das einzige weibliche Wesen zur Zeit des Kriegs. Wenn sie gestorben wäre, hätte er sich bestimmt schneller eine Neue angelacht, als Aurel alle sieben Ratsmitglieder aus Luina aufzählen kann.«

»Dann bitte wenigstens um eine Gehaltserhöhung beim Gemüsehändler«, versuchte ihre Mutter es noch und gab das Götterthema endgültig auf, was Laelia nur recht war.

Die Mittkontinentalen waren allgemein nicht dafür bekannt, sonderlich religiös zu sein. Im direkten Vergleich mit den strenggläubigen Ezanis oder Luinern waren sie nicht mehr als Festtagsreligiöse, die das Mittweichenfest als Ausrede verwendeten, um Wein zu saufen, als wäre er Wasser.

»Du solltest deine Magie«, ergriff ihre Mutter wieder das Wort und ihr Blick glitt zu den Händen ihrer Tochter, »nicht auf diese Art und Weise verschwenden, Lia.«

»Solange meine Magie den Mietzins nicht zahlt, ist sie es nicht wert, meine Zeit mit ihr zu verschwenden.«

»So verbittert solltest du wirklich nicht durchs Leben gehen, das möchte ich nicht«, beharrte ihre Mutter. »Und ich möchte auch nicht, dass du weiterhin stiehlst.«

»Es bleibt uns aber nichts anderes übrig. Wir brauchen das Geld, und wenn ich es uns auf vermeintlich unmoralische Weise beschaffen muss, müssen wir uns wohl oder übel damit abfinden.«

»Ich bin mir unserer Situation sehr wohl bewusst, Laelia«, erwiderte ihre Mutter mit ebendiesem stoischen Ton, den ihre Tochter von ihr geerbt hatte. »Glaub mir«, nun war sie es, die verbittert klang, »ich bin mir in jedem Moment meines Tages darüber bewusst. Ich weiß, dass du es nur gut meinst, und ich bin dir auch dankbar für das, was du für deinen Bruder und mich tust, weil ich … nicht dazu imstande bin …«

Plötzlich schämte Laelia sich für ihren Ausbruch von eben. Und wurde insgeheim wütend, oder vielmehr wütender, denn es gab kaum Augenblicke, in denen sie nicht von Zorn verzehrt wurde.

Sie verachtete diese Menschen, die ihrer Mutter aus schierer Kleingeistigkeit das Gefühl gaben, dass sie unfähig wäre, bloß weil sie saß und nicht stand. Dabei wusste Laelia, dass ihre Mutter fähiger war als all diese beschränkten Idioten zusammen. »Mama …«

»… aber das heißt nicht, dass es mir gefallen muss.«

Sie warfen sich beide kurz einen stummen Blick zu, eine so kuriose Mischung aus offensichtlicher Frustration gepaart mit unausgesprochener, unerschütterlicher Fürsorge füreinander, wie nur Mutter und Tochter sie zu teilen wussten.

Damit war das Thema erst mal abgeschlossen, wie Laelia aus Erfahrung wusste, und so verteilte sie das Essen auf den drei Tellern.

Ihre Mutter musste bei Kräften bleiben. Seit dem Einsturz des Bergbaus, bei dem ihr Vater ums Leben gekommen war und ihre Mutter die Fähigkeit zu gehen verloren hatte, schien es, als würde sie Weiche für Weiche um Jahre altern. Denn den lieben langen Tag versuchte sie, eine Stelle zu finden, doch niemand schien Platz für sie zu haben.

Anders als der Rest ihre Familie dankte Laelia den Sechs Göttern nicht für ihr Abendessen, denn wenn Iulius, Talina, Luina, Fenia, Ezana und Kijana für so etwas Dank verlangten, konnten die Sechs sie gerne an ihrem Allerwertesten küssen.

Nach dem Abendbrot half Laelia ihrer Mutter beim Baden und anschließend zu Bett. Sie hatte sich den ganzen Tag über unebene Wege schieben müssen und Talinas Boden war mit den überall verstreuten Schlaglöchern und dem allgegenwärtigen Schutt des Armenviertels alles andere als rollstuhlfreundlich. Auch wenn sie ab und zu Hilfe von Passanten erhielt, die sich Laelias Meinung nach bloß damit brüsten wollten, einer beeinträchtigten Frau geholfen zu haben. Doch ihr sollte es recht sein, solange ihrer Mutter zumindest ein wenig unter die Arme gegriffen wurde, wenn sie nicht an ihrer Seite war.

Schließlich jagte Laelia ihren kichernden Bruder nach oben, erledigte ihre abendlichen Waschungen, warf ihn dann auf seine Matratze und kitzelte ihn durch, bis er ganz heiser war vor Lachen. »Pssst, wir müssen leiser sein, Mama schläft«, erinnerte Aurel sie, worauf seine Schwester ihm auf das Kinn tippte.

»Hast ja recht.« Das erste echte Schmunzeln seit Tagen auf ihren Lippen, ließ sie von ihm ab und wollte gerade in ihr eigenes Bett steigen – eine Matratze bedeckt mit ein paar Polstern und Fell –, da hörte sie die Stimme ihres Bruders.

»Singst du mir noch was vor?« Laelia stockte leicht bei seinen Worten, bevor sie ihren Kopf in seine Richtung drehte, doch sie sah bei dieser Dunkelheit nur seine Silhouette unter der Decke.

»Du hast nicht mehr gesungen, seit …« Er verstummte jäh.

»Wenn du willst, dass ich singe, wieso hast du es nicht früher gesagt?«, flüsterte sie.

»Weil du immer so traurig aussiehst, wenn du auf deine Lyra schaust«, kam es von ihm.

Wie aufs Stichwort fand ihr Blick das Instrument, welches verlassen in der Ecke stand und seit über einem Jahr nicht mehr gespielt worden war. Ihr Vater hatte sie ihr zu ihrem sechzehnten Geburtstag geschenkt. *Eine Sängerin ohne Lyra ist wie Iulius ohne Talina*, hatte er ihr damals das alte Sprichwort gepredigt, worauf sie nur die Augen verdreht hatte.

»Ich …« Es juckte sie in den Fingern, danach zu greifen. »Ich bin etwas müde. Ein anderes Mal vielleicht? Für heute kann ich dir gerne eine Geschichte anbieten.«

Er nickte. Also kniete sie sich neben sein Bett und begann sanft eine von den vielen Geschichten zu erzählen, die ihre Mutter ihr früher stets beim Zubettgehen vorgetragen hatte. Laelia erzählte ihm von tapferen Kriegern und bezwungenen Monstern und heldenhaften Reisen und Schätzen voller Gold und Diamanten. Irgendwann dämmerte er schließlich mit einem seligen Lächeln auf den Lippen ein.

Sie wollte ihn gerade ordentlich zudecken, als sie einen kleinen blauen Flecken auf seinem Unterarm bemerkte. Den hatte er sich wohl zugezogen, als er seinen Arm als Schlachtfeld für seine Holzpferde genutzt hatte.

Ihr Blick schweifte zu ihren Händen, auf deren Innenflächen je eine filigrane Narbe in Form eines Blattes zu sehen war. Sie hatte so lange niemanden mehr geheilt, wie sie nicht mehr Lyra gespielt und gesungen hatte. Ihre Mutter hatte gesagt, sie solle ihre Magie nicht verschwenden. Immer schon waren ihre Eltern furchtbar stolz gewesen, wenn sie Leuten von ihren Narben, dem Merkmal eines jeden Heilers, erzählten. Beide waren magielos, weshalb es umso ungewöhnlicher gewesen war, dass Laelia beschenkt worden war. Schon mit einem magielosen Elternteil standen die Chancen schlecht, erst recht mit zweien.

Bevor sie eine Dummheit begehen konnte, ballte sie die Hände zu Fäusten, schlich zurück in ihr Bett und vergrub sich in das alte Fell, Blick gen Zimmerwand gerichtet.

* * *

Am folgenden Morgen brachte sie Aurel in den Unterricht, kümmerte sich routiniert um die Beinmuskulatur ihrer Mutter und begleitete sie im Anschluss zum nächsten kleineren Marktplatz, bevor sie sich im Laufschritt verabschiedete.

Ihr kurzer Pferdeschwanz streifte über ihren Nacken, während sie den Marktplatz ansteuerte, wo sie am vergangenen Tag Hadrian über den Weg hatte laufen müssen.

Die Standbesitzer hatten ihre Waren bereits ausgelegt und eiferten mit lukrativen Angeboten nach großem Profit.

Besonders die Anbieter der kleinen Kitschfiguren von Schattentänzern und den hölzernen Miniaturharfen warfen sich ins Zeug, da sie endlich die überschüssige fenische Ware loswerden wollten, die sich bei dem Besuch des fenischen Königshauses vor einem Intervall bei ihnen angesammelt hatte. Denn so wie sie es bei jedem Großereignis handhaben, hatten die Kaufleute diesen unnützen Ramsch in etwas zu optimistischen Mengen erworben.

In dem Moment, als Laelia beim alten Händler mit den buschigen Brauen und dem finsteren Blick ankam, begann auch schon die Arbeit: Sie transportierte den hölzernen Karren, beladen mit diversen landestypischen Hülsenfrüchten wie Bohnen und Erbsen, von einem Stand zum nächsten, lud die Ware ab, nur um das ratternde Gefährt dann wieder ächzend in Bewegung setzen und über den kieseligen Boden befördern zu müssen. Die viele Arbeit hatte ihr über die letzten Intervalle ein wenig Kraft im Bizeps und Schwielen an den Händen verliehen. Da der Hunger aber nicht nur an ihrem Körperfett, sondern auch an ihren Muskeln nagte, war das Ergebnis eher durchwachsen.

Nachmittags war die Anstrengung endlich vorüber und sie stand wieder vor ihrem Arbeitgeber und wischte sich geschwind zum gefühlt hundertsten Mal mit einem befleckten Tuch den Schweiß von der Stirn, der einmal nicht der Hitze der Hauptstadt geschuldet war.

Sie nahm ihren Lohn entgegen, hielt jedoch inne, als sie in den heute besonders leichten Beutel spähte. Es war nicht einmal halb so viel wie am vergangenen Tag.

Der alte Gemüsehändler blickte von seiner Inventarliste auf, wahrscheinlich verwundert darüber, dass sie immer noch vor ihm stand und nicht schon längst das Weite gesucht hatte.

»Ich musste ein wenig einsparen, mein Kind. Der Umsatz heute war dürftig.«

»Was soll ich damit denn anfangen?«

»Du könntest damit anfangen, mir etwas Dankbarkeit entgegenzubringen«, schlug er vor. »Sei lieber froh, dass du überhaupt was kriegst, so langsam, wie du heute gewesen bist.«

»Langsam? Aber heute habe ich über …«

Seine grauen Brauen zogen sich zornig zusammen. Er ignorierte die neugierigen Blicke der Käufer, die sie passierten. »Du kriegst, was du kriegst, und das war's.«

»Ich brauche das Geld aber«, erwiderte sie mit hoffentlich nur angedeuteter Verzweiflung im Unterton. Sie würde den Mietzins am Ende dieses Intervalls unmöglich bezahlen können, wenn alles für das Essen draufging und nichts übrig blieb.

»Und *ich* brauche eine Mitarbeiterin, die sich nicht ständig beschwert. Und weißt du was? Das lässt sich schnell ändern: Du bist hiermit entlassen.«

Ihr wurde heiß und kalt zugleich und ihr Puls schnellte in die Höhe. »Nein, bitte …«

»Ich habe dich oft genug ermahnt. Verschwinde also aus meinen Augen, bevor ich es mir anders überlege und eine Wache holen lasse. Und du kannst dir sicher sein, dass ich meinen Kollegen von diesem kleinen Vorfall hier erzähle, viel Vergnügen also dabei, dir eine neue Anstellung zu suchen. Was für eine Verschwendung von Magie«, mit diesen Worten kehrte er ihr den Rücken zu und wandte sich wieder seiner Liste zu.

Zögernd zog sie sich vom Karren zurück, bis sie geistesabwesend in jemanden hineinlief. »Aufpassen!«, schimpfte die Person wenig verständnisvoll, doch das bekam Laelia gar nicht richtig mit.

Das war es dann also. Jetzt hatte sie nicht einmal mehr diesen lausigen Job und es würde einige Weichen dauern, bis sie wieder jemand anstellen würde, nachdem der alte Geizkragen sonst was über sie in die Welt setzen würde. Doch so viel Zeit hatte sie einfach nicht zur Verfügung. Sie wusste nicht, wie sie ihrer Familie mit leeren Taschen in die Augen blicken sollte.

Eigentlich hatte sie es mit ihren Taschendiebstählen vorerst ruhiger angehen lassen wollen, doch wie es aussah, würde daraus nichts werden. Sie konnte nur hoffen, dass Nero das Interesse an ihr bereits verloren hatte.

Hadrian

Schon als Hadrian abends die Taverne betrat, wurde seine Nase überwältigt von dem Gestank, welcher aus einer Mischung von Fett, abgestandenem Wein und Urin bestand und ihm wie eine Wolke aus reinster Fäulnis entgegenschlug. Wenn jemand aus dem Senat ihn hier gesichtet hätte ... wobei er bereit gewesen wäre, tief in seine Taschen zu greifen, wenn er dafür deren Gesichtsausdrücke hätte sehen dürfen.

Der Raum war mit Betrunkenen gefüllt und jenen, die es noch würden, denn diesen Ort und dessen Geruch konnte niemand ertragen, ohne zumindest ein wenig getrunken zu haben.

Wie in seiner Erinnerung war die Einrichtung bescheiden und rustikal, mit wenigen Malereien an den vergilbten Wänden. Viele hölzerne Tische waren wild im Raum verteilt, sodass man stets Gefahr lief, sich das Schienbein anzuschlagen, wenn man nicht genug acht beim Vorbeigehen gab. Ein wahres Wunder, dass nicht überall ungeschickte Saufnasen am Boden herumlagen, doch das würde sicher nicht lange auf sich warten lassen.

An den Tischen saßen Frauen und Männer teils auf Liegen und teils auf Stühlen in Tuniken, die ihre besten Jahre bereits hinter sich hatten, genau wie die Besitzer selbst. Und manche Gäste, bemerkte Hadrian amüsiert und säuerlich zugleich, hatten auch schon zu viel Bier und Branntwein intus, um zu bemerken, dass Mädchen wie Laelia ihnen das Geld mit einem verführerisch beschwipsten Lächeln aus den Taschen zogen. Mit besonders ahnungslosen Weiberhelden wie ihrem Gegenüber, welcher ohne Schamgefühl auf ihren großzügigen Ausschnitt starrte, war das Schicksal heute nicht sonderlich gnädig.

Hadrian wartete, bis sie ihr Schauspiel vollendete, indem sie sich schließlich zu dem fremden Mann vorlehnte und ihm etwas ins Ohr flüsterte, was ihn blass werden und in Windeseile aus der Schenke verschwinden ließ.

Ein verschlagenes Lächeln stahl sich auf ihre Lippen, doch als sie Hadrian erblickte, verzog es sich noch schneller als der Kerl, der eben noch vor ihr gesessen hatte.

»Sag mal, verfolgst du mich?« Ihrer klaren Aussprache nach hatte sie wohl nur so getan, als hätte sie etwas von ihrem Glas getrunken.

»Ich nehme an, dass ich jetzt an die Reihe darf«, meinte er, ohne auf ihre Frage einzugehen, und setzte sich auf den eben frei gewordenen Hocker neben ihr.

Jetzt nahm sie doch einen großzügigen Schluck aus ihrem Krug. Seine Anwesenheit schien sie genug aufzuwühlen, um ihre Sicherheitsbedenken kurz über Bord zu werfen. Höchst interessant.

»Wieso lächelst du so?«, erkundigte sie sich, nachdem sie ihr Getränk wieder auf den Tresen gestellt hatte.

»Ist es schon ein Verbrechen, sich an der Gesellschaft einer schönen Frau zu erfreuen?«

Sie verdrehte die Augen.

Er hatte jedoch nicht gelogen. Sie war alles andere als unansehnlich. Die Frisur und das kurze, lose Kleid standen ihr, auch ihre von Natur aus leicht geschürzten Lippen waren am heutigen Tag besonders rot.

»Du starrst auf meinen Mund.«

Er freute sich über das gefährliche Funkeln in ihren dunklen Augen. »Es ist eine wahre Herausforderung, es nicht zu tun.«

Besonders wenn er an das letzte Mal dachte, als sie beide gemeinsam hier gewesen waren. Leicht beugte er sich nach vorne, sodass seine Knie, die mit dem Stoff einer Hose aus dem Süden bedeckt waren, ihre nackten Beine beinahe streiften.

Er erwartete, dass sie sofort zurückzuckte und ihm den Kopf abbiss, doch zu seiner heimlichen Freude tat sie nichts dergleichen. Sie rückte allerdings auch nicht näher an ihn heran, doch er war sich recht sicher, dass sie sich nur zurückhielt, um ihm keine Genugtuung zu verschaffen.

»Interessanter Aufzug. So einen hattest du schon das letzte Mal an. Ich dachte, der Adel trägt keine Hosen«, kam es von ihr. Ihre Augen musterten aber nicht sein Gewand, sondern sein Gesicht aufmerksam.

»Ist aus Ezana. Ein Händler aus der Wüste hat vor ein paar Weichen in Vita einige Hosen verkauft.«

Unverhohlene Neugierde weitete ihre Augen, als er die Stadt der Heiler erwähnte. »Wieso warst du in Vita? Bist du noch in Ausbildung?«

Er zeigte ihr kurz seine Handflächen mit den Heiler-Narben, von denen er wusste, dass sie sie auch besaß. Alle Senatoren waren Heiler und damit auch die meisten ihrer Kinder. »Ab und zu schaue ich dort vorbei, um mich auf den neusten Stand zu bringen. Wann bist du das letzte Mal dort gewesen?« Ihr Blick huschte zur Seite und er entschied sich, nicht weiter zu bohren. Fürs Erste zumindest. »Jedenfalls finde ich, dass wir mehr Hosen bei uns bräuchten. Die meisten Senatoren sind so schrecklich konservativ, was das angeht. Beim Training tragen wir sie, aber auf der Straße … Tuniken langweilen doch nur noch.«

Sie sah ihn wieder an. »Ich denke, es liegt mehr an dir als an den Tuniken.«

»Ach ja?«

»Ihr Senatorenkinder seid doch bestimmt schnell gelangweilt, wo ihr doch alles in den Schoß gelegt bekommt.«

Ein wenig Neid schwang trotz allem ungewollt in ihrer melodiösen Stimme mit und nicht zum ersten Mal dachte er, dass sie eine gute Sängerin sein müsste.

»Denkst du das denn? Dass ich gelangweilt bin?«

»Allein die Tatsache, dass du für«, ihre Augen suchten die muffige Räumlichkeit ab, bevor sie ihre Stimme senkte, »Nero arbeitest, um dir einen Kick zu verschaffen, spricht Bände.«

Er ließ sich seinen Ärger über ihre Worte nicht anmerken, als er seine Hand wie selbstverständlich um ihr Trinkgefäß schloss und, ohne um Erlaubnis zu fragen, einen Schluck davon nahm. Hadrian freute sich, als wieder dieses herausfordernde Blitzen in ihren Blick trat, weshalb er auch darüber hinwegsehen konnte, dass der Rotwein ungenießbar war. Er setzte das Getränk wieder ab, was von einem widerlichen Schmatzen auf dem klebrigen Tresen unterstrichen wurde.

»Ich bin nicht hier, um mit dir zu diskutieren, weshalb ich für wen arbeite. Wir haben einen Bericht bekommen, dass eine junge Dame seit über einer Weiche in den verschiedensten heruntergekommenen Wirtshäusern ihr Unwesen treibt und lauter zahlende Kunden verjagt, nachdem sie ihnen den letzten Rest an Kupfertalern aus den Taschen gezogen hat.«

»Klingt ja furchtbar«, hauchte sie mit dem ersten Anflug von ehrlicher Belustigung in ihren Zügen.

»Und selbstverständlich habe ich es mir persönlich zur Aufgabe gemacht, diesem Treiben ein Ende zu machen.«

»Ganz der Verfechter für Gerechtigkeit und Ordnung, der du ja offensichtlich bist.«

»Täusche ich mich oder höre ich da so etwas wie Spott in deinem Unterton mitschwingen? Aber Spaß beiseite.« Er beugte sich ein wenig näher zu ihr. »Ich habe dir vor nicht einmal zwei Weichen gesagt, dass du vorsichtig sein musst. Und jetzt ziehst du so eine Nummer ab. Wenn du die Absicht hast, Neros Missgunst auf dich zu lenken, dann bist du erfolgreich.«

»Hat … er denn etwas Bestimmtes gesagt?«

»Sagen wir es so: Er hasst es, sich wiederholen zu müssen.«

Hadrian war ehrlich verwundert gewesen, dass Nero weiterhin so mit sich spielen ließ. Normalerweise hätte er sich bereits einer seiner Einschüchterungstaktiken bedient. Diese Tatsache weckte nicht das erste Mal an diesem Tag sein Misstrauen. Hadrian war ohnehin in den letzten Weichen aus diversen Gründen vorsichtig im Umgang mit Nero gewesen.

Immerhin hatte er vor zwei Weichen in Neros Arbeitszimmer im letzten Moment abgelehnt, den Vertrag zu unterschreiben und seine Hand zu werden.

Es war nur eine Frage der Zeit, bis Nero ihn seine Meinung über diese Entscheidung spüren ließ, und das wahrscheinlich eher früher als später. Denn wenn Hadrian eine Sache von Nero gelernt hatte, dann war es diese: Wenn etwas nicht funktionierte, dann musste man es loswerden, bevor es einen selbst nicht mehr funktionieren ließ.

Er schob den Gedanken von sich und widmete sich wieder seinem Gegenüber: »Außer natürlich, du möchtest dich uns …«

»Nein«, stellte Laelia klar, ohne auch nur einen Atemzug zu zögern. »Ich kann mir seine Prozente nicht leisten.«

»Dann hättest du aber keine Probleme mit ihm. Und wenn du wirklich keine Schwierigkeiten mit ihm haben willst, dann musst du damit aufhören, ihn derartig zu provozieren. Ich nehme an, du verstehst.«

Sie nickte.

»Wieso«, fuhr er fort, »brauchst du überhaupt plötzlich so dringend Geld?«

Ihre Lippen teilten sich leicht, als wolle sie etwas erwidern, doch sie überlegte es sich im letzten Moment noch anders. Stattdessen drang ihm ein Knurren an die Ohren. Peinlich berührt hielt sie sich den Bauch. Wieder fiel ihm auf, wie dünn sie geworden war. Der extreme Kontrast zwischen seinen muskulösen Armen und ihren eigenen war nicht zu übersehen.

»Hast du heute schon was gegessen?«, sprach er seinen Gedanken laut aus und war überrascht, wie sanft seine Stimme dabei klang.

Ertappt knurrte ihr Magen wieder, doch sie nickte trotzdem.

»Bist du dir da …«

»Ich will gerade einfach nichts, Ian.«

Er glaubte ihr kein einziges Wort. Eigentlich waren seine Aufgaben für heute erledigt. Normalerweise hätte er sich jetzt von ihr verabschiedet und wäre heimgekehrt. Eigentlich hätte er keinen zweiten Gedanken daran verschwenden sollen, ob sie noch zu Abend aß oder nicht. Immerhin hatte er die Geschichte mit ihr schon lange hinter sich gelassen. Doch dass sie ausgerechnet wieder an diesem Platz waren und sie ihn mit seinem Spitznamen angesprochen hatte, machte das Eigentliche nichtig. »Willst du noch mit zu mir?«

Ihre Augenbrauen schossen bei seiner Frage schlagartig so weit nach oben, dass er bei ihrem Gesichtsausdruck nicht anders konnte, als leise zu lachen. Das schien sie kurz zu irritieren, was irgendwie erfrischend war.

»Ich meinte, um mit mir zu essen«, sah Hadrian sich gezwungen klarzustellen. »Aber«, er lehnte sich zurück, »wer weiß, was die Nacht noch so bringt.«

Zu seinem Erstaunen schien sie sein Angebot sogar kurz abzuwägen, doch sie schüttelte den Kopf. »Ich kann nicht.«

»Wieso nicht? Hast du etwa Angst, mir nicht widerstehen zu können?«

»Du hältst dich aber auch für Iulius in Person, oder?«

Er zwinkerte ihr zu. »Also lehnst du ab?«

»Schweren Herzens natürlich.«

Er sah, wie sie sich erheben wollte, doch er hielt sie noch am Unterarm zurück, den er sofort wieder losließ, als er ihren Gesichtsausdruck sah. »Dann lass mich dich wenigstens nach Hause begleiten. Nicht jeder der Männer, die du heute bestohlen hast, wird davor zurückschrecken, sich nachts an dir zu rächen«, erinnerte er sie, bevor sie auch das ausschlagen konnte.

Grübelnd befeuchtete sie ihre Lippen und antwortete ihm, bevor er bei diesem Anblick die Beherrschung verlieren, sich nach vorne lehnen und die Nacht doch noch mal in eine andere Richtung treiben konnte.

»Du hast nicht ganz unrecht. Gehen wir.«

Laelia

Die Dunkelheit war schon lange hereingebrochen und Hadrian und sie waren umgeben von Talinas allnächtlichen Geräuschen: das Gebelle und Gekläffe von Straßenkötern, die gedämpften Streitereien von Ehepaaren, die durch geöffnete Fenster drangen, Betrunkene, die meinten, Passanten mit gellalten Ständchen erfreuen zu müssen. Bloß das Rauschen der Vene fehlte. Diese war zu weit entfernt von diesem heruntergekommenen Viertel Talinas, in welchem die Schenke, die sie eben verlassen hatten, zu finden war.

Der leichte Wind und die frische Luft, die er mit sich brachte, waren ihrer Nase nach dem Gestank, in dem sie sich die letzten Stunden aufgehalten hatte, sehr willkommen.

»Was hast du diesen Männern eigentlich ins Ohr geflüstert, dass sie so schnell das Weite gesucht haben?«, fragte Hadrian, welcher in einem angemessenen Abstand neben ihr herging.

Ihr war aber nicht entgangen, wie oft er da drinnen ihre Lippen gemustert hatte. Und vielleicht, nur vielleicht, war sie für einen Moment versucht gewesen, ein wenig von ihm zu kosten, nur um auf etwas andere Gedanken zu kommen. Sie war stolz auf sich, dass sie sich doch nicht wieder hatte hinreißen lassen.

Im glühenden Licht der Schattenlaternen sah sie, wie sein Haar durch einen erneuten Luftzug zerrauft wurde. Sie strich sich eine verirrte Strähne hinter ihr Ohr, bevor sie antwortete: »Einfach nur, dass ich seine Frau kennen würde und er lieber schnell verschwinden sollte, wenn er nicht wolle, dass sie etwas über seine Annährungsversuche erfuhr.«

Aussagen wie diese hatten die letzte Weiche beachtlichen Erfolg erzielt. Sie wusste aber auch, dass sie nicht ewig derart mit dem Feuer spielen konnte. Irgendwann, sehr bald vermutlich, würde einer der Männer da nicht mehr einfach so mitmachen, bis dahin jedoch würde sie diese lukrative Geldeinnahme so sehr ausreizen, wie sie konnte. Sie hoffte nur, dass ihre Mutter nichts von dem ahnte, was sie tat, wenn sie nachts so spät nach Hause kam. Aber wenn sie sich eine Hand auf das Bein legen lassen musste, um unbemerkt in die Tasche ihres Gegenübers greifen zu können, würde sie das wohl oder übel tun. Auch wenn sie danach stets den unaufhörlichen Drang hatte, sich aus ihrer Haut zu schälen.

»Und das kaufen sie dir ab?«

Sie zuckte mit den Schultern. »Sie sind alle sturzbetrunken und wissen nicht, wo oben und unten ist, also werden sie es kaum hinterfragen.«

Etwas an ihrer Antwort schien ihm nicht zu gefallen, denn er blieb den restlichen Weg ungewöhnlich stumm, bis sie nur eine Weggabelung von ihrer Haustür zum Stehen kamen und er sprach: »Ich will mich wirklich nicht einmischen, aber wenn deine Eltern dich zwingen, dich zu so etwas herabzuwürdigen, nur damit du Geld nach Hause bringst, dann ...«

»Meine ... Eltern wissen nichts davon.« Wieder strich sie sich eine Strähne hinter ihr Ohr. »Wie auch immer. Es geht dich sowieso nichts an.«

»Es geht mich nichts an, aber ich darf mir ja wohl meinen Teil denken.«

»Tut mir leid, ich vergaß, dass du, der persönliche Handlanger eines der größten Verbrecher unserer Zeit, ja *so* moralisch und weise bist«, erwiderte sie.

60

»Dieser Fehler passiert vielen. Nicht umsonst werde ich aber von Kennern auch Hadrian der Weise genannt.«

Sie rieb eine ihrer Haarspitzen zwischen den Fingerspitzen. Es musste anstrengend sein, ein solches Ego jeden Tag mit sich herumzutragen.

»Du bist so … unausstehlich. Ich muss meine Aussage von vor zwei Weichen revidieren: Ganz offensichtlich muss ich doch nicht ganz bei Sinnen gewesen sein, anders kann ich mir einfach nicht erklären, wieso ich mich von dir habe umgarnen lassen.«

Seine Hände verschwanden in seinen Hosentaschen; praktische Dinger. »Umgarnen? Du lässt mich klingen wie einen Kavalier aus alten Geschichten.« Er grinste. »Lass dich nur nicht dabei aufhalten.«

»Du weißt schon, was ich meine«, murmelte sie.

»Wir haben eine Nacht miteinander verbracht … Und weiter? Mir hat es gefallen und dir offensichtlich auch, wenn ich mich recht erinnere. Ich bin mehr als offen für zukünftige Wiederholungen, aber tu nicht so, als ob es bloß meine Entscheidung gewesen wäre.«

Sie schnaubte. »Was soll ›offen für zukünftige Wiederholungen‹ bitte bedeuten?«

»Wenn Mami und Papi sich sehr, sehr lieb haben …«

Sie war gerade dabei, vollkommen die Beherrschung zu verlieren, als sie etwas hörte. Als sie *jemanden* hörte.

»Lia!«, rief eine Stimme panisch.

Aurel.

Bacary

Wenn mir der Kleine noch ein einziges Mal diese Armbänder unter die Nase hält, binde ich seine Füße mit ihnen zusammen!
Bacary löste seinen Blick von seiner Mitschrift und blieb stehen, um ausfindig zu machen, wessen Gedanken er da aufgefangen hatte. Es musste sich wohl um die Frau handeln, die gerade enerviert versuchte, dem aufdringlichen Jungen auszuweichen, der ihr penetrant seinen Arm präsentierte, auf dem eine Auswahl an selbst geknüpften Armbändern zu sehen war.

So eine Frechheit! Schließlich schien ihr Geduldsfaden aber zu reißen, sie drückte ihm grob ein paar Kupfertaler in die Hand, entriss ihm eines der Armbänder und stapfte dann, sein triumphierendes Grinsen hinter sich lassend, um die nächste Ecke.

Bacary setzte sich wieder in Bewegung. Er hatte sich besonders in der letzten Zeit nicht umsonst von belebteren Plätzen der Stadt ferngehalten. Die Gedankenfetzen, auch wenn sie immer ein wenig leiser sein mochten als das gesprochene Wort und er sie dank neunzehnjähriger Erfahrung recht gut ausblenden konnte, produzierten ihm schlichtweg zu viel Lärm. Und beim Studieren der Bücher, die er im Rahmen seiner einschüchternd schnell näher rückenden Universitätsaufnahmeprüfung praktisch auswendig lernte, war dieser zusätzliche Lärmfaktor mehr als unwillkommen. Obwohl es vergleichsweise ruhig war, da es noch frühmorgens war – die Sonne hatte erst vor Kurzem mit dem Mond den Platz am Himmel getauscht – und um diese Zeit die meisten noch in ihren Betten schliefen.

Er war immer noch ein wenig enttäuscht, weil er es schon wieder nicht geschafft hatte, in den Lesesaal des Instituts hineinzugelangen. Heute Morgen war er wiederholt daran gescheitert, den neuen Schlüsselmeister davon zu überzeugen, ihn frühzeitig einzulassen, weshalb er schon wieder nach Hause unterwegs war. Sein Bruder Nkem würde das bestimmt zum Schreien komisch finden.

Weiterhin vergrub er seinen Kopf in seinen Notizen, ohne auf den Weg vor sich zu achten, denn er hatte ja seine Ohren, um sich zu orientieren. Nur niedrige Tische waren oft nicht seine Freunde, aber die waren ja auch keine Menschen, die stets Lärm zu machen schienen, selbst wenn sie es nicht beabsichtigten. Wie eine Frau auf der anderen Straßenseite, die ein Minzblatt zwischen ihren Zähnen zerbiss. Der Junge mit den Armbändern, dessen Ware bei seinen energiegeladenen Sprints durch die Gasse im Laufwind raschelte. Oder der ältere Herr, der an ihm vorbeilief, während er gedankenverloren eine Melodie summte, die Bacary nicht kannte.

Die Straßen in der Stadt der Bücher waren sauber, selbst die Bettler schienen weniger kläglich als in anderen Teilen des Landes. Jedoch spielte sich das Leben in diesem ansehnlichen Fleckchen Kijanas, genau wie im Lauscherwinkel am anderen Ende der Nation, nicht nur am Boden ab.

Hätte Bacary den Kopf in den Nacken gelegt, hätte er die vertrauten Brücken gesehen, die sich zwischen den hohen Bauten der Stadt spannten. Manche waren überdacht und trugen kleine marmorne Säulen auf ihren Plattformen, andere lagen frei. Wieder andere fielen in einem steilen Winkel ab und waren somit in ein kompliziertes Netz für Post und Nahrungsmitteltransporte verstrickt, welche Kisten, gefüllt mit verschiedensten Lebensmitteln, von einem Ort zum nächsten beförderten oder, besser gesagt, rutschen und gleiten ließen.

Die Himmelsstraßen, wie die Einheimischen sie nannten, bildeten über mehrere Etagen zusätzliche Verkehrswege für Fußgänger.

63

Wenn man also wollte, konnte man die ganze Stadt zehn Meter über dem Boden durchqueren. Jedoch verliefen sich viele Neuankömmlinge in ihren ersten Weichen in der Stadt häufig in dem Versuch, das Labyrinth, welches Bacarys Heimatstadt unleugbar war, zu durchschauen.

Hätte Bacary nicht gewusst, was über seinem Kopf vor sich ging, hätte er nur hinhören müssen: donnernde, aber auch leichtfüßige Schritte über ihm, Gesprächsfetzen aus allen Richtungen und das Rattern von an den Lebensmittel- und Postbahnen herunterschlitternden Kisten. Noch mehr Lärmquellen, die Bacary die Innenstadt für gewöhnlich meiden ließen.

Eine Viertelstunde später betrat Bacary sein Zuhause und folgte den lachenden Stimmen seiner Brüder Uchenna, Nkem und Chidubem in die Küche. Die Drillinge hatten sich, seit er aufgebrochen und gescheitert war, ins Institut zu gelangen, nicht von der Stelle gerührt.

»Schon wieder kein Erfolg mit deinen Überredungskünsten, kleiner Bruder?«, sagte Nkem, als er ihn durch die Tür kommen sah. Auch wenn sein Bruder eine laute und volltönende Stimme hatte, wirkte der verhaltene Lärmpegel in seinen eigenen vier Wänden im Vergleich zum Stadtzentrum beruhigend auf Bacarys strapaziertes Gehör.

»Er war in keiner guten Stimmung«, erläuterte Bacary, während er sich einen Stuhl nahm und sich zu ihnen setzte. Er protestierte nur halbherzig, als Nkem ihm wie erwartet ungefragt seine Zettel aus der Hand nahm und einen flüchtigen Blick darauf warf. »Wieso lernst du das überhaupt? Das werden sie dich bei der Prüfung bestimmt nicht abfragen.«

»Woher willst du das denn wissen, du bist ja noch nicht einmal angetreten«, erinnerte Bacary ihn.

»Du wirst langsam zu einem alten Mann, Bacary. Immer erzählst du dieselben Geschichten.«

Chidubem nahm Nkem die Zettel ab und runzelte die Stirn. »Ich muss Nkem recht geben: Sie werden dich kaum etwas zur Fauna und Flora bei den Wasserfeldern fragen.« Er las sich durch die Rückseite und lachte. »Oder zur Fertilität von Maultieren.«

»Ich möchte für alle Eventualitäten gewappnet sein.« Bacary streckte seine Hand aus. »Darf ich meine Notizen jetzt bitte wieder-haben? Ihr könnt sie euch nach meiner Prüfung gerne ausborgen, wenn ihr wollt«, bot er an, worauf Uchenna ihm nur gönnerhaft auf den Rücken klopfte, als wäre er noch ein naiver, bedauernswerter Junge.

Für die drei würde er wohl immer der Kleine bleiben, egal was er tat, und das nicht nur, weil er für einen Mann recht klein war.

Hoffentlich würde sich die Einstellung seiner Brüder ändern und auch der stetige Druck, gut genug für die Universität zu sein, sobald er die Aufnahmeprüfung bestanden hatte. Er war nur noch so wenige Intervalle von seinem großen Tag entfernt. Bis dahin hieß es aber lernen und noch mehr lernen – selbst wenn es Fauna, Flora und Maultiere beinhaltete –, bis er die Formeln und Fakten praktisch schwitzte. Bacary verwarf den Gedanken an Zahlen, die aus seinen Poren tropften, griff sich die Kanne vom Tablett und schenkte sich die letzten Reste des Safts in ein Glas.

»Und? Irgendwas Interessantes auf den Straßen aufgeschnappt, das einer Erwähnung wert wäre?«, fragte Nkem ihn.

»König Ochuko hat anscheinend angekündigt, in ein paar Tagen nach Fenia abzureisen, um den Geburtstagsfeierlichkeiten von Prinzessin Merla beiwohnen zu können.«

»Ist er nicht schon vor ein paar Intervallen dort gewesen?«, fragte Chidubem.

»Ja, aber du weißt doch, wie sehr unser König es liebt, an rauschenden Festen teilzunehmen«, kommentierte Nkem. »Ist ja nicht so, als ob der verehrte Herr eine Nation zu regieren hätte. Und wieder einmal treten Anulika und Anwuli an die Stelle ihres Vaters.

Wenn es so weitergeht, haben sie bald mehr Regierungserfahrung als er.«

Bacary schüttelte den Kopf und stellte den bereits leer getrunkenen Saft ab. Keiner der Brüder machte auch nur Anstalten, das Geschirr reinigen zu wollen. Meist ließen sie es so lange vor sich hin gammeln, bis die letzten Tassen auch verbraucht waren und Chidubem sich weigerte, aus Schalen zu trinken. »Das ist logistisch nicht möglich. Ochuko sitzt schon länger auf dem Thron, als die beiden am Leben sind.«

Nkem hob seufzend eine Braue und war dabei, etwas zweifellos Schnippisches zu erwidern, als Uchenna ihm einen warnenden Blick zuwarf.

Kann er ihn denn nicht einmal in Ruhe lassen, drang Bacary der Gedanke Uchennas zu Ohren. Er war der einzige Magielose unter den Brüdern.

»Sie waren übrigens letztens bei uns im Laden.« Der bescheidene Laden hatte eigentlich ihrem Vater gehört und wurde von Uchenna seit mehreren Jahren geführt, was Bacary schon mehr als bloß eine schlaflose Nacht beschert hatte.

Für Außenstehende sahen sich Nkem, Uchenna und Chidubem als Drillinge zum Verwechseln ähnlich und wurden selbst von langjährigen Bekannten vertauscht, doch Bacary hätte sie selbst in vollkommener Finsternis voneinander unterscheiden können.

»Anulika und Anwuli waren im Laden? Haben sie etwa ihre Kronen dort drinnen verloren?«

Nkems Vermutung ergab nicht sonderlich viel Sinn in Bacarys Ohren, der nun nach dem Wasserkrug griff. »Wieso hätten sie ihre Kronen denn ausgerechnet in einem Lebensmittelladen suchen sollen?«

»Nkem, hüte bitte deine Zunge«, schaltete Uchenna sich sofort besänftigend ein, als er den Gesichtsausdruck seines Drillings bemerkte.

Man hatte Bacary bereits mehrmals mitgeteilt, dass er oft ein wenig einfältig rüberkam, doch manchmal schienen ihm die Leute sonst nicht zuhören zu wollen. Schließlich musste es ja irgendwer beim Namen nennen und oft war Bacary derjenige, an dem diese Aufgabe schlussendlich hängen blieb.

»Sie hatten bloß einen Spaziergang durch die Stadt machen wollen, nehme ich an«, fuhr Uchenna fort.

»Und wieso traue ich mich zu wetten, dass sie einen großen Auftritt aus einem Besuch in einem magielosen Laden gemacht haben?« Verächtlich lehnte Nkem sich zurück.

»Weil du meine Gedanken gelesen hast«, sagte Uchenna.

Nkem grinste selbstzufrieden, aber doch auch versöhnlich.

»Du hast daran gedacht?«, fragte Chidubem hörbar überrascht und blickte in die Runde. »Komisch. Ich habe den Gedanken gar nicht gehört.«

»Vermutlich warst du zu abgelenkt von Bacarys Schlürfen«, meinte Nkem, was Bacary aber nicht davon abhielt, noch einen lautstarken Schluck von seinem Wasser zu nehmen.

Er hatte es nie laut vor Uchenna ausgesprochen und hielt sich nur selten mit religiösen Praktiken auf, aber dann und wann fand Bacary sich dabei wieder, wie er ein Dankgebet an die Götter dafür richtete, dass sie ihn beschenkt hatten. Ohne seine Magie hätte er nie die Bildung erfahren können, nach der es ihn verlangte. Ohne zu zögern, hätte er sich jeden Tag für einen Tumult statt für eine Stille des Wissens in seinem Kopf entschieden.

Die drei Lauscher-Brüder machten sich eine Stunde später gemeinsam auf ins Institut. Da nur Begabte Zugang zum Institut hatten, weil das Königreich die Magie und damit auch ihre Träger besonders fördern wollte, hatte Uchenna sich schon vorher von ihnen verabschiedet, um seinen Arbeitstag im Laden zu beginnen. Etwas, woran Bacary möglichst selten zu denken versuchte.

Das Institut war ein eindrucksvolles Gebäude: mit riesigen Säulen, die den Eingang zierten, aber aus Jahrhunderte währender Tradition ein wenig kleiner waren als jene in der Universität in Ezana. Die Treppen waren aus Marmor gehauen, die in zahlreiche Zimmer und Säle führten, aber auch hier unterlag die Quantität jener der Universitätsbibliothek.

Die Regale der zweitgrößten Bibliothek des Kontinents reichten bis zur Decke und waren teilweise eng und teilweise meterweit entfernt aneinandergereiht. Sie waren mit einer Masse an antiken, aber auch den neusten Manuskripten und Wälzern gefüllt, die den ganzen Raum nach Papier und Tinte riechen ließen. Sogar die Wände schienen den Geruch angenommen zu haben.

Aber auch hier galt: Die Anzahl an Schriften durfte die der Universität nicht übersteigen, nicht einmal um eine einzige Schriftrolle, da waren die Gelehrten ganz besonders genau.

Immer noch waren viele Kijanis verärgert darüber, dass die Universität in Ezanas Wüste und nicht bei ihnen erbaut worden war. Kijana hatte immerhin das Wissen auf den Jungen Kontinent gebracht. Doch bei der Errichtung der Universität ging es nicht bloß um das Wissen: Aus der *Überlieferung der Welt* ging hervor, dass im Himmel über der ezanischen Wüste die Antwort auf jede Frage, und jede Frage auf jede Antwort lag. Er war die Unendlichkeit, Anfang und Ende, und Wissen war Unendlichkeit.

Doch der eigentliche, weniger romantisch klingende Grund war, dass der kijanische König zur Zeit der Planung der Universität dem damaligen ezanischen König einen Wunsch schuldig war.

Nachdem die kijanische Kasse beinahe eingebrochen wäre, hatte Ezana damals ein riesiges Darlehen zur Verfügung gestellt. Die Nation hatte sich daraufhin wieder aufrichten und gedeihen können. Nur wenige Jahrzehnte später war man erstmals auf die wichtigsten Bodenschätze Kijanas gestoßen, und so war die Nation sogar an beträchtlichen Reichtum gelangt. Über den Skandal mit der Universität war man aber auch Jahrhunderte nach ihrer Fertigstellung noch nicht hinweggekommen.

Chidubem und Nkem verabschiedeten sich sofort, um vor Arbeitsbeginn der Bibliothek noch einen Besuch abstatten zu können, während Bacary am Eingang verharrte und gar nicht lange warten musste, als er auch schon seine ehemalige Ausbilderin abfing.

»Bacary«, lächelte Meisterin Amara ihn zur Begrüßung an, wirkte aber in keinster Weise überrascht, ihren Schüler so früh am Tag anzutreffen. Amara war mit einer ganzen Ladung Schriftrollen bewaffnet, von denen Bacary ihr schnell welche abnahm, bevor sie zu Boden fallen konnten. Bacary kannte seine Meisterin seit jeher nur in einem steten Zustand des Forschens und Lernens.

»Oh! Vielen Dank, ich war schon kurz davor, sie über den Boden zu rollen.«

»Meisterin Amara …«

»Ja, Bacary?« Wissend lächelte sie ihn an.

»Ihr hättet heute nicht zufällig ein paar Stunden Zeit für mich? Ich verspreche, dass ich mich dafür die nächste Weiche auch nicht mehr blicken lasse.«

Amara seufzte, die Arme ungelenk um ihre verbliebenen Schriftrollen geschlungen. »Wir haben doch erst vor ein paar Tagen gemeinsam für Eure Prüfung gelernt. Habt Ihr niemanden, der Euch bei all der Arbeit vermisst?«

»Wozu, wenn ich die Zeit im Institut verbringen kann, Meisterin Amara?«

»Ihr meint wohl, im Lesesaal«, präzisierte Amara, bedeutete ihm aber mit einem Nicken ihres Kopfes, ihr zu folgen. »Mir ist zu Ohren gekommen, dass Ihr schon wieder versucht habt, den Schlüsselmeister in Eure Sache einzuspannen? Ich dachte, darüber hätten wir uns bereits unterhalten?« Die Meisterin klang eher belustigt als tadelnd.

69

»Es hat bei den anderen zwei vor ihm auch funktioniert und die waren noch mürrischer als er.«

»Wohl wahr, die mürrische Ader scheinen viele der Schlüsselmeister zu teilen«, stimmte Amara zu. »Aber drängt ihn nicht zu sehr. Sonst wird mir noch nachgesagt, Eure Manieren wären durch meine Lehre verroht.« Sie erklommen die Treppen in den Ostflügel des Gebäudes und nickten anderen Gelehrten mit ihren Auszubildenden zu, denen sie auf dem Weg begegneten.

Sie traten wenig später in Amaras großzügiges Büro: vollgestopft mit Büchern und Schriftrollen sowie verschiedensten Artefakten. Jedes Mal, wenn Bacary hier drinnen schon alles gesehen zu haben glaubte, kam ein neues, noch faszinierenderes Stück dazu, welches er bestaunen konnte. Auch wenn er sich manchmal fragte, ob die Meisterin sie tatsächlich in ihrem Büro auf diese Weise horten durfte. Beschädigt wurde etwas in dem Chaos nie, aber manchmal blieb das eine oder andere Stück auf mysteriöse Weise verschollen. Bacary glaubte, dass Amara manches heimlich mit zu sich nach Hause nahm.

Sie luden die Schriftrollen in einer Ecke ab, obwohl es Bacary schmerzte, dieses geballte Wissen achtlos dort herumliegen zu sehen. Gemeinsam machten sie sich auf in die Bibliothek, um sich in den nächsten Stunden, die wie im Nu verflogen, auf Bacarys Vorschlag hin mit den wichtigsten Punkten der Geschichte Ezanas zu beschäftigen. Ein interessantes, aber auch zähes Thema, das ihm zwar lag, aber seit jeher ein fester Bestandteil des Stoffes für die Aufnahmeprüfung war, also wollte er kein Risiko durch triviale Selbstüberschätzung eingehen.

Amara empfahl Bacary noch, *Das Ezan'sche Lexikon* aus der hiesigen Bibliothek zu überfliegen, und gab ihm den Hinweis, dass die Antwort im Zweifelsfall immer Traumsand oder Dürre lautete, bevor sie sich mit einem liebevollen Klopfen auf seine Schulter verabschiedete.

Mit dem Sammelwerk ausgerüstet, passierte Bacary den Schlüsselmeister, der ihm einen verächtlichen Blick von seinem Posten aus zuwarf. Als Bacary ihm als Antwort nur respektvoll zunickte, freute er sich insgeheim über den etwas perplexen Gesichtsausdruck des Mannes.

Fröhlich gestimmt schlenderte er nun in den Lesesaal mit seinen hohen Wänden, die bei jedem kleinsten Mucks ein Echo warfen. So auch bei Bacarys leisen Schritten, weshalb man sich hier besonders Mühe gab zu flüstern, da sonst jeder mithören konnte. Ein Umstand, den die Architekten des Saals bei seiner Errichtung mit Absicht hatten einfließen lassen, um eine wahre Lernoase zu schaffen.

Bacary passierte die vielen hölzernen Studiertische, die von noch pubertierenden und tatsächlichen Schülern sowie Abgängern wie ihm selbst bevölkert wurden. Er setzte sich auf einen freien Platz und hielt wie jedes Mal inne, um für einen Moment den Umstand zu genießen, nichts zu hören. Keine lästigen Gedankenfetzen, immerhin hatten im Institut nur Begabte Zutritt.

Er erinnerte sich, wie er als Schüler hier fast genauso viel Zeit verbracht hatte wie in der Bibliothek, allein weil die angenehme Stille ihn derart mit ihrer Lautlosigkeit in ihren Bann gezogen hatte. Wenn er nicht jeden Tag für das Wissen ins Institut gepilgert wäre, hätte er es allein schon für die Stille getan, die ihn innerhalb dieser Mauern willkommen hieß.

Das Institut war nicht nur die älteste, renommierteste und am besten ausgestattete Akademie für die Jüngsten; sie war in erster Linie die Forschungsstätte Kijanas, in der jede Wissenschaft ihren Platz hatte und von zahlreichen begabten Gelehrten am Leben gehalten wurde. Man wuchs hier in einem Umfeld auf, welches Wissen zelebrierte und die begabten Schüler anregte, ihren Verstand zu schärfen und mit Unendlichkeit zu füttern. Es war also nicht bloß eine Schule für Begabte, allein dafür war das Institut nicht errichtet worden. Die jungen Schüler waren vielmehr Zeugen des Wissens, welches hier Tag für Tag erweitert und erforscht, in den Studierzimmern von den klügsten Köpfen Kijanas unterrichtet und in ihrer Bibliothek festgehalten wurde.

Für die meisten Schüler war das Institut ein zweites Zuhause. Ein Ort, den man auch nach seinem Abschluss immer wieder aufsuchte, wenn es einen weiter nach Wissen dürstete. Aber Bacary reichte das nicht. Er wollte nie aufhören zu lernen und die Universität war da eine ganz andere Dimension, so grandios dieser Ort hier auch sein mochte: *Nichts* davon war ein Vergleich zur Universität im Nachbarland, wo die brillantesten begabten Geister des gesamten Kontinents zusammenkamen, gemeinsam lernten und mit ihren Entdeckungen Geschichte schrieben. Bacary hätte alles dafür gegeben, einer von ihnen zu sein.

Zwei Stunden lang genoss er die Atmosphäre im Saal, machte sich Notizen mit Papier und Feder, die für die Lauscher auf den Tischen zur freien Verfügung bereitlagen. Das Kratzen des Federkiels über der Papieroberfläche war wie die süßeste Melodie in seinen Ohren, genau wie dieses flatternde, raschelnde Geräusch, wenn jemand in einem Streich mit dem Daumen von der ersten bis zur letzten Seite eines dicken Buches blätterte.

Da bemerkte er Oyibo.

Der Meister kam in den Saal geschlendert, ein Buch unter seinen Arm geklemmt. Wahrscheinlich auch noch eines seiner eigenen Werke. Oyibo war eine Legende an der Universität: der jüngste Absolvent des letzten Jahrhunderts; Frauen und Männer huldigten ihm, als wäre er Kijana persönlich. Allein sein breitbeiniger, gelassener Gang strahlte Selbstherrlichkeit und triefende Arroganz aus, als stünden sie alle unter ihm.

Bacary gehörte explizit nicht zu seiner treuen Gruppe von Fanatikern. Er riss seinen Blick fort und versuchte sich auf den Inhalt des Buches zu konzentrieren, doch erwischte sich dabei, wie er ständig mit den Gedanken abdriftete und denselben Satz, dasselbe Wort immer und immer wieder las, bis er schließlich aufgab. Frustriert klappte er das Schriftstück zu, ohne sich zu notieren, auf welcher Seite er stehen geblieben war.

In dem Moment sah er Oyibo an seinem Tisch vorbeigehen, sein gut aussehendes Gesicht für den Bruchteil eines Wimpernschlags von Spott und Hohn gezeichnet und direkt auf Bacary gerichtet. Bevor er sich an einen Tisch setzte, an dem eine hübsche Schülerin saß, die ihn mit großen Augen unverhohlen anhimmelte, als er ihr ein blendendes Lächeln schenkte.

Bacary schob seinen Stuhl quietschend zurück, schnappte sich *Das Ezan'sche Lexikon* und verließ bestimmten Schrittes und geraden Rückens den Saal, ohne zurückzuschauen.

Sein Verhalten ärgerte ihn, doch er konnte sich nicht einfach helfen. Er wollte sich nicht vertreiben lassen von diesem Mistkerl, wollte ihn nicht gewinnen lassen und sein Ego füttern, welches ohnehin schon größer war, als für eine einzige Person ratsam zu tragen war.

Sobald er Oyibo sah, war es mit seiner Konzentration dahin. All die unterdrückte Wut stieg in ihm hoch, all der Frust der letzten Intervalle und … Emiola.

Nein, mahnte er sich, während er an dem in einem Buch blätternden Schlüsselmeister vorbeimarschierte, auf der Suche nach einem anderen ruhigen Ort. Er hatte genug davon. Schon als sie noch da gewesen war, hatte sie ihn mehr von seinen Studien abgelenkt, als vertretbar für ihn war. Allein wenn er daran dachte, wie er all die Intervalle so wenig Energie ins Lernen und stattdessen in sie gesteckt hatte, schämte er sich für sich selbst. Das Rationale in ihm war mit einem einzigen Blick von ihr einfach verschwunden und er hatte Dinge vergeben, über die er jetzt bloß den Kopf schütteln konnte.

Das Einzige, das ihn tröstete, war, dass sie an dem Tag, an dem sie verschwunden war und ihn ohne ein Wort verlassen hatte, auch Oyibo zurückgelassen hatte. Damit versuchte er sich in letzter Zeit aufzurichten, wenn er nicht anders konnte, als an sie zu denken. Was öfter der Fall war, als ihm lieb war.

Doch bald nicht mehr: Die Aufnahme in Ezana würde der Beginn eines neuen Lebens sein, in dem es weder für sie noch für Oyibo Raum geben würde.

Laelia

Laelia rannte.

Hadrian und seine verwirrte Miene ließ sie zurück, mit nichts als Aurels Schrei in ihrem Kopf, der wieder und wieder in ihren Gedanken widerhallte.

Sie bog um die letzte Ecke und kam schlitternd vor ihrer Haustür zum Stehen. Jedenfalls vor der Stelle, an der die Haustür einst gewesen war, denn diese lag jetzt aus den Angeln gerissen und zersplittert auf dem Boden vor ihr.

Ihr Herz setzte einige Schläge aus.

»Aurel?«, rief sie, während sie die Küche, das Badezimmer und das Wohnzimmer durchsuchte und zerbrochenes Holz und Keramikreste unter ihren Sandalen knirschten.

Kaum etwas war verschont geblieben. Kein Möbelstück, keine Vasen und Gemälde, kein Teller. Mutters Rollstuhl lag verlassen und demoliert in einer Ecke.

Laelias Blick huschte zu dem Spalt, der sich im Schatten verborgen an einer Ecke der Wand auftat. Eilig hievte sie sich auf den Tresen, griff in die Lücke und tastete blindlings nach einem Topf, doch fand zu ihrem Entsetzen nichts vor. Mit hämmerndem Herzen wanderten ihre Augen noch mal über das Chaos und entdeckten den Topf gar nicht weit entfernt.

Sie sprang hinab, achtete nicht auf die Scherben, die sich daraufhin in ihre Haut bohrten, und griff nach dem kühlen Terrakottatopf. Er war leer.

Ihr gesamtes Erspartes der letzten Intervalle war fort.

»Aurel? Mama? Wo seid ihr?«, rief sie noch mal, ihre Stimme rau, als sie die Küche wieder verließ und die Treppe hinauflief, indem sie drei Stufen auf einmal nahm, in ihrer Hast hinfiel und sich das Knie aufschlug. Doch sie spürte den Schmerz und das warme Blut kaum, als sie wieder aufsprang und in das Kinderzimmer stolperte.

Keine Spur von beiden.

Ohne weiter zu zögern, rannte Laelia die Treppe wieder hinab, durch die nicht vorhandene Eingangstür in die Nacht und blickte sich keuchend um. Die Nachbarn linsten derweilen neugierig aus ihren Fenstern. Mit einem Mal wurde ihr so übel, dass sie meinte, sich jeden Moment übergeben zu müssen.

Sie legte die Hände auf ihren rumorenden Magen, kalter Schweiß brach auf ihrem ganzen Körper aus. Sie merkte kaum, wie ihre Beine unter ihr nachgaben, und sie drohte zu Boden zu sinken, wäre da nicht ein Paar warmer Hände gewesen, die sie im letzten Moment noch aufrecht hielten.

Im nächsten Moment hatte sie sich schon wieder losgerissen und stand von selbst aufrecht.

»Lass uns reingehen.« Hadrians Blick wurde hart, als er einen Schaulustigen sah, der gaffend in seiner Eingangstür stand, woraufhin dieser sich auch schon zurückzog. »Wir haben Zuschauer.«

Stumm nickend folgte sie ihm in ihr Haus zurück und setzte sich auf den Wohnzimmerboden. Ein Schluchzen entschlüpfte ihr, als sie Aurels zerbrochene Holzpferde neben sich fand.

»Zeig mir dein Knie«, bat Hadrian, doch alles, was sie tat, war, kopfschüttelnd auf das Holzspielzeug neben sich zu starren.

»Ich … ich verstehe einfach nicht …«, murmelte sie. Ihr Blick schweifte weiter und blieb an einem weißen Umschlag hängen, welcher auf der zerstörten Holzplatte des Wohnzimmertisches lag und noch nicht dort gewesen war, als sie das Haus wenige Stunden zuvor verlassen hatte. Er trug ihren Namen.

Im nächsten Moment hielt sie ihn schon in ihren Händen, riss das teure Papier auf, nur um ein weiteres teures Papier, aus Ezana vermutlich, herauszuziehen. Sie ließ den Umschlag achtlos fallen, als ihre Augen über die geschriebenen Zeilen huschten und diesen Prozess anschließend wiederholten, nur um sicherzugehen, dass sie nichts übersehen hatte. Laelia hob ihren Blick und schaute Hadrian das erste Mal, seit sie hier drinnen waren, wirklich an.

»Was?«

»Hast du davon gewusst?«, fragte sie mit erstickter Stimme. Ihr Drang, das Gesicht in ihren Händen zu vergraben, wurde von einer anderen aufkeimenden Emotion überschattet. Das Blut an ihrem Knie tränkte das Kleid, auf dem sie hockte, tiefrot.

»Wovon?«

Er war ein ganz hervorragender Schauspieler. Sie schleuderte ihm Neros Nachricht entgegen, damit auch er sie lesen konnte, wenn er das denn nicht schon längst getan hatte.

Als er fertig war, warf er ihr über den Brief hinweg einen Blick zu. Sie standen sich direkt gegenüber. »Ich schwöre dir bei den Göttern, ich hatte keine Ahnung, was er vorhatte.«

»Lüg mich nicht an!«, stieß sie zornig hervor. Der Hass auf ihn löste einen leichten Schwindel in ihr aus. »Für wie verblödet hältst du mich eigentlich? Was für ein passender Zufall, dass du mich ausgerechnet zu dem Zeitpunkt mit deiner Anwesenheit beehrt hast, als die Leute deines Anführers mein Haus auseinandergenommen und meine Familie entführt haben, findest du nicht?«

»Ich habe dich nicht absichtlich abgelenkt, er muss das geplant haben.«

Sie musste sich zusammenreißen, um ihm nicht das Gesicht zu zerkratzen. Das Papier knitterte hörbar unter ihren sich krümmenden Fingern, als sie es wieder an sich nahm.

»Verschwinde.«

»Nein«, sagte er und trat einen Schritt auf sie zu. »Ich kenne

Nero. Das ist bloß ein Versuch, dich einzuschüchtern. Ich kann dir helfen …«

»Ich will deine Hilfe aber nicht.« Laelia stieß ihn gegen die Brust, doch er geriet noch nicht einmal ins Stolpern.

»Geh endlich!«

Sie starrte ihn so lange an, bis er mit undurchschaubarer Miene und ohne ein weiteres Wort ihr verwüstetes Haus verließ.

In dem Moment, als sie ihn um die Ecke verschwinden sah, klappte sie den Brief zögerlich wieder auf. Wie hypnotisiert starrte sie auf die Geldsumme, die Nero bis zum morgigen Tag für die Freilassung ihrer Familie verlangte. Nicht in einem Jahr würde sie so viele Silbertaler zusammenbekommen. Sie legte den Kopf in den Nacken, um die Tränen aufzuhalten, die ihre Wangen hinabrinnen wollten.

Sie sind noch nicht tot, sagte Laelia sich mit geschlossenen Augen und atmete tief durch zittrige Lippen, die ein Schluchzen unterdrückten. *Es ist nicht wie bei Papa, sie sind noch nicht tot, ich bin noch nicht allein, sie sind noch nicht tot, sie sind noch nicht tot.*

Das war keine Option für sie, also würde sie es auch gar nicht in Erwägung ziehen. Was auch immer sie tun musste, um das Geld zu bekommen, sie würde es tun.

Und sie würden leben.

Hadrian

»Was hast du mit ihnen vor?«

Hadrian war in Neros Arbeitszimmer gestürmt, ohne auf die Wachen zu achten, die versuchten, ihn zurückzuhalten, und baute sich zu seiner ganzen Größe vor dem Schreibtisch auf. Aus der leicht amüsierten Miene schließend, mit der sein Gegenüber in seinem Stuhl zurückgelehnt saß, hatte er wohl nur darauf gewartet, bis Hadrian endlich hier ankommen und ihn zur Rede stellen würde. Doch es war ihm herzlich egal, dass Nero diese Seite von ihm sah.

»Möchtest du vielleicht etwas trinken?« Nero deutete auf das mit violetter Flüssigkeit gefüllte Glas neben seinem Ellenbogen. »Ich habe gerade eine ganz hervorragende Flasche reinbekommen.«

Hadrian musste sich anstrengen, um das Glas nicht vom Tisch gegen die Wand zu fegen. »Das war so nicht abgesprochen.«

»Entschuldige?«

»Spiel nicht den Ahnungslosen. Nicht mit mir. Du hast mich mit Absicht genau heute zu ihr geschickt. Ich war dein Ablenkungsmanöver.«

Nero verschränkte seine Hände vor sich und seine Mundwinkel deuteten ein halbes Lächeln an. »Ich habe mir nur das geholt, was mir zusteht. Das Mädchen hat mich die letzten Intervalle viel Geld gekostet und ich habe getan, was getan werden musste. Eine Warnung ist mehr als genug, und wenn sie das nicht verstehen möchte, dann muss sie eben mit den Konsequenzen leben. So einfach ist das. Zuerst wollte ich nur ein wenig Ordnung in ihr Haus bringen, als mir dann aber berichtet wurde, dass ihr beide in der Vergangenheit ... recht vertraut zusammen gesichtet worden seid, konnte ich es mir nicht nehmen lassen, ihr eine kleine Sonderbehandlung zukommen zu lassen. Immerhin scheint sie ja eine enge Freundin von dir zu sein. Und deine Freunde sind auch meine Freunde, wie du hoffentlich weißt.«

Hadrians Hände flehten förmlich danach, über den Tisch zu langen. Dafür, was er Laelia angetan hatte. Dafür, dass Laelia wegen ihm in dieser Misere steckte. Vor allem aber dafür, dass Nero ihn derart manipuliert hatte. Hadrian verstand sich nicht gut mit Lügen und noch weniger mit Lügnern.

Seine Finger knackten. »Du hast ihre Familie entführen lassen, um dich bei mir zu rächen, weil ich deinen Vertrag abgelehnt habe?«

Er war kurz davor gewesen, die Feder auf das Papier zu setzen, nur um sich zu fragen, ob er tatsächlich mit neunzehn Jahren schon sein Todesurteil unterschreiben wollte. Wenn es nach ihm gegangen wäre, hätte er Nero um Bedenkzeit gebeten, denn endgültig abzulehnen fühlte sich immer noch falsch an, aber Hadrian war sich bewusst, dass seine Welt so nicht funktionierte.

Kurz riss Neros Maske ein. Seine Züge verzogen sich fratzenartig. »Ich wüsste nicht, seit wann ich dir Rechenschaft schuldig bin, mein Sohn. Besonders nachdem du mein großzügiges Angebot ausgeschlagen hast.«

»Du weißt genau, wieso ich es abgelehnt habe.«

»So ängstlich kenne ich dich gar nicht.«

Hadrian schnaubte. »Ich bin nicht ängstlich, aber auch nicht gerade erpicht darauf, meinen Kopf zu verlieren.«

»Wenn jemand diesen Posten überleben kann, Hadrian, dann bist das du. Immerhin habe ich dich selbst ausgebildet.« Eindringlich fixierte Nero sein Gesicht. »Und diese ganze Arbeit hast du nun zunichtegemacht ... Für was?«

»Ich frage mich, ob Theresia deine Meinung teilt.«

Die Gesichtszüge Neros versteinerten sich weiter. »Sie weiß ohnehin, dass es früher oder später darauf hinausgelaufen wäre. Der Bund braucht einen Erben.«

Den Nero und Theresia nicht hatten.

Laelia würde ihm das alles niemals verzeihen. Sie würde ihm niemals glauben, wenn er versuchen würde, Neros Spiel zu erklären. An ihrer Stelle hätte er sich selbst ebenso wenig geglaubt. »Dann wirst du dir wohl einen neuen suchen müssen. Wo ist Laelias Familie?«

»An einem sicheren Ort, bis sie mir morgen das Lösegeld aushändigt. Obwohl es sich als recht umständlich erwiesen hat, ihre Mutter ohne Rollstuhl von dieser Drecksbude wegzuschaffen.«

Er hatte den Rollstuhl bei Laelia zu Hause gesehen, war aber zu abgelenkt gewesen, um weitere Schlüsse zu ziehen. Doch damit würde er sich später beschäftigen müssen. »So viel Geld hat sie nicht.«

Neros Augen funkelten und die Zufriedenheit stand ihm ins Gesicht geschrieben. »Bedauerlich.«

»Ich werde für sie bezahlen.«

»Nein, wirst du nicht.«

»Götter, dann lass mich den Vertrag unterschreiben und beende das hier. Das ist es doch, was du willst. Wobei ich mich fast schon geschmeichelt fühle, wie sehr du um meine Aufmerksamkeit buhlst.« Auch wenn es bedeuten würde, seine Seele endgültig den Geirrten zu verkaufen; das war er Laelia und Aurel schuldig. Niemand hatte es verdient, auf diese Art von seinen Geschwistern getrennt zu werden.

Er hätte es besser wissen müssen. Schon als Nero ihn ein zweites Mal zu ihr hatte schicken lassen, war er misstrauisch gewesen, hatte aber nicht weiter nachgehakt.

Zu seiner Überraschung lachte Nero bei seinen Worten laut auf.

»Hadrian, du solltest mich nach neun Jahren gut genug kennen, um zu wissen, dass ich ein Angebot nicht zweimal mache. Du kannst aber morgen gerne bei der Übergabe dabei sein, so wird es garantiert noch unterhaltsamer.«

Hadrian musste nicht antworten, um klarzumachen, dass er zugegen sein würde. Er würde Laelia Nero bestimmt nicht allein gegenüberstehen lassen.

»Nach all den Jahren frage ich mich aber«, Nero nahm einen Schluck von seinem Kelch, den Hadrian bis zu sich riechen konnte, »wieso du überhaupt bei mir geblieben bist, wenn dich meine Methoden immer noch so abstoßen. Sie haben sich immerhin bewährt, nicht wahr?« Er vollführte eine ausladende Geste mit seinem Arm. »Mit Moral kann man kein Imperium aufbauen, mein Sohn. Und Gewalt hinauszuzögern, die ohnehin früher oder später eingesetzt werden muss, ist nichts als Zeitverschwendung. Du bist doch selbst mehr als nur einmal bei Entführungen dabei gewesen und hast sie mit mir geplant. Wo liegt also das Problem?«

Hadrians Lippen bildeten eine schmale Linie. Um bei Nero Beachtung zu finden, hatte er härter sein müssen als alle anderen, skrupelloser, brutaler; das war ihm von Anfang an klar gewesen. Das hieß jedoch nicht, dass er nicht noch den einen oder anderen Wert hatte, an dem er festhielt.

Zu Nero sagte er lediglich: »Das hier ist etwas anderes.«

Nero neigte seinen Kopf. »Weil du dieses Mal am anderen Ende sitzt? Ist es das, Hadrian? Oder möchtest du dir schlicht nicht eingestehen, was ich schon lange weiß?«

Hadrians Blick schweifte zur Wanduhr über Neros Kopf. Er hatte genug Zeit verschwendet. Wenn er Laelia und ihrem Bruder tatsächlich helfen wollte, brachte es ihm nichts, hier herumzustehen und sich über seine Unachtsamkeit zu ärgern.

Es gab viel zu tun.

»Du kannst jetzt gehen.«

Hadrian drehte sich kommentarlos um, doch hörte er Nero zum Abschied noch äußern: »Ich hoffe, du verstehst jetzt endlich, wie die Dinge hier laufen.«

Hadrian zuckte nicht einmal zusammen, als die Tür krachend hinter ihm ins Schloss fiel und er eins der Gemälde zu Boden stürzen hörte.

Merla

»Nur eine Stunde und dann haben wir es hinter uns, Mer.«

Merla wusste zwar, dass eine Stunde nicht viel war, aber verbracht am falschen Ort und mit den falschen Personen, hatte die Zeit die unangenehme Angewohnheit, sich zu dehnen.

Man hatte die Prinzessin wie alle kommenden und gehenden Tage dazu angeregt, zum Kräftetraining zu erscheinen. Tunika und Hose hatte Megan ihr bereits rausgelegt. »Bist du dir sicher, dass sich die Übungseinheit nicht verschieben lässt? Auf die nächste Weiche vielleicht?« Am liebsten aber eigentlich auf viele und noch mehr Weichen danach.

»Wir haben es jetzt schon bestimmt fünf Mal verschoben. Irgendwann musst du dich beim Training wieder zeigen«, erinnerte Megan sie sanft.

Durch lebenslangen Versuch und Fehlschlag hatte Merla Wege gefunden, die sie möglichst große Bögen um den Adel schlagen ließen. Sie wusste, welche Palastgänge es zu nutzen und welche es zu meiden galt. Zu welchen Tageszeiten sie in welchem Saal sein sollte und in welchen sie sich lieber versteckt hielt. Aber beim Schattentraining gab es keine verlassenen Gänge, keine Schlupflöcher, keine Zeitfenster.

»Ich habe auch keine Lust, aber deine Mutter hat es mir persönlich aufgetragen.«

Dass die Königin mit einer einfachen Zofe sprach, war etwas, das nicht alle Tage geschah im fenischen Königshaus, bestenfalls alle paar Jahre, und selbst das wäre ungewöhnlich gewesen. »Meine Mutter hat mit dir gesprochen?«

Megan schlang die Arme um ihren Oberkörper. »Nur kurz. Sie hat gemeint, dass ihr und dem Adel deine Abwesenheit der letzten Weichen langsam ... negativ auffalle.«

Die Königin *und* der Adel waren auf ihr Fehlen aufmerksam geworden? Vielleicht täte sie tatsächlich gut daran, sich zu zeigen, wenn sie ihrer Familie Misstrauen und Tadel ersparen wollte. Litt Merlas Ruf, litt auch unweigerlich der Ruf ihrer Familie. »Und ich verstehe auch, wieso sie mich dort haben wollen, aber ...« Aber sie wusste schlicht nicht, wie sie mit und neben dem Adel üben sollte, ohne selbst zwangsläufig im Nachteil zu sein. Wandte sie ihre Kräfte zu stark an, hätte sie die Missgunst des adeligen Verlierers auf sich gezogen. Gewann ihr Gegenüber, würden wieder Gerüchte laut, dass sie zu schwach sei, um mit Regierungsaufgaben betraut zu werden, und man würde die Erziehung der Königin dafür verantwortlich machen. Egal wie sie es drehte und wendete, legte und stellte: Jedes Szenario endete mit ihrem Versagen.

»Ich weiß«, sagte Megan bloß.

Die Tunika und die Hose an sich nehmend, die sich irgendwie besonders rau und ungemütlich unter ihren Fingerspitzen anfühlten, murmelte Merla kaum hörbar ihre Zustimmung. Dabei aber tatsächliches Selbstvertrauen zu mimen, war schwerer vorzutäuschen, bevor Megan ihr auch schon aus ihrem Kleid half.

Eine Viertelstunde später waren sie beide im Übungsraum angekommen.

Die Schatten, mit denen in diesem hantiert wurde, flogen im ausladenden Saal von links nach rechts, von oben nach unten, von einem Schattentänzer zum nächsten. Wie dicke Pfeile, die man aus schwarzem Nebel gefertigt hatte und welche ihre Flugbahn in der Luft nachzeichneten, als wäre diese deren Leinwand. Die Schatten

85

unter der Haut der Prinzessin spürten bereits, dass sie Gesellschaft hatten.

Dutzende Köpfe wandten sich in ihre Richtung, während einer nach dem anderen sich vor Merla verbeugte und Megan ignorierte, begleitet von mal mehr und mal weniger leisem Geflüster.

»Traut sie sich also doch mal wieder aus ihrem Zimmer?«, hörte sie aus der einen Ecke, was ihren Hals brennen und jucken ließ.

»Aufpassen, keine zu plötzlichen Bewegungen, sonst verschreckt ihr sie noch«, hieß es aus der anderen lachend, was sie an ihrem hohen Pferdeschwanz zerren ließ.

Kurz wurde es so still, dass Merlas Ohren bloß das metallische Aneinanderschlagen von Schwertern und das gedämpfte Brüllen aus der angrenzenden Halle wahrnahmen, wo Teile des Heers trainierten.

»Ignorier sie einfach«, murmelte Megan ihr zu, als Merla unvermittelt stehen geblieben war, kurz davor, den Saal doch noch zu verlassen. Die Zofe führte sie an das eine Ende des Saals, an dem eine Militärausbilderin bereits auf sie wartete.

»Euer Hoheit.« Merla hatte aufgehört zu zählen, um die wievielte Verbeugung es sich allein in den letzten fünf Minuten handelte. »Ich freue mich, dass Ihr der Einladung gefolgt seid.«

Die übrigen Anwesenden gingen langsam dazu über, sich wieder auf ihr eigenes Training zu konzentrieren. Das allerdings bestimmt mit halbem Ohr und ihrer ganzen Aufmerksamkeit immer noch Merla folgend. Keiner von ihnen würde sich die Möglichkeit nehmen lassen, heute gegen sie anzutreten.

Eine Sache ließ Merla allerdings aufatmen: Von Roarke war weit und breit nichts zu sehen. Seit ihrem Gespräch vor ein paar Weichen ließ er ihr unaufhörlich Nachrichten zukommen. Bat sie, ihn zu diesem und jenem Theaterstück zu begleiten. Versicherte ihr, dass die Karten für die *Schattentänzerin* bereits bereitlagen. Merla wusste nicht, wie lange sie noch hinauszögern konnte, ihm zu antworten, bevor die Königin von ihrem Versäumnis erfuhr und eigens Briefe im Namen ihrer Tochter diktieren ließ. Wenn sie das denn nicht schon tat.

»Es ist mir eine Freude.«

»Mir ist zugetragen worden, dass Ihr Euch beim Training noch etwas schwertut …« Auch wenn Merla sie gerne korrigiert und erklärt hätte, warum sie den Übungsraum eigentlich mied wie ein Lauscher den Lärm, schien es ihr viel zu unhöflich, das auch tatsächlich zu tun. »Deswegen habe ich mir für heute etwas anderes einfallen lassen: Da Euch ein begabter Gegner derzeit noch überfordert, werde ich Euch fürs Erste auch keinem zuordnen.«

Merla teilte ein Lächeln mit Megan, das erstaunter war, als es schnell war. Kein Duell? Kein Seilakt, den sie meistern musste?

»Ist das in Ordnung für Euch?«

»Natürlich«, platzte es strahlend aus ihr heraus.

»Hervorragend.« Die Ausbilderin drehte ihren Kopf und bellte, wie nur ein Befehlshaber dies konnte: »Angetreten!«

Irritiert wandte Merla sich um, nur um einen jungen Mann zu entdecken, der sich mit gesenktem Kopf aus einer Ecke löste und jedes Mal zusammenzuckte, wenn ein Schattententakel haarscharf an ihm vorbeischoss. Ein einziger Blick auf ihn genügte, um Merla wissen zu lassen, dass er ein Magieloser war. So fremd schien ihre Macht ihm.

Nun fiel er auch den anderen Begabten auf, die zum ersten Mal, seit Merla hier war, nicht bloß sie anstarrten. Seine schlichte Bekleidung ordnete Merla dem Küchenpersonal zu, auch wenn diese ungewöhnlich fleckenlos war. Er war ein magieloser Anblick, der für alle Beteiligten ungewohnt war, in einem Raum, zu dem den Regeln nach bloß Begabten der Zutritt gewährt war.

»Euer neuer Partner«, verkündete die Frau, als er nach der obligatorischen Verbeugung etwas abseits von ihnen zum Stillstand kam. Bei seinem Anblick versteifte Megan sich neben der Prinzessin.

»Aber … ich dachte, ich würde allein üben?«, fragte Merla.

»Ihr habt mich anscheinend missverstanden. Ich meinte, dass Ihr keinen *begabten* Partner haben würdet. Er ist gerade einer Gruppe von Leuten beigetreten, die ich immer wieder bei der Ausbildung meiner Erstlinge verwende, damit sie die Hemmungen vor ihren Fähigkeiten verlieren können. Ihm kann nichts passieren«, fügte sie bei Merlas unsicherem Gesichtsausdruck hinzu. »Immerhin bin ich stets zugegen, und im Notfall«, sie deutete auf einen Mann, der sich im Moment die geschwollene Hand eines Adeligen ansah, »kann ich einen Heiler abbestellen.«

Noch bevor Merla antworten konnte, tat Megan etwas, das sie sonst nie vor anderen Mitgliedern des Hofstaates wagte: Sie sprach. »Euer Hoheit? Habt Ihr dazu nichts zu sagen?«

Sowohl Merla als auch die Soldatin waren gleichermaßen erstaunt und musterten die Zofe. Erstere, weil sie nicht ganz verstand, warum Megan sie so erwartungsvoll und vieldeutig ansah. Zweitere, weil es fast so schien, als bemerke die Soldatin erst jetzt, dass Merla in Begleitung zu ihr gekommen war.

»Wer hat dir die Erlaubnis erteilt zu sprechen, Zofe?«, schaltete sich die Ausbilderin ein.

Megan schien unbeeindruckt von der Soldatin und sah immer noch zu Merla, wartete auf etwas. Nur dass Merla nicht wusste, was sie ihr denn geben sollte. »Megan?«

Die Soldatin schien die offensichtliche Verwirrung der Prinzessin falsch zu interpretieren. »Soll ich sie für Euch aus dem Raum begleiten, Euer Hoheit?«

»Natürlich nicht, ich …«

»Keine Sorge, das ist nicht notwendig«, unterbrach Megan sie und verschuldete eine erneute bestürzte Grimasse der Soldatin.

Die Zofe postierte sich in einem sicheren Abstand zu den nun übrig gebliebenen dreien. Zuerst war da dieses Geheimnis gewesen, das Megan ihr vor Kurzem angedeutet hatte, jetzt dieses Verhalten.

Merla konnte nicht behaupten, schlauer aus Megans Taten geworden zu sein, und noch weniger, dass sie das Angebot ausgeschlagen hätte, den Platz mit einem Lauscher zu tauschen, um ihre Gedanken hören zu können.

»Sehr gut.« Die Frau klatschte einmal fest in die Hände. »Dann kann es ja losgehen.«

Während sie den Bediensteten einige Meter von ihr entfernt positionierte und ihn einwies, kam Merla nicht umhin, immer wieder zu Megan hinüberzuspähen, in der Hoffnung, dass diese ihren Blick erwidern würde. Ihr ein Zeichen geben würde, dass Merla signalisierte: ›Alles in Ordnung. Alles gut zwischen uns.‹

»Ich möchte simpel beginnen, Euer Hoheit. Versucht doch erst mal, ob Ihr es schafft, ihn aus dieser Entfernung gezielt mit Euren Schatten zu berühren. Denkt Ihr, dass Ihr das bewerkstelligen könnt?«

»Ja, ich denke schon.« Eigentlich sollte diese Aufgabe keine schwere für ihre Schatten sein, die solchen leichten Befehlen stets gefügig waren. Merla wollte aber verhindern, Erwartungen mit einem zu selbstbewussten Auftreten zu schüren, die sie möglicherweise nicht erfüllen konnte.

Sie schloss die Augen.

Noch bevor sie den Gedanken fassen konnte, lösten sich Schatten bereits aus den Narben auf ihrem Rücken, passierten den Stoff ihres Oberteils. Sie warteten schon den ganzen Tag darauf, Freiheit zu kosten.

Mit wieder geöffneten Augen beobachtete sie, wie ihre dunklen Freunde durchschimmernd an ihrer Seite herab über den Boden in Richtung des jungen Mannes flossen. Wie sie sich teilweise schlängelnd und teilweise schnurstracks auf ihn zubewegten.

Manche schossen den anderen voraus, doch mit einem einzigen stillen Befehl Merlas, sich zu gedulden, reihten sie sich wieder ein.

Die einen schlangen sich um seine Arme, die anderen um seine

89

Beine und wieder andere um seinen Torso. Der Bedienstete gab sich sichtlich Mühe, bei der Berührung stillzuhalten, und kniff die Augen zusammen, als würde ihm etwas wehtun.

»Und jetzt«, sagte die Frau, »versucht, sie zu festigen und ihn von der Stelle zu bewegen.«

Auch dieser Befehl war den Schatten nicht fremd, worauf sie ihre Transparenz verloren, sich in einer dunklen Masse wie eine schwarze Faust um den jungen Mann schlossen und ihn in die entgegengesetzte Richtung schoben.

Der Magielose schien nicht darauf vorbereitet, denn beinahe wäre er durch den unerwarteten Druck nach hinten gefallen. Die Schatten konnten ihn jedoch noch auffangen, bevor es so weit kommen konnte.

»Das läuft doch besser als erwartet, Euer Hoheit!«, rief die Ausbilderin.

Merla zog ihre Schatten innerhalb eines Wimpernschlags zurück in ihren Rücken und brauchte erst ein paar Augenblicke, um zu verschnaufen, während sie sich leicht über ihre Knie beugte, um den Takt eines regelmäßigen Atems erneut anstimmen zu können. Ihre Tunika klebte stellenweise feucht an ihrem Oberkörper. Die Erschöpfung, die auf den gezielten Einsatz ihrer Kräfte folgte, vergaß sie tatsächlich jedes Mal.

»Ich weiß, die Manifestation ist kräfteraubend«, bestätigte die Soldatin. »Aber eine Aufgabe sollte hoffentlich noch machbar sein?«

»Ja«, brachte Merla durch die Nase schnaufend hervor.

»Dann versucht, ihn mit den Schatten zu stoßen.«

Merla richtete sich ruckartig auf, ihre Erschöpfung war vergessen. Im Augenwinkel tat Megan es ihr gleich. »Meine Schatten sollen ihn stoßen?«

»Nicht fest, bloß so stark, dass er sich wieder fangen kann.« Die Soldatin winkte ab. »Wie gesagt, der Heiler ist stets zur Stelle.«

»Wenn Ihr das sagt«, murmelte Merla. Im Augenwinkel suchte

sie nach Megans Aufmerksamkeit. Diese schenkte die Zofe aber ausschließlich dem jungen Mann, der ihre Anspannung zu teilen schien.

Die Schatten traten hervor, dieses Mal allerdings etwas langsamer, da Merla nicht mehr viel Kraft zu erübrigen hatte, von der sie zehren konnten. Sie näherten sich ihm. Flochten sich an ihren Enden erneut zusammen, formten sich zu einer dichten Masse.

Merla schloss die Augen, befahl ihnen, ihn anzustoßen, nur ganz leicht …

Ein Ruck durchfuhr ihren Körper, was sie ein paar Schritte zurückstolpern ließ.

Ein unschönes Knacken folgte.

Die Prinzessin schlug die Augen wie aus einem Albtraum gerissen auf, sah noch, wie der Magielose an der Wand hinabrutschte, bevor er reglos aus mehreren Metern Höhe am Boden aufschlug.

Merla und Megan schrien gleichzeitig auf.

Gemeinsam mit der Ausbilderin und dem Heiler, der so wie jeder andere im Saal mitangesehen hatte, was passiert war, eilten sie an die Seite des Bediensteten.

Merla keuchte auf, als sie sah, dass er atmete. Allerdings hatte er sich zusammengekrümmt und stöhnte schmerzerfüllt.

Es war schwer zu übersehen, wieso: Sein rechtes Bein, Schulter und Oberarm derselben Seite befanden sich in einer unnatürlichen Position, die von mehreren Knochenbrüchen sprach.

»Oh Götter.« Merla wandte instinktiv mit zusammengekniffenen Augen den Blick ab.

Sie verstand einfach nicht, wie das hatte passieren können, so etwas Furchtbares hatte sie noch nie verursacht. Es musste an ihrer Erschöpfung gelegen haben. Sie hätte es besser wissen und aufhören müssen.

»Macht doch was!«, rief Megan dem Heiler zu.

Dieser legte bereits die Hände auf den Verletzten, doch Augenblick um Augenblick verstrich und seine Hände leuchteten nicht auf, wie sie es eigentlich hätten tun sollen. »Das kann nicht sein …«

»Was ist denn? Worauf wartet Ihr?«, fragte Merla mit sich überschlagender Stimme.

»Meine Kräfte. Ich schaffe es nicht, sie herbeizurufen.«

»Ihr müsst es weiter versuchen!«, flehte Merla.

Während der Heiler ihrer Aufforderung nachkam, murmelte sie: »Es tut mir so furchtbar leid, ich war einfach zu erschöpft, es tut mir leid.« Dem Bediensteten liefen Tränen an den bleichen Wangen hinunter. Merla hätte so schrecklich gerne seine Hand ergriffen. Doch sie befürchtete, dass er sie ihr bloß entreißen würde, was sie ihm nicht zum Vorwurf machen konnte.

Und als die Hände des Heilers endlich türkisgrün aufleuchteten, hatte Merla selbst schon Tränen in den Augen.

Ein Schluchzen unterdrückend drehte sie sich zu Megan um, nur um im letzten Moment noch einen Blick auf sie zu erhaschen, wie sie den Saal verließ, ohne sich noch einmal umzuwenden.

Laelia

»Laelia?« Monia stand mittags im Eingangsbereich der Villa ihres Elternhauses – nachdem ihr Diener sie ohne Zweifel höchst aufgeregt darüber benachrichtigt hatte, wer da auf ihrem Grundstück auf sie wartete – und betrachtete Laelia, als wäre sie gerade von den Toten auferstanden. Aber wenn sie so aussah, wie sie sich innerlich fühlte, war sie wohl tatsächlich nur unschwer von einer Untoten zu unterscheiden. Es fühlte sich an, als ob ihre Augenringe bis zu ihren Zehen reichen würden.

Das Mädchen in der Tür lächelte sie nun unsicher an. »Du … Was machst du hier?«

Laelia starrte ihre ehemalige beste Freundin an und es kostete sie jede ihr noch verbliebene Kraft, um zurückzulächeln. Seit sie denken konnte, waren sie unzertrennlich gewesen. Auch wenn es manchmal schwierig gewesen war, nicht neidisch darauf zu sein, was für ein Leben Monia im Gegensatz zu ihr genießen durfte. Das Einzige, das Laelia in Monias Kreisen jemals Respekt verschafft hatte, war ihre Heilmagie gewesen. Sie war zumindest ein Sozialprojekt mit Klasse gewesen. »Seit wann muss ich mich erklären, wenn ich dich besuchen komme?«

Monia blinzelte. »Versteh mich bitte nicht falsch, aber … bei unserem letzten Zusammentreffen hast du nicht so gewirkt, als wolltest du mich oder meine Familie jemals wiedersehen.«

Das stimmte tatsächlich. Und immer noch kam es ihr falsch vor, die Stufen hinaufzusteigen und vor Monia zum Stehen zu kommen, ohne im gleichen Moment auf dem Absatz kehrtzumachen und ihr ein unschönes Leben zu wünschen, für das, was ihre Familie ihren Eltern angetan hatte.

»Darf ich reinkommen? Oder sind deine Eltern zu Hause?«

Sofort trat Monia zur Seite, um sie passieren zu lassen. »Nein, ich … komm nur rein. Meine Eltern kommen erst in ein paar Tagen zurück. Sie machen Urlaub im Süden. Ich hatte keine Lust«, sie verdrehte die Augen. »Wenn ich noch einmal den kijanischen Strand sehe, kippe ich um vor Langeweile.«

Laelia verkniff sich einen Kommentar darüber, dass sie mit dem Geld, welches ihre Eltern bei dieser Reise verschwendeten, ihre Familie bestimmt über mehrere Jahre hinweg hätte versorgen können. Dass Monia sich glücklich schätzen konnte, dass sie sich etwas Derartiges wie Urlaub überhaupt erlauben konnten. Doch sie hielt sich mühsam zurück.

Sie ließen sich beide jeweils auf den luxuriösen Liegen im Wohnzimmer nieder, nachdem Monia eine Schale voller saftiger grüner Weintrauben hatte holen lassen.

Laelia legte ihre Lyra behutsam neben sich ab. Sie war eine der wenigen Dinge gewesen, die bei Neros Verwüstung ganz geblieben waren und welche sie nicht einfach in ihrem Haus hatte zurücklassen wollen.

Das Wasser lief ihr bei dem Anblick des frischen Obstes im Mund zusammen. Als sie in die erste Traube hineinbiss und der süße Fruchtsaft sich auf ihrer Zunge ausbreitete, jubelten ihre Geschmacksknospen so sehr, dass sie gleich noch eine Handvoll hinterherschob, während es sie nicht im Geringsten kümmerte, wie sie dabei aussah. Sie wünschte, Aurel hätte auch welche haben können.

Beim Gedanken an ihn wurde die Traube plötzlich ganz zäh in ihrem Mund und verlor bedeutend an Geschmack.

»Ich habe von der Sache gestern Nacht gehört, Lia. Es tut mir wahnsinnig leid«, setzte Monia vorsichtig an.

Das hatte sie auch gesagt, als der marode Bergstollen ihrer Familie über den Köpfen von Laelias Eltern zusammengebrochen war und ihr Vater dafür sein Leben und ihre Mutter die Kontrolle über ihre Beine hatte lassen müssen.

»Ich möchte, wenn möglich, nicht unbedingt darüber sprechen.«

»Das verstehe ich, aber trotzdem: Es tut mir leid. Ihr seid die Letzten, die so was verdient haben.«

Laelias Lust auf reife Trauben erstarb ein für alle Mal.

»Deswegen bin ich auch hier, wenn ich ehrlich sein darf«, gespielt verlegen sah sie auf ihre Finger. »Ich bräuchte für die nächsten Tage eine Unterkunft. Natürlich nur so lange, bis ich etwas anderes gefunden habe. Meine Sachen kann ich sowieso zu Hause lagern.«

Überrascht strahlte Monia sie an. »Aber selbstverständlich! Ich werde das mit meinen Eltern schon irgendwie abklären, wenn sie zurück sind.«

Erleichtert lächelte Laelia ihr erneut falsch zu.

So verbrachten sie den Tag weiter auf Monias Anwesen und vertrieben sich ihre Zeit damit, dass Monia ihr den neusten Klatsch und Tratsch der Aristokratenkinder, von ihren letzten Intervallen und ihren Plänen für das kommende Jahr berichtete. Manchmal erwischte Laelia sich sogar dabei, sich ein wenig zu vergnügen, für einen Augenblick alles vergessen zu können, auch wenn er nur kurz war.

Nachts lagen sie beide zugedeckt in ihren Betten, als sie Monia wispern hörte: »Es ist schön, dich wieder zurückzuhaben.«

Laelia schluckte. »Es ist schön, wieder hier zu sein, ja.«

»Es bedeutet mir wirklich viel, dass du zu mir gekommen bist, Lia. Nach allem, was passiert ist, hatte ich Angst, dich nie wiederzusehen, weißt du?« Sie pausierte, wohl um zu hören, ob auch Laelia etwas dazu zu sagen hatte. Kurz darauf fuhr sie noch kleinlauter fort: »Es vergeht kein Tag, an dem ich mir nicht wünsche, die Zeit zurückdrehen und das alles rückgängig machen zu können. Der Gedanke, dich für immer verloren zu haben … Ich habe dich vermisst, Lia.«

Tief und noch tiefer in ihrem Inneren wusste Laelia, dass es ihr genauso ergangen war, sosehr ihr dieser Gedanke auch widerstrebte. Doch egal wie sehr ihr ihre beste Freundin auch fehlte, nichts würde jemals entschuldigen können, was Monia und ihre Familie ihr genommen hatten.

»Ich dich auch«, sagte Laelia schließlich, um keine weiteren Fragen zu provozieren.

»Und ich weiß, dass du über die Sache mit Aurel und deiner Mutter nicht reden möchtest, aber … Du sollst wissen, dass du mit mir über alles reden kannst«, hörte sie Monia noch murmeln.

Laelia tat, als wäre sie bereits eingeschlafen, um ihr nicht antworten zu müssen.

Und dann hieß es warten.

Warten, bis Monias Atemzüge ruhig und regelmäßig geworden waren, um sicher zu sein, dass sie sie nicht stören würde. Als es dann endlich so weit war, konnte Laelia es kaum noch abwarten, das Bett zu verlassen. Jetzt hieß es schlicht, so schnell wie möglich von hier zu verschwinden. Doch davor galt es noch etwas anderes zu erledigen.

Auf Zehenspitzen stahl sie sich in der Toga, die Monia ihr geliehen hatte, mit ihrer Lyra auf dem Rücken auf den unbeleuchteten Flur, in Richtung des Büros von Monias Vater, welches natürlich versperrt war, doch damit hatte sie bereits gerechnet. Sie griff in die handbemalte Vase neben der Tür und fischte einen winzigen Schlüssel heraus, den sie vor Jahren mit Monia bei einer ihrer Erkundungstouren durch die Villa jubelnd entdeckt hatte.

Er lag kalt in ihrer Hand, als sie stumm draufspähte, einen prüfenden Blick über ihre Schulter warf, ihn dann in das Schlüsselloch hineinschob und behutsam drehte.

Ein Klicken ertönte.

Lautlos drückte sie die Türklinke hinab und schob die Tür gerade so weit auf, dass sie durch den entstandenen Spalt hindurchschlüpfen und die Tür wieder hinter sich schließen konnte.

Ohne sich weiter umzusehen, wobei das bei dieser Finsternis ohnehin hinfällig war, steuerte sie auf das Ende des Raums zu, nachdem sie noch einmal kurz innegehalten hatte, um nach Geräuschen vor der Tür zu lauschen.

Das Familiengemälde, welches sie nun direkt an der Wand vor sich erblickte, nahm eine gewaltige Fläche ein. Zu sehen waren Monia, ihre blonde Mutter und ihr Vater mit dem stets verkniffenen Gesichtsausdruck, der seine Hand in einer für diese Art von Gemälde typischen Geste auf die Schulter seiner Tochter gelegt hatte. Sie hatte sich nie recht für diese Malerei begeistern können, selbst dann nicht, als sie mit Monia herausgefunden hatte, was sich hinter der Leinwand versteckte.

Mit beiden Händen fasste sie den Bilderrahmen, welcher sich mit einiger Mühe abnehmen und gegen die Wand lehnen ließ. Eine kleine gräuliche Tür war dahinter ins Gemäuer eingelassen.

Laelia griff in ihr Haar, holte die Haarklammer hervor und brach sie auseinander. Dann führte sie die beiden Hälften in das Schlüsselloch vor ihr und stocherte so lange darin herum, bis es sich endlich drehen ließ. Ihre Fähigkeiten im Schlösserknacken ließen ein wenig zu wünschen übrig, aber Monias tiefer Schlaf gab ihr die Zeit, die sie brauchte.

Zahlreiche Silber- und Goldtaler schimmerten durch hereinfallendes Mondlicht in dem nun geöffneten Fach, was ihren Mund kurz trocken werden ließ. Die letzten Intervalle hatte sie nur davon träumen können, jemals so viel Geld auf einmal zu Gesicht zu bekommen. Beinahe hätte sie vor Hysterie aufgelacht, als sie sich im nächsten Augenblick schon geschwind mehrere Beutel schnappte und sie – immer noch auf verräterische Schritte im Haus horchend – mit etwas mehr als dem eigentlich nötigen Geld befüllte.

Laelia schloss das Fach vor sich, platzierte das Gemälde wieder an seinen Platz. Sie stellte sicher, dass alles verschlossen war, was verschlossen gehörte, und sich alles dort befand, wo sie es zuvor vorgefunden hatte.

Sie atmete noch einmal tief durch, zog das schwere Bündel in ihrer Hand zum wiederholten Male langsam zusammen.

Dann verließ sie – um einiges reicher als noch vor wenigen Minuten – eilig das Arbeitszimmer und schließlich auch die Villa und steuerte in Begleitung von weißem Mondlicht und entferntem Hundegebell in den fast menschenverlassenen Straßen auf das Viertel zu, in dem Neros Anwesen lag.

Hadrian

Hadrian lehnte mit vor seiner Brust verschränkten Armen an Neros Schreibtisch, als zwei Wachen gefolgt von Laelia das Arbeitszimmer betraten, nur um sich gleich darauf wieder am Eingang außerhalb des Zimmers zu postieren. Immerhin stellte ihre zierliche, bloß mit einer Lyra auf dem Rücken ausgerüstete Gestalt in deren Augen keine Gefahr dar. So standen sie also allein im Büro und Hadrian beobachtete Laelia, wie sie in sicherer Entfernung über das Leder des Bündels in ihrer Hand strich. Sie starrte auf die Harfe gegenüber an der Wand oder vielleicht auch auf die tickende Uhr daneben, welche für mehrere unangenehme Minuten die einzige Geräuschquelle im ganzen Raum war.

»Ein wenig frische Luft gefällig?« Er öffnete das ausladende Bogenfenster, worauf das laute Rauschen der unmittelbar benachbarten Vene zu vernehmen war, bevor er sich wieder in seine ursprüngliche Position begab. Sie reagierte nicht.

»Es wird schnell gehen«, brach er die Stille zwischen ihnen erneut. »Wir machen so was die ganze Zeit: Gib ihm das Geld, verschwinde mit deiner Familie, sobald er es dir sagt, und du wirst keine Probleme haben.«

Sie blickte weiterhin zu der Uhr.

»Wenn er sich tatsächlich Sorgen machen würde, dass etwas schieflaufen könnte, wären wir jetzt nicht allein hier drinnen.« Wobei Hadrian genau wusste, dass Nero jedes einzelne Wort berichtet bekam, was hier in seiner Abwesenheit über ihn fiel. »Du bist nicht gerade etwas, was er als Bedrohung bezeichnen würde.« Kein spitzer Kommentar schoss ihm entgegen, bis …

»Und du bist hier, um das Spektakel zu genießen, nehme ich an?«

»Die Theaterkarten für heute sind bereits ausverkauft, irgendwie muss ich mich ja bei Laune halten.«

Ihre Augen schossen von der Uhr in seine Richtung. »Findest du es etwa witzig, dass sie einen kleinen Jungen entführt haben? Findest du es witzig, mir Geld wegzunehmen, das ich eigentlich nicht besitze?«

»Laelia …«

»Und du ruhst dich derweilen schön auf dem Geld deiner Eltern aus und lässt alle unter dir aus Langeweile tanzen wie Marionetten, habe ich nicht recht? Dabei ist dir und deinem ach so heiligen Bund vollkommen gleich, was ihr in den Leben anderer anrichtet.«

Seine Augen glitten beabsichtigt auffällig zur Wand, doch in ihrer Wut schien sie davon nichts zu bemerken. »Das sind mutige Worte, wenn man bedenkt, dass sie aus dem Mund einer Diebin stammen.«

Sie blinzelte, doch er merkte, wie sie den Blick wieder abwandte, bevor sie ihm antwortete. »Ich bin nicht wie ihr.«

»Nur weil du dir das einredest, macht es das nicht wahr. Wir sollten das vielleicht nicht hier besprechen, Bandit …«

Mit dem Blick, mit welchem sie ihn darauf bedachte, hätte man weniger mutige Männer über ganze Ländereien jagen können, doch Hadrian blieb ungerührt. Er konnte es sich kein zweites Mal erlauben, derart die Fassung zu verlieren wie am vorherigen Tag. Manchmal war es nun einmal schlauer, jeder andere zu sein als man selbst, besonders wenn man nicht wusste, ob man das Leben tatsächlich wollte, welches man führte.

»Du bist der mieseste und verlogenste Mistkerl von ganz Talina«, sagte sie.

»Du hast bestaussehende vergessen.«

100

Bevor sie noch etwas zweifellos Frevelhaftes hinzufügen konnte, ging hinter ihr die Tür auf und Nero kam herein. Er würdigte sie nicht eines Blickes, als er an Hadrian vorbei den Tisch umrundete, um sich in seinem Stuhl niederzulassen.

Laelia wurde totenstill und musterte bloß den so berüchtigten Mann, dem nur die wenigsten je persönlich gegenübergestanden hatten. Die wenigen, die es taten, berichteten bekanntlich nicht von heiteren Zeiten, wenn sie denn dafür noch eine Zunge hatten.

Hadrian beobachtete Laelia, wie sie das Bündel zwischen ihren Fingern noch fester umklammerte. Der Gastgeber lehnte sich mit einem Schmunzeln zurück, faltete die Hände vor sich auf dem Tisch und sah nun doch noch zu ihr auf.

»Schön, dass du hergefunden hast, Liebes. Ich entschuldige mich vielmals für meine Verspätung. Ich bin schon ganz gespannt darauf, eine unserer Nachwuchstaschendiebinnen kennenzulernen. Ich hoffe, dir keine Umstände bereitet zu haben?«

Ihre sonst so vorlaute Zunge hatte Laelia wohl vor wenigen Augenblicken verschluckt. Die Knöchel ihrer Hand traten weiß hervor.

»Ich nehme das wohl als ein Nein.« Nero lachte leise. »Also kann ich davon ausgehen, dass der Brief alles klargestellt hat?«

Sie schaffte es zu nicken und kurz huschten ihre dunklen Augen zu Hadrian, die wortlose Verurteilung in ihnen unmissverständlich.

»Es waren natürlich unglückliche Umstände. Ich muss sagen, dein Bruder hat ziemlich gebockt.«

Bei der Erwähnung ihres Bruders sah Hadrian augenblicklich das Mädchen hervorkommen, das er eigentlich kannte. »Wenn Aurel oder meiner Mutter auch nur ein Haar fehlt, seid Ihr ein toter Mann, so wahr ich hier stehe.«

Hadrian wusste nicht, ob er sie für diese Bemerkung bewundern oder so schnell wie möglich von hier in Sicherheit bringen sollte. Er hielt seine Arme weiterhin verschränkt.

»Aber mein Liebes, wir wollen hier doch keinen Streit vom Zaun brechen!«, meinte Nero mit gehobenen Händen und stand auf. »Deiner Familie geht es natürlich ausgezeichnet. Bringt sie herein.«

Die Flügeltür hinter Laelia wurde erneut aufgestoßen. Ein kleiner Junge, der Laelia verdächtig ähnlich sah, kam hereingestolpert. Eine Frau mittleren Alters wurde am Boden abgesetzt, sodass sie sich gegen die Wand lehnen konnte.

Die großen Augen des Kindes weiteten sich, als er seine Schwester erblickte, und er stürzte auf sie zu, worauf sie ihn auf Knien sofort in ihren Armen auffing und ihn mit zusammengekniffenen Augen an sich presste. Ihre Hand streichelte unaufhörlich seinen Hinterkopf und sie küsste sein ganzes Gesicht murmelnd ab, während sie neben ihrer Mutter kniete und sich wiederum von ihr in den Arm nehmen ließ.

Hadrian wandte seinen Blick ab, ihm war plötzlich etwas unbehaglich zumute. Dabei glitt sein Blick zu den beiden Wachen, die den Raum immer noch nicht verlassen hatten, als würden sie auf etwas warten.

»Geht es euch gut?«, hörte Hadrian Laelias Stimme raunen. »Haben sie euch irgendwas getan?«

»Uns geht es gut«, besänftigte ihre Mutter sie sofort, ihre beiden Kinder immer noch in ihren Armen.

»Aurel?«

Der Junge nickte, klammerte sich aber immer noch an seine große Schwester, als würde sie ihm jeden Augenblick wieder genommen. »Ich will nach Hause, Lia.«

Diese küsste wiederholt einmal ihre Mutter und dann ihn auf die Stirn. »Wir sind gleich weg, versprochen.«

»Habe ich es nicht gesagt?«, ertönte nun Neros Stimme erneut und lenkte somit alle Aufmerksamkeit wieder auf sich. »Ihnen fehlt kein Haar, wie du es verlangt hast. Jetzt hätte ich aber auch gerne eine kleine Gegenleistung für dieses Entgegenkommen meinerseits.«

Ein sichtlich voller Beutel wurde Laelias Bündel entnommen und von einem der Wachtposten an Nero übergeben. Mit einem kleinen Lächeln auf den schmalen Lippen platzierte er das Säckchen dann in der obersten Schreibtischschublade, ohne den Inhalt zu überprüfen. Man trieb nun einmal keine Spielchen mit Nero, besonders nicht als mittellose Kleindiebin.

»Es ist mir eine Freude, Geschäfte mit dir machen zu können. Wobei ich nicht weiß, ob deine kleine Freundin allzu glücklich sein wird, wenn sie herausfindet, dass man ihre Familie beraubt hat.«

Laelia versteifte sich, hatte sich aber schnell wieder im Griff, als sie ihre Mutter auf ihren Rücken nahm, während Aurel sich hinter ihren Beinen versteckte. Sie würde nicht lange mit einer solchen Last auf den Beinen sein können, doch wäre bestimmt zu stur, dies zuzugeben. »Ihre Familie hat mehr als genug Geld. Sind wir hier fertig?«

Nero betrachtete Hadrian kurz von der Seite. Er wusste, was jetzt folgen würde.

»Aber sicher. Nehmt die beiden wieder mit«, befahl Nero, worauf die zwei Wachen, die den Raum aus gutem Grund nicht wieder verlassen hatten, den nach seiner Schwester schreienden Aurel und die Mutter von Laelia fortrissen. Hadrian nickte unmerklich und die beiden Männer erwiderten seine Geste mit einem kurzen Blick.

»Nein!«, schrie Laelia, doch bevor sie hinterherkonnte, stießen die beiden sie mühelos zu Boden, die Tür wurde vor ihrer Nase zugeschlagen und abgesperrt.

Sie sprang auf. »Mistkerl!«, fauchte sie und wollte sich schon auf Nero stürzen, doch Hadrian kam ihr zuvor, zwang sie auf ihre Knie, sodass ihr die Möglichkeit zu treten ausblieb, und hielt sie geübt in einem Griff fest, aus dem sie sich nicht wieder herauswinden konnte. Doch sie versuchte es dennoch und schaffte es, ihm einen langen oberflächlichen Kratzer am Unterarm zu verpassen.

»Geduld«, flüsterte er ihr ins Ohr, doch sie hörte nicht.

»Holt sie sofort zurück!«

»Ich fürchte, dass ich das nicht tun kann«, erwiderte Nero und hockte sich vor sie. »Immerhin müssen wir auf den Soldaten warten, den ich hierherbestellt habe.«

Stille. »Ihr habt mich verraten.«

»Als aufrichtiger Bürger dieser Stadt ist es meine Pflicht, einen Diebstahl zu melden, wenn ich davon erfahre.« Er hob eine seiner Hände und strich an ihrer Wange entlang, woraufhin sie gegen Hadrians Beine zuckte. »Zu schade. Ein solch hübsches Ding wie du wäre in einem Freudenhaus bestimmt besser aufgehoben als in einer Zelle.« Sein Blick glitt bei der Aussage zu Hadrian, doch dieser gönnte es ihm nicht, eine Reaktion aus sich hervorlocken zu lassen. »Aber ich bin mir sicher, dass sich da etwas machen lässt. Bis dahin jedoch …«

Nero grinste und zum ersten Mal kam der tatsächliche Herrscher des größten Verbrecherimperiums der Nation zum Vorschein. »Schauen wir einmal, ob wir dir bis zum Eintreffen unseres Gastes nicht doch noch deutlich machen können, wie der Bund mit Leuten wie dir umgeht.«

Er kam ihr noch näher, hatte bloß Augen für ihr Gesicht.

Und sah somit Hadrians gezielten Tritt in seinen Magen nicht kommen. Im nächsten Augenblick war Laelia frei und Nero auf dem handgewebten Teppich.

»… Hadrian?« Nero war bereits wieder aufgesprungen. »Was …«

Hadrian erlaubte sich nicht, ihm zu antworten oder darüber nachzudenken, was er gerade tat, welche Brücken er brach, und stürzte sich auf ihn. Ineinander verkeilt stolperten sie nach hinten, direkt in Richtung des Arbeitstisches. Sie schlitterten über die Tischplatte und rissen das Gestell mit sich um, als sie auf den Boden polterten und mit einem Knall aufkamen.

Hadrian würde keinen Schaukampf daraus machen, würde darauf achten, effizient und nicht kreativ zu sein. Aber ein wenig Spaß wollte er dennoch dabei haben.

Er ignorierte den Schmerz in seinen Knien, richtete sich über Nero auf und verpasste ihm einen ungebremsten Schlag ins Gesicht.

Sein Kontrahent schrie schmerzerfüllt auf. Mit einer heftigen Drehung kippte er die Position, doch Hadrian ließ nicht zu, dass er die Oberhand gewann, und schaffte es, Nero wieder unter sich zu fixieren, zielte erneut. Er verpasste ihm noch einen Schlag und noch einen und noch weitere. Der metallische Geruch von Blut stach ihm in die Nase, seine Hände und Knöchel waren klebrig und geschwollen.

»Wachen«, bellte Nero schließlich und schon begannen die Schritte draußen wie ein ganz persönliches Gewitter zu donnern. Doch Hadrian holte schon zum vernichtenden Kinnhaken aus. Zu spät bemerkte er, wie Nero blitzschnell einen winzigen Dolch unter seiner Tunika hervorzog und die Spitze kurz, aber tief in Hadrians Bauch versenkte.

Heißer Schmerz durchzuckte ihn. Fluchend sprang er auf, hielt sich vornübergebeugt die brennende Seite und starrte keuchend auf den endlich bewusstlosen Mann unter sich. Das Blut sickerte aus der Wunde.

»Hadrian.« Laelia starrte ihn vom Eingang aus mit ihren weit aufgerissen Augen an. Geistesgegenwärtig hatte sie mit einem Ohrensessel die Tür vor den Wachen versperrt, um schließlich auch sich selbst den gesamten Kampf über gegen die Tür zu drücken und dem Hämmern von draußen entgegenzuwirken. »Du …«

Sie wurde unterbrochen. Das Holz direkt neben ihrem Kopf splitterte und durch das entstandene Loch reckte sich ein Arm hindurch und langte nach ihr. Blitzschnell stand Laelia keuchend an Hadrians Seite.

Die Tür wurde begleitet von Gebrüll krachend aufgestoßen. Das

Holz flog in alle Richtungen und der Sessel krachte dumpf gegen die Wand, als die Wachen hereinstürmten und das Chaos vor sich erfassten.

Hadrian zögerte nicht länger, schnappte sich Neros Dolch und umfasste Laelias Taille. »Bitte bring mich dafür nicht um« war alles, was er in der Eile sagte, und ihren daraufhin alarmierten Gesichtsausdruck ignorierte.

Stattdessen zog er sie fest an sich und sprang, bevor die bewaffneten Männer und Frauen sie erreichen konnten, aus dem geöffneten Fenster in das dunkle Wasser der Vene.

Laelia

Hadrian und Laelia durchbrachen die Wasseroberfläche und versanken in einer Flut wie aus schwarzer Tinte, die sie umschloss und deren Finsternis alles in ihrer Reichweite aufzusaugen schien.

Mit kräftigen Schlägen ihrer Beine wollte Laelia sich zurück an die Oberfläche kämpfen, doch Hadrian hielt sie zurück. Da sie ihre Kraft durch ein Unterwassergerangel mit ihm nicht vergeuden wollte, ließ sie zu, dass sie von der Strömung mitgerissen wurden, und hielt unter Protest ihrer Lungen die Luft an. Ihr war nie bewusst gewesen, wie stark der Strom tatsächlich war, was aber auch daher rührte, dass einem gesundem Verstand auch nicht die Idee kam, mitten in der Stadt in die Vene zu springen.

Nach einer Weile lockerte sich Hadrians Griff und mit letzter verbleibender Kraft schwammen sie schließlich nach oben und durchbrachen nach Luft schnappend die Oberfläche.

Hustend und immer noch im Strom treibend, huschte Laelias Blick durch die finstere Nacht auf der Suche nach einer geeigneten Stelle, um ans Ufer zu gelangen. Im nächsten Augenblick fragte sie sich, wie weit sie sich eigentlich von Neros Fenster entfernt hatten. Hadrian hatte sie durch ihren langen Tauchgang wohl so weit wie möglich von den nun bestimmt durch die gesamte Stadt wütenden Wachen fortbringen wollen.

»Da vorne können wir raus«, hörte sie ihren Begleiter plötzlich neben sich und bemerkte, wie sich das Wasser stellenweise um ihn herum ein wenig dunkler färbte als bei ihr. Seine Wunde.

Er fing ihren Blick auf. »Keine Zeit. Na los.«

Bevor sie etwas erwidern oder auch nur zu schwimmen beginnen konnte, wurde sie bereits an ihrer vollgesogenen Kleidung gepackt und gemeinsam mit Hadrian an Land gezogen. Unsanft schlug sie auf dem Trockenen auf, konnte sich mit den Händen aber noch abfangen. Schwer atmend sackte sie zusammen und strich sich die Haare von ihrem Mundwinkel fort, die dort kleben bleiben wollten. Einem Impuls folgend fuhr sie auch über die Lyra, die über ihren Rücken geschnallt war, und hätte vor Erleichterung beinahe geseufzt, als sie feststellte, dass der schützende Lack seine Funktion erfüllt hatte.

Neben ihr lag Hadrian schwer atmend auf dem Rücken, starrte gen Himmel und fragte keuchend: »Alles in Ordnung?«

Sie brachte nur eine gemurmelte Zustimmung zustande.

Ein Räuspern ertönte über ihnen.

Bevor sie auch nur zusammenzucken konnte, war Hadrian schon aufgesprungen, doch ihr entging nicht, wie er bei der plötzlichen Bewegung kurz scharf Luft durch die Zähne einsog.

Laelia wollte kaum aufsehen, in Erwartung, mit einer von Neros Wachen konfrontiert zu sein, doch sie hätte nicht weiter danebenliegen können. Denn als sie sich doch schwerfällig aufrichtete und ihren Kopf hob, erkannte sie mit einer schnellen Musterung, um wen es sich bei ihrem Retter tatsächlich handelte. Ihr Blick hing gebannt an der Gestalt des Mannes vor ihr.

Hadrian, dessen Haar an seinen Schläfen klebte, genau wie seine Hose an seinen Beinen und das weiße Hemd an seinem Oberkörper, half ihr auf, nur um sich dann zwischen Laelia und den Fremden zu schieben, während er sich mit immer noch bebendem Brustkorb die Seite hielt.

Laelias wirbelnde Gedanken hielten inne. Sie bemerkte ihr eigenes tropfendes Haar, den kühlen Wind und ihr vollgesogenes Gewand kaum noch.

Der junge Mann vor ihnen, der sie ans Ufer gehievt hatte und vielleicht ein Jahr älter als Hadrian war, starrte sie aus schwarzen Augen an. Sein über die Schulter reichendes Haar war so dunkel wie das schillernde Gefieder eines Raben. Seine Nase war gebuckelt, seine Haut tiefbraun und schimmernd. Doch was sie tatsächlich wie festgefroren starren ließ, waren seine zwei Narben, die jeweils unmittelbar seitlich seine Augen umrahmten: die Silhouetten eines geöffneten Auges. Das Weiß der Male stach wie selbstleuchtend auf seiner dunklen Haut hervor.

Ein Seher aus Ezana.

»Wollt ihr mich weiter anstarren oder kommt ihr jetzt endlich in Bewegung?«

Hadrian baute sich umgehend vor dem Seher auf, während sein Blut langsam sein Hemd und den Bund seiner Hose tränkte. »Sollte ich dich kennen?«

»Bevor wir beginnen, irgendwelche Fragen zu stellen, würde ich dir raten, dich um deine Stichwunde zu kümmern«, meinte der Seher und deutete mit seinem Kopf auf den roten Fleck, der sich an seiner Seite ausbreitete.

»Ich habe schon Schlimmeres ausgehalten.« Hadrian tat einen Schritt auf ihn zu, doch es war nicht zu übersehen, wie seine Beine bei dieser einfachen Bewegung leicht zitterten und wie blass er war.

Der Seher hatte nicht unrecht. Wenn Hadrian nicht gleich versorgt wurde, würde er jeden Augenblick zusammenbrechen. Etwas, was Laelia vor wenigen Stunden nur zu gerne gesehen hätte, aber in Anbetracht der Lage, in der sie sich befanden, für alle Beteiligten ungünstig wäre.

»Zieh dein Hemd aus«, sagte sie jetzt, immer noch leicht außer Atem.

Hadrian hob eine Braue. »Wollen wir vielleicht nicht erst mal gemeinsam essen gehen, bevor …«

»*Jetzt*. Streck die Arme hoch.« Laelia zog ihm vorsichtig das

109

Hemd über den Kopf und warf es achtlos zur Seite, wo es schmatzend landete. Ihre Augen glitten an Hadrian herab und blieben kurz an seinen Bauchmuskeln hängen, was ihn müde grinsen ließ, während sie die Einstichstelle mit gerunzelter Stirn inspizierte.

»Gib mir deinen Dolch.«

»Woher willst du denn wissen, dass ich einen bei mir trage?«

»Gib ihn mir einfach.« Nun bewaffnet, sah sie erst an sich herab, dann zu Hadrian und schließlich verharrte sie bei dem Seher. Um genau zu sein, an seinem Oberkörper.

»Gib mir dein Hemd.«

»Wie bitte?«

»Unsere Kleidung ist schmutzig und unbrauchbar dank unseres kleinen Schwimmausflugs«, erklärte sie mit dem Messer gestikulierend. »Und ich brauche etwas, womit ich einen provisorischen Verband anlegen kann.«

Von einem missmutigen Brummen begleitet, zerrte der Seher sich sein Oberteil in einer groben Bewegung über den Kopf und reichte es ihr. Hadrian drückte fest auf seine Wunde, während sie mit geschulten Bewegungen das Hemd zu einem Stoffband zerschnitt, sodass sie es als Verband anlegen konnte. Zu ihrer Frustration und geringen Überraschung war Hadrian aber kein ruhiger Patient.

»Kannst du mal stillhalten? Du hast einen Messerstich abbekommen und hast schon genug Blut verloren.«

»Der Schnitt … ist nicht tief«, log er unüberhörbar.

Als sie den Druck durch den Verband aber zuckersüß lächelnd verstärkte, erblasste er und knurrte vor Schmerz auf, was sie für wenige Augenblicke trotz der misslichen Lage, in der sie steckten, zufrieden stimmte.

»Reizend«, stieß er unter zusammengebissenen Zähnen hervor.

»Du bist doch eine Heilerin, oder? Dann heile ihn doch.«

Beide schauten bei den Worten des Sehers wieder zu ihm.

»Woher …«, begann sie zu murmeln, doch er unterbrach sie schon wieder, was sie die Zähne zusammenbeißen ließ.

»Wie gesagt, für Fragen haben wir später Zeit. Abgesehen von der Tatsache, dass du innerhalb einer Minute einen perfekten Verband improvisiert hast. Jetzt sollten wir hier erst einmal verschwinden.«

Mit Sicherheitsabstand zum Seher schleppten die beiden sich die Böschung des Ufers hinauf, bis sie auf eine schwach beleuchtete Gasse zusteuerten und sich dort an einer Wand niederließen. Hadrian hatte kaum noch genug Kraft, um sich sitzend aufrecht zu halten, als sie ihn dagegensinken ließ. Der Blutverlust musste mittlerweile erheblich sein, da hatte auch ihr Verband nur wenig retten können.

»Der Kerl … ist uns … ernsthaft gefolgt«, brachte Hadrian hervor.

»Nero«, murmelte sie, »hat keine wichtigen Organe getroffen, sonst wärst du schon nicht mehr hier.« Er beobachtete, wie sie die Verbandsenden noch straffer um seinen Oberkörper an den Seiten festmachte.

»Ich wette … du hast nur … darauf gewartet, dass du das … wieder machen kannst«, sagte er, was sie ihre Augen verdrehen ließ, während sie weiter gegen die Wunde drückte, um die Blutung so gut wie möglich zu stillen.

Hinter sich hörte Laelia etwas rasseln. Der Seher hatte eine winzige Schatulle in der Hand und warf sich eine Minzpastille in den Mund, während er ungeduldig mit dem Fuß auf den Boden tappte. Laelia wusste beim besten Willen nicht, wie sie darauf reagieren sollte. »Wenn wir dich bei irgendwas aufhalten sollten, kannst du gerne gehen.«

»Ich wünschte, ich könnte«, brummte er, was sie nur noch mehr befremdete.

»Selbst wenn du gerade verblutest, bist du unausstehlich, weißt

111

du das eigentlich?«, murmelte sie, wieder auf Hadrian konzentriert, trotz des komischen Kauzes hinter ihr.

»Und selbst … wenn du nach Flusswasser riechst, bist du … unglaublich sexy«, konterte Hadrian, sein Kehlkopf hüpfte aber, als er sah, dass sie die Blutung immer noch nicht hatte stillen können. »Laelia … ich will dir ja wirklich nichts vorschreiben, aber …˙ langsam könntest du mit dem Heilen beginnen.«

Laelia strich sich eine feuchte Haarsträhne hinter ihr Ohr, ihre Finger im Augenwinkel rubinrot glänzend. »Ich weiß nicht, ob ich das kann.«

»Natürlich kannst du das.« Er zog seine Augenbrauen zusammen, suchte sie mit einer geübten Musterung ab. »Oder bist du … doch verletzt?«

»Nein, es ist nur … Das letzte Mal, als ich jemanden heilen wollte …« Sie verstummte jäh. »Es ist lange her, Hadrian. Ich bin mir nicht sicher, ob ich überhaupt noch dazu imstande bin.«

Hadrian musterte sie, sein Gesicht immer blasser und das Zeitfenster für seine Heilung immer kleiner und kleiner werdend. »So etwas verlernt man nicht … einfach, Bandit. Sonst würde ich dich ja nicht darum bitten, aber es … wird langsam ein wenig brenzlig.«

Alles in ihr sträubte sich dagegen, es zu tun, aber ihr war ebenso bewusst, dass der Verband nicht ausreichen würde.

»Probier es einfach. Bestenfalls bin ich … wieder auf den Beinen, schlimmstenfalls bist du … mich endlich los.«

Sie blickte auf ihre zitternden Handflächen mit den Heiler-Narben. Laelia hätte Nein sagen können, hätte Hadrian sterben lassen können. An einer Wunde, die er sich zugezogen hatte, als er sie beschützt hatte. Sie stand fraglos in seiner Schuld. Ein Fakt, der ihr zwar alles andere als gefiel, aber eine Tatsache war. Außerdem war sie nicht sonderlich erpicht darauf, einen weiteren Menschen unter ihren Händen sterben zu sehen, auch wenn es ausgerechnet

Hadrian war, von dem sie hier sprach. Es verstrichen erst einige Augenblicke, bevor sie ihn wieder ansah. Und nickte.

Ohne sich Gedanken darüber zu erlauben, was sie da tat, entfernte sie behutsam den provisorischen Verband, begleitet von einem klebrigen Geräusch, als sie ihn von der Wunde abzog, und ersetzte den Druck vorsichtig durch ihre Hände. Ihre Lippen zusammengepresst, senkte sie die Lider, atmete tief durch und verharrte in dieser Position. Sie stellte sich vor, wie die Magie durch ihre Glieder floss, stellte sich Hadrians geschlossene und unversehrte Haut vor und öffnete die Augen.

Erst konnte sie keinen Erfolg feststellen, als die Luft um ihre Hände plötzlich schwach, aber unbestreitbar grünlich zu schimmern begann und ihre Hände sich kribbelnd erwärmten. Ihr Mund entspannte sich wie von selbst. Und mit jedem Augenblick, der verstrich, wurde das Grün intensiver und die Wärme in ihren Fingern stärker.

Es war ein unbeschreibliches, schwindelerregendes Gefühl, das sie tagtäglich vermisst hatte. Ihr ganz persönlicher Rausch. Die gesamte Ecke der Gasse, in der sie sich aufhielten, wurde in das mystische Licht getaucht.

Laelia spürte, wie Hadrian und der Seher sie unwillkürlich wie gebannt anblickten. Sie wusste, was die Heilmagie mit ihr, mit jedem Heiler machte, wenn dieser sie einsetzte. Kein Pinsel und keine Farbe konnten die Schönheit der Magie einfangen, auch wenn sich bereits viele Künstler daran versucht hatten und kläglich gescheitert waren.

Irgendwann begann das Leuchten um ihre Hände zu schwinden, bis es vollkommen erloschen war und nur noch die Flamme einer verrosteten Schattenlaterne Licht spendete.

Laelia zog ihre Hände nach kurzem Blinzeln von Hadrians Oberkörper fort. Das Rot an ihren Händen wischte sie achtlos am Stoff ihres Gewands ab.

Von Hadrians Stichwunde war nichts mehr zu sehen, nur eine winzige, blasse Narbe war zurückgeblieben. Keine schlechte Arbeit, wenn man in Betracht zog, dass sie so lange nicht mehr geheilt hatte. Und das hatte sie, stellte sie mit einem Mal fest. Sie hatte nach all der Zeit wieder geheilt.

Hadrians Gesicht hatte wieder eine gesunde Farbe angenommen, was Laelia erst bemerkte, als Hadrians Stimme sie von ihrem Werk aufsehen ließ. »Danke.«

Darauf war sie nicht vorbereitet gewesen. Sie hätte nicht gedacht, dass sein Mund dieses Wort überhaupt so aufrichtig formen konnte. »Ich habe bloß meine Schuld beglichen.«

»Ich bin trotzdem positiv überrascht. Ich hätte darauf gewettet, dass du mich verbluten lassen würdest, wenn ich es nicht mit eigenen Augen gesehen hätte. Ich wusste doch, dass dir was an mir liegt.«

»Vorsicht mit solchen Bemerkungen«, warnte sie, »oder ich werde es mir beim nächsten Mal anders überlegen.« Plötzlich erstarrte sie. »Aurel.«

Hadrian setzte sich auf. »Keine Sorge. Darum habe ich mich gekümmert.«

»Wie? Wann? Wusstest du etwa davon, dass er sie wieder mitnehmen würde?«

»Nein, aber ich habe es vermutet. Ich habe rausgefunden, wo er sie festgehalten hat. Die Wachen sind Freunde von mir. Außerdem habe ich ihnen mehr Geld angeboten, als sie ausschlagen konnten, damit sie die beiden in einem der Frauenhäuser unterbringen, bis sich etwas Besseres anbietet.«

Um erleichtert zu sein, war es noch zu früh. »Wann kann ich zu ihnen?«

»Sie werden mir Bescheid geben, sobald sie sich in absoluter Sicherheit wissen. Fürs Erste brauchst du dir aber keine Sorgen zu machen. Heute Nacht wird ihnen nichts passieren.«

Sie hörte zwar, was er sagte, aber es war schlicht zu gut, um wahr

114

sein zu können. Ihre Familie war in Sicherheit, aber das auch nur, wenn sie Hadrians Worten auch tatsächlich Glauben schenken konnte. Für sie Nero höchstpersönlich anzugreifen, nur um sie dann doch in eine Falle tappen zu lassen, schien ihr aber zugegebenermaßen unwahrscheinlich.

»Ihnen geht es also gut.« Sie suchte seinen Blick, hielt eisern an ihm fest. »Versprochen?«

»Versprochen.«

Die Anspannung in ihren Schultern löste sich endlich. »Eine Vorwarnung, dass du aus dem Fenster springen willst, wäre übrigens nett gewesen. Von wegen ›ein wenig frische Luft gefällig?‹. Das ist von Anfang an dein Fluchtplan gewesen.«

Hadrian runzelte seine Stirn. »Nero hat seine Augen und Ohren überall. Und hättest du mir bei der Stimmung, in der du gewesen bist, auch nur einen Moment zugehört?«

»Ich … Vermutlich hätte ich dir bei der ersten Gelegenheit in deine Kronjuwelen getreten«, gestand sie.

»Und wie wir wissen, wäre das ein tragischer Verlust für die gesamte Damenwelt.«

Sie verdrehte die Augen, aber flüsterte darauf trotzdem: »Du hattest also wirklich nichts damit zu tun. Mit allem.«

»Du kannst dich später bei mir entschuldigen.«

Sie schnaubte. Selbst wenn man ihr einen Dolch an die Kehle gehalten hätte, von dem Traum durfte er sich sehr schnell wieder verabschieden. »Wenn dieses magische ›Später‹ überhaupt existiert, denn falls du es vergessen haben solltest«, sie warf ihre Hände in die Luft. »Wir haben es geschafft, an einem Abend das Gesetz und einen der gefährlichsten Männer der ganzen Stadt gegen uns aufzubringen.«

Beide schwiegen sie daraufhin.

»Ich wüsste da etwas, was ihr unternehmen könntet.«

Nicht schon wieder. Laelia fragte sich, was der Seher hier eigent-

115

lich noch verloren hatte, aber wenn es nach ihr ging, konnte er gerne in einer anderen Gasse weiter danach suchen.

Hadrian erhob sich und zog Laelia mit sich hoch, hielt sie schützend hinter sich. Sie stellte sich daraufhin direkt neben ihn, was er mit einem skeptischen Blick kommentierte, bevor er sagte: »Also, auf diesen Vorschlag bin ich gespannt.«

Hadrian

»Sprich«, verlangte Hadrian.

Dieser Abend hatte ganz eigenartige Wendungen genommen. Eine gescheiterte Übergabe, ein Kampf mit Nero höchstpersönlich, ein Sprung in die Vene, eine Heilung durch Laelia und jetzt ein Gespräch mit einem Seher außerhalb Visionas.

»Man nennt mich Divan und ich bin ein Seher aus Ezana, wie ihr nur unschwer übersehen haben könnt.«

Er war breitschultrig und muskulös, ähnlich wie Hadrian selbst. Aber wo Hadrian athletisch agil war, wirkte sein Gegenüber deutlich bulliger. Bei einem Faustkampf würde Hadrian sich besonders geschickt anstellen müssen, um den Fremden überwältigen zu können.

»Ich bin hierhergereist, weil ich eine Vision hatte. Und ihr beide seid darin aufgetaucht.« Er schien nicht lange fackeln zu wollen, was Hadrian gerade nur recht war.

»Ah ... ja.« Laelia warf Hadrian einen Blick zu, als wolle sie sagen: *Warum noch mal verschwenden wir unsere Zeit mit einem solchen Unfug?* »Eine Vision. Bist du dir da sicher?« Laelia musterte Divan.

Hadrian entging nicht, wie sie sich über einen ihrer Oberarme rieb, um der nächtlichen Kälte zu trotzen, besonders als eine Brise Einzug in den abgelegenen Straßenwinkel hielt. Er war immer noch hemdlos, da sein Gewand dank Nero blutverschmiert und triefnass am Ufer der Vene lag. Seine Hände schlüpften wie beiläufig in seine

Hosentaschen, wo er in seiner Rechten das mit abgegriffenem Leder umwickelte Heft des Dolches umfasste, falls er sich doch würde verteidigen müssen. Aber etwas sagte ihm, dass er sich erst mal keine Sorgen über einen plötzlichen Angriff seitens Divans würde machen müssen.

»Absolut. Mein aus der Vision resultierender sechster Sinn hat mich vor ein paar Tagen direkt vor deine Haustür geführt.«

Laelia hob eine Braue. »Vor ein paar Tagen, sagst du? Wie lange beobachtest du uns schon?«

»Ich habe auf einen geeigneten Augenblick gewartet«, winkte Divan ab. »Und dieser hier schien mir recht passend.«

Hadrian schnaubte. Das Wort, mit welchem er ihre Situation beschrieben hätte, war weit entfernt von *passend*.

»Ich habe den Teil versäumt, bei dem du uns erklärt hast, was genau du von uns willst«, meldete er sich nun auch zu Wort.

Divan machte es sich an der Wand hinter sich gemütlich. »Ich habe es euch schon gesagt: Ihr seid mir in meiner Vision begegnet. Dabei wurde mir aufgetragen, euch aufzusuchen und von hier fortzubringen.«

»Und was genau ist in dieser ›Vision‹ passiert, Seher?«, fragte Hadrian.

»Das ist eine lange Geschichte, für die wir jetzt kaum Zeit haben.«

Hadrian war nicht gerade aufgelegt für ein solches Spielchen. Die Götter wussten, Laelia und er waren nicht in der Situation, hier herumzustehen und den Hirngespinsten eines Unbekannten zu lauschen. Es war nur eine Frage der Zeit, bis Neros Männer sie aufspüren würden. Auch wenn er selbst der begabteste von ihnen allen war, waren viele – oder doch eher ein paar, aber das reichte bereits vollkommen – seiner Kollegen alles andere als zurückgeblieben. Vermutlich suchten sie gerade jede Straße und Gasse in unmittelbarer Umgebung der Vene ab.

»Hör mal«, sagte Hadrian. »Wir sind dir dankbar, dass du uns ans Ufer geholfen hast, aber du erwartest doch nicht ernsthaft von uns, dass wir dir einfach folgen?«

Divans Kinnpartie arbeitete weiter. »Ich denke, du hast mir nicht ganz zugehört, Schönling ...«

»Bitte. Ich werde schon ganz rot.«

»Ich bin hierhergereist, um euch mitzunehmen. Heute Nacht noch.«

Neben Hadrian blinzelte Laelia einige Male. »Einen Moment mal. Wohin denn *mitnehmen*? Um das gleich klarzustellen: Wir gehen nirgends mit dir hin. Jedenfalls werde ich das nicht tun. Hat man versäumt, dir beizubringen, dass man sich keinem Wildfremden anschließt?«

Eine Emotion huschte über die Züge des Sehers, doch sie war auch schon verschwunden, bevor Hadrian sie näher analysieren konnte. »Ihr werdet mir aber folgen wollen.«

»Selbst wenn du uns einen Hundewelpen versprechen würdest, wenn wir mit dir mitkommen, muss ich leider doch ablehnen. Bei zwei Welpen würde ich vielleicht mit mir reden lassen«, sagte Hadrian, worauf Laelia ihm in die Seite stieß. Sie nahm das Gespräch wohl genauso ernst wie er.

Divan war sichtlich bemüht, die Fassung zu bewahren. Hadrian würde sich merken müssen, dass er wohl nicht den längsten und strapazierfähigsten Geduldsfaden innehatte. »Ich habe etwas Besseres. Das, was ihr beide am meisten ersehnt.«

»Drei Hundewelpen?«, schoss Laelia zurück, worauf Hadrian sich grob mit einer Hand über Mund und Kinn rieb, um sein Grinsen zu verbergen. Dafür, dass Divan den Eindruck machte, sich jeden Augenblick vor Frustration in die Vene stürzen zu wollen, hielt er sich gut.

Hadrian wollte Laelia gerade bedeuten, dass sie in Bewegung bleiben und in einen sichereren Teil der Stadt aufbrechen sollten, wenn sie ihr Glück nicht weiter strapazieren wollten, als Divan sagte: »Es sind die Personen, die ihr beiden am meisten an eurer Seite haben wollt. Und ich denke, ihr beide wisst ganz genau, wen ich meine. Antonius, Constantia … regt sich da was bei euch?«

Das Schmunzeln auf Laelias Gesicht verblasste.

Innerlich erstarrte Hadrian. »Keine Ahnung, wovon du sprichst.«

»Ich weiß, wo die beiden sind«, sagte Divan.

Seine Nachbarin erstarrte und wirkte schlagartig so perplex, wie Hadrian sich innerlich fühlte. Divan musste von irgendwoher Informationen über die beiden gesammelt haben. Ein Bluff war das, und zwar von der geschmacklosesten Sorte.

»Hör auf mit diesem ganzen kryptischen Zeug.« Laelia fasste geistesabwesend nach der Lyra auf ihrem Rücken. Hadrian hatte noch nicht die Gelegenheit dazu gehabt, sie zu fragen, wieso sie das Instrument mit sich herumtrug. Auch jetzt war nicht der richtige Augenblick dafür. »Ich weiß schon, wo er ist, danke. Er …«

»… ist vor einem Jahr beim Einsturz des Bergschachts verstorben. Was aber ist, wenn ich dir sage, dass du ihn wiedersehen kannst?«

Hadrian fragte sich, wer dieser Antonius wohl war, oder wohl eher gewesen war.

»Wer hat dir das erzählt?«

Bei Laelias Reaktion war das erste Mal eine Andeutung eines selbstzufriedenen Lächelns auf Divans Lippen zu erahnen. Nun hatte er zweifellos ihre Aufmerksamkeit. »Und auch Constantia werden wir finden, Hadrian.«

Laelia schwieg. Hadrian schluckte. Er hatte Mühe, ruhig zu atmen, aber sein Puls schoss mit einem Satz in die Höhe und Stress pumpte durch seinen Körper. Der Seher hatte schon wieder den Namen seiner kleinen Schwester gesagt.

Seit Ewigkeiten hatte er niemandem außer sich selbst diesen Namen aussprechen hören, hatte sich um ein Haar von seinen Eltern

120

einreden lassen, sie wäre ein bloßes Gespinst seiner Fantasie. Divan *konnte* gar nicht über sie Bescheid wissen.

Hadrian ignorierte Laelias Blick. Sie war nun mal nicht die Einzige, die Geheimisse haben konnte.

»Du lügst«, krächzte sie nun an Divan gewandt, der sich seines Sieges sicher zu sein schien.

Hadrian zwang sich dazu, kurz auf verdächtige Schritte oder Laute in der Umgebung zu hören, um sicherzustellen, dass sie sich noch auf gefahrlosem Terrain aufhielten, schnappte aber nichts auf, was ihm verdächtig schien. An den Seher gewandt sagte er: »Ich weiß nicht, woher du diese Sachen weißt und was genau du im Schilde führst …«

»Ich führe nichts im Schilde. Es ist meine Bestimmung, euch zu ihnen zu bringen.«

»*Schwachsinn*«, spuckte Laelia beinahe.

»Wenn ihr mir kurz Vertrauen schenken und mit mir mitkommen würdet, dann könnte ich euch auf all die Fragen, die ihr nun unweigerlich habt, Antworten liefern …«

»Nein«, unterbrach ihn Laelia. »Entweder du erzählst uns hier und jetzt, was es mit dieser Vision auf sich hat, oder du kannst deine Mission vergessen.«

Stille breitete sich zwischen ihnen aus, während Divan wohl abwog, was das geringere Übel war. »Je später wir aufbrechen, desto größer ist die Wahrscheinlichkeit, dass unsere Mission fehlschlägt.«

»Das Risiko nehmen wir gerne in Kauf«, sagte Laelia. »Also: rede.«

Ein weiteres Mal herrschte Schweigen, bis Divan schließlich hörbar durch die Nase ausatmete. »Gut, schön. Aber sagt nicht, dass ich euch nicht gewarnt hätte.

Meine Aufgabe ist es, euch an den Ort zu bringen, an dem die Toten mit den Lebenden in Kontakt treten. Man nennt ihn die Zwischenwelt.«

»Die Zwischenwelt«, wiederholte Hadrian. Während seiner Ausbildung war er im Zusammenhang mit den Schöpfungslegenden des Kontinents mehrmals auf den Begriff gestoßen. »Ich dachte, dieser Ort sei bloß ein Mythos.« Es war ein Märchen, eine Geschichte, die man Kindern vor dem Schlafengehen erzählte.

»Für die meisten Menschen wird er das auch immer bleiben. Die Menschheit hat ihn unwissend und töricht als einen Ort der Legende abgestempelt. Weil ihn nur die, die ihn zu sehen brauchen, zu Gesicht bekommen, nicht die, die ihn sehen wollen oder wünschen.«

Laelia verdrehte die Augen. »Und wo ist die Zwischenwelt, wenn man fragen darf?«

»Nun«, Divan zögerte. »Das ist die Sache: Ich weiß es nicht.«

»Entschuldige bitte?«, entfuhr es Laelia lachend.

»Die Götter haben mir nicht mitgeteilt, wo auf unserem Kontinent sich die eigentliche Zwischenwelt befindet. Aber darum geht es auch gar nicht: Normalerweise ist die Schwelle zwischen den Lebenden und den Toten nur in der Zwischenwelt schmal genug. Zur Herbstmittweiche allerdings ist die Bindung der Götter zu ihren Nachfahren aber so stark, dass sich die Begabten auch andernorts Zugang zur Zwischenwelt verschaffen können.«

»Die Mittweiche findet erst in einem halben Jahr statt«, stellte Hadrian nach kurzem Rechnen fest. »Warum die Eile?«

»Die Götter haben mir aufgetragen noch drei weitere Begabte aufzusuchen, die genau wie ihr jemanden verloren haben und wiederfinden wollen, und dafür brauche ich eure Hilfe. Denn nur wenn wir beisammen sind und unsere Kräfte vereinen, wird die Zwischenwelt sich uns offenbaren.«

»Und was springt für uns dabei raus?«, verlangte Laelia zu wissen. Hadrian musste ihr zugutehalten, dass sie Divan überhaupt bis zu diesem Punkt von seiner Vision hatte berichten lassen, ohne ihn schlicht auszulachen und auf dem Absatz kehrtzumachen.

»Wenn alles so läuft wie geplant und wir alle rechtzeitig zur Herbstmittweiche beisammen sind, wird unsere Bindung stark genug sein, nicht nur die Verstorbenen wiederzusehen, sondern sie auch ins Leben zurückzuholen.«

»Unmöglich, nein«, erwiderte Laelia. »Es ist dem Menschen nicht möglich, die Toten wiederzubeleben.«

»Wieso so skeptisch, Laelia? Nur weil du es nicht mit deinen eigenen Augen gesehen hast? Du bist doch eine Heilerin: Du weißt, dass nicht jede existierende Macht erklärt werden kann.«

Die Hand in Hadrians Hosentasche zitterte leicht. »Woher wissen wir, dass du uns nicht belügst?«

»Welche Hinterlistigkeit sollte ich mit einer solchen Geschichte denn bezwecken? Was bringt es mir, euch von hier wegzulocken?«

»Genau das ist ja unsere Frage. Du könntest mit Nero unter einer Decke stecken, um euch an uns zu rächen.« Doch schon als er es laut aussprach, wurde ihm klar, wie unwahrscheinlich diese Anschuldigung war. Nero hatte nichts von Hadrians Betrug wissen und so auch nicht innerhalb von wenigen Minuten ausgerechnet einen Seher in seinen vermeintlichen Rachefeldzug einweihen können. Noch dazu, wo er zum Zeitpunkt ihres Verschwindens ohnmächtig gewesen war. Das alles ergab einfach keinen Sinn. Doch der Name seiner Schwester wurde in seinem Kopf gleichzeitig immer lauter, präsenter, drängender.

»Du weißt so gut wie ich, dass das nicht möglich ist«, sprach Divan seinen eigenen Gedanken aus.

»Und was genau erwartest du jetzt von mir … uns?«, fragte Laelia. Der Wind pfiff leise und sang säuselnde Lieder, schaffte es aber nicht, ihren vom Wasser getränkten Togasaum zu heben.

Der Seher baute sich vor ihnen auf. »Ich will, dass ihr mir folgt. Heute noch. Die Reise zu den anderen wird eine lange und beschwerliche sein, wir können es uns also nicht leisten, lange zu zögern. Verpassen wir die Mittweiche auch nur um einen Tag, ist die Chance dahin. Nur so kann sich meine Aufgabe erfüllen und nur so könnt ihr eure Liebsten in ein paar Intervallen schon wiedersehen.«

»Könnten wir es denn in einem Jahr nicht noch mal versuchen?«, schlug Hadrian vor.

»Nein. Die Götter sind gütig genug, euch jetzt diese Möglichkeit zu bieten, euch Zutritt und Macht über die Toten zu gewähren, aber es geht nach ihren Bedingungen, nicht nach euren. Ihr habt nicht in der Hand, welche Möglichkeiten euch geboten werden, aber sehr wohl, ob ihr diese wahrnehmt.«

Hadrian fragte sich, ob Divan diese Sprüche heimlich irgendwo aufgeschrieben hatte, um sie im passenden Moment zum Besten geben zu können.

»Sagen wir, wir glauben dir. Sagen wir, wir brechen mit dir auf diese Reise auf. Trotzdem hast du uns immer noch nicht gesagt, wie genau wir die Zwischenwelt betreten können«, stellte Laelia fest.

»Ihr werdet es früh genug erfahren.«

»Das ist keine Antwort.«

Als wäre sie ein naives Kind und er der allwissende Meister, schüttelte er seinen Kopf. »Visionen ergeben nur selten Sinn für Menschen wie euch. Genau dazu sind wir Seher da: Wir haben Einblick, wo ihr an eure Grenzen stoßt.«

»Hast du keine Angst, dass dir die Sprüche irgendwann ausgehen?«, fragte Hadrian. Immer noch leuchtete ihr Name in seinem Kopf auf. Constantia. Und auch wenn er es selbst nicht recht fassen konnte, das Ganze wahrscheinlich ein riesiger Fehler war und bloß mit einem erneuten herben Rückschlag enden würde: In ihm tat sich die leise und vollkommen absurde Frage auf, ob das *tatsächlich* alles bloß erlogen sein konnte. »Und du erwartest, dass wir dir vertrauen?«

»Etwas anderes wird euch nicht übrig bleiben, wenn ihr sie wiedersehen wollt.«

124

Hadrian brach die erneut eintretende Stille: »Ich nehme an, eine Bedenkzeit von einem Tag werden wir nicht bekommen?«

Laelia riss die Augen neben ihm auf und gaffte ihn unumwunden an. »Bedenkzeit? Du kaufst ihm diesen Blödsinn ab? Kann es sein, dass du dir deinen Kopf an Neros Schreibtisch gestoßen hast?«

Divan seufzte. Seine Geduld war nun scheinbar endgültig erschöpft. »Entscheidet euch jetzt oder gar nicht. Länger warte ich nicht mehr.«

»Gib uns noch eine Minute«, drängte Hadrian. Einen Entschluss fassend wandte er sich an Laelia, schirmte sie mit seinem Körper von Divan ab, um ihre Aufmerksamkeit bloß auf sich zu lenken. »Hör zu: Ich weiß, dass es absolut verrückt ist …«

»Mehr als verrückt. Wir sprechen hier von Nekromantie, Hadrian. Die begabtesten Heiler haben sich daran versucht und sind daran zugrunde gegangen.«

»Das ist mir schon bewusst. Aber wie willst du es dir sonst erklären, was er alles über uns weiß? Was hätte er davon, uns reinzulegen? Und was ist, wenn es stimmt, was er sagt?« Er wusste selbst, wie naiv er klang. Ein Teil von ihm hätte ihm selbst gerne ordentlich eine verpasst, um ihn wachzurütteln.

An jedem anderen Tag, bei jeder anderen Person hätte er Divan ausgelacht und noch eine heitere Weiterreise gewünscht. Es war ein irrer Gedanke, aber er musste Laelia wohl oder übel überzeugen.

Er sah Zweifel in ihren Augen aufflackern. Kurz, aber dennoch. »Und was, wenn nicht?«, erwiderte sie.

»Es gibt wohl nur einen Weg, es herauszufinden. Und wenn es nicht stimmen sollte, finden wir schon eine Möglichkeit, wieder nach Hause zu kommen.«

Fast bildete er sich ein, sie überredet zu haben, doch da war sie anderer Meinung. »Was ist mit meiner Familie?«

Hinter sich hörten sie Divan. »Sie müssen hierbleiben. Sie würden uns nur behindern.«

Sie biss die Zähne zusammen, auch wenn Divan sie nicht sehen konnte, da sie immer noch von Hadrian verdeckt wurde. »Meine Familie ist keine Behinderung.«

»In diesem Falle schon. Und bedenke, was du für sie tun würdest, brächtest du ihn wieder zu ihnen zurück.«

Bei Divans Worten standen ihr die Zweifel wieder ins Gesicht geschrieben, nur dieses Mal noch viel deutlicher. Aber Hadrian hatte sie fast so weit, er sah es ihr an.

»Ich kann meine Familie nicht einfach hier zurücklassen, Hadrian. Sie brauchen mich. Besonders nach dem, was heute passiert ist. Und Aurel. Du hast ihn gesehen. Er ist noch viel zu jung, um sich allein um meine Mutter zu kümmern. Du hast Divan gehört, wir werden ganze *Intervalle* weg sein auf der Suche nach diesen anderen Leuten. Wie …«

»Laelia«, unterbrach er sie, während er an ihrem Blick festhielt. »Ab morgen sind wir beide dank Nero gesuchte Verbrecher. Mit meinen Leuten sind sie im Moment sicherer als mit dir, so leid es mir auch tut, das sagen zu müssen. Wir müssten so oder so erst mal von hier verschwinden.«

»Und wenn er ihnen etwas antut?« Eine Mischung aus verschiedensten Gefühlen spiegelte sich in ihren Augen wider und er musste sich davon abhalten, seine Hände an ihre Wangen zu legen, so wie Theresia es immer tat, wenn er aufgebracht war. Er wagte jedoch stark zu bezweifeln, dass Laelia diese Geste beruhigen würde.

»Ich bin ehrlich mit dir: Nero wird sich in jedem Fall auf die Suche nach ihnen machen. Aber für meine Leute ist es schwieriger, drei Leute zu verstecken als zwei. Du kannst natürlich bleiben, wenn dir das lieber ist.« Er hörte Divan hinter sich protestieren, ignorierte ihn aber geflissentlich. »Aber vergiss nicht: Wenn wir hier verschwinden, wird Nero uns mit Bestimmtheit nachstellen wollen.«

»Was ihn zumindest temporär von meiner Mutter und Aurel ablenken würde«, vollendete sie seinen Gedanken. Endlich wirkte sie zumindest teilweise überzeugt, obwohl das vielleicht etwas zu optimistisch ausgedrückt war. »Was ist mit deiner Familie?«

Diese Frage hatte er nicht erwartet. Er fuhr sich über den Nacken und seine Hand wurde feucht, als er dabei seine Haare streifte. »Um die brauchst du dir keine Sorgen zu machen. Nero kennt effektivere Wege, meine Aufmerksamkeit auf sich zu ziehen.«

Nun, vielleicht entsprach das nicht ganz der Wahrheit. So gerne er es sich auch eingeredet hätte, sie waren ihm nicht egal.

»Wir wollen das also echt durchziehen …« Laelia verstummte. Dann spähte sie über seine Schulter, was sinnlos war, da sie mit ihrer Größe ohnehin nicht richtig drüberlinsen konnte. Sie flüsterte und Hadrian hatte kein Problem damit, dass Divan ein Seher und kein Lauscher war. »Dir ist klar, dass das absolut hirnverbrannt ist, was wir hier machen, oder? Ich fühle mich wie die Person aus einer Geschichte, die jeden Augenblick von einem Wolf gefressen wird, weil sie sich dachte, dass es ein brillanter Einfall wäre, in den finsteren Wald auszuweichen.«

»Und weißt du, warum sie das tut? Weil das Erzählenswerte immer abseits des bekannten Weges passiert. Außerdem«, Hadrian betrachtete sie mit einem halben Lächeln und vergaß Constantia für einen Augenblick. »Kein Wolf würde sich an dich heranwagen, wenn du so riechst. Obwohl ich immer noch angetan bin, damit du das weißt.«

Ihr Ellenbogen stieß in seine Rippen, was er mehr als unangemessen fand, da sein Oberkörper für einen Tag genug gelitten hatte.

»Und selbst, wenn es nicht stimmt, wo bleibt deine Abenteuerlust, Bandit?« Er grinste. »Und was soll schlimmstenfalls passieren?«

Sie warf ihm einen verächtlichen Blick zu.

»Schon klar, aber«, nun bemühte er sich, kurzfristig vom Seher gehört zu werden, »versucht er uns irgendwie reinzulegen, hat er meinen Dolch schneller im Rücken, als selbst er schauen kann. Denk daran, wie es wäre, wenn er die Wahrheit sagt. Ist es das Glück nicht wert, sich dem Risiko auszusetzen? Wir müssen sowieso die Stadt verlassen, was haben wir nach heute noch zu verlieren?«

Bei seinen bedauerlicherweise wahren Worten musste sie kurz schlucken. Dann nickte sie langsam. Und gemeinsam wandten sie sich um.

Es war nicht nötig, ihren Beschluss laut auszusprechen. Divan erfasste mit blitzenden Augen ihre Entscheidung. »Gut. Wir haben genug Zeit vergeudet.« Laelia sah aus, als müsse sie sich schwer zurückhalten, um ihm keinen bissigen Kommentar entgegenzuschleudern. »Brechen wir auf.«

»Ich muss erst noch ein wenig Geld holen. Mit dem, was wir bei uns haben, werden wir kaum weit kommen«, warf Hadrian ein.

Zu seiner Überraschung sah er, wie sich auf Laelias Miene darauf ein sehr mit sich selbstzufriedener Ausdruck breitmachte. Das Laternenlicht tauchte ihr Profil in ein gelbliches Licht. »Keine Sorge. Es könnte nämlich sein, dass der übergebene Geldbeutel mit Steinen statt Talern befüllt ist. Und dass die fehlenden Taler stattdessen bei mir ein neues Zuhause gefunden haben.«

»Ich weiß nicht, ob ich dich bewundern oder um deine Leichtsinnigkeit bemitleiden soll.«

Ihre schmalen Schultern zuckten. »Ein Mann wie Nero würde nicht erwarten, dass man Spielchen mit ihm treibt. Wir sind also erst mal gut versorgt.«

»Und«, kam Divan wieder zu Wort, »auf dem Weg schauen wir, dass wir uns ein paar neue Kleidungsstücke besorgen. Um den Gestank kümmern wir uns später.«

Hadrian hätte beinahe gelacht.

Merla

Merla bekam Megan seit dem Vorfall während der Übungseinheit kaum noch zu Gesicht. Ein Tag, an den sie eigentlich nicht denken wollte und so tat, als würde ihr das auch gelingen. Sein Winseln nicht zu hören. Seine zusammengekauerte Gestalt nicht vor ihrem inneren Auge zu sehen, jedes Mal, wenn sie ihren Schatten Befehle erteilte und angespannt auf ein Echo des Rucks wartete, der sie damals ergriffen hatte.

Wenn Megan nicht gerade eine andere Zofe an ihrer Stelle zu Merla schickte, um sich um Harpers Schwangerschaft kümmern zu können, war sie in den Stunden, die sie Merla zurechtmachte, wortkarg und unübersehbar in Gedanken versunken. Etwas, das eigentlich Merlas Aufgabe war.

Immer wieder war sie kurz davor, Megan endlich um eine klärende Aussprache zu bitten, ließ es dann im letzten Augenblick aber doch bleiben. Denn entweder sparte Megan mit ihren Worten wegen dem, was Merla der Küchenhilfe aus Selbstüberschätzung angetan hatte.

Oder aber es war aufgrund dieser noch namenlosen und für Merla nicht tragbaren *Wahrheit*, die Megan am Tag von Roarkes Besuch angedeutet hatte. Doch ganz egal, was es von den beiden Möglichkeiten auch war: Merla spürte, dass es ihr nicht gefallen würde.

Sie konnte nicht leugnen, dass sich in den letzten Weichen eine Kluft zwischen den beiden Freundinnen aufgetan hatte. Je verzweifelter sie an einer Brücke über diese baute, desto schneller und auch tiefer schien der Riss zu wachsen.

»Mer? Wo bist du mit deinen Gedanken?«, flüsterte Nolan.

Sanft zog er sie somit zurück ins Geschehen: Allanah, Cara, Nolan und Merla saßen gerade bei einem Nachmittagstee beisammen. Cara und Allanah unterhielten sich über ein Theaterstück über die Urgottheiten, und das so angeregt, dass sie nicht bemerkten, dass die Tasse auf Merlas Schoß jeden Moment drohte vornüberzukippen.

Entschuldigend lächelte Merla, versteckte den kläglichen Versuch aber hinter einem weiteren Schluck von ihrem bereits erkalteten Getränk.

Nolan sah aus, als wolle er etwas hinzufügen, als sich jemand mit hastigen Schritten näherte. Man musste nicht einmal aufsehen, um zu wissen, dass es sich um eine Wache handelte. Das Klirren seiner Rüstung verriet ihn.

»Euer Majestät.« Er verbeugte sich vor der Königin und dann mit einem ebenso ehrfürchtigen »Euer Hoheiten« vor ihrem Bruder und ihr. Doch etwas schien ihn aus dem Konzept gebracht zu haben. Seine Lippen waren zu einer geraden Linie zusammengepresst, seine Nase gerümpft und Merla glaubte nicht, dass das an einem der hier Anwesenden lag. Sein Gesicht war gerötet, vermutlich von seiner Eile, sie zu finden.

»Was ist passiert?«, fragte Allanah. Auch sie musste das Verhalten der Wache misstrauisch stimmen.

Er beugte sich zu ihr und flüsterte effektiv genug, um Cara, Nolan und Merla an nicht einmal einem Wort teilhaben zu lassen. Wenn man an einem Ort aufwuchs, dessen Wände für ihre offenen Ohren bekannt waren, lernte man besser schnell, wie man diese am geschicktesten umging.

Doch zu Merlas Beunruhigung glitten die Augen der Königin während der Berichterstattung zu ihr und verweilten dort, bis er endete. Unweigerlich krampfte sie ihre Hände zusammen und Nolan runzelte die Stirn.

»Ich werde mich vorzeitig verabschieden müssen«, verkündete die Königin kurz angebunden und erhob sich, wie immer, als wäre jede ihrer Regungen Teil einer grazilen Choreografie. Nur am Tempo ihres Abgangs konnte Merla erkennen, dass etwas nicht rechtens war, und nach den Gesichtsausdrücken von Nolan und Cara zu urteilen, kam ihnen die Situation ebenso befremdlich vor wie ihr selbst.

Merla wunderte sich zunächst nicht, als sie Megan am selben Tag nicht zu Gesicht bekam. Wenn sie ein paar Tage Abstand von Merla brauchte, was sie annahm, wollte sie Megan diese Tage geben. Als sie aber am fünften Tag in Folge nicht einmal ihren Weg gekreuzt hatte, ließ sie nach ihr schicken, nur um ihre Nerven beruhigen zu können. Ihr Ruf blieb auch noch zwei Tage später ungehört.

Am achten Tag schließlich gab sie auf. Eine Zofe bürstete gerade Merlas Haar, als sie sich zu ihr umwandte. »Kann ich dich etwas fragen?«

»Selbstverständlich, Euer Hoheit.«

»Meine eigentliche Zofe … Megan. Du weißt nicht zufällig, womit sie dieser Tage beschäftigt ist? Ich frage nur, weil sie schon so lange nicht mehr hier war.«

Merla erwartete, dass sie ihr sagte, dass Megan mit Harpers Pflege alle Hände voll zu tun hatte. Doch statt etwas zu sagen, erstarrte die Zofe und ließ die Bürste sinken.

»Habt Ihr es etwa noch nicht gehört? Sie hat geholfen, eine Liebschaft zwischen einem Adeligen und einer Magielosen zu verheimlichen.«

Laelia

»Du musst da raus! Hier bricht jeden Moment alles zusammen!«

Wutentbrannt wandte Laelia ihren Kopf und spähte zu dem Loch über sich hinauf zur Quelle der Stimme. Sie kniete auf ihrer ehemals schönsten Tunika. Das helle Blau hatte ihr laut ihrer Mutter immer besonders gut gestanden, doch jetzt war es dreckverschmiert, in den letzten Minuten hatte sich Blut dazugesellt, das aber kaum von den anderen Flecken zu unterscheiden war. Die Finsternis wurde nur durch eine winzige Laterne erhellt, die sie jemandem entrissen hatte, bevor sie hier hinabgeklettert oder besser gesagt -gerutscht und -gestolpert war.

Ihre Knie brannten und waren vom ungeschickten Abstieg aufgeschürft. Sie sah kaum weiter als einen Meter, schwitzte in der Hitze ihr Gewand durch und konnte aufgrund des Staubs in der Luft kaum noch atmen.

Es war ein Ort, an dem man den Geirrten näher war als den Göttern. Manche Minenarbeiter behaupteten sogar, dass man die Geirrten unter den eignen Füßen ihre Schwerter zücken hören konnte, wenn man nur still genug war.

Die Stimme hatte durchaus recht. Es würden bestimmt noch mehr Einstürze folgen, doch sie dachte gar nicht daran, hier unverrichteter Dinge wieder herauszukriechen. »Verschwinde doch, wenn du willst. Du verschwendest nur meine Zeit.«

Ein Seufzen und im Hintergrund das Klagen und Wehen der Verschütteten. »Sag nicht, dass ich dich nicht gewarnt hätte. Ich werde mich bestimmt nicht wegen dir lebendig begraben lassen.« Dann waren stampfende Schritte auf dem Geröll zu hören, als er den Weg an die sichere Oberfläche antrat, die mehrere Schichten über ihren Köpfen lag. Auch sein Licht nahm er mit sich und es wurde dunkel über ihr.

Hastig wandte Laelia sich wieder um und beeilte sich keuchend und ächzend den Steinhaufen vor sich abzutragen. Es war mühselig, aber sie erlaubte sich nicht einen Moment der Pause, um sich gegen eine der Steinwände zu lehnen, die gerade eine knappe Armlänge von ihr entfernt waren.

Ihr Vater musste hier sein. Er hatte ihren Namen gerufen, das konnte sie sich nicht bloß eingebildet haben. Also wühlte sie weiter und spürte gar nicht die Tränen, die ihr dabei lautlos über die Wangen liefen.

Ein Finger. Unter einem der Steine war ein Finger zum Vorschein gekommen.

Aufkeuchend schnappte sie sich die Lampe und beschien die Stelle mit zitternden Händen. Ja, es war tatsächlich ein Finger.

Achtlos ließ sie die Lichtquelle neben sich fallen und begann fieberhaft, die groben Steine aus dem Weg zu räumen, bis ihre Hände wund und mit Erde und Staub verschmiert waren. Kurz unterbrach sie die Grabung, um an seinem Handgelenk nach einem Herzschlag zu tasten.

Seine andere Hand legte sie ebenfalls frei, dann seine Arme, die er schützend über sein Gesicht geschlagen hatte. Doch sie musste sein Gesicht nicht sehen, um zu wissen, dass sie ihn gefunden hatte.

Sie legte gerade seinen Oberkörper frei, als sie ein leises Stöhnen vernahm. Das Gesicht ihres Vaters war ein einziges Trümmerfeld, anders war es nicht auszudrücken: eine gebrochene Nase, aufgesprungene Lippen, Platzwunden, so weit das Auge reichte. Doch sie konnte und wollte nicht genauer hinsehen. Das Einzige, was sie sah, waren seine Augen, die er mühsam öffnete.

Er gab erstickte Laute von sich, konnte aber wohl nicht genug Energie aufbringen, seine Lippen zu bewegen. Nur sein Blick schien noch lebendig, auch wenn seine Augen immer wieder zuzufallen drohten.

»Papa«, flüsterte sie und spürte, wie ihre Lippen unkontrolliert bebten. »Ich bin es, Lia. Es hat einen Mineneinbruch gegeben und du wurdest verschüttet. Aber wir holen dich gleich hier raus, versprochen.«

Seine Augen huschten unruhig hin und her, als suche er nach jemandem, und wieder hörte sie ihn unverständlich murmeln.

Laelia beugte sich vor, um den Rest seines Körpers freizulegen, als er keuchend seinen Kopf zu schütteln begann.

»Papa?«

Unter sichtlichen Schmerzen brachte er ein einziges geröcheltes Wort hervor: »Geh.«

Sie starrte ihn an und nun war sie es, die bestimmt den Kopf schüttelte. »Vergiss es! Ich werde dich unter keinen Umständen hier zurückzulassen.« Gehetzt wischte sie die Tränen weg, die ihr heiß über die Wangen rannen und eine saubere Spur durch die Staubschicht auf ihrem Gesicht zogen.

»Lia«, hörte sie ihn und bemerkte, dass nicht nur sie weinte. »Geh«, bat er sie erneut.

Dann, einfach so, wurde sein Blick plötzlich so unendlich leer, das unmerkliche Heben seiner Brust endete und ihr Vater starb.

Ihr Nachthemd klebte wie eine zweite Haut an ihrem Rücken, als Laelia mit einem Keuchen hochfuhr. Es war so entsetzlich stickig in ihrer Schiffskabine, deren Wände auf sie zuzurücken schienen.

Sie bildete sich ein, Blut zu riechen und Schutt, Erde und Schweiß. Immer noch keuchend sprang sie auf, stürzte aus der Kabine und kämpfte sich mit wackeligen Knien die Treppen auf das, den Göttern sei Dank, verlassene Deck hinauf. Oben angelangt, sank sie am

Bug des Schiffes gegen die Reling und entleerte ihren Mageninhalt in die Vene.

Als es nichts mehr gab, was sie hochwürgen konnte, ging sie mit geschlossenen Augen immer noch die Reling umklammernd in die Knie. Leise seufzte sie, als ihre Stirn mit dem nachtkühlen Holz in Kontakt kam.

Sie schluckte, den unangenehmen Nachgeschmack in ihrem Mund wurde sie dadurch allerdings nicht wie erhofft los.

Eine sanfte, nach algigem Flusswasser riechende Brise vertrieb bald den imaginären Gestank des Blutes und ließ sie in ihrem schweißfeuchten Kleid frösteln. Sie schlang die Arme fest um sich und versuchte, irgendwo in sich ein bisschen Wärme festzuhalten.

Als sie ihre Augen wieder öffnete, fand sie über sich einen atemberaubenden Nachthimmel, mit Abertausenden Sternen, die funkelnd eine ganz eigene Art Ozean bildeten.

Sie atmete. Einen Luftzug nach dem anderen.

HADRIAN

Müde warf Hadrian hinter sich die Tür zu, ließ das Gegröle der betrunkenen Mannschaft und den mittlerweile gewohnt schweigsamen Divan hinter sich, als er auf das Deck und an die Reling trat. Er beobachtete, wie das Wasser sich am Rumpf des Schiffs brach.

Sie waren bereits seit drei Weichen mit diesem stinkenden Schiff auf diesem stinkenden Fluss unterwegs, wo sie sich nur mit dem Notwendigsten zufriedengeben mussten. Für Laelia und Divan schien das kein Problem darzustellen, doch Hadrian hatte den Fraß zu Beginn nur schwer herunterwürgen können. Dann hatte er in der ersten Weiche auch noch einen Ausschlag auf seinem Rücken vom kratzigen und abgetragenen Stoff seines Gewandes, oder vielmehr Lumpens, davontragen müssen.

Wenigstens hatte er Laelia so noch ein zwar schadenfrohes, aber dennoch aufrichtiges Lachen entlocken können, als er sie gebeten hatte, die Stelle zu heilen, was sie dann auch mit einem kleinen Zögern und einem noch größeren, selbstgefälligen Grinsen auf den Lippen für ihn getan hatte.

Sie hatten sich zu dritt auf den Frachter geschmuggelt, der mit einer ganz beeindruckenden Ladung Schattenlaternen aus Fenia auf dem Weg nach Nalandes war.

Vor der Abfahrt hatten sie Divans blutverschmiertes und zerrissenes Hemd noch halbherzig versteckt am Hafen liegen lassen, damit sie eine Spur in ihre Richtung anstatt zu Laelias Familie legen konnten. Für gewöhnlich hielt sich Nero von Frauenhäusern fern, aber Hadrian wäre nicht überrascht gewesen, wenn das Nero dieses Mal nicht aufgehalten hätte.

Mit ein wenig Geld hatten sie der Besatzung dann einige Gewänder abkaufen können. Divan war empört gewesen und hatte nicht nachgegeben, als Laelia und Hadrian vorgeschlagen hatten, sich auf etwas unethische, aber dafür amüsante Art Zugriff auf die Objekte ihres Verlangens zu verschaffen. Auf Divans Weg, dem bedeutend langweiligeren, hatten sie sich auch eine winzige Kabine mit nur zwei Betten – selbstverständlich war Hadrian ein Gentleman und hatte sich bereit erklärt, eines davon mit Divan zu teilen – und tägliche Essensrationen aus der Kombüse sichern können.

Hadrians Leinenhemd war nicht gerade das, was er sich unter ansehnlicher Bekleidung vorstellte: ein etwas zu weites Hemd, über welches er gerade eine lederne Jacke geworfen hatte, sowie eine zu kurze Hose. Alle drei Teile waren seinem Empfinden nach aus alten Kartoffelsäcken zusammengenäht worden.

Nun ließ er den Blick über das kaum beleuchtete Deck schweifen und dachte schon, allein zu sein, als er Laelia entdeckte.

Sie saß am Boden, lehnte mit dem Kopf an der Reling, die Arme um ihren Körper geschlungen. Hadrian konnte nicht erkennen, ob sie eingeschlafen war oder schlicht vor sich hin starrte.

Sie bemerkte ihn, als er auf sie zuging, und richtete sich auf, strich ihr Nachthemd glatt und wandte ihm die Seite zu, als sie sich nun stehend gegen die Reling sinken ließ.

Er tat es ihr gleich.

Sie hatte zugenommen, seit sie an Bord waren, denn die relativ regelmäßigen Mahlzeiten, die eigentlich mehr Fett als irgendwas sonst waren, wurden zwar nicht mit Liebe, dafür aber großzügig serviert. Umstände, die gut für Laelias Gesundheit, aber eher suboptimal für Hadrians strenges Training waren und dazu beitrugen, dass ihm Schiffe zunehmend unsympathisch wurden. »Kannst du ohne mich im Zimmer nicht mehr schlafen?«

Sie schnaubte und starrte gen Horizont. »Ja, ohne dein liebliches Schnarchen kriege ich kein Auge mehr zu.«

Er wollte lachen, doch der unverkennbare Geruch nach Erbrochenem stieg ihm aus ihrer Richtung in die Nase. »Hast du dich übergeben?«

»Das Essen hier bekommt mir nicht wirklich«, tat sie ab, doch ihm entging nicht, wie sie unwillkürlich etwas von ihm abrückte.

Die entstandene Lücke schloss er wieder auf, beugte sich zu ihr hinunter und hob eine seiner Hände hinter ihr Ohr. »In solchen Momenten wünscht man sich wohl, eine von Divans Minzpastillen zur Hand zu haben ... Na, so was aber auch, wie kommt die denn hierher?« Er präsentierte ihr eine dieser grünweißlichen Pillen, die er dem Anschein nach hinter ihrem Ohr hervorgezaubert hatte. Taschendiebe gaben für gewöhnlich auch gute Straßenzauberer ab und umgekehrt; allem voran waren sie doch beide geschickte Schwindler.

»Zaubertricks? Ernsthaft?« Trotzdem nahm Laelia ihm die Pastille mit einem unterdrückten Schmunzeln aus den Fingern. »Ich könnte das jetzt als Beleidigung auffassen, weißt du? Aber ich möchte in Anwesenheit eines Senatorensohns ja nicht riechen wie die Vene an ihren schlechtesten Tagen.«

Sie zerbiss die Minze. Ihm gefiel nicht, mit welcher Missbilligung sie ›Senatorensohn‹ gesagt hatte, doch das behielt er für sich. »Hast du eigentlich etwas aus dem Besitzer der Minzpastillen herausbekommen?«

»Der Typ ist so gesprächig wie mein linker Schuh. Und selbst aus dem kriegt man detailliertere Antworten heraus.« Divan und er trainierten seit Kurzem sogar morgens gemeinsam, bevor der allgemeine Trubel bei der Besatzung in die Gänge kam, und selbst da überließ er Hadrian größtenteils das Reden. Obwohl manche vermutlich gesagt hätten, dass Hadrian sich einfach zu gerne selbst reden hörte, um andere zu Wort kommen zu lassen.

Die meiste Zeit beobachtete Divan bloß, was auf Dauer recht

nervenaufreibend werden konnte. Besonders wenn sie versuchten, etwas über die Zwischenwelt herauszufinden.

»Er ist einfach unfassbar«, sagte Laelia. »Jetzt sind wir ihm schon auf dieses Schiff gefolgt und er will uns immer noch nicht mehr sagen. Kann er nicht endlich aufhören mit diesem ganzen ›Ich sehe, ich sehe was, was du nicht siehst, denn ich bin Divan und das ist viel zu komplex für dich‹?«

Sie sprachen es beide nicht aus, aber ihre Nervosität wuchs von Tag zu Tag. Ja, sie hätten Talina so oder so verlassen müssen, aber sie wussten trotzdem nicht genau, worauf sie sich da eingelassen hatten, und die Fragen über diesen Ort mehrten sich, wohingegen die Antworten weiterhin ausblieben. Mit jeder Stunde, die Hadrian auf diesem Schiff verbrachte, schwand die Hoffnung, die so überwältigend an diesem Abend vor drei Weichen in ihm bei der Erwähnung von Constantias Namen aufgekeimt war. Was ihn bloß damit zurückließ, dass er sich für diese überstürzte Entscheidung verfluchte und dafür, dass er Laelia zugegebenermaßen etwas oder vielleicht sogar sehr selbstsüchtig überredet hatte, auch ihre Bedenken über Bord zu werfen.

Ha, über Bord zu werfen. Er klopfte sich selbst innerlich auf die Schulter.

»Für dich ist wirklich alles bloß ein großer Witz, oder?«, fragte Laelia, offenbar zu müde, um ihn ernsthaft für sein plötzliches Lächeln zu rügen.

»Nein, ich habe bloß daran gedacht, wie unglaublich witzig ich bin.« Er grinste noch breiter, als Laelia sich die Nasenwurzel massierte, riss sich aber wieder am Riemen. »Spaß beiseite, mir gefällt das Ganze genauso wenig wie dir, aber uns bleibt nichts anderes übrig, als Divan zu vertrauen und zu hoffen, dass er uns nicht in den Abgrund führt.«

»Wie soll ich ihm vertrauen, wenn ich kaum etwas über ihn weiß? Er erzählt doch nichts von sich.«

»Nicht jeder kann ein Mann großer Worte sein, Bandit.«

Um ihn ungehindert ansehen zu können, lehnte sie sich nun mit ihrer Hüfte gegen das Holz und schaute höhnisch zu ihm auf. »Ach, da redet ja gerade der Richtige. Du hast mir immer noch nicht gesagt, wieso du für Nero arbeitest. Oder sonst irgendwas, was nicht mit deinem *unglaublichen* Charme zu tun hat.«

Eine neue Brise kam auf und sie rieb sich über die Arme.

»Sollen wir dir eine Decke holen?«

»Lenk nicht vom Thema ab.«

»Ich soll also nicht vom Thema ablenken, du bist aber auch nicht gerade die Selbstoffenbarung in Person.« Als sie ihn bloß anfunkelte, sich ihre Lippen aber langsam blau verfärbten, schälte er sich aus seiner verhassten Jacke und hielt sie ihr hin. Sie lehnte erst murmelnd, aber dankend ab, worauf er nur seinen Kopf schüttelte und ihr das schwere Material einfach um die Schultern legte. »Es ist ziemlich schwer, bei dir meinen unglaublichen Charme glänzen zu lassen, der deinen Sarkasmus übrigens nicht verdient hat.«

Sie ließ das ausnahmsweise unkommentiert, doch ihm entging nicht, wie sie sich in den durch seine Körperwärme warmen Stoff eingrub.

Laelia schwieg weiterhin, wohl um ihren Dickkopf nicht zu verraten, doch irgendwann rang sie sich offenbar doch zu einem Friedensangebot durch: »Gut. Ich mache dir einen Vorschlag: Du beantwortest eine Frage meiner Wahl, dafür beantworte ich eine von dir. Aber auch wirklich aufrichtig.«

»Klingt vernünftig.«

»Ich bin zuerst dran«, beeilte sie sich noch zu sagen und fackelte auch nicht lange. Die Frage schien schon länger auf ihrer Zunge gebrannt zu haben, doch ihm ging es bei ihr nicht anders, wenn er ehrlich mit sich war. »Warum bist du all die Jahre bei Nero geblieben, obwohl du wusstest, was er für ein Monster ist?«

Er war kurz davor, aus einem Reflex heraus eine provozierende

140

Antwort fallen zu lassen, doch er erinnerte sich, dass er leider einwilligt hatte, ehrlich zu sein. »Ich wusste immer, was für ein Mensch er ist, aber ein Mensch besteht nicht nur aus seinem Ruf.«

»Als er meine Familie verschleppen ließ, hat das aber anders auf mich gewirkt«, entgegnete sie. Ihm entging dabei nicht, wie sich diese kleine, nach diesen paar Weichen zusammen fast schon vertraute Falte auf ihrer Stirn eingrub.

»Ich habe nie gesagt, dass er ehrenhaft sei.« Ein Lachen drang aus seiner Kehle. »Ich glaube auch nicht, dass er es jemals für nötig erachtet hat, es zu sein. Aber ich bin mit zehn Jahren zu ihm gekommen …«

»Mit zehn Jahren?« Sie zog seine Jacke wie eine Schutzschicht vor seinen Worten noch enger um sich. »Mit *zehn Jahren* hast du diesem Kerl schon deine Seele verkauft?«

»Ich habe ihm meine Seele nicht verkauft.« Vor wenigen Weichen war er kurz davor gewesen, auch noch diesen letzten Schritt zu gehen. Weil er jedoch im letzten Moment, kurz bevor er unterschreiben wollte, doch noch ins Zweifeln gekommen war, hatte Nero sich als Strafe für seine Ablehnung besonders erbarmungslos an ihrer Familie vergriffen. Das erzählte er ihr natürlich nicht.

»Als ich zu ihm gekommen bin, hat er mich persönlich trainiert und aus mir den Dieb gemacht, der ich heute bin …« Und er hatte Nero einfach, ohne mit der Wimper zu zucken, hintergangen. »Es ist wahrscheinlich nur schwer zu verstehen, aber er und besonders Theresia haben mich die letzten Jahre mehr oder weniger großgezogen.«

»Theresia?«

»Seine Frau«, klärte er Laelia auf.

»Er ist verheiratet?«

»Und sie ist ganz anders, als du sie dir wohl gerade vorstellen wirst. Was an Nero verdorben ist, ist an ihr aufrichtig.« Hadrian musste daran denken, wie sie ihm sanft über den Kopf strich und ihm anbot, seine Wunden zu reinigen. Wie Nero ihm mit einem breiten Grinsen auf die Schultern klopfte, wenn seine Männer hinter ihm Hadrians Ausbeute hereintrugen, und ihn bat, mit ihm und Theresia zu Abend zu essen.

»Und wieso ist sie dann mit Nero verheiratet, wenn sie doch Augen und Ohren im Kopf hat?«, holte ihn Laelias klare Stimme zurück.

Er zuckte mit den Schultern. »Das ist ein Rätsel, das bisher noch niemand hat lösen können.« Er musste wieder daran denken, wie Theresia ihn als Kind nach dem Training immer gemästet hatte wie eine Festtagsgans. »Vielleicht hat sie etwas übrig für den hoffnungslos verlorenen Typus.«

»Oder für herzlose Mistkerle. Sag mir nicht, dass sie Kinder haben«, bat Laelia, die ihn plötzlich ganz eigenartig musterte, doch er konnte wie so oft nicht enträtseln, was in ihrem Kopf gerade vorging.

»Nein. Aber ich könnte mir vorstellen, dass Theresia welche gewollt hätte. Ich habe mich nie in der Position gesehen, nachzufragen.« Vielleicht hatte es ihr ja gereicht, ihm ab und zu ein gutes, sättigendes Essen zuzubereiten, sich um ihn zu kümmern, wenn er krank war, und mitzuverfolgen, wie er zu dem Mann geworden war, der er nun war. Etwas in ihm bezweifelte das jedoch stark. Und nur die Götter wussten, warum, aber insgeheim störte ihn das.

»Und wussten deine Eltern, wo du deine freien Stunden als Jugendlicher verbracht hast?«, wollte Laelia nun wissen.

»Theoretisch nicht, aber selbst wenn, wäre es mir recht egal.«

Wieder erschien die steile Falte über ihrer Nase, was seine Laune eigenartigerweise ein wenig hob. »Wieso? Was ist zwischen euch vorgefallen?«

Hier zog er den Schlussstrich. »Ich habe dir wohl schon mehr als genug Fragen beantwortet, jetzt bin ich dran. Ich dachte, hier herrschen faire Bedingungen.«

142

»Na schön, ich möchte ja keine Spielverderberin sein. Aber treib es nicht auf die Spitze.«

Er grinste, wieder in einer weitaus besseren Stimmung als noch vor wenigen Augenblicken. »Ich doch nicht.«

Hadrian wusste auch schon, ohne lange nachzudenken, welche Frage er beantwortet haben wollte. »Wieso hast du so lange niemanden geheilt?«

Als hätte sie diese Frage tatsächlich nicht kommen sehen, zuckten ihre Gesichtszüge. Es war meist einfacher, der Fragende zu sein.

Kurz schien es, als ob sie ihm die Antwort verweigern wollte. Sie wandte sich ab, die Hände über der Reling verschränkt, geborgen in der Lederjacke, die verdächtig nach Fisch roch, was sie allerdings nicht zu irritieren schien. »Also … Du erinnerst dich an den Namen, den Divan erwähnt hat? Antonius? Er ist … war mein Vater.«

Mit dieser Antwort hatte sie schlagartig all seine Gedanken an Nero und Theresia vertrieben. »Du musst es mir nicht erzählen, wenn du nicht möchtest.«

Sie sah ihn nicht an, nur den Fluss vor sich. »Ist schon in Ordnung. Jedenfalls … Er ist vor ungefähr einem Jahr bei dem großen Minenunglück gestorben.«

»War deine Mutter auch dort unten?«

Sie stockte. »Woher …«

»Der Rollstuhl bei euch zu Hause«, erklärte er. »Die meisten Opfer des Minenunglücks, die ich kennengelernt und behandelt habe, haben derartige Verletzungen davongetragen.« Er erinnerte sich an den Vorfall: Hunderte von Arbeitern waren damals ums Leben gekommen. Nur wenige hatten den Einsturz überlebt und nur die allerwenigsten ohne dauerhafte Folgen.

Beide schwiegen kurz, lauschten dem Rauschen des Wassers.

»Ich habe es meiner Mutter nie erzählt, aber … ich habe ihn damals noch gesehen.« Sie warf ihm einen flüchtigen Blick zu. »Bevor er gestorben ist. Ich habe noch versucht, ihn zu heilen, aber es hat nicht funktioniert. Er ist einfach nicht wieder aufgewacht und plötzlich schien mir meine Magie so sinnlos und …« Sie verstummte mitten im Satz und schüttelte nur langsam den Kopf, was für Hadrian Antwort genug war.

»Und dann hast du aufgehört zu heilen.«

»Auch, ja. Aber nicht nur deswegen. Ich habe meine Ausbildung als Heilerin nie beenden können. An dem Tag, an dem das Drecksding über den Köpfen meiner Eltern eingestürzt ist, wäre ich zur Prüfung in Vita aufgebrochen, aber … bevor ich gefahren bin, habe ich die ersten Berichte gehört und musste einfach hin.«

»Und einen zweiten Prüfungstermin hast du nicht bekommen?« Er musste an Vita und seine Ausbildung dort denken. Eine Stadt, die im Wasser schwamm, deren überflutete Straßen nur mit kleinen Booten passiert werden konnten und die eine Pilgerstätte für jeden Heiler von nah und fern war.

»Nein. Wäre ich gleich am nächsten Tag dorthin gereist, wer weiß, vielleicht schon. Aber die ersten Weichen musste ich mich um meine Familie kümmern, und als ich das nächste Mal in Vita gewesen bin, war die Summe, die ich beim ersten Mal gezahlt hatte, bereits verfallen. Und für einen zweiten Antritt habe ich einfach kein Geld gehabt. Das heißt, ich konnte nicht einmal als Heilerin arbeiten, da ich diese bescheuerte Lizenz nicht habe. All die Jahre der Ausbildung für nichts.«

Worauf sie zu stehlen begonnen hatte, um ihre Familie allein ernähren zu können, schloss Hadrian. Vor drei Weichen hatte er noch gedacht, dass ihre Eltern sie dazu gedrängt hatten, doch ihm ging auf, dass sie sich wohl selbst dazu gezwungen haben musste.

»Ich würde nicht sagen umsonst. Ohne dich«, versuchte er die Stimmung ein wenig aufzulockern, »hätte ich immer noch diesen Ausschlag auf meinem Rücken.« Und ohne sie wäre er dank Neros Messerstich krepiert.

»Aber in dem Moment, in dem ich meine Gabe am meisten gebraucht hätte, hat sie mir rein gar nichts genützt.«

»Die Toten können nicht einmal wir zurückholen, Bandit.« Hadrian hielt kurz inne, als ihm einfiel, dass der Grund, weshalb sie auf diesem stinkenden Schiff auf diesem stinkenden Fluss waren, genau das Gegenteil behauptete. Und dass er in all den Jahren seiner Heilerausbildung vehement davor gewarnt worden war, mit der Nekromantie zu liebäugeln. Offensichtlich machte er auf andere Heiler den Eindruck eines Größenwahnsinnigen und er wusste nicht, was das über seine Persönlichkeit aussagte, doch er hatte sich dazu entschieden, es als Kompliment zu verstehen. »Normalerweise jedenfalls«, ergänzte er. Laelia antwortete nicht. »Und Monias Familie hat euch nicht ausgeholfen?«

Ihr Brustkorb hob und senkte sich merklich schneller. »Monia kann mir gestohlen bleiben. Sie ...«

»Was?«

»Sie hat es gewusst. Meine beste Freundin hat es gewusst und hat nicht ein Wort gesagt.«

»Was hat sie dir nicht gesagt?«, fragte Hadrian.

»Ihre Eltern haben ihr erzählt, dass bei einer Prüfung der Mine nicht einmal eine Weiche vor dem Unglück wohl einige instabile Stellen aufgefallen sind. Ihre Eltern wollten aber kein Geld für solche ›Kleinigkeiten‹ ausgeben und haben den Arbeitern nicht ein Wort davon gesagt, sondern sie seelenruhig einfach weiterschuften lassen. Für Urlaube im Süden scheinen sie aber immer genug Geld zu haben. Sie hat es mir erst eine Weiche später gesagt, ist hysterisch heulend in mein Haus gestürzt und hat mir alles gestanden. Sie habe geglaubt, dass schon nichts passieren würde, und was weiß ich nicht alles, und hat mir dann geschworen, von nun an vollkommen ehrlich zu sein. Mein Vater war gestorben und *sie* heult und denkt, dass ihr bescheuertes Versprechen alles wiedergutmachen würde.«

»Und was hast du dann getan?«

»Ich habe sie rausgeschmissen und gesagt, dass sie sich besser von mir und meiner Familie fernhält, wenn sie nicht will, dass ihrer Nase etwas Unaussprechliches zustößt.«

»Etwas Geringeres hätte ich von dir auch nicht erwartet.«

Ein kleines Schmunzeln schlich sich auf ihre Lippen, verblasste aber wieder. »Willst du das Beste wissen? Nicht nur, dass ihre Familie ungestraft davongekommen ist, weil ich keine Beweise hatte – ich würde wetten, dass die Leute bei der Wartung für ihr Schweigen ein ordentliches Sümmchen bekommen haben –, die Abfindung war auch noch … einfach lächerlich. Sie haben nicht einmal den Anstand besessen, für die Verluste der Familien, die seit Ewigkeiten für sie gearbeitet haben, ordentlich aufzukommen.«

Sie schluckte und Hadrian fragte sich, ob das vielleicht nicht sogar das erste Mal war, dass sie jemandem die ganze Geschichte erzählte, so ungebremst und ungefiltert, wie die Worte aus ihr herausströmten.

»Nicht, dass es ihn wieder zurückgeholt hätte, aber es hätte trotzdem geholfen, sich nicht schon nach weniger als einem Intervall ständig um die nächste Mahlzeit den Kopf zerbrechen zu müssen. Sie wollten nicht einmal die Heilung meiner Mutter zahlen. Die Hohen Heiler in Vita, die *barmherzigen* Hohen Heiler in Vita, die dazu fähig gewesen wären, wollten eine Summe von mir, die schlicht nicht aufzubringen war. Meine eigenen Meister haben mir nicht helfen wollen. Es sei ja ohnehin hoffnungslos.«

Sie suchte erneut seinen Blick, doch dieses Mal hielt sie daran fest, als hoffe sie auf seine Bestätigung, doch er wusste beim besten Willen nicht, wofür.

»Ich meine, mir ist schon klar, dass es nach all dieser Zeit unmöglich ist, sie zu retten, aber wenn wir gleich gehandelt hätten … Wer weiß.« Als wäre sie eben wachgerüttelt worden, löste sie ihren Blick wieder von ihm. »Egal. Es ist so oder so hinfällig, sich über verpasste Möglichkeiten den Kopf zu zerbrechen. Wozu sich also

146

über etwas Gedanken machen, das man sowieso nicht ändern kann, nicht wahr?«, sagte sie, als ob auch nur der leise Glaube an Hoffnung ein Ding der Narren war. Sie hatte in einem Jahr nicht nur ihren Vater verloren und die Verantwortung für ihre Familie übernommen. Ihre beste Freundin hatte sie bitter enttäuscht, genau wie ihre Meister, von denen sie jahrelang ihr Handwerk erlernt hatte. Es war ihm ein Rätsel, wie sie es schaffte, noch auf beiden Beinen zu stehen.

Hadrian wusste nicht, wann er das letzte Mal jemanden so bewundert hatte wie sie in diesem Moment.

Merla

Als Merla bei Megans Zelle ankam, hatte diese sie schon entdeckt, bevor sie atemlos vor dem Gitter zum Stehen kommen konnte.

»Merla?« Sie saß am Boden und trug immer noch ihre Uniform, nur dass sie wohl seit Tagen weder Seife noch Wasser gesehen hatte. Der Kerker war so trostlos. Klein, mit tief hängender Decke und nichts als einem Topf und einer Pritsche ausgestattet, die mit eisernen Ketten an der Wand befestigt war.

Zögernd zog Megan sich am Gitter hoch, als wäre sie nicht ganz sicher, dass ihre Augen ihr keine Streiche spielten. Direkt hinter ihr fiel durch das winzige vergitterte Fenster fahles Licht auf den kahlen Boden. Selbst dieses bisschen Sonne sah in dieser Umgebung fehl am Platz aus. »Was machst du hier?«

»Ich … ich habe es gerade erst erfahren. Oh Götter.« Merla musste sich darauf konzentrieren, den Schwindel zu unterdrücken und die schwarzen Punkte vor ihren Augen, die sie seit mehreren Minuten immer wieder überfielen, wegzublinzeln. »Wie geht es dir? Was ist passiert? Ich verstehe nicht …«

»Ich musste Harper einfach helfen, Merla.« Kurz musterte sie die Prinzessin, bevor sie ihre Stirn gegen einen der Gitterstäbe lehnte. »Sie ist vor etwas über einem Intervall zu mir gekommen und hat mir gebeichtet, wer der Vater des Kindes ist … Vermutlich hat er nicht akzeptieren wollen, dass sie das Kind behalten wollte. Der Moment seines Verrats hätte jedenfalls nicht besser gewählt sein können. Als die Wachen kamen, haben gerade ihre Wehen eingesetzt.«

Wer war denn nur der Vater des Kindes? Ein Adeliger, den Merla vielleicht sogar kannte? »Das Kind?«, wisperte sie.

Megan lächelte schwach. »Es ist gesund auf die Welt gekommen. Magielos.«

Merlas Schlucken war das einzige Geräusch, neben einem kontinuierlichen Tropfen, von dem Merla nicht wusste, woher es stammte. In Megans unmittelbarer Umgebung waren jedenfalls keine weiteren Zellen in Benutzung. »Wo ist … es jetzt?«

»Ein Mädchen. Sie haben sie Harper weggenommen, bevor man sie eingesperrt hat.« Sie wandte ihren Blick ab. »Also ist sie jetzt wahrscheinlich dort, wo die anderen auch landen.« Die Straßen und Waisenhäuser der Städte waren voll von magielosen Kindern Adeliger.

Merla schüttelte den Kopf, konnte einfach nicht damit aufhören. »Ich werde dich hier rausholen, versprochen. Die Königin macht so was ständig. Sie lässt euch einsperren, um euch ein wenig abzuschrecken, aber ernst meint sie es nicht.«

»Und das weißt du mit Sicherheit? Hast du irgendwelche der beschuldigten Magielosen je wiedergesehen?«

Merlas Kopfschütteln wurde vehementer. Wenn sie ehrlich war, hatte sie sich nie nach dem Verbleib der Gefangenen erkundigt, aber das auch nur, weil sie wusste, dass die Königin sie wieder freilassen würde. »Du wirst hier nicht lange bleiben müssen. Harper mag zwar einen Fehler begangen haben, aber du …«

Megan trat zurück, um Merla ins Gesicht blicken zu können. »Welchen Fehler hat sie denn begangen?«

Die Wangen der Prinzessin liefen glühend heiß an. Nur gut, dass es in den Kerkerräumen so dunkel war. »Es ist nur … Sie hätte es besser wissen müssen.«

»Es war nie ihr Plan, schwanger zu werden, Merla. Keine von uns ist dumm genug, es darauf anzulegen, auch wenn euch gerne etwas anderes erzählt wird. Was genau hätte sie deiner Meinung nach denn tun sollen?«

149

»Sie hätte das Geschenk der Götter nicht riskieren sollen.«

Da, wo Merlas Stimme kläglich war, war Megans Stimme verständnislos. »Du irrst dich. Das größte Geschenk, das die Götter uns gemacht haben, ist das Leben. Nur deswegen existiert die Magie. Damit das Leben geschützt werden kann.« Dann runzelte sie die Stirn. »Wärst du überhaupt hier runtergekommen, wenn eine andere Zofe an meiner Stelle gewesen wäre?«

Die darauffolgende Stille sprach lauter, als jedes Wort es gekonnt hätte.

»Ich denke, du solltest jetzt gehen, Merla.«

»Was? Du erwartest doch nicht etwa, dass ich dich hier unten einfach allein zurücklasse?«

Megan wandte ihr Gesicht ab. »Ich weiß mittlerweile nicht mehr, was ich von dir erwarten soll. Keine Ahnung, was ich mir erhofft habe, aber ich denke, es war einfach … mehr.«

Merla fasste daraufhin fest um die Eisenstangen. »Wovon sprichst du? Bist du noch wütend auf mich wegen des Trainings? Du musst doch wissen, wie leid es mir tut.«

»Was genau tut dir leid? Dass du ihn verletzt hast oder dass du das Risiko überhaupt eingegangen bist? Und es geht hier bestimmt nicht nur um Küchenhilfen oder mich. Es geht ums Prinzip. Ich frage mich ja, was du getan hättest, wenn ich dir doch von Harpers Kindesvater erzählt hätte.«

»Ich hätte …« Merla unterbrach sich selbst. Ja, was hätte sie denn getan? Megan geholfen, es zu verheimlichen? Das Kind vielleicht sogar vor den Wachen verteidigt? Immerhin war es doch nur ein Kind, wollte niemandem etwas Böses. Aber hätte sie etwas anderes getan, als bloß danebenzustehen, hätte sie die Götter und die Magie unweigerlich verraten, und das konnte Merla nicht verantworten.

»Wieso habe ich das Gefühl, dass du zum ersten Mal wirklich hinterfragst, wie ihr mit uns umgeht?«

Der vorwurfsvolle Ton in Megans Stimme weckte erst Unbehagen in Merla und schlug dann plötzlich zu leiser Verstimmtheit um, die nur noch mehr Unruhe in Merla weckte. »Was hat das eine denn mit dem anderen zu tun? Harper hat einen Fehler begangen. Das Königreich ist dazu verpflichtet, die Magie zu bewahren …«

»Auch wenn dieselbe Magie wesentlich mehr Schaden als Gutes anrichtet?«

Nur zu deutlich spürte Merla, wie die Schatten unter ihrer Haut sich wie zur Antwort regten. Wie sich die Magie, die ein existenzieller Teil von ihr war, regte. »Wie kannst du so was ausgerechnet zu mir sagen? Die Magie hat nichts als ausnahmslos Gutes in mein Leben gebracht.«

»Aber vielleicht solltest du einmal darüber nachdenken, was sie im Leben anderer anrichtet. Bitte geh jetzt einfach.«

Merla war gerade am Ende des Kerkergangs angekommen und wollte die Treppe betreten, während sie tief in ihre Gedanken versunken war, die nach der Auseinandersetzung mit Megan immer noch aufgeregt schwirrten, als ihr überraschend auch schon die Person in den Weg trat, nach der sie suchte.

»Mutter!« Merla atmete auf, als sie die Königin sah. Denn Megan mochte sie verletzt haben, aber es kam nicht infrage, dass sie ihre Freundin bloß aufgrund eines Streits dort unten weiter verrotten lassen würde. »Ich war gerade auf dem Weg zu dir. Du musst Megan da rausholen. Du …«

»Ich werde nichts dergleichen tun, Merla.«

Die Erleichterung, die zum Greifen nahe geschienen hatte, rutschte ihr im letzten Moment durch die Finger. Ganz bestimmt musste Merla sich verhört haben. »Was meinst du damit?«

»Wie oft«, sagte die Königin und blickte sie fast schon gelangweilt von oben herab an, »habe ich dir gesagt, dass sie kein guter Umgang ist, dass sie uns nur Probleme bereiten würde? Und trotzdem hast du nicht auf mich gehört. Und sieh dir an, wo wir jetzt gelandet sind.«

Merla erstarrte. »Aber es war Harper, die schwanger geworden ist, nicht Megan.«

»Sie hat geholfen, es zu verheimlichen, was sie genauso schuldig macht. Noch dazu ist sie deine persönliche Zofe … war es jedenfalls.«

Merla horchte auf. »Wie bitte?«

»Dachtest du etwa, dass ich sie weiter frei rumlaufen lasse, damit sie dir irgendwelche Flausen in den Kopf setzen kann? Lass mich raten: Sie hat gerade versucht, dir weiszumachen, wie schädlich die Magie doch ist?«

Die Genauigkeit, mit der die Königin ins Schwarze traf, machte Merla unweigerlich mundtot.

Eine andere Reaktion schien die Königin nicht erwartet zu haben. »Das habe ich mir schon gedacht, dass sie das versuchen würde. Lass dich nicht manipulieren, Merla. Wir beide wissen ganz genau, wer hier der wahre Feind ist. Du darfst nicht vergessen, was sie hier genau wie diese Harper riskiert hat. Lord Roarke, unser treuester und wichtigster Verbündeter im Adel, hätte all seinen Einfluss durch Harper verlieren können, wenn das ans Tageslicht gekommen wäre.«

Merlas Gedanken schwirrten nicht mehr, stattdessen kamen sie abrupt zum Halt. Lord Roarke … war der Vater? Ausgerechnet der Mann, den die Königin ihr als Freier um ihre Hand vorgestellt hatte? Hatte er sich nicht noch bei dem Abendessen vor Kurzem empört darüber gezeigt, wie leichtsinnig manche Adelige mit ihrer Magie umgingen?

»Das, was die beiden Zofen getan haben, ist also nicht bloß ein Angriff auf die Magie, Merla. Es ist ein Angriff auf unsere Familie.«

»Aber … wenn Megan versprechen würde zu schweigen? Wir könnten für sie doch eine Ausnahme machen, oder nicht?«

Die Königin machte sich nicht einmal die Mühe, den Kopf zu schütteln. »Dass sie deine Freundin ist, ist ein Grund mehr, sie da unten zu behalten. Was, denkst du, würde passieren, wenn die Leute herausfinden, dass das Königshaus toleriert, dass das Geschenk, unsere Verbindung zu den Göttern, mutwillig verschwendet wird? Möchtest du etwa, dass die nächste Generation in einer vollkommen von Magie beraubten Welt aufwachsen muss? Dass die Magie ausstirbt? Wenn den Leuten bekannt wird, dass die fenische Prinzessin etwas Derartiges unterstützt ...«

»Aber ich unterstütze es doch nicht! Ich will nur nicht, dass Megan ...«

»Wer, denkst du«, unterbrach Allanah ihre Tochter mit beißendem Ton, »wird in den Augen der Adeligen die Schuld tragen? Wen werden sie verantwortlich machen?«

Allanah schien auf eine Antwort zu warten.

Merlas Stimme war klein und dünn, als sie sagte: »Ich weiß es nicht ... mich?« Sie hasste ihre Stimme.

»Nein. Nicht dich, nicht Nolan, nicht deinen Vater, sondern mich. Ich werde die Königin sein, die es nicht schafft, ihre Kinder unter Kontrolle zu halten.«

»Aber sie wissen doch, dass du ...«

»Dir muss bewusst sein, wie viel Mühe und Zeit es mich gekostet hat, den Adel auf unsere Seite zu ziehen. Und du bist bereit, all meine Anstrengungen einfach zunichtezumachen? Obwohl du weißt, dass das, was Megan getan hat, falsch ist?«

Merla bekam kein weiteres Wort über die Lippen. Alles, was sie tun konnte, war, den harten Blick ihrer Mutter stumm auszuhalten.

Merlas Blutlinie war im letzten Jahrhundert vom Pech verfolgt gewesen. Ihre Großeltern hatten wie schon ihre Urgroßeltern eine ungewöhnlich lange Reihe von magielosen Kindern bekommen, bevor Merlas Mutter auf die Welt gekommen war.

Diese hatte sich durch eine Kindheit der Verachtung und Missgunst des Hofstaates kämpfen müssen, welcher übereingekommen war, dass ihre Linie aufgrund der wenigen aus ihr hervorgehenden

Schattentänzer zu schwach und ungeeignet sei, Fenia weiter zu führen. Nicht einmal Nolan und Merla, die einzigen und zu Allanahs Glück auch begabten Kinder der Königin, konnten die aufrührerischen Stimmen bei Hofe beruhigen. Man wartete also nur darauf, dass Merla oder ihr Bruder einen Fehler beging, um ihre magische Blutlinie dafür verantwortlich machen zu können.

»Wir können keine Ausnahmen machen, Merla. Besonders wir können es uns nicht leisten, solche Fehler zu begehen. Aber nicht nur um unseretwillen, Merla: Bringt es unser Volk auf irgendeine Art weiter, wenn du hilfst, die Magie-Blutlinien wissentlich zu verwässern? Beschützt du sie, indem du uns nimmst, was uns einzigartig macht? Was mächtiger ist, als irgendeine Waffe es je sein könnte? Was einen Krieg entscheiden kann? Was uns von den Geirrten befreit hat?«

Merla widersprach nicht, stimmte aber genauso wenig zu, wusste schlicht nicht, was sie denken und welche Meinung sie haben sollte. Denn immerhin war es Megan, die da unten in einem Kerker saß, und nicht irgendein anderer Magieloser.

»Ich hoffe sehr, dass dieses Schweigen ein Nein bedeuten soll. Es sind Leute wie deine ›Freundin‹, vor denen du und ich die Magie beschützen müssen.« Die Königin musterte ihre Tochter von oben bis unten. »Wenn es dir dabei besser geht, mich dafür zu hassen, dass ich meine Pflichten erfülle, um unserem Kontinent Magie und unserer Linie Sicherheit zu bieten, dann bitte, tu es. Aber am Ende sind es immer noch die Ergebnisse, die zählen, und nicht die Dinge, die wohl oder übel getan werden mussten, um diese zu erreichen. Und ich kann dir nur raten, dich mit diesem Gedanken anzufreunden.«

Laelia

Nach vier Weichen, die sie auf diesem Schiff festgesessen hatten, würden sie in nur einer Stunde im Hafen von Kijana anlegen, wie Laelia sich von einem der Arbeiter hatte bestätigen lassen. Die Mannschaft des Schiffes würde dann nach Nalandes weiterreisen, doch für Hadrian, Divan und sie bedeutete es Endstation.

»Aufstehen. Wir gehen gleich an Land«, verkündete sie, zurück in ihrer Kabine, und beobachtete, wie sich zumindest einer ihrer Begleiter unter den dünnen Laken zu regen begann.

Divan hob mit gerunzelter Stirn seinen Kopf von der Matratze – von der er und Hadrian sich jede Nacht gegenseitig mindestens einmal aus dem Bett gestoßen hatten –, um sich dann mit halb geschlossenen Augen schwerfällig aufzurichten.

Hadrian dachte wohl gar nicht erst daran, aufzustehen.

Laelia trat neben ihn und rüttelte ihn halbherzig an der Schulter. »Hadrian.«

Er murrte nur kehlig, seine Stimme durch den Schlaf noch tiefer, als sie ohnehin schon war.

»Hadrian, wach auf«, dieses Mal von einem vehementeren Schütteln begleitet und mit einem leiseren Brummen erwidert.

»Hadrian, wach auf, oder ich sehe mich gezwungen, dir ein Glas Wasser über den Kopf zu schütten.«

Wieder gab er nur ein Brummen von sich, doch er richtete sich blitzartig mit vor Zorn funkelnden Augen auf, als sie ihm ihr einziges Kissen an den Kopf warf, und fixierte sie.

»Was zum …«

»Aber, aber, wir wollen doch nicht fluchen. Das ziemt sich nicht für einen Senatorensohn.« Zufrieden schmunzelte Laelia. »Und dir auch einen guten Morgen, Sonnenschein.«

Hadrian beobachtete sie mit zusammengekniffenen Augen. Zu ihrer Befriedigung wirkte er immer noch säuerlich, als sie sich dann süffisant eine schlichte Tunika von einem Haufen in der Ecke fischte und die Kammer verließ, um sich umzuziehen. Sie musste sich unbedingt merken, wie leicht er zu provozieren war, wenn er um seinen Schönheitsschlaf gebracht wurde.

Wie geplant fuhren sie eine Stunde später in den Hafen ein und legten an der Kaimauer an. Vom Deck aus wurde eine lange Holzplanke als Verbindung auf das Festland gelegt, über welche die drei bald schon balancierten und ihr schwimmendes Gefängnis hinter sich ließen.

Zurück auf festem Boden, schien die Laune plötzlich ein neues Hoch zu erreichen, besonders als sie sich auf den Weg in die Stadt machten, um sich neue, passendere Gewänder zu besorgen.

Nun schlängelten sie sich durch die Menschenmassen und Divan sah sich mehr als einmal dazu gezwungen, Hadrian böse Blicke zuzuwerfen, als dieser wiederholt Geldbeutel und Schmuckstücke in seine Taschen wandern ließ. Laelia musste zugeben, dass sie noch nie jemanden gesehen hatte, dessen Hände derartig flink waren. Es war, als gäbe er sich gar keine Mühe, als wanderten die Gegenstände freiwillig zwischen seine Finger. Sie fragte sich, ob es irgendetwas gab, das er nicht stehlen konnte. Das natürlich nicht laut, denn sie hatte kein Interesse daran, den Komplimenten, die er sich selbst alle fünf Minuten machte, etwas hinzuzufügen.

»Alte Gewohnheit. Außerdem machen sie es einem ja fast schon zu einfach«, meinte Hadrian und ignorierte die Miene, die Divan zog.

Laelia kam nicht umhin, sich in alle Richtungen umzublicken.

Im Vergleich mit dem bunten Kijana war Talina nichts als ein öder Farbklecks.

Man trug hier Kleidung aus leichten und weiten Stoffen, die sich aufbauschten und flatterten und mit allen Farben der Kunst spielten. Händler, welche die besten Preise und besten Waren im ganzen Lande versprachen. Es war alles zu finden, von Nüssen bis hin zu glänzenden Diamanten, bei denen man immer aufpassen musste, nicht übers Ohr gehauen zu werden. In dem Bezug waren alle Händler jeder Nation gleichermaßen hinterlistig.

Hier und da spielten auch ein paar Straßenmusiker, welche die Menge unterhielten. Jedoch war viel mehr Tanz involviert, als Laelia es aus ihrer Heimat gewohnt war.

Wenn man der energiegeladenen Stimmung der Kijanis das erste Mal gegenüberstand, konnte man sich leicht dazu verleiten lassen zu vergessen, dass für all die Lebensfreude, die hier Eindruck schindete, im Verborgenen mindestens genauso viel Elend herrschte. Nicht dass es sich in den anderen Nationen anders verhalten hätte. Jeder hatte seine Leichen im Keller und wusste den Gestank der Verwesung mit ganzen Eimern von Duftwasser zu überdecken.

Schweiß rann Laelia den Rücken hinab und sie begann sich Luft zuzufächeln. Laelia war hohe Temperaturen zwar auch von zu Hause gewohnt, aber die schwüle Hitze allein im Frühling war schon absolut unzumutbar. Kein Wunder bei der unvorteilhaften Kleidung, die sie trugen.

Divan hatte wohl denselben Gedanken wie sie und deutete auf einen der Stände. Dort angekommen, machten sie sich daran, neben einem kleinen Stoffsack auch Kleidung zu beschaffen, die sie darin verstauen konnten.

Als sie schließlich weiterwanderten, steckte Laelia in einem Aufzug aus weißem Leinen: eine weite, taillierte Hose und ein schulterfreies Oberteil, welches einen Schnitt besaß, den jede junge Frau in der Gegend zu tragen schien. Ein hauchdünnes Tuch war um ihre nackten Schultern und ihren Kopf geschlungen, um einem Sonnenstich vorzubeugen. Divan und Hadrian trugen dünne, bräunliche Hemden, mit eingebundenen Schnürungen am oberen Saum und filigranen, einfachen Stickereien an den Ärmeln, und Hosen, die ihrer ähnelten, nur dass sie tiefer saßen.

Etwas abseits hielten sie inne. Sie standen an einer Häuserfassade, die zu einer Hälfte amateurhaft unregelmäßig grün und zur anderen Hälfte blau bemalt worden war.

»Und wohin jetzt? Weißt du, in welcher Gegend er – oder sie? – hier wohnt?«, erkundigte sich Laelia.

»Ich habe nie gesagt, dass *er* in der Hauptstadt Kijanas lebt«, meinte Divan.

Hadrian und Laelia starrten ihn nun ungläubig an. »Wieso hast du uns dann hergebracht, wenn wir ihn hier nicht finden werden?«, fragte sie.

»Weil wir uns hier einen Transport in die Stadt der Bücher organisieren müssen.«

»Die Stadt der Bücher? Die ist doch bestimmt über ein halbes Intervall von hier entfernt«, mutmaßte Hadrian erstaunlich genau, als ob er schon einmal hier gewesen wäre.

»Ihr müsst doch mittlerweile realisiert haben, dass das hier beschwerlich und keine kurze Vergnügungsreise werden wird«, erwiderte Divan. »Und jetzt kommt. Hier rumzustehen bringt uns der Stadt auch kein Stück näher. Es wird bestimmt einige Reisegruppen geben, die von hier abfahren. Wir müssen nur eine finden.«

Und das taten sie auch gleich. Sie hörten eine Dame mittleren Alters an einem Stand nicht weit vom Händler, bei dem sie ihre Kleidung erstanden hatten, für eine Fahrt in die Stadt der Bücher werben.

Kurz darauf traten sie die Reise in die angesehenste Bildungsmetropole, abgesehen von der Universitätsstadt in Ezana, des gesamten Jungen Kontinents an. Dabei saßen sie mit drei weiteren Reisenden in einem Karren, der von einem in die Jahre gekommenen, aber überraschend kräftigen Wallach gezogen wurde.

* * *

Die Reise zog sich schleppend dahin, da sie nicht nur nachts, sondern auch tagsüber wegen des Gauls ständig rasten mussten, doch war es erst mal eine willkommene Abwechslung zur müffelnden Fahrt auf der Vene.

Sie verbrachten die meisten Nächte unter freiem Himmel, während sie sich sonst auf gut ausgefahrenen Wegen immer weiter in das Herz Kijanas vorwagten und die kurzen Pausen in kleinen Provinzen mit winzigen Dörfern verbrachten. Doch die drei achteten stets darauf, sich nicht zu weit vom Wagen zu entfernen oder zumindest ein Auge auf diesen zu haben. Einer der Mitreisenden war fünf Minuten nach dem vereinbarten Zeitpunkt nicht anwesend gewesen, worauf die Frau – sie wussten nicht einmal wie sie hieß, so gesprächig war sie – ohne mit der Wimper zu zucken mit nun einem Passagier weniger aufgebrochen war. Sie zweifelten nicht daran, dass sie es bei ihnen, ohne zu zögern, genauso handhaben würde, also riskierten sie es gar nicht erst.

An diesem Abend kamen sie in ein etwas belebteres Dorf mit mehreren Wasserstellen, an denen sie sich bei ihrer Ankunft sofort bedienten, um ihre ausgetrockneten Kehlen zu befeuchten und sich in einem nahe gelegenen See zu waschen. Die Namenlose hatte sich mal wieder geweigert, eine längere Waschpause einzulegen.

Das Wetter um diese späte Stunde war recht angenehm. Die Hitze ließ nach und stattdessen wurden sie von willkommener Frische in Empfang genommen.

Statt sich zu den anderen Reisenden zu gesellen, jetzt ja nur noch zwei Stück, und sich ans prasselnde Feuer zu setzen, wo gerade eine Suppe zubereitet wurde, schlug Hadrian etwas anderes vor.

»Ich habe da vorhin ein kleines Wirtshaus gesehen, etwas abseits von hier, aber nicht weit. Ich brauche mal wieder etwas Richtiges zu trinken. Kommt ihr mit?«

Laelia gab ein »Wieso nicht?« von sich, worauf Divan ihnen wortlos hinterhertrottete.

Das Wirtshaus schien speziell auf Reisende ausgelegt zu sein, überall hingen gemusterte Stofftücher an den Wänden. Außerdem war es unbarmherzig farbig. Als hätte jemand ein Bad in allen Farben dieses Kontinents genommen, um sich dann über jeden Zentimeter des Raums zu wälzen; egal ob Decke, Wand oder Boden. Aber die zwei Gerüche, die in keiner Taverne fehlen durften, leisteten ihnen auch in diesem Winkel des Kontinents ihre penetrante Gesellschaft: Alkohol und Schweiß.

Sie setzten sich an einen der freien Tische. Hadrian und Laelia bestellten beide etwas, doch Divan enthielt sich.

»Willst du wirklich nichts trinken?«, fragte Hadrian, während er den ersten Schluck von seinem Getränk nahm, es dann absetzte, um sich kurz über seine Bartstoppeln zu fahren, die trotz täglicher Rasur mit einem offenbar besonders stumpfen Exemplar seiner vermutlich zahlreichen Taschenmesser nicht vollständig zu entfernen waren. Er hatte schon schlechter ausgesehen, befand Laelia insgeheim.

Divan trank zur Antwort bloß sein Wasser.

Hadrian seufzte gespielt bedauernd, nahm einen weiteren Schluck. »Zu schade. Ich hatte gehofft, ein paar Informationen aus dir herauspressen zu können. Nur ein kleiner Spaß unter Freunden«, fügte er hinzu und klopfte ihm gegen die Schulter, als er Divans tödlichen Blick registrierte. »Aber ernsthaft. Ich glaube, ich spreche für mich und Bandit, wenn ich sage, dass wir nichts gegen ein paar Details hätten, was unsere zukünftigen Begleiter betrifft.«

»Es gibt nicht viel zu ihnen zu sagen.«

»Je unkomplizierter, desto besser«, meinte Hadrian.

Es wäre auch zu einfach gewesen, wenn Divan geradeheraus hätte antworten können. »Die Götter haben es aus einem guten Grund nur mir …«

»Ich verspreche dir«, unterbrach ihn Laelia, den Kopf auf ihren auf dem Tisch verschränkten Armen gebettet. »Wenn sie dir aus Wut für deine skandalöse Gesprächigkeit einen Blitz in den Kopf jagen, komme ich persönlich für die Kosten deiner Beisetzung auf, wenn dich das beruhigt. Und jetzt: rede.«

»Das ändert natürlich alles.« Divans trockener Ton hätte ihrem eigenen beinahe Konkurrenz machen können. »Ich habe es ernst gemeint. Es gibt nicht viel zu sagen. Es sind ein Lauscher aus Kijana, eine fenische Schattentänzerin und eine Blutende.«

»Wo werden wir die alle antreffen?« Laelia hatte die Nase gestrichen voll davon, blind hinter ihm hertrotteln zu müssen, ohne zu wissen, wohin genau eigentlich. »Also nach dem Lauscher in der Stadt der Bücher, meine ich.«

»Die Schattentänzerin in der Stadt Fenia und die Blutende beim Kleinen Mondsee.«

Als er daraufhin wenig überraschend nichts mehr hinzufügte, gab Laelia auf und hob den Arm, um sich die Spezialitäten des Hauses anzuhören und nach etwas möglichst Süßem Ausschau zu halten.

So schritt der Abend voran, Hadrian und sie bestellten beide eine zweite Runde und leerten auch diese, während Divan sein Wasserglas vor sich herschob. Laelia wurde unfreiwillig etwas freundlicher und lachte sogar leise, statt es wie sonst sarkastisch zu belächeln, wenn Hadrian mit zunehmender Trunkenheit auch zunehmend schlechtere Witze riss.

Umso mehr überraschte es sie also, als die Stimmung plötzlich kippte und Hadrian mit einer dem Anschein nach nüchternen

Miene das Geld für ihre Getränke auf den Tisch legte, um sie dann kurzerhand zum Hinterausgang zu dirigieren.

Sie standen alleine an der Rückseite der Schenke. Hadrian fluchte und fuhr sich über sein Kinn.

Laelia beobachtete ihn nun mehr als beunruhigt. »Was? Was ist denn los?«, erkundigte sie sich und senkte ihre Stimme, weil Hadrian ihr bedeutete zu flüstern.

»Wir haben ein Problem.«

»Hatten wir bis eben etwa kein Problem?«

»Zwei Männer haben gerade den Gastraum betreten«, erklärte er. »Ich hatte sie schon bei unserer Ankunft im Hafen gesehen. Sie sind zu schnell verschwunden, um mir sicher sein zu können, aber sie müssen uns gefolgt sein. Es sind zwei von Neros kijanischen Abgesandten. Keine hohen Tiere und bestimmt nicht die hellsten Sterne am Himmel, aber treu ergeben.« Was darauf schließen ließ, dass Nero begonnen hatte, in den Häfen nach ihnen Ausschau zu halten. Also keine weiteren Schiffsreisen auf der Vene.

»Bist du dir sicher, dass sie es sind?«, hinterfragte Divan Hadrians Beobachtungsgabe.

»Absolut. Ich habe schon einmal mit ihnen zusammengearbeitet.«

»Haben sie uns denn gesehen?« Laelia war nicht mehr halb so fröhlich wie auf ihrem Platz im Wirtshaus.

»Ja, ich habe gesehen, wie sie mich erkannt haben. Verflucht sei mein unverwechselbares Gesicht!«

Laelia entschied sich bewusst, den letzten Satz unkommentiert zu lassen. »Nun ... wie wäre es, wenn wir weniger reden und hier stattdessen so schnell wie möglich verschwinden würden?« Sie spähte bereits vorsichtig um die Ecke, hinter der sie gerade standen und diskutierten.

»Das wird unser Dilemma nicht lösen. Die werden nicht lockerlassen, bis sie uns haben.«

Laelia glaubte, Divan daraufhin etwas vor sich hin murmeln zu hören, doch er hatte offensichtlich nicht vor, sie laut an den Worten teilhaben zu lassen, was ihr auch recht war.

»Wir müssen sie ausschalten, bevor sie es umgekehrt mit uns tun.« Natürlich kam Hadrian gleich die dramatischste Lösung in den Sinn.

»Und wie willst du das anstellen?«

»Verzeih, Bandit, aber ich habe sie erst jetzt bemerkt, und so gerissen ich auch bin, hatte selbst ich noch nicht genug Zeit, einen Plan zu schmieden. Aber wenn wir diesen«, er warf Divan einen Seitenblick zu, »Kerl finden und nicht zwischen Neros Finger geraten wollen, sollte sich einer von uns schnell was einfallen lassen.«

»Besser hätte der heutige Abend ja echt nicht laufen können«, murmelte sie, um dann fragend in die Runde zu sehen. »Und? Irgendwelche brauchbaren Ansätze?«

Laelia schmiss wenige Minuten später mit beabsichtigtem Schwung die Tür hinter sich zu, als sie das Wirtshaus wieder betrat. Einige Köpfe wandten sich in ihre Richtung, darunter auch die der Männer, die Hadrian ihr beschrieben hatte.

Aus dem Augenwinkel betrachtete sie die zwei, die sich bereits halb erhoben hatten, wohl um ihre Fährte aufzunehmen, sich aber sichtlich stutzend setzten, als sie Laelia wiedererkannten.

Der Gang zu ihrem Tisch war weit torkelnder und desorientierter, als sie es tatsächlich war. Immer noch beobachteten die beiden sie aufmerksam, als ihr weder Divan noch Hadrian nach drinnen folgten.

Seufzend tat sie, als wolle sie sich an den Nebentisch setzen, fiel, oder präzisiert gesagt, plumpste dann aber in den freien Stuhl bei ihnen. Als würde ihr erst dann klar, dass sie ihr Ziel verfehlt hatte, betrachtete sie die beiden überrascht und dann entschuldigend. »Oh, tut mir leid. Ich störe die beiden Herren hoffentlich nicht?« Als sie sie nun vollkommen perplex anglotzten, lächelte sie verwegen und gleichzeitig ein wenig dümmlich. »Gibt es hier unten keine Frauen oder warum seht ihr mich so an?«

Der Erste, der mit dem dunklen Bart, lehnte sich leicht vor, sodass er sie besser mustern konnte. »Was soll das?«

»Was soll was? Kann ich bitte noch einen Wein haben? Und … zweimal Bier für die Herren, auf meine Kosten natürlich«, richtete sie sich an eine Kellnerin.

»Du weißt genau, wovon ich spreche, Mädchen. Wo ist er?«

Sie schürzte die Lippen. »Wer?«

»Hadrian«, meldete sich nun auch der andere zu Wort, dessen Haare fast zu einer Glatze getrimmt waren.

»Ihr kennt den Idioten? Wenn ihr wüsstet, meine Götter«, seufzte sie und schlug ihre Beine übereinander, lehnte sich vor. »Ich kann nicht mehr. Er ist so … unausstehlich, ich bin fertig mit dem. Denkt, die ganze Welt dreht sich nur um ihn. Wenn ihr mich fragt: Jemand sollte ihm echt mal einen Denkzettel verpassen.«

Stille Genugtuung machte sich in ihr breit, als sie bemerkte, wie Kurzhaarschnitt sich zu einem zustimmenden Murmeln hinreißen ließ. Der Bärtige warf ihm dabei einen verärgerten Blick zu, was Kurzhaarschnitt ignorierte.

Ihre Getränke wurden mit einem hellen Klirren vor ihnen abgestellt.

Laelia umfasste ihr Glas. »In einem Moment macht er auf Kavalier und im nächsten zerrt er mich hier raus und entscheidet ohne Erklärung, dass wir hier verschwinden, *weil er es sagt*. Aber Talina bewahre, dass man ihm mal etwas verheimlicht«, schnaubte sie, blickte dann aber auf und grinste ein wenig befangen. Der wohl etwas Umgänglichere von den beiden nickte wieder und nahm endlich den ersten Schluck von seinem Getränk – und verzog seine Miene, als sein Partner ihm dafür einen vernichtenden Blick zuwarf.

»Tut mir leid, wir kennen uns gar nicht und ich lade euch mit meinen Beschwerden voll …«

»Ach, kein Problem.« Kurzhaarschnitt leerte sein Glas in einem Zug, worauf sie ein anerkennendes Pfeifen von sich gab. »Wir kennen ihn, er ist der größte arrogante Kotzbrocken, den ich je kennengelernt habe.«

Sagte jemand, der für Nero höchstpersönlich arbeitete.

»Nicht wahr?«, stimmte sie ihm zu. »Woher kennst du ihn denn?«

Er schien ihr tatsächlich abzukaufen, dass sie nicht wusste, wer er und sein Freund waren, und schien der Frage ausweichen zu wollen. »Durch Bekannte«, meinte er bloß.

»Und wie bist du ihn losgeworden? Hast du ihm gesagt, dass seine Frisur nicht richtig sitzt?«, kicherte sie und bettete ihr Kinn in ihre Handflächen.

»So in der Richtung«, lachte er mit ihr.

»Und …« Sie unterbrach sich, als bemerke sie ganz zufällig, dass sein Glas leer war. »Oh, möchtest du noch eine zweite Runde? Und sei nicht zu bescheiden, mein Angebot anzunehmen, heute bin ich besonders spendabel.«

Sie zwinkerte ihm sogar zu und hatte kurz die Befürchtung, es zu weit getrieben zu haben, als er sagte: »Kein Problem, ich nehme das Getränk meines Freundes hier, er scheint es ja nicht trinken zu wollen.«

Ihr entging sein stichelnder Unterton nicht. Der Bart hatte offenbar nicht im Sinn, etwas abzugeben, und kippte sein Glas demonstrativ in einem Zug runter, um es dann mit Elan und blitzenden Augen auf die Tischfläche zu knallen. Der morsche Tisch vibrierte leicht unter ihren Ellenbogen. »Wird wohl nichts draus.«

Laelia bestellte weitere Runden für die beiden, während sie an ihrem Glas nippte. Als der richtige Moment gekommen war, trat sie mit unveränderter Miene unter dem Tisch nach dem Bein des Bärtigen.

»Was soll das?«, rief dieser wutentbrannt an Kurzhaarschnitt gewandt.

165

Es folgte Geschrei, dann ein Gerangel, und als sie gegen die ersten ebenso betrunkenen Gäste stießen, brach das schiere Chaos in diesem winzigen Wirtshaus los.

Laelia legte schnell ihr Geld auf dem Tresen ab und verschwand, bevor es jemand mitbekommen konnte.

Draußen warteten Hadrian und Divan bereits auf sie. Hinter ihnen stand ein struppiger grauer Esel, der gelangweilt an einem Stück Stroh kaute und an dessen Rücken ein gerade mal für sie drei reichender Wagen gespannt war. Sie hatte damals zwar einiges bei Monia mitgehen lassen können, doch das Geld würde nicht mehr lange reichen, wenn sie weiterhin so viel auf einmal ausgaben. Doch anders würden sie hier draußen nicht weit kommen. Wenigstens hatten sie auf ihren Vorschlag hin noch ein paar Decken besorgt.

»Ein Esel?«, fragte sie.

»Auf die Schnelle haben wir kein Pferd auftreiben können«, berichtete Hadrian und bedeutete ihr währenddessen, hinten aufzusteigen. »Doch der tut es fürs Erste auch.«

Eine halbe Stunde später hatten sie die Gegend hinter sich gelassen, ruckelten über den Weg erst Richtung Süden und dann, nachdem sie sicher waren, nicht mehr in Sichtweite zu sein, schließlich wieder Richtung Westen zur Stadt der Bücher. Eigentlich bestrebt, schnell einen möglichst großen Vorsprung zu gewinnen, scheiterte das Vorhaben aber doch ein wenig, da der Esel nicht gerade motiviert schien, sie eilig voranzubringen. Aber irgendwie hatte er trotzdem seinen Charme. Ein wenig zickig vielleicht, aber Laelia konnte es ihm nicht verübeln.

»… und in dem Moment, in dem wir der Alten aufgetragen haben, mit uns einen Abstecher zum Lauscherwinkel zu machen, hat sie uns unsere Sachen zugeschmissen. Hat uns eine angenehme Weiterreise gewünscht und uns gesagt, dass wir sie mal gernhaben könnten«, berichtete Hadrian lachend, jetzt, da die Anspannung nach ihrer Flucht verklungen war. Alle drei waren sie, um der Kälte irgendwie zu trotzen, in Decken gehüllt.

Der Lauscherwinkel war eine Stadt ganz im Süden gelegen und abseits der Route in den Westen, wo das eigentliche Reiseziel lag. Wenn also alles nach ihrem jetzigen Plan lief, würde die grummelige Reiseführerin Bart und Kurzhaarschnitt fälschlicherweise berichten, dass Hadrian, Divan und Laelia samt Esel südlich weitergereist waren.

Wenn die drei sich etwas abseits der offiziellen Wege bewegen würden, würde ihr Schwindel auch hoffentlich nicht so bald auffliegen.

»Ich bin übrigens schwer beeindruckt«, meinte Hadrian an Laelia gewandt.

»Hättest du mir wohl nicht zugetraut, was?«

»Im Gegenteil«, meinte er. »Trotzdem war es riskant.«

»Irgendwer von uns musste sie ja ablenken, während ihr euch um den Rest gekümmert habt, oder? Auf dich wären sie kaum gut zu sprechen gewesen und unser Freund hier – nichts für ungut, Divan – hätte sie wahrscheinlich nur mysteriös und grimmig angestarrt.«

»Ich versuche, es nicht persönlich zu nehmen, danke«, grummelte Divan mysteriös und grimmig.

»Trotzdem«, entgegnete Hadrian. »So, wie es da drinnen am Ende zugegangen ist, hätte sonst was passieren können«, meinte Hadrian und hob skeptisch eine seiner Brauen, was sie aus irgendeinem Grund besonders aufregte.

Er schien immer noch etwas verstimmt darüber zu sein, dass sie einfach eigenmächtig hineingeschlüpft war, obwohl Divan und er offene Zweifel an ihrem Plan angemeldet hatten. »Ich kann auf mich aufpassen.«

»Ich sage nicht, dass du nicht auf dich aufpassen kannst, aber es gibt einen Unterschied zwischen Mut und Leichtsinn. Die Grenzen verschwimmen oft schneller, als einem lieb ist.«

»Es hat funktioniert, oder? Wieso also jetzt unnötig herumdiskutieren?«

»Ich will nur sichergehen, dass wir hier alle am selben Strang ziehen. Wir wollen doch alle dasselbe und hängen hier gemeinsam mit drinnen, ob es uns nun gefällt oder nicht. Dann können wir genauso gut zusammenarbeiten, anstatt stur unseren eigenen Willen durchzusetzen, nicht wahr? Wenn man bei so einer Aktion nicht alle Schritte durchspielt, kann einem das später schnell zum Verhängnis werden.« Hadrian klang verdächtig nach einem furchtbaren Moralprediger.

Sie zwang sich, ruhig zu bleiben. »Gut, da mag schon etwas Wahres dran sein. Dann habe ich vielleicht ein wenig mit dem Feuer gespielt. Aber rede nicht mit mir, als wäre ich ein kleines Kind, Hadrian.«

Beide schwiegen sich an und Divans Augen huschten zwischen ihnen hin und her. Das kalte Schweigen hielt so lange an, dass Divan sogar in einer ziemlich ungemütlich wirkenden Position wegdämmerte, bevor sie wieder miteinander sprachen.

In einer vertrauten Geste fuhr Hadrian sich über den Nacken und Laelia erkannte nur sehr vage in der Dunkelheit, wie die eigenartige Härte wieder seine Gesichtszüge verließ. »Es war nicht meine Absicht, dich zu verärgern.«

Es schien ihr albern, weiter daran festzuhalten. Sie zog ihre Decke etwas enger um sich. »Ich weiß«, meinte sie und damit hatte sich der Streit gelegt, außergewöhnlich schnell für ihre sonstigen Verhältnisse.

Der Esel iahte, während sie Kurs gen Westen hielten.

BACARY

Eingekesselt von alten und neuen Wälzern, saß Bacary in der Bibliothek. Er brütete gerade an einem der Studiertische in einem Fachbuch über die Herrin der Wünsche – er fand ihren umstrittenen Ursprung schon seit jeher faszinierend –, als er hörte, wie jemand vor seinem Tisch zum Stehen kam.

Und dieser Jemand war ausgerechnet Meister Oyibo.

Bacary machte sich nicht einmal die Mühe, aufzublicken, und hielt seinen Blick auf die Zeilen im Buch gerichtet. Dieser Teil der Bibliothek war finsterer und wenig besucht, da man hier zu einem Großteil fragwürdige oder widerlegte Theoreme archivierte.

»Ich war gerade bei der Postabteilung«, verkündete Oyibo ohne weitere Einleitung.

Bacary sah ihn immer noch nicht an. Niemand war in unmittelbarer Nähe, weshalb er nicht so tun musste, als würde er Oyibo auch nur einen Hauch Respekt zollen. »Und wieso erzählst du mir das?«

»Ich habe auf Anfrage einen Blick über die Bewerbungsschreiben an die Universität geworfen«, fuhr er fort. »Und dabei ist dein Name aufgetaucht.«

»Und du bist daraufhin direkt zu mir gekommen, um mir Glück für meine Prüfung zu wünschen.«

»Nicht ganz.« Der Tonfall verleitete Bacary dazu, seine Lektüre schließlich doch niederzulegen und sein Gegenüber zu mustern. Es hatte eine Zeit gegeben, da hatte er Oyibo bewundert. So jung, nur ein paar Jahre älter als er selbst, und schon eine Legende. Oyibo hatte alles repräsentiert, was Bacary je hatte sein wollen. Er war ihm nachgelaufen wie ein trotteliges Schoßtier, nur um viel zu spät Oyibos wahres Gesicht zu erkennen.

»Ich muss sagen, ich bin überrascht von deinem Mut.«

»Worauf spielst du hier an, Oyibo?«

Oyibos Mundwinkel zuckte, als Bacary seinen Titel mit voller Absicht unterschlug.

»Nun, dir muss wohl bewusst sein, dass ich Einfluss dort habe. Ich habe sogar überlegt, für einige Intervalle zurückzukehren. Ab dem nächsten Semester schon, wenn alles nach Plan läuft. Tatsächlich wollte ich heute einen Brief deswegen an eine meiner Kolleginnen dort verfassen, die im Prüfungskomitee für die Neuaufnahmen sitzt und mich vor einiger Zeit gebeten hat, meine Erfahrung über die hiesigen Bewerber mit ihr zu teilen. Bedauerlicherweise bin ich mir nicht ganz sicher, ob ich allen Anwärtern Lobeslieder singen kann.«

Das Blut in Bacarys Adern kochte. Er wusste, dass er sich beruhigen musste und dass er vollkommen irrational agierte, doch er war aufgesprungen, bevor es ihm bewusst war.

»Das ergibt doch keinen Sinn! Wieso solltest *du mir* drohen wollen?«

»Du weißt sehr genau, warum.« Er machte einen Schritt auf ihn zu und überragte Bacary dabei um über einen Kopf, doch davon würde er sich bestimmt nicht beirren lassen.

»Nein, weiß ich nicht. *Du* hast eine Affäre mit *meiner* Freundin gehabt und nicht umgekehrt.« Und wieder verspürte er, genau wie in dem Moment, als er es rausgefunden hatte, diese rasende Wut bis tief in seine Knochen.

»Ich erinnere mich, ja«, meinte Oyibo mit diesem boshaften Grinsen, welches mehr einem Zähnefletschen glich.

Bacary atmete zitternd durch die Nase ein. Er war kleiner und

170

schmächtiger als der Meister. Es wäre hirnrissig, auch nur zu versuchen, in einen Kampf mit ihm zu gelangen, wenn er doch wusste, dass er nicht als Sieger hervorgehen würde. Man begann keine Kriege, die man nicht gewinnen konnte.

Doch Brutalität war ohnehin nie seine Art gewesen, wo Worte doch so viel mehr anrichten konnten: »Aber schlussendlich hat sie sich trotzdem für mich entschieden und das kannst du nicht ausstehen.«

Oyibo sah nicht so aus, als würde er physische Gewalt ablehnen, so, wie er noch einen weiteren Schritt auf ihn zu tat. »Und trotzdem hat Emiola dich im Endeffekt auch verlassen«, erinnerte er Bacary, gefährlich nahe.

»Und du denkst, sie ist nur vor mir geflohen? Sie hat mir alles erzählt. Die Blumen, den Schmuck, all die erbärmlichen Geschenke, um sie doch noch umzustimmen. Und weißt du was? Irgendwann werden auch die Leute hier erkennen, dass du nichts weiter bist als heiße Luft.«

Oyibos Gesicht wechselte von höhnisch zu wütend zu fuchsteufelswild.

»Jetzt glänzt du noch, keine Frage. Genieße den Ruhm, der dir dank deiner Jugend noch entgegengebracht wird. Doch auch du wirst älter, es wird neue Wunderkinder geben und du wirst vergessen werden. Zumal ich mich nicht daran erinnern kann, im letzten Jahr auch nur eine brauchbare neue Theorie von dir gelesen zu haben? Über Altes schreiben und es ein wenig abwandeln, das kann jeder. Doch etwas wahrhaft Neues und Innovatives zu bringen, das ist das, woran du schließlich scheitern …«

Oyibo stieß ihn mit beiden Händen gegen den alten Tisch, der durch die Wucht des Aufpralls splitternd brach. Die Schattenlaterne zersprang am Boden, die Schatten flogen in alle Richtungen davon, und noch bevor Bacary wusste, was geschah, roch er die Flammen. Der Tisch, aber noch schlimmer: das Bücherregal mit der Masse an dünnem, antikem Papier brannte von einem Moment auf den anderen wie Zunder.

Er hörte Oyibo panisch fluchen, während Bacary sich stöhnend vom Fußboden aufrichtete und mit Schrecken beobachtete, wie die Flammen sich immer weiter durch die Regalreihe fraßen und all die uralten Schriften für immer vernichteten.

Beide rissen sich sofort ihre Hemden über die Köpfe und begannen hustend, damit auf die Flammen einzuschlagen, doch sie merkten nach nur wenigen Momenten, dass es hoffnungslos war.

»Hol Hilfe!«, forderte Bacary Oyibo auf, der sofort losrannte.

Bacary zog sich sein Hemd wieder über, nur um es dann über seiner Nase und seinem Mund festzuhalten, um die beißenden Dämpfe nicht weiter einzuatmen.

Wie ein Besessener begann er tränenblind mit seiner freien Hand nach Schriftrollen und Büchern zu greifen, welche das Feuer noch nicht erreicht hatte, und sie so weit wie möglich wegzuschleudern. Auch wenn er wusste, dass es bloß ein hoffnungsloser Versuch war, den Schaden irgendwie zu begrenzen. Dabei versuchte er sich möglichst nahe am Boden gebückt zu halten, wo er am ehesten saubere Luft würde atmen können.

Als die Verstärkung kurze Zeit später brüllend mit Oyibo angerannt kam und das Feuer schließlich erstickt wurde, war beinahe die ganze Regalreihe nur noch ein Friedhof aus Asche und verkohlten Überresten uralten Wissens. Und Bacary fragte sich, ob er der Einzige war, dessen Inneres sich bei diesem Anblick elend verkrampfte, bis er für die Aufräumarbeiten weggeführt wurde.

* * *

»Bacary? Ihr könnt jetzt reinkommen.«

Bacary setzte sich in seinem Stuhl auf, in dem er die letzte Stunde gewartet hatte, rieb sich flüchtig über den beinahe kahlen Kopf. Einen Helfer und Zeugen der Löschaktion nach dem anderen hatte er beobachtet, wie sie durch die Tür verschwunden und kurze Zeit später wieder entlassen worden waren. Keine Spur von Oyibo. Er selbst war der Letzte, der befragt wurde.

Bacary stellte sich auf, folgte Meisterin Amara in den Konferenzsaal, und die Tatsache, dass Amara besorgter und unglücklicher wirkte, als der junge Lauscher seine Mentorin seit langer Zeit zu Gesicht bekommen hatte, beunruhigte ihn. Der Brand war nicht einmal zwanzig Stunden her, aber er konnte das Papier immer noch brennen hören. Die ganze Nacht hatte er in der Krankenstation wach gelegen und überlegt, wie er die Geschehnisse um Oyibo am besten schildern sollte.

Er würde kein Blatt vor den Mund nehmen. Oyibo verdiente es, bestraft zu werden, und nun war durch unglückliche Umstände endlich der Moment für Bacary gekommen, auch dafür zu sorgen.

Doch seine eigentlich unbegründete Unruhe wuchs, als er Oyibo bei einer Gruppe von anderen Gelehrten des Instituts sitzen sah.

Amara gesellte sich zu ihnen auf den freien Platz in der Mitte, wirkte sogar noch verstimmter als gerade eben, und so stand Bacary alleine vor der Kommission.

Amara räusperte sich. »Bacary, für das Protokoll: Euch ist bewusst, dass Ihr hier vor uns, der Kommission des Instituts, steht aufgrund des massiven Brandes, der sich gestern in der Bibliothek ereignet hat?«

»Ja, das ist mir bewusst.«

»Euch ist bewusst, dass der Schaden erheblich ist und dass bei diesem Brand Schriftstücke von unersetzbarem Wert zerstört worden sind?« Jeder einzelne Gelehrte außer Amara, die eher enttäuscht wirkte, und eigenartigerweise auch Oyibo, sah ihn mit unverhohlener Abscheu an. Er verstand nicht, wieso sie ihn mit Blicken erdolchten, wo doch der wahre Verbrecher in ihren eigenen Reihen saß.

173

Er schluckte. »Ja, das ist mir bewusst.«

»Wir haben uns die letzten Stunden über Euch beraten und ich möchte nichts schönreden, Bacary: Es sieht nicht gut für Euch aus.«

Er schien also nicht als Zeuge vor ihnen zu stehen.

Um einen höflichen Umgangston bemüht, entgegnete er: »Ich möchte wirklich nicht unhöflich sein, aber ich verstehe nicht, wieso ich hier auf der Anklagebank sitze und nicht Meister Oyibo.«

Aufgebrachtes Murmeln brach unter den Gelehrten aus, welches Amara mit einer bestimmten Handbewegung quittierte. »Bacary, Meister Oyibo ist ein Zeuge und kein Angeklagter.«

»Ich verstehe nicht ganz«, erwiderte er, befahl sich aber, Ruhe zu bewahren. »Seinetwegen brach das Feuer doch erst aus.«

Schon wieder ertönte aufgeregtes Gemurmel, welches aber wieder verstummte, als Meisterin Amara fortfuhr: »Darüber haben wir keine Kenntnis, Bacary. Erzähl uns bitte vom Vorfall aus Eurer Perspektive, damit auch wir im Bilde sind.«

»Oyibo und ich sind in einen Streit geraten, worauf er mich gegen den Tisch stieß, welcher unter meinem Gewicht zusammenbrach, weshalb die Lampe zu Boden fiel und den Brand verursachte.«

Er konnte im Gesichtsausdruck seiner Lehrerin erkennen, dass sie diese Seite der Geschichte tatsächlich zum ersten Mal hörte. »Unserem Gespräch mit Meister Oyibo zufolge hat er das Feuer gehört, Euch bei den Regalreihen gesehen und daraufhin Verstärkung geholt.«

So ein dreckiger, mieser Lügner.

»Der letzte Teil ist das Einzige, was an seiner Aussage der Wahrheit entspricht. Er ist es, der für den Brand verantwortlich ist, nicht ich.«

»Wieso«, fiel ein Gelehrter aus dem Fachbereich der Mathematik ein und lehnte sich sichtlich ungläubig auf seine Unterarme gestützt vor, »sollte Meister Oyibo einen Streit mit Euch anfangen?«

»Es ging um ein Mädchen«, antwortete Bacary schlicht, worauf ein Großteil der Forscher sich verächtliche Blicke zuwarf.

»Ihr wollt uns glauben machen, dass ein angesehener Mann wie Meister Oyibo sich angeblich wegen einer Frau derart gebärdet und einen seiner ehemaligen Schüler angreift?«

»Ja, genau das will ich sagen.«

»Bacary«, hob Amara wieder ihre Stimme, bevor ihre Kollegen in ihrer Entrüstung aufspringen konnten. »Ich möchte Euch sagen, dass Meister Oyibo in unserer Diskussion stets auf Eurer Seite gestanden und sich, ohne zu zögern, für Euch eingesetzt hat.«

Natürlich hatte er das. Oyibo mochte in den letzten Intervallen vielleicht faul geworden sein, doch dumm war er nicht.

»Er spielt ein doppeltes Spiel, Meisterin. Meister Oyibo ist gerissen. Er wusste, dass ich Euch allen die Wahrheit erzählen würde, und wollte so den Verdacht geschickt von sich ablenken.« Das war doch offensichtlich. Er verstand nicht, wieso das niemand außer ihm sah.

»Unfug!«, rief der Mathematiker und knallte seine Faust auf den Tisch. »Das ist doch alles erfunden und schwachsinnig. Wie könnt Ihr es *wagen*, uns derartige an den Haaren herbeigezogene Lügen auftischen zu wollen?«

»Bitte, Kollegen!«, meldete sich Oyibo zu Wort, seine Miene mitleidig und bedauernd. »Er ist doch nur ein Junge. Mir war immer schon bewusst, dass er einen Groll gegen mich hegt, aber …«

»Wie meint Ihr das?«, fragte ein anderer Gelehrter.

Als wäre es ihm unangenehm, darüber zu reden, schlug Oyibo seinen Blick nieder. »Schon als mein Schüler war er immer ein wenig … obsessiv. Er schien mir nacheifern zu wollen, doch irgendwann begann er mich nach Hause zu verfolgen, also habe ich seine Ausbildung leider beenden müssen.« Sie hatten die Ausbildung beenden müssen, weil Bacary es gefordert hatte, nachdem er von Oyibos Affäre mit Emiola erfahren hatte, und nichts anderes war der Grund!

»Wieso habt Ihr nie etwas gesagt, Oyibo?«, wollte Amara wissen.

»Wie gesagt: Er ist nur ein Junge. Und er schien mir intelligent und ich wollte ihm seine Möglichkeiten, hierzubleiben und zu lernen, nicht verbauen, nur weil ich mich unwohl fühlte. Aber mir war nicht bewusst, dass er so weit gehen würde, mir den Brand in der Bibliothek anzuhängen …«

»Wenn ich auch etwas einwerfen darf: Nichts von dem, was er sagt, entspricht der Wahrheit«, verkündete Bacary mit fester Stimme, aber schweißnassen Händen. Er hatte Oyibo unterschätzt. Vieles hätte er diesem Mann zugetraut, doch die Schuld in seiner Verzweiflung auf ihn zu schieben, statt dafür geradezustehen …

»Und habt Ihr irgendeinen Beweis für Eure Behauptungen, Bacary?« Eine weitere Gelehrte der Naturwissenschaften hatte nun ihre Stimme an ihn gewandt.

»Nun, der zerbrochene Tisch ist verbrannt, aber reichen die Verletzungen auf meinem Rücken? Ihr könnt die Heiler fragen, die meine Wunden behandelt haben.«

»Die können von überallher stammen.«

»Hat Meister Oyibo denn einen Beweis für seine Behauptungen?«

Den Mathematiker schien nichts mehr halten zu können und er sprang auf. »Wieso sollte er uns belügen? Wahrscheinlich habt Ihr das Feuer sogar mit Absicht gelegt, um es Meister Oyibo in die Schuhe schieben zu können. Und er nimmt Euch sogar noch in Schutz, Ihr undankbarer kleiner …«

»Beruhigen wir uns bitte, Kollegen.« Amara erhob sich und Bacary suchte vergebens nach Anzeichen der Unterstützung in ihrem Gesicht. Aber Ablehnung erkannte er auch nicht, was zumindest eine gute Sache in dieser miserablen Stunde war.

Er wusste, was folgen würde. Seine Aussage stand gegen die Meister Oyibos. Es war sinnlos, weiterhin für seine Unschuld zu plädieren. Er würde so lange reden können, wie er wollte, aber er würde immer den Kürzeren ziehen. Wenn Emiola hier wäre, um den Streit zwischen ihm und Oyibo zu bestätigen, ja, dann stünden seine Chancen vielleicht besser.

»Ich muss das fragen, Bacary: Habt Ihr das Feuer mit Absicht gelegt?«

»Natürlich nicht, nein«, sprach er mit klarer Stimme und entschlossenem Gesichtsausdruck. »Es war ein Unfall.«

»Um die Situation also zusammenzufassen: Ihr behauptet, Meister Oyibo wäre schuld, und beharrt darauf, dass es ein Unfall war?«

»Ja.«

»Nun, gut.« Amara wirkte, als wäre sie im Laufe des Gesprächs um Jahre gealtert. »Im Angesicht der neuen Umstände werden wir uns erneut beraten. So lange bitte ich Euch, draußen zu warten.«

Die folgenden zwanzig Minuten waren die längsten seines Lebens. Durch die schallgedämpfte Tür drang kein einziger Laut, doch er konnte sich das Chaos trotzdem nur allzu gut vorstellen: Protestrufe, die stetig anschwollen; Amara, die vergeblich versuchte, ihre Kollegen zu beruhigen; Fäuste, die geballt, und Flüche und Verwünschungen, die ihm gegenüber ausgesprochen wurden. Er wünschte sich, seine Brüder bei sich zu haben oder seinen Vater. Götter, selbst seine Mutter an seiner Seite zu haben wäre besser, als hier draußen allein herumzustehen.

Als er wieder vor die Männer und Frauen trat, versuchte er sich auf das Schlimmste gefasst zu machen. Und dann sah er dieses Lächeln von Oyibo, dasselbe wie vor einer Weiche in der Bibliothek, bevor seine Maske des Bedauerns wieder an Ort und Stelle rutschte, als hätte er all das verhindern wollen. Aber Bacary hatte es gesehen.

In dem Moment wusste er, dass sein Schicksal besiegelt war.

Sie alle standen, doch Amara trat vor. »Nach reiflicher Beratung haben wir uns folgendermaßen entschieden: Durch eine unglückliche Fügung müsst Ihr die Lampe umgestoßen haben, wodurch die Bibliothek Feuer fing. Es wird als ein Unfall eingestuft, doch das ändert nichts an der Tatsache, dass Ihr dabei unermesslichen Schaden verursacht und den Respekt dieser Institution nicht nur wegen des Feuers in der Bibliothek, sondern auch wegen der Anschuldigung gegen Meister Oyibo für immer verloren habt.« Ein Rauschen wurde in seinen Ohren laut. Alles, was er dabei hörte, war: *und den Respekt dieser Institution … für immer verloren habt.* »Somit gilt folgendes Urteil: Ab dem heutigen Tage ist Euch, Bacary, der Zutritt zum Institut untersagt, genau wie zu jeder anderen bildenden Einrichtung, die mit uns kooperiert.«

Erst nach einigen Augenblicken ging ihm auf, was das bedeutete. »Aber Meisterin Amara, das heißt …«

»Richtig.« Ihm entgingen nicht die Scham und die Enttäuschung in Amaras Augen. »Auch von der Aufnahme an der Universität werdet Ihr hiermit ausgeschlossen.«

Er hatte das Gefühl, dass seine Knie jeden Moment nachgeben würden, und musste sich daran erinnern, weiterzuatmen. »Aber …«

»Dieses Urteil ist final und nicht widerrufbar. Da wir die Sachschäden noch nicht genau bestimmen konnten, werden wir Euch die Höhe der Strafzahlung erst in einigen Tagen mitteilen können. Wir werden es Euch schriftlich zukommen lassen.

Soll ich das Urteil noch einmal wiederholen, oder seid Ihr Euch über alles im Klaren?«

»Nein«, wisperte er und spürte, wie es ihm heiß und kalt den Rücken hinunterlief. »Nein, es ist alles klar«, wiederholte er noch mal, leer vor sich hin starrend.

Ohne ein weiteres Wort drehte er sich um und eilte aus dem Konferenzsaal, bis er sich vor dem Eingang des Instituts wiederfand.

Keuchend und mit rasendem Herzen stützte er sich mit einem Arm an einer der Säulen ab, ging dann aber weiter um das Gebäude herum, erreichte die verlassene Rückseite und sank dort in sich zusammen.

Er würde nicht an der Universität studieren, er würde nie wieder ins Institut zurückkehren, würde nie wieder im Lesesaal sitzen können. All seine Ziele, seine Träume … sie waren nichts mehr als Asche. Er wusste nicht, wie er seinen Brüdern oder Meisterin Amara jemals wieder unter die Augen treten sollte.

Doch das Beängstigendste daran war, dass ihm bewusst wurde, dass er ohne all diese Dinge, die ihn jahrelang angetrieben, ihn als Vierzehnjährigen immer wieder aus diesem tiefen Loch der Verzweiflung gezogen hatten, nichts mehr war.

Es war, als hätte man ihm alles genommen, was ihn ausmachte, und bloß einen jungen Mann mit dem Namen Bacary zurückgelassen. Mehr war da nicht, und alles, was er auf einen Schlag verspürte, war eine fürchterliche Leere.

»Entschuldigung?«

Bacary zwang sich durchzuatmen und öffnete seine Augen.

Vor ihm standen zwei Jungen, einer von ihnen ein Seher, sowie ein Mädchen, welche ihn unverhohlen anstarrten.

Sie suchte seinen Blick. »Hättest du kurz Zeit für uns?«

Obwohl er nicht ganz bei sich war, fiel ihm ihre wohlklingende Stimme auf.

Er wollte gerade fragen, was sie von ihm wollten, als er einen von ihnen erkannte. Dieses Gesicht … Bilder traten vor sein inneres Auge: Er war vierzehn, im Laden seines Vaters. Männer, die hereinstürmten, sie anschrien, dass sie sich auf den Boden werfen und nicht rühren sollten. Sein Vater, der sich weigerte, Bacary befahl, unten zu bleiben und erst aufzustehen, wenn er es ihm sagte. Ein Schrei, sein Vater. Bacary schnappte sich einen der Dolche, die für solche Fälle unter dem Verkaufstresen gelagert waren, und zog es einem von ihnen über die Wange. Und sein Gesicht würde er daraufhin nie vergessen.

Er hatte sich geirrt. Etwas war doch noch in ihm. Hass. Alles überschattender Hass.

Vor seinen Augen verschwamm dieses Gesicht zu dem Oyibos, zu den Mitgliedern der Kommission, dann wieder zu dem des Mannes mit dem Messer, dessen Klinge metallen aufgeblitzt hatte.

»Wieso eigentlich nicht?«, hörte er sich murmeln, er hatte nichts mehr zu verlieren und warf seine Philosophie »Worte statt Gewalt« kurzerhand über Bord.

Im nächsten Augenblick stürzte er auf den jungen Mann zu und verpasste ihm ungebremst einen Schlag auf jene Narbe, die Bacary ihm zugefügt hatte.

Hadrian

Hadrian war zu überrumpelt, um den Schlag abzuwehren, und fluchte lautstark, als der Schmerz durch seine Wange zuckte.

Bevor er jedoch einen weiteren Faustschlag kassieren musste, richtete er sich auf, fing den Arm des Lauschers mit Leichtigkeit in der Luft ab und verdrehte ihn ruckartig auf dessen Rücken, worauf dieser scharf die Luft einsog und seinerseits einige Flüche ausstieß.

»Ich will dir einen Rat geben: Noch so eine Aktion und ich breche dir diesen Arm. Verstanden?« Hadrians Stimme blieb trotz allem ruhig, aber er achtete darauf, dass der drohende Unterton auch nicht zu überhören war.

Statt auf eine Antwort zu warten, ließ er den Lauscher abrupt los, worauf der Kerl auf den Boden stürzte und sich dort keuchend seinen Arm hielt. Doch seinen Blick hielt er auf Hadrian gerichtet und er wirkte, als ob es ihn trotz Hadrians Warnung immer noch danach dürstete, ihm einen zweiten Haken zu verpassen.

»Bandit?«

Laelia blinzelte mehrmals und dann noch mal, erwachte aber aus ihrer Starre. »Pass auf, dass der Lauscher hier auf keine dummen Ideen kommt«, wandte sie sich dann an Divan, bevor sie sich vor Hadrian stellte, sein Kinn zwischen ihre feingliedrigen Finger nahm und seinen Kopf sanft zur Seite schob, um seine Wunde zu begutachten. Hadrian spürte deutlich, wie seine Wange anschwoll.

»Eins muss man ihm lassen: Ich hatte auch schon mehrmals das

Bedürfnis, dir eine runterzuhauen.« Dann leuchteten ihre Hände auch schon auf.

Und auch ihre Haut begann zu leuchten, die Lippen wurden mit Farbe gefüllt, die Wangen rosig, die Wimpern dicht und lang.

Er war wie gefangen von der reinen Schönheit des Anblicks. Jedes Mal, wenn er ihr beim Heilen zusah, verstand er die Mythen, die sich um Menschen rankten, die verhungert und verdurstet sein sollten, sich selbst aus Verzweiflung Verletzungen zufügten, weil sie wie besessen gewesen waren nach der ersten Heilung, die sie mitangesehen hatten. Bis heute riet so mancher, Heiler beim Heilungsakt nicht direkt anzuschauen, aber Hadrian konnte einfach nicht anders.

Selbst unter diesen Umständen entging ihm jedoch nicht, dass sie mit jeder vollbrachten Heilung weniger zögerlich vorging.

Sie ließ ihre Hände sinken und er spürte nur noch ein leises Echo des Schmerzes.

»Wieso hast du das getan?«, sprach Laelia den Lauscher an.

Die Stimme des Typen klang aufgebracht.

»Wieso? Der da war an der Ermordung meines Vaters beteiligt!«

Eine kurze, aber bedrückende Stille trat zwischen sie. Laelias Lippen teilten sich und sie runzelte die Stirn, als sie Hadrian eindringlich ansah.

»Und wenn ich es richtig erkannt habe, warst du sogar der Anführer der ganzen Aktion.« Der Lauscher stand wieder auf und hielt sich immer noch seinen Arm, Divan neben ihm und Laelia etwas abseits von Hadrian.

Alle drei starrten sie nun wieder Hadrian an.

Er musterte den Lauscher, überlegte, wovon dieser da sprach und ob er ihm tatsächlich schon einmal begegnet war.

Er hatte mahagonischwarze Haut, kontrastierende graublaue Augen und war vielleicht ein wenig größer als Laelia.

Mit einem Mal erkannte Hadrian ihn. Er hatte ihn zwar nur kurz

182

gesehen, doch er erinnerte sich. Und das sogar sehr lebhaft, denn dieser Tag war für Hadrian schon seit Jahren nur sehr schwer zu vergessen gewesen. Er strich sich unwillkürlich über seine Wange. Ein Raubüberfall vor vier Jahren, einer der ersten Coups, den er jenseits der mittkontinentalen Grenze hatte planen und leiten dürfen.

Es hätte nichts Großes sein sollen: rein, das Geld schnappen und wieder verschwinden, bevor es zu kompliziert werden konnte, und weiter ins nächste Geschäft auf seiner Liste.

Doch der Ladenbesitzer hatte sich gewehrt, und bevor Hadrian etwas sagen oder unternehmen konnte, hatte einer seiner Leute dem Mann einen Dolch blitzschnell mehrmals in den Leib gerammt. Zu schnell, als dass Hadrian es hätte verhindern können.

Er war der erste Mann gewesen, den er unter seiner Verantwortung hatte sterben sehen. Immer noch hatte er den Geruch des Blutes in seiner Nase, hörte den Schrei des Mannes in seinen Ohren und erinnerte sich daran, wie er das Bedürfnis gehabt hatte, sich zu übergeben.

Hadrian war zwar ebenso ein stolzer Dieb und Gauner wie Nero, das leugnete er nicht, jedoch war er kein Mörder. Nero war derjenige, der diese Grenze überschritt, aber nicht er, und das wollte er auch weiterhin nicht.

Und in dem Moment, in dem er den Mann hatte zu Boden stürzen sehen, seine Hände rot triefend, hatte Hadrian bereits gewusst, dass die Wunde tödlich war und seine Fähigkeiten übersteigen würde.

Der Junge, den er durch seine kurze Abgelenktheit vollkommen vergessen hatte, war hinter dem Tresen hervorgesprungen und hatte eine scharfe Klinge an seiner Seite entlanggeführt. Stechender Schmerz war durch ihn gezuckt, doch Hadrian hatte nicht noch mehr Opfer riskieren wollen. Also stieß er den Jungen bloß mit einem flüchtigen Blick zur Seite und befehligte den sofortigen Rückzug. Sie hatten kaum mehr als ein paar Minuten in dem Laden verbracht, als sie den Jungen mit seinem Vater zurückließen und flohen. Und der Moment, als er seinen inneren Kampf verloren, doch noch einen Blick über seine Schulter geworfen und den Jungen gesehen hatte, der seinen sterbenden Vater weinend in den Armen hielt, tauchte bis heute unangekündigt vor seinem inneren Auge auf.

Also ja, er erinnerte sich.

»Hadrian?« Laelia sah ihn forschend an.

»Ja«, sagte er schließlich. »Ich kenne ihn.«

»Ist er auch hier?«, fragte der Lauscher. »Der Mann, der meinen Vater erstochen hat?«

»Nein. Außer mir ist niemand von damals hier.«

»Weißt du wenigstens, wo er ist?«, gab der Lauscher nicht nach.

»Nein. Nachdem wir damals zurückgekehrt sind und mein Anführer von der Sache erfahren hat, hat ihn niemand je wiedergesehen. Unser Anführer war … nicht sehr glücklich damit, dass er vom Plan abgewichen ist.« Und Hadrian hatte er daraufhin so lange verprügeln lassen, bis er sich am Fußboden zusammengekrümmt hatte, nicht sicher, ob er wieder aufstehen würde.

»Dann hat es wohl keinen Sinn, die Wachen zu verständigen. Du arbeitest für Nero«, schloss der Lauscher, kniff dabei leicht seine Augen zusammen, als er eine Bewegung mit seinem wohl immer noch schmerzenden Arm machen wollte.

»Woher …«, setzte Laelia an, mied aber Hadrians Blick, sobald er versuchte, ihren einzufangen.

»Er kommt aus Talina. Die Vermutung liegt doch nahe. Wobei ich mir Heiler immer ein wenig friedvoller vorgestellt habe.«

»Woher weißt du, dass wir Heiler sind?«

»Ich kann eure Gedanken nicht hören, deswegen.« Er schien nicht interessiert daran, weiter auf ihre Fragen einzugehen, und kam auf Hadrian zurück. »Du bist also ein Heiler, aber hast meinen Vater einfach verblutend zurückgelassen.«

»Ich hätte nichts mehr für ihn tun können.«

»Was genau ist passiert?« Laelia musterte ihn und der Lauscher erwiderte ihren Blick.

»Ich sage dir, was passiert ist. Er und seine Leute sind in den Laden meines Vaters gestürmt, haben ihn aufgeschlitzt und sind dann verschwunden. Das ist passiert.«

Für eine ganze Weile sprach wieder keiner von ihnen.

»Wieso bist du zurückgekommen?«, fragte er schließlich leise.

»Um dir eine Möglichkeit zu geben, dein Werk zu begutachten.« Hadrian konnte sich einfach nicht zurückhalten und deutete auf seine Narbe.

Die Miene des Lauschers blieb todernst. »Ich habe nicht um des Spaßes willen gefragt.«

»*Ich* habe die beiden hierhergeführt«, schaltete Divan sich endlich ein und schien dazwischengehen zu wollen.

»Wieso? Kenne ich dich irgendwoher?«

»Nein. Aber ich kenne dich, Bacary.«

Und Divan begann, Bacary, das war offensichtlich der Name des Lauschers, all das zu erzählen, was er auch ihnen erzählt hatte: die Vision, die er gehabt hatte, seine Aufgabe, sie und noch zwei weitere bis zur Herbstmittweiche zu finden, damit sie den Toten von Angesicht zu Angesicht begegnen und sie zurück zu den Lebenden holen konnten, die Zwischenwelt.

Laelia sah die ganze Zeit über nicht ein einziges Mal zu Hadrian.

»Und wer soll diese Person sein, die ich in der Zwischenwelt treffen werde?«, wollte Bacary nun wissen.

Unwillkürlich musste Hadrian an Bacarys Vater denken.

»Emiola.«

Bei dem Namen, wer immer dieses Mädchen auch sein mochte, schüttelte Bacary nur den Kopf. »Emiola ist nicht … tot. Sie lebt.«

»Und das weißt du woher?« Divan wirkte ein wenig irritiert und ungeduldig, was aber sein Dauerzustand war.

»Nun, ich weiß es, um ehrlich zu sein, nicht genau, aber sie ist vor einigen Intervallen verschwunden und hat mir mitteilen lassen, dass sie … mich verlässt. Wo sie jetzt ist, weiß ich aber nicht.«

»Und du denkst nicht, dass ihr in dieser Zeit möglicherweise etwas passiert sein könnte? Hat sie überhaupt jemand seit ihrem Verschwinden tatsächlich gesehen?«

»Meines Wissens nicht, aber das tut nichts zur Sache. Ich kenne euch nicht. Und der von euch, *den* ich kenne, trägt nicht gerade dazu bei, das ändern zu wollen.«

Divan warf Hadrian einen vorwurfsvollen Blick zu.

»Du«, fuhr Bacary fort, »willst mir ja nicht einmal erzählen, wie das Ritual funktionieren soll. Nicht mal Heiler schaffen es, einen Toten auferstehen zu lassen.«

»Ja, das mag sein, aber zusammen werden wir mächtig genug sein. Es ist immerhin die Mittweiche und der Wille der Götter, uns dieses Geschenk zu machen.«

»Und du kannst mir versichern, dass sich niemand von uns für die Mission wird opfern müssen?«

»Wenn wir dem göttlichen Plan folgen, kann nichts schiefgehen.«

Hadrian war sich ziemlich sicher, dass er jede nichtssagende Antwort Divans hätte voraussagen können, so oft hatte er sie schon zu hören bekommen.

»Genug vom göttlichen Plan«, sagte Bacary. »Das muss einen Haken haben. Wieso sonst sollten sie ausgerechnet für uns Derartiges in die Wege leiten? Wenn die Könige unseres Kontinents unwürdig sind, warum sollten wir es dann sein?«

Hadrian hielt sich selbst zwar nicht für unwürdig, aber es war wohl der denkbar schlechteste Moment, um Bacary zu widersprechen.

»Du vergisst, dass die Götter selbst gewöhnliche, magielose Menschen waren. Sie sind also die Letzten, die jemanden aufgrund seiner Geburt oder Herkunft als unwürdig abstempeln. Man muss weder von königlichem Blut noch ein klassischer Held sein, um außergewöhnlich zu sein oder Außergewöhnliches vollbringen zu können.«

Bacary schüttelte den Kopf. »Das mag stimmen, aber trotz allem könntet ihr mich immer noch belügen.«

»Und woher kenne ich dann Emiolas Namen? Woher weiß ich, dass sie die Lösung für dein gegenwärtiges Problem ist?«

Mit einem Mal wirkte Bacary interessiert, immer noch skeptisch, aber zweifellos interessiert. »Weißt du auch, für welches Problem?«

»Sie kann beglaubigen, dass Oyibo soeben vor der Kommission gelogen hat.«

Bacary starrte ihn an. »Das kannst du gar nicht wissen, außer ...« Er brachte die letzten Worte gar nicht über seine Lippen, so verrückt schienen sie ihm wohl, was man ihm nicht verdenken konnte. Immer noch schien er Divan etliche weitere Fragen stellen zu wollen. »Wo genau werden wir das Ritual durchführen?«

»In Luina, wenn alles nach Plan läuft.« Als Laelia und Hadrian ihn entgeistert anstarrten, fuhr Divan fort: »Was? Klappt eure Münder wieder zu. Ihr tut so, als ob ihr mich das erste Mal reden hören würdet. Ich beantworte nur, was ohnehin schon klar ist.«

»Ich wusste nur nicht, dass du imstande bist, Fragen zu beantworten.« Diesen Tag musste Hadrian im Gedächtnis behalten.

»Sehr witzig, Schönling«, brummte Divan, schaute aber wieder zu Bacary, der erneut ansetzte.

»Selbst wenn das alles stimmen sollte ... Ich kenne euch nicht einmal und soll mit euch auf eine so weite Reise aufbrechen? Noch dazu mit einem wie ihm?«, er deutete mit dem Kinn auf Hadrian. »Ihr müsst vollkommen verrückt sein.«

»Hör mal, wir sind im Moment alle nicht gerade seine größten Bewunderer«, sagte Laelia. »Aber wie es aussieht, muss er dabei sein, genau wie du und ich, damit das hier funktioniert. Ich will meinen ... meine Person finden und du diese Emiola, und offen-

187

sichtlich scheint sie die Lösung für ein Problem zu sein, welches du anders nicht lösen kannst. Das hat Divan doch gesagt: Nur die, die es am meisten brauchen, können die Zwischenwelt betreten. Ich bin nie sonderlich begeistert von den Göttern gewesen, aber selbst ich muss gestehen, dass es etwas bedeuten muss, dass ausgerechnet wir diese Möglichkeit erhalten. Und wenn du deine Person so sehr brauchst wie ich meine, würde ich dir empfehlen, deine Bedenken auszuräumen, auch wenn es vollkommen verrückt ist. Denk darüber nach«, beeilte sie sich noch hinzuzufügen, als Bacary schon zu einer Antwort ansetzte.

»Wenn du jetzt mit uns mitkommst, wäre das schlimmer, als hierzubleiben? Natürlich kann das alles scheitern und am Ende stehst du am selben aussichtslosen Punkt wie vorher. Aber schlimmer kann es nicht werden, wenn du mitkommst. Höchstens besser.« Es wirkte fast, als spreche sie zu sich selbst. »Also wieso es nicht zumindest versuchen?«

Und tatsächlich: Bacary schien sich ihre Worte durch den Kopf gehen zu lassen. Nach ein paar langen Augenblicken, in denen Divan gespannter als jeder Bogen wirkte, antwortete Bacary: »Ich überlege es mir.«

»Wir müssen aber schon morgen weiter. Wir dürfen keine Zeit verschwenden«, warf Divan ein, alles andere als erleichtert.

»Und wenn ich vorher noch Bedenkzeit brauche?«

»Zeit ist ein Luxus, den wir nicht besitzen.« Da war er wieder, Divan in seiner bekannten Art.

»Noch ein Geheimnis etwa?«, wollte Bacary wissen.

»Hör zu: Triff uns morgen bei Tagesanbruch bei den nördlichen Ställen direkt außerhalb der Stadt. Das ist mehr als genug Bedenkzeit.« Besonders wenn man bedachte, dass Laelia und er kaum fünf Minuten Zeit dafür gehabt hatten, ergänzte Hadrian innerlich.

Wieder nur zu dritt, begaben sie sich auf den Himmelsstraßen auf die Suche nach einer billigen Unterkunft, in der sie die Nacht verbringen konnten, und wurden erst nach langer Suche fündig, denn in dieser Stadt schien Laelia einfach alles zu teuer zu sein. Sobald sie den Preis pro Nacht hörten, murmelte sie: »Wir suchen weiter«, bis sie endlich zufrieden oder auch einfach zu müde war.

Ansonsten wurden kaum Worte gewechselt. Jedoch konnte Hadrian nicht behaupten, dass es still gewesen wäre. Er hatte beinahe vergessen, wie turbulent das Leben in der Stadt der Bücher war mit ihren Himmelsstraßen, auf denen sie sich über den Tag hinweg mehrmals verliefen. Für einen Dieb wie ihn, der stets den Überblick behalten wollte, stets die effizientesten Fluchtwege kennen wollte, war diese Stadt ein Albtraum. Andererseits war die Stadt der Bücher für die einheimischen Banden bestimmt wie ein großer Spielplatz. Was für Fremde zahllose Sackgassen waren, waren für Erprobte zahlreiche Möglichkeiten.

Während sie die Treppen zu ihrem Zimmer erklommen, wurde Hadrian nicht zum ersten Mal bewusst, wie riskant es war, dass sie Bacary einfach hatten gehen lassen. Wenn der Lauscher zu einer Wache ging, was er ihm ehrlicherweise nicht verdenken könnte, würde Nero über den einen oder anderen Kontakt davon erfahren, und all die Anstrengungen, die sie bisher auf sich genommen hatten, wären umsonst gewesen. Er konnte nur hoffen, dass Bacary sie nicht verpfeifen würde, doch Hoffnung war in letzter Zeit nicht gerade eine enge Freundin von ihm gewesen.

Oben angekommen, seufzte Laelia hörbar erleichtert, als sie vor ihren Betten standen.

Es waren die ersten richtigen Betten seit über einem Intervall: keine winzige Pritsche, die kaum für eine Person ausreichte, kein steinharter Boden und kein Karren, der von einem zickigen Esel gezogen wurde. Stattdessen eine richtige Matratze mit richtigem Kissen und einer zwar dünnen, aber größtenteils lochlosen Decke, die in Kijanas Spätfrühling aber nicht gebraucht werden würde.

Divan ging auf eines der drei Betten zu, ließ sich hineinfallen und war wohl schon eingeschlafen, bevor er aufkam. Laelia schlurfte zu einem anderen und ließ sich der Länge nach hineinfallen; ihre Augen blieben offen und starrten gen Zimmerdecke.

Auch Hadrian, so erschöpft er war, fühlte sich noch nicht danach, schlafen zu gehen. Er räusperte sich, worauf sie bloß blinzelte. »Können wir vielleicht kurz draußen reden?«

Eine ganze Weile blieb sie lautlos in der Position, in der sie war, und er dachte schon, dass sie ihn weiter ignorieren würde, doch irgendwann setzte sie sich auf und ging an ihm vorbei zur Tür hinaus, ohne darauf zu warten, ob er ihr folgte oder nicht.

Als er nach draußen trat, entdeckte er sie am Ende des schmalen Gangs mit dem Rücken an die Wand gelehnt sitzend, ihre Beine angewinkelt und ihre Arme um sie geschlungen.

Erst blieb er stehen, um zu sehen, ob sie überhaupt wollte, dass er sich zu ihr gesellte. Sie seufzte. »Setz dich. Wenn du so herumstehst, machst du mich ganz nervös.«

Also setzte er sich neben sie, ließ den Kopf gegen die Wand sinken und legte einen Arm auf sein aufgestelltes Knie. »Ich weiß, was du gerade von mir denkst.«

»Das bezweifle ich.«

»Kann sein … du weißt kreativ mit Flüchen umzugehen, doch ich kann es mir ungefähr ausmalen.«

»Nein, kannst du nicht«, widersprach sie wieder und lauter. Wütender. »Es ist nicht so, als ob ich nicht wüsste, für wen du arbeitest, da hast du dir sicher einiges abgeguckt. Aber einen Vater vor seinem eigenen Kind umzubringen ist absolut widerwärtig. Du hast keine Ahnung, wie es sich anfühlt, den eigenen Vater sterben zu sehen …«

»Laelia«, versuchte er sie aufzuklären, aber sie redete einfach über ihn hinweg.

»Und du kannst mir nicht erzählen, dass sein Vater eine Bedrohung für euch dargestellt hätte. Es macht einen Unterschied, ob so etwas aus Gründen der Notwendigkeit oder aus purem Vergnügen geschieht.«

Er musterte sie von der Seite. »Du hast das falsch verstanden. Ich habe nicht gewusst, dass Bacary dort war, bis zu dem Moment, als sein Vater bereits am Boden lag und er sich auf mich stürzte.«

»Und das soll ich dir glauben?«

»Laelia, ich mag vieles sein: Frauenschwarm, Kavalier …«

»Hadrian«, sie funkelte ihn an.

»Aber grausam bin ich nicht.« Er konnte sie nicht dazu zwingen, ihm zu glauben. Genauso wenig, wie er Bacary dazu zwingen konnte, ihm zu vergeben. Hadrian konnte es keinem von beiden verübeln, wenn sie das Schlimmste von ihm dachten. Dass Laelia ihn aber schweigend musterte, statt ihm zu widersprechen, verbuchte er als vielversprechenden Anfang, also fuhr er fort: »Was damals passiert ist … Ich bin nicht stolz drauf. Es war einer meiner ersten Aufträge, die ich allein geleitet habe, und ich habe es vollkommen vermasselt. Ich hatte meine Truppe nicht unter Kontrolle, hatte den Einsatz schlichtweg unterschätzt. Es war nie geplant gewesen, jemanden umzubringen.«

Endlich sah sie ihm wieder in die Augen. »Wieso?«

»Wieso ich nicht geplant habe, ihn umzubringen?«

»Wieso du zu Nero gegangen bist«, präzisierte sie. »Wieso das alles?«

»Das habe ich dir doch auf dem Schiff schon gesagt.«

»Nein, du hast mir nur gesagt, weshalb du bei ihm geblieben bist. Aber nicht, wieso du überhaupt bei ihm gelandet bist. Wie ein Zehnjähriger auf die Idee kommt, sich einem solchen Monster auszuliefern.«

Es wäre ihm lieber gewesen, ihr das nicht erzählen zu müssen. Er hätte lügen oder einen belanglosen Spruch loslassen können. Doch wenn er nicht wollte, dass sie ihn für den Rest der Reise ansah, als könnte er jeden Moment einen Dolch zücken und ihr in den Rücken rammen, musste er wohl ehrlich sein. Also sagte er nur ein Wort. Einen Namen. »Constantia.«

»Constantia …?« Mit ihrem Blick forderte sie ihn dazu auf, ihr mehr zu geben als bloß diesen Namen.

»Constantia ist meine Schwester. Mach deinen Mund zu, sonst fliegt noch was rein.«

Sofort klappte sie ihren Unterkiefer wieder hoch. »Du hast eine Schwester? Oder ist das wieder nur so ein geschmackloser Witz von dir?«

»Nein, das ist kein Witz. Ich habe eine kleine Schwester. Oder besser gesagt, hatte eine.«

Er konnte regelrecht mitverfolgen, wie ihre Verblüffung langsam wich und ihr dämmerte, was es bedeutete, dass Divan an diesem Abend, der Jahre entfernt schien, Constantias Namen mit dem ihres Vaters genannt hatte. Er versuchte alles, um sich davon abzuhalten, sich vorzustellen, wie ihr kleiner Körper irgendwo verrottete. Um sich abzulenken, versuchte er sich auf Laelias Augen zu konzentrieren, was irritierend gut funktionierte.

»Was ist passiert?«

Sie sah ihn an, als hätte er seinen Verstand verloren, als er leise lachte. Doch es steckte kein Stück Freude darin.

»Das wüsste ich auch gern.«

»Wie meinst du das?«

»Sie ist verschwunden. Ich muss damals ungefähr sieben Jahre alt gewesen sein. Von einem Tag auf den anderen war sie einfach verschwunden.« Er wusste nur noch vage, was sie getan hatte, als er sie das letzte Mal gesehen hatte. Es musste kurz vor der Nachtruhe gewesen sein und sie hatte ihn dazu gezwungen, mit ihr in ihrem kleinen Puppenhaus im Kellerzimmer zu spielen. Er hatte gerade erst mit dem Unterricht begonnen und sie war immer noch so unglücklich gewesen, dass er nicht mehr rund um die Uhr mit ihr hatte spielen können, wenn sie mal wieder keinen Besuch gehabt hatten. Also hatte er sich widerwillig überreden lassen.

Und er erinnerte sich noch an die zwei hellen, geflochtenen Zöpfe, die sie an dem Abend getragen, und wie sie ihn angestrahlt hatte, als sie ihm auch welche hatte flechten dürfen. Er war sich zwar wie der größte Vollidiot der gesamten Nation vorgekommen, aber wenn sie ihn angelächelt hatte, hatte er ihr nicht lange böse sein können. Die Zeiten mir ihr waren die Erinnerungen, an die er am liebsten zurückdachte, auch wenn es ihn auf die Dauer frustrierte. Ihr Lächeln war aber immer da.

»Doch außer mir schien das niemand bemerkt zu haben.«

Die kleine Falte erschien zwischen Laelias Brauen. »Wie kann das niemand außer dir bemerkt haben? Was ist mit deinen Eltern?«

Er blickte wieder geradeaus auf die gegenüberliegende Wand, deren Farbschicht Risse aufwies und an einigen Stellen begann abzublättern. »Sie haben so getan, als hätte es sie nie gegeben. Als ich an jenem Morgen gefragt habe, ob ich ihr das Frühstück runterbringen soll, haben sie mich angesehen, als wäre ich verrückt.«

»Wieso haben sie das getan?«

»Wenn ich das wüsste, Bandit.« Er erinnerte sich daran, wie er, wütend darüber, dass seine Eltern sich einen solch geschmacklosen Scherz mit ihm erlaubten, in den Keller gerannt war, nur um ihn vollkommen leer vorzufinden. Ihr Bett, ihre Kleider, ihr Puppenhaus. Alles, was auf ihre Existenz hingewiesen hätte, war verschwunden und nirgends aufzufinden gewesen, egal wie hartnäckig er auch gesucht hatte. Und das hatte er.

»Und was ist mit Verwandten? Freunden?«

»Nun, das war auch so eine Sache … außer uns hat niemand jemals von ihr gewusst.«

»*Wieso?*«

»Auch etwas, worauf ich keine Antwort habe. Meine Eltern haben sie in unserem Keller versteckt, wenn jemand da war, wobei ich ihr meistens Gesellschaft geleistet habe, weil sie es immer gehasst hat, dort unten allein herumsitzen zu müssen und ruhig zu sein. Meine Eltern haben sogar auf Personal verzichtet, damit sie sich mit denen nicht auch noch auseinandersetzen mussten. Ich durfte niemandem von Constantia erzählen, und wenn ich gefragt habe, warum, hat meine Mutter nur gesagt, dass es ›gefährliche Menschen‹ da draußen gäbe, die nur darauf warteten, sie zu finden. Also habe ich nichts gesagt.« Die Male, wenn er in tiefster Nacht mit ihr in den Garten hatte laufen dürfen, waren das, was er vor sich sah, wenn er an sie dachte: wie sie lachend und freudig kreischend vor ihm davonlief, sich immer wieder auf das Gras fallen ließ, um es zwischen ihren kleinen Fingern zu spüren, und achtlos ihr Kleid ruinierte, wenn sie bei Regen wieder und wieder in die Pfützen sprang. *Ian, schau mal, schau mal!*, hörte er ein Echo ihrer Stimme in seinem Kopf und spürte, wie sich etwas in ihm verkrampfte.

Er zwang sich, Laelia anzuschauen, die ihn auffordernd ansah. »Das ist alles ein wenig … ich habe kein passendes Wort dafür. Und du weißt noch immer nicht, was das alles zu bedeuten hatte?«

»Nein. Wie gesagt, haben meine Eltern so getan, als hätte sie nie existiert. Ich glaube mich sogar zu erinnern, dass sie mich nur wenige Weichen später mit einem Kindermädchen allein gelassen haben, um Urlaub irgendwo im Norden zu machen.« Und er hatte es einfach nicht begreifen können. Er hatte gesehen, wie sehr seine Eltern Constantia geliebt hatten, was man vielleicht nicht glauben wollte, wenn man bedachte, dass sie sie in ihrem Haus praktisch gefangen gehalten hatten. Doch es hatte stets gewirkt, als glaubten sie tatsächlich, dass es das Beste für sie wäre.

»Sie wollten mir einreden, dass sie wohl bloß eine imaginäre Freundin von mir war. Aber ich wusste einfach, dass es sie gab, oder gegeben hatte. Sie haben mich belogen und taten, als wäre sie nie ein Teil von mir gewesen. Und ich habe immer mehr Fragen gestellt und sie haben mir immer weniger Antworten gegeben, bis sie irgendwann gesagt haben, dass ich ein Lügner wäre.« Er schüttelte seinen Kopf bei der Erinnerung. »Das brachte das Fass zum Überlaufen. Sie waren die Menschen, denen ich am meisten hätte vertrauen sollen, oder nicht? Aber stattdessen haben sie mich nach Strich und Faden belogen.« Er fuhr sich einmal unwirsch durchs Haar. »Und ich war wütend, Laelia. Sie haben mir meine kleine Schwester genommen, und irgendwas in mir verdarb dabei und alles, was ich wollte, war, ihnen auch so wehzutun, denn ich verstand nicht, wie sie einfach weiterleben konnten, obwohl sie nicht mehr da war.«

Ihre Augen wurden ernst, aber sie wirkte, als verstünde sie endlich. »Und da kam Nero ins Spiel.«

»Ich wusste, dass sie ihn fürchteten. Jeder tat das.« Sie hatten ihn immer zu sich gezogen und an sie gepresst, wenn sie an Neros Haus vorbeigegangen waren. »An meinem zehnten Geburtstag bin ich dann einfach zu ihm. Habe zu einer der Wachen hochgesehen und gesagt, dass ich reinmöchte. Ich wusste nicht einmal wirklich, was mich erwarten würde, aber ich wusste, dass meine Eltern alles getan hätten, um mich von dort fortzuschleifen, wenn ich auch nur einen Schritt zu nahe an dieses Haus herangekommen wäre, und das war Grund genug für mich.«

Er erinnerte sich daran, wie seine Eltern aufgelöst vor Sorge aufgesprungen waren, als er abends zur Tür hineinmarschiert war, und sie ihn hysterisch gefragt hatten, wo er den ganzen Tag gewesen wäre, wieso er weggelaufen sei.

Ich war bei Nero, hatte er gelassen, aber auch stolz erzählt. Und als die Augen seiner Mutter sich vor Schock mit Tränen gefüllt hatten, sie sich an seinem Vater hatte festklammern müssen, war diese Befriedigung in ihm aufgestiegen, in dem Wissen, dass er sein Ziel erreicht hatte. Natürlich hatte er ihnen versprechen müssen, nie wieder eine solche Dummheit zu begehen, doch das hatte ihn nur einmal mehr dazu verleitet, zu Nero zu gehen, auch wenn er nicht ganz so furchtlos gewesen war, wie er sich das versucht hatte einzureden. Bis Nero ihm diese Ängste eine nach der anderen ausgetrieben hatte.

»Ich werde dich wohl kaum damit überraschen, wenn ich dir gestehe, dass ich trotzdem hingegangen bin. Und den Rest der Geschichte kennst du ja.«

Laelia antwortete eine ganze Weile nicht. Doch irgendwann fragte sie: »Hast du dich deswegen so für mich gegenüber Nero eingesetzt? Wegen Aurel?« Ihre Augen schienen immer so traurig, wenn sie seinen Namen aussprach, was sie, wie ihm erst jetzt auffiel, immer wieder vermieden hatte. »Und mir?«

Einerseits das, und auch weil Nero sie wegen ihm im Visier gehabt hatte. Doch das verschwieg er. Sie hatte gerade erst aufgehört, ihn mit diesem grundlegenden Misstrauen zu beobachten, und er wollte ihr keinen Grund liefern, diesen Fortschritt wieder rückgängig machen zu wollen.

Aber sie hatte trotz allem recht. »Ja.«

Als er Laelia mit diesem zerbrochenen Holzpferd in den Händen in ihrem verwüsteten Wohnzimmer hatte stehen sehen, hatte er sich schlagartig zu dem Tag zurückversetzt gefühlt, an dem Constantia verschwunden war, und wie es damals das Ende seiner noch naiven Welt bedeutet hatte. Er hatte es nicht zulassen können, konnte nicht untätig und unnütz zusehen, wie noch jemand dasselbe durchmachen musste wie er.

»Ich habe dir nie dafür gedankt«, flüsterte sie plötzlich.

»Nicht der Rede wert.« Das war es wirklich nicht, keine falsche Bescheidenheit sprach aus ihm, denn allein wegen seiner Unachtsamkeit hatte Nero überhaupt erst sein Auge auf Aurel und ihre Mutter geworfen.

»Doch. Ich hätte das eigentlich schon längst tun sollen. Wegen dir sind sie in Sicherheit. Du hast für Aurel dein Leben riskiert. Du magst zwar ein Idiot sein, aber … du bist ein ehrlicher Idiot.«

Und dann lächelte sie ihn an, wie sie es nur selten tat. Nicht die-

196

ses spöttische, verächtliche oder halbherzige Lächeln. Klein war es, fast nur ein Hauch, aber aufrichtig und vielleicht sogar ein wenig schüchtern.

Irgendwas dahinter lockte auch ein leises Schmunzeln in ihm hervor. Kurz wog er ab, ob er ihr den wahren Grund offenbaren sollte, weshalb Nero so hart mit ihrer Familie umgesprungen war, verwarf den Gedanken dann aber, fürs Erste jedenfalls. Irgendwann würde er dazu gezwungen sein, aber nicht, wenn sie ihn einmal nicht zu verachten schien.

»Ich glaube, das ist das Netteste, das du jemals zu mir gesagt hast, obwohl du mich dabei zweimal einen Idioten genannt hast.«

Ihre dunkelbraunen Augen schimmerten in dem spärlichen Licht der Schattenlaternen an der Wand. Keiner von ihnen sagte noch etwas darauf. Ihre Hände lagen nebeneinander am Boden und sein Daumen strich wie von selbst hauchzart über ihren Handrücken.

Lass sie in Ruhe, flüsterte etwas in ihm. Er ignorierte es, wunderte sich jedoch, dass er nichts dagegenhatte – sogar alles andere als das –, näher an sie heranzurücken. Ihre Brust begann sich ein kleines bisschen schneller zu heben und zu senken.

Das schien sie daran zu erinnern, dass er es war, den sie da anlächelte, denn so überraschend, wie ihr Lächeln gekommen war, verblasste es auch wieder.

Sie zog ihre Hand fort und war auch schon auf den Beinen, nur um sich dann geistesabwesend über ihren Handrücken zu fahren. »Ich bin müde. Wir haben morgen einen langen Tag vor uns, wir sollten uns also ein wenig Schlaf in richtigen Betten gönnen, solange wir das noch können.«

Mit den Worten und ohne auf eine Antwort von ihm zu warten, während er auf seine Hand hinuntersah, verschwand sie zurück ins Zimmer.

BACARY

Bacary trat durch seine Eingangstür. Er hatte noch einen Umweg zu einer Straßenheilerin gemacht, die ihm seinen gezerrten Arm gerichtet hatte und gleichzeitig auch seine Hand, mit der er Hadrian verletzt hatte.

Er wusste nicht recht, woran er denken sollte. Hätte man seine Gedanken lesen können, wären sie ein einziges Durcheinander gewesen: In einem Moment war seine Gedankenwelt dominiert von dem abrupten Ende seiner Zeit an der Universität, bevor sie überhaupt hatte beginnen können. Vom Institut, welches er nie wieder von innen sehen würde. Von Oyibo, diesem gerissenen Lügner, der zu feige war, für seine Taten geradezustehen.

Und dann hatten die drei plötzlich vor ihm gestanden und da war dieser Kerl, den er nicht ansehen konnte, ohne an den Tag zu denken, an dem er seinen Vater verloren hatte. Sie erzählten ihm von all diesen Dingen, die einem düsteren Kindermärchen hätten entsprungen sein können, aber der Seher hatte Sachen über ihn gewusst, die er unmöglich anderswo hätte erfahren können.

Emiola. Divan hatte ihm gesagt, dass sie tot wäre. Wenn das stimmte, dann hätte er wahrscheinlich trauern sollen. Aber der springende Punkt war, dass er ihre Leiche nie mit eigenen Augen gesehen hatte. Für ihn war sie immer noch lebendig, immer noch das Mädchen, in welches er sich verliebt hatte, welches er so sehr gebraucht hatte, dass er ihr ihre Affäre verziehen hatte, nur damit sie dann, ohne auch nur den Respekt aufzubringen, sich von ihm zu verabschieden, verschwunden war. Schon Weichen zuvor hatte sie ihn gemieden, als wolle sie nicht, dass er ihre Gedanken hörte. Sie hatte es immer verabscheut, so transparent zu sein.

Aber vielleicht … Zum ersten Mal kam in ihm der Gedanke auf, dass sie vielleicht vor jemandem Gefährlicheren als ihm und Oyibo geflüchtet war. Doch ihm wollte niemand in den Sinn kommen, der das hätte sein können, und weswegen sie das vor ihm hätte verheimlichen sollen.

Bacary verabschiedete sich also schnell von dieser an den Haaren herbeigezogenen Vermutung. Er hängte sich hier bloß an einem Gedanken auf, obwohl sie doch nicht zwangsläufig ermordet worden sein musste. Vielleicht war es auch nur ein Unfall –

Da ist er. »Bacary.« Uchennas Stimme holte ihn zurück an die Oberfläche.

Er war die ganze Zeit gedankenverloren im Eingangsbereich stehen geblieben, ohne zu merken, wie Uchenna ihn mit einem Brief in der Hand beobachtet hatte. Es war keine Meisterleistung, zu erraten, was in diesem Brief mitgeteilt wurde. »Komm bitte zu uns in die Küche.«

Dort saßen seine drei Brüder, Chidubem mit verwirrter, Nkem mit finsterer und Uchenna mit grübelnder Miene, auf den ausgeblichenen, durchgesessenen Stühlen und verfolgten jede seiner Bewegungen, als er ihnen gegenüber Platz nahm.

Ihnen war gestern Nacht, als er zur Beobachtung auf der Krankenstation hatte bleiben müssen, vermutlich nur mitgeteilt worden, dass er bei einem Brand in der Bibliothek zugegen gewesen und geringfügig verletzt worden war. Doch das schriftliche Urteil, welches jetzt auf dem niedrigen Holztisch zwischen ihnen lag, das rote, wächserne Lauschersiegel aufgebrochen, hatte ihnen wohl auch die restlichen Fragen beantwortet.

»Stimmt es?«, wollte Nkem geradeheraus wissen. »Bist du für das Feuer in der Bibliothek verantwortlich?«

»Indirekt ja. Aber ich wurde gestoßen, nur deswegen ist die Lampe umgefallen.«

»Davon steht hier«, Nkem griff nach dem Schriftstück und hielt es Bacary unter die Nase, »aber nichts.«

»Weil sie es mir nicht geglaubt haben. Oyibos Wort stand gegen meines.«

Oyibo? Uchenna war sichtlich überrascht. »Was hat Meister Oyibo damit zu tun?«

Bacary rutschte auf seinem Platz hin und her. »Er und ich haben uns gestritten, wegen … eines Mädchens. Dabei hat er mich gestoßen. Das wollte die Kommission mir nicht glauben.«

Alle drei starrten ihn an, als wären sie sich nicht sicher, ob sie ihn richtig verstanden hatten.

»Ein Mädchen? Du?«, argwöhnte Nkem.

»Ja.«

Nkems Augen blitzten. »Das ist ja schön und gut, aber was jetzt? Du wurdest des Instituts verwiesen, Bacary. Du wirst nie an der Universität studieren können, all die Vorbereitung war umsonst.«

»Ich weiß. Glaub mir, ich weiß das alles.« Müde fuhr er sich mit einer Hand über sein Gesicht, all die sich überschlagenden Ereignisse hatten ihn viel Energie gekostet. »Aber glaubt ihr mir wenigstens, dass der Brand nicht meine Schuld war?«

Da legte Uchenna ihm eine Hand auf die Schulter und drückte sie kurz. »Natürlich tun wir das.« Chidubem und Nkem, der sich langsam wieder abregte und den Brief niederlegte, murmelten ihre Zustimmung. »Kannst du dieses Mädchen nicht dazu bringen, für dich auszusagen?«

Er verneinte. »Sie ist seit einer Weile nicht mehr in der Stadt gewesen und ich glaube auch nicht, dass sie so schnell wieder zurückkommen wird.« Kurz wägte Bacary ab, ob er ihnen von Divan, Hadrian und Laelia erzählen sollte. Doch etwas in ihm mahnte ihn davor, dass das kein allzu schlauer Einfall war. Seine Brüder würden

200

ihn eher von der Reise abhalten wollen und es ihm unnötig erschweren.

Bacary stutzte innerlich.

Offenbar war er der Idee einer Reise viel weniger abgeneigt, als ihm bisher bewusst gewesen war.

Vielleicht war er ja tatsächlich ein Idiot.

»Hervorragend«, hörte Bacary Chidubem jetzt seufzen. »Wissen wir eigentlich schon, wie wir den Schadensersatz aufbringen wollen?«

Uchenna machte den Mund auf, doch seine Brüder hatten seine Gedanken schon gehört, bevor er sie aussprechen konnte.

»Du willst unsere Mutter um Geld bitten?« Nkem wirkte alles andere als begeistert von dieser Aussicht. »Ich dachte, wir hätten uns darauf geeinigt, keinen einzigen Kupfertaler von dieser Frau anzunehmen.«

Ihre Mutter. Eine Frau, die sie schon als Kinder einfach mit ihrem Vater hatte sitzen lassen, um die Frau eines Adeligen zu werden, den die vier nicht ein einziges Mal zu Gesicht bekommen hatten. Als Bacarys Vater ermordet worden war, hatte sie nicht etwa alles stehen und liegen lassen, um sich um ihre Familie zu kümmern. Stattdessen schickte sie ihnen in immer unregelmäßiger werdenden Abständen einen Brief mit dem Angebot, ihnen Geld zukommen zu lassen, weil sie sich angeblich um sie sorge und nur das Beste für sie wolle.

Die Brüder waren sich nur selten einig, aber sie alle hatten schon vor langer Zeit einstimmig entschieden, dass sie auf keinen Fall noch etwas mit ihr zu tun haben wollten. Sie hatten immerhin einander.

»Mir ist auch nicht wohl bei dem Gedanken«, pflichtete Uchenna Nkem bei. »Aber hast du einen besseren Vorschlag?«

Noch während er seine Brüder dabei beobachtete, wie sie weiterdiskutierten, konnte Bacary nur daran denken, dass es hier nichts mehr für ihn zu erledigen gab. Dass seine Brüder ihn nicht gebrauchen konnten. Und dass es nun an ihm war, seine übrigen Probleme zu lösen, die mit Geld nicht so einfach aus der Welt zu schaffen waren.

* * *

Am nächsten Morgen schlich er sich, mit einem Kleidersack und seinen Ersparnissen bepackt, aus dem Haus, bevor er es sich noch einmal anders überlegen konnte.

Um ihre Gemüter – besonders Nkems – wenigstens annähernd zu beruhigen, sobald sie herausfanden, dass er fort war, hatte er ihnen einen Brief hinterlassen, in dem er in wenigen Sätzen erläuterte, dass er sich auf die Suche nach Emiola machen würde und sie sich keine Sorgen machen sollten.

Zum vereinbarten Zeitpunkt fand er sich bei den nördlichen Ställen etwas abseits der Stadt ein und entdeckte Laelia und Divan, die ihm entgegenkamen.

Letzterer wirkte, als fielen ihm sämtliche Lasten von den Schultern. »Du bist gekommen.«

»Offensichtlich. Wo ist Hadrian?«

»Er verkauft unseren Esel und versucht, uns ein Pferd zu beschaffen.« Laelia warf einen Blick auf seinen Kleidersack, den er sich über die Schulter geworfen hatte. »Du hast nicht zufällig etwas Geld dabei, das du beisteuern könntest? Immerhin wirst du genauso von dem Gaul herumkutschiert.«

Widerwillig gab er ihr einen Anteil, auch wenn die Summe, die sie nannte, ohne mit der Wimper zu zucken, maßlos übertrieben war.

Eine Viertelstunde später kam Hadrian zu ihnen und führte ein Pferd hinter sich her, das ein wenig mitgenommen, aber trotzdem kräftig wirkte. Als Hadrian Bacary entdeckte, flackerte sein süffisantes Schmunzeln nicht einmal. »Ist er nicht ein Prachtkerl?«

Laelia bedeutete ihnen allen, in den Karren hinten aufzuspringen, der nicht allzu viel Bewegungsfreiheit für sie bot. »Bitte sag mir nicht, dass du das ganze Geld, das ich dir gegeben habe, für ihn verschwendet hast.«

»Weißt du etwa nicht, wer ich bin? Du wärst beeindruckt von meinen Verhandlungskünsten. Mit dem Geld, das ich für unsere kleine Zicke bekommen habe, habe ich ihn hier fast vollständig erstehen können.«

Hadrian setzte das Pferd in Bewegung, und von einem regelmäßigen Takt begleitet, begannen sie den Weg von der Stadt fort in Richtung Norden zurückzulegen. »Ein Pferd zum Preis eines Esels? Wie hast du …« Sie unterbrach sich, als wüsste sie die Antwort bereits. »War die Person, von der du ihn bekommen hast, zufällig eine leicht zu beeindruckende Magd?«

Wortlos zwinkerte Hadrian ihr zu, bevor er sich wieder darauf konzentrierte, das Pferd auf Kurs zu halten.

Bacary warf einen Blick über seine Schulter und beobachtete, wie seine Heimatstadt mit der wachsenden Entfernung immer kleiner wurde und die Sonne vom wolkenlosen Himmel auf sie herunterbrannte.

Er erhaschte einen erneuten Seitenblick auf Hadrian.

Jetzt gab es wohl kein Zurück mehr.

MERLA

Auf einem rot gepolsterten Stuhl mit geschwungenen vergoldeten Beinen saß Merla auf der Tribüne am Hauptplatz von Fenias Hauptstadt. Nolan war zu ihrer Rechten und die Königin zu ihrer Linken. Ihr fiel auf, dass Letztere Seidenhandschuhe trug, welche man sonst nie an ihr sah.

Merla atmete nicht zum ersten Mal am heutigen Tag tief ein und aus. Einzig und allein das Wissen, dass sie in wenigen Stunden wieder allein in ihrem Zimmer sein konnte, schaffte es, sie zu beruhigen. Doch bis dahin würde sie sich zusammennehmen müssen. Das hatte sie die letzten Weichen ebenso gehandhabt, heute war keine Ausnahme.

Die Zeit seit Megans und Harpers Verhaftung hatte sie an sich vorbeiziehen lassen, hatte sich Morgen für Morgen aus dem Bett gezwungen, auch wenn sie nichts mehr gequält hatte als der Gedanke daran, aufzustehen.

Es fühlte sich nicht mehr an, als wäre sie die Handelnde in ihrer eigenen Geschichte. Stattdessen fühlte es sich an, als würde sie Dinge schlicht mit sich passieren lassen. Jede Minute wirkte fremd, jede Bewegung ihres Körpers nicht wie ihre eigene.

Statt sich aufzurichten, ließ sie sich hochziehen.

Statt auf etwas zuzugehen, ließ sie sich von einem Ort zum nächsten führen.

Auch an diesem Tag wusste Merla nicht, was sie hier eigentlich tat. Man hatte sie wortlos abgeholt und auf die Tribüne gesetzt. Es handelte sich wohl um eine weitere Versammlung, welche die Anwesenheit der Königsfamilie verlangte.

Die Prinzessin hielt ihre Hände in ihrem Schoß gefaltet, starrte geradeaus, machte sich aber unbewusst an ihren Fingernägeln zu schaffen, bis es der Königin auffiel.

»Lass das.« Merla ließ bei Allanahs Worten von ihren Nägeln ab.

Unter ihnen hatte sich dem Anschein nach die gesamte Hauptstadt versammelt. Von Handwerkern über Bäcker bis hin zu einem Großteil der Palastarbeiter waren alle vertreten.

Das ungeduldige Murmeln der Menge war wie das wütende Summen von Bienen in ihren Ohren, und das Gefühl, ständig beobachtet zu werden, ließ überall an ihrem Körper Schweiß ausbrechen.

Auf der gegenüberliegenden Tribüne saßen die adeligen Lords und Ladys, darunter auch Lord Roarke, der andauernd zu ihr herüberspähte, doch sie tat, als bemerke sie seinen durchdringenden Blick nicht.

Der Mann, der dafür verantwortlich war, dass Harper und Megan nun im Kerker saßen. Wenn es nach Merla ging, konnte er ewig und noch länger darauf warten, bis sie ihn je wieder ansah.

Sie hörte, wie ihr Bruder neben ihr ähnlich wie sie selbst vor wenigen Momenten lautstark durch seine Nase ausatmete. Keine Regung zeigte sich in seinem Gesicht, als sie ihn vorsichtig ansah.

Zwar erwiderte er ihren Blick nicht, richtete dafür aber geflüsterte Worte an sie: »Ich kann nicht fassen, dass du das einfach so hinnimmst.«

Sie blinzelte. »Wovon sprichst du …?«

In diesem Moment gab die Königin den Wachen, die um den Platz verteilt waren, ein Zeichen, worauf sie für Ruhe in der Menge sorgten, bis es so still war, dass man eine Nadel hätte fallen hören können.

Allanah erhob sich, war wie stets die Verkörperung der Standhaftigkeit und unerschütterlichen Sicherheit, und alle Aufmerksamkeit war auf sie und ihre Krone gerichtet.

»Mein geliebtes Volk«, sprach die Königin nun mit einer Stimme, die auch die letzte Reihe problemlos hören und verstehen konnte. Wenn Macht sprechen könnte, hätte sie es mit der Stimme der Königin getan. »Wir haben uns heute hier versammelt, um Hochverrat an der fenischen Krone zu sühnen.« Ein Hochverräter? Welcher Verrat?

»Diese Verräterin, welcher das Königshaus jahrelang Unterkunft, Verpflegung und Anstellung geboten hat, diese Verbrecherin, die nichts als Zuneigung von der Krone erfahren hat, hat uns, ohne zu zögern, hintergangen. Beinahe hätte mein Sohn, Prinz Nolan, sein Leben geben müssen, bei ihrem – den Göttern sei Dank missglückten – Attentat.«

Merla zuckte in ihrer Position hoch und starrte Nolan an. Es hatte ein Attentat auf ihn stattgefunden? Wieso hatte sie nichts davon erfahren? Für gewöhnlich wusste Merla über solche Dinge Bescheid, bevor sie der Öffentlichkeit verkündet wurden. Was hatte sie in ihrer Trance in den letzten Weichen noch verpasst?

Ihr Bruder neben ihr blieb stumm bei den Worten der Königin und seine Kiefermuskeln traten deutlich hervor, als würde er seine Zähne fest zusammenbeißen.

»Und eine solche Tat kann und wird nicht ungestraft bleiben«, versicherte die Königin und erntete brüllenden Jubel vom Volk. Sie nickte dem Henker zu, den Merla gerade die Plattform betreten sah. Seine schwarze Maske versprach auch auf viele Schritt Entfernung Unerfreuliches. »Bringen wir es zu Ende.«

Bei diesen Worten drehten die Menschen förmlich durch. Ganz aufgekratzt waren sie alle, reckten ihre Arme in die Luft, brüllten geladen, während der Lärmpegel unaufhörlich anschwoll.

Alle Augen wanderten unter dem Tumult zu der hölzernen Plattform an der höchstgelegenen Stelle des Platzes, der wegen des Hügels, auf dem die Stadt erbaut war, leicht geneigt war.

Ein Mädchen wurde die Treppe hinaufgeschubst, ein Sack über ihrem Kopf, der ihre Protestlaute verschluckte. Die Wachen zwangen sie auf die Knie, die Hände fest um ihre schmalen Schultern gelegt, als sie ihr den Sack vom Kopf rissen.

Es war Megan!

Die Prinzessin hätte schwören können, dass die Welt für einen kurzen Augenblick aufgehört hatte, sich zu drehen. Dass nicht einmal diese einfach so über diesen Moment hinwegsehen konnte.

»Was?« Wieso war Megan hier und nicht in ihrer Zelle? Warum war sie gefesselt? Wieso stand ein Henker über ihr?

Sofort wirbelte sie zu ihrer Mutter herum. »Was ist hier los?« Ihre Stimme überschlug sich. »Was macht Megan dort oben?«

»Du hast meine Worte eben doch gehört«, antwortete die Königin ruhig.

»Du hast gesagt, es ginge um eine Verräterin!«

Normalerweise hätte sie es nie gewagt, wäre nicht mutig genug gewesen, derartig mit der Königin zu sprechen, aber für den Moment schienen die normalen Regeln nicht zu gelten.

»Das ist sie auch. Ein Verrat an der Magie ist auch ein Verrat an uns.«

Dass sie aufgesprungen war und ihre Schatten verrücktspielten, bemerkte Merla nur am Rande. »Du hast gesagt, dass sie versucht hätte, Nolan umzubringen!«

»Es ist für alle die bessere Lösung, vor allem für Lord Roarke. Und jetzt setz …«

»Sie hat nichts getan! Es war nicht ihr Kind!« Es war ihr untersagt gewesen, die Kerkerräume erneut zu betreten. Anfänglich hatte sie noch versucht, die Wachen anzuflehen, sie trotz der Anweisung der Königin passieren zu lassen.

Irgendwann hatte sie es aber aufgeben müssen. Was für ein Feh-

207

ler das doch gewesen war. Was für ein Fehler es doch gewesen war, vor all diesen Weichen in ihrem Zimmer nicht über ihren eigenen Schatten zu springen und Megan zu fragen, was ihr auf dem Herzen lag. »Es gibt keinen Grund, sie … Alles, was sie getan hat, war, zu versuchen zu helfen!«

»Das ist das Problem, Merla. Du bist blind für die Gefahr hinter ihren Taten.«

Merla fing Megans Blick auf, die sie aus vor Panik geweiteten Augen ansah. Sofort wandte Merla sich wieder an die Königin. Ihr Magen verknotete sich, ihr Atem schien vergessen zu haben, wie er funktionierte, und ihre Hände und Stimme zitterten. »Bitte. Das kannst du nicht machen. Sie hat nichts getan. Wirf sie aus dem Palast und ich verspreche dir, nie wieder auch nur ein Wort mit ihr zu wechseln. Das hier ist nicht notwendig. Aber lass sie am Leben, bitte, ich flehe dich an.« Sie wollte ein Schluchzen zurückhalten, aber ihre Stimme brach. »*Bitte.*«

Der Lärm in der ungeduldigen Menge schwoll immer mehr an, bis Merla kaum noch ihre eigenen Gedanken hören konnte. Die Königin lenkte den Blick fest auf die Menschenmassen statt auf die Prinzessin. Es war sinnlos. Sie hatte die Entscheidung über Megans Schicksal schon vor langer Zeit gefällt.

»Fahrt fort«, rief sie über die Menge hinweg.

»*Nein!*«, schrie Merla. Sie musste etwas tun. Die Versammlung war zwar voll von Schattentänzern, aber sie konnte doch nicht einfach tatenlos zusehen, wie –

Da schrie sie wieder auf, aber dieses Mal vor glühendem Schmerz. Die Königin hatte wie beiläufig eine ihrer behandschuhten Hände auf ihre Schulter gelegt. Für einen Beobachter wirkte es wie eine mütterliche Geste, tatsächlich aber drückte sie einen Sonnenstein auf Merlas Haut und vertrieb all ihre Magie.

Die Götter hatten den Kontinent zwar mit Magie beschenkt, hatten aber, in dem Wissen, dass uneingeschränkte Macht nie etwas Gutes verheißen konnte, mit jeder Stärke auch eine Schwäche erschaffen. Zu jeder Kraft existierte also eine Gegenkraft, um Gleichgewicht zu gewährleisten. Manchmal in materieller Form, wie der Sonnenstein, manchmal aber auch schlicht eine Gewalt der Natur, wie der Tag für die Blutenden oder der Lärm für die Lauscher.

Das brennende, unerträgliche Pulsieren ließ Merla schwankend nach dem Geländer greifen, um sich aufrecht zu halten. Sie atmete scharf ein und aus, um den Mageninhalt in sich zu behalten.

Nolans plötzliches Keuchen ließ sie herumfahren. Auch ihm hatte die Königin eine Hand auf die Schulter gelegt.

Megan weinte und flehte, versuchte verzweifelt, ihre Füße in den Boden zu stemmen. Doch es half nichts. Die Wachen hielten sie genau dort, wo die Königin sie haben wollte.

Merla musste an Megans Worte im Kerker denken. An die Andeutung, die an ihnen gehaftet hatte. Ob man mit den anderen Magielosen, die mit Traditionen gebrochen hatten, ebenso gnadenlos verfahren war? Vor wenigen Weichen hatte Merla diesen Gedanken noch abgrundtief entsetzt verneint … aber konnte sie das tatsächlich noch glauben?

»Sieh mich an«, befahl Allanah Megan nun über die Köpfe hinweg.

Man musste erst ihr Haar packen, um Megan dazu zu bringen, sie anzusehen. Ihre Schultern zuckten unter ihren panischen Schluchzern und ihre Augen waren geschwollen, von Tränen überströmt. Gebrochen.

Mit dem Stein fest auf ihrer Haut drehte sich das Podest, auf dem die Königsfamilie saß, in Merlas Kopf und schien sich nicht für einen Augenblick erbarmen zu wollen.

Merla hatte sich geirrt. Die Welt drehte sich rücksichtslos weiter. Auch wenn sie nicht verstand, wie sie das konnte.

»Bitte«, wimmerte sie jetzt unter verschwommenem Blick immer wieder und versuchte zuerst ihre Mutter zu fixieren, gab es dann aber auf und schaute auf Megan.

Der Götter höchstes Gut war das Leben, das hatte Megan zu ihr gesagt. Die Magie war bloß dazu da, dieses zu schützen.

Nicht die Magie brauchte einen Beschützer, Megan war es, realisierte Merla. Denn wie konnte es die Magie sein, die in Gefahr war, wenn die Maßnahmen, um die Magie zu beschützen, gerade die weitaus größere Gefahr darstellten?

Da sah sie im Augenwinkel Allanah dem Henker zunicken. Sie hatte nicht einmal mehr genug Kraft in ihrem Körper, um den Schrei, der in ihr hochbrandete, von ihren Lippen zu lassen.

Das Schwert des Henkers blitzte im Sonnenlicht auf, als er es über Megans Kopf hob.

Laelia

»Halt hier an, Hadrian.«

Er brachte das Pferd zum Stehen und Laelia sprang vom Wagen. Sie hatten neben einer kleinen Kräuterhütte angehalten, deren gesamte Fassade mit schlammgrüner Farbe bestrichen war und über deren Tür ein Schild hing, welches mit einer aufgemalten Grünpflanze verziert war.

Hadrian und Bacary kletterten nun ebenfalls von dem Karren, weshalb es nun an Divan war, die Zügel zu halten und draußen auf sie zu warten. Es war offensichtlich, dass er sich zusammennehmen musste, nicht anzumerken, dass dieser Halt seine Zeit verschwendete.

»Was willst du hier kaufen?«, fragte Bacary sie und ließ seinen Blick über den Dorfplatz streifen, auf dem sie sich befanden.

»Hadrian und ich können nicht dauernd alle Sonnenbrände und Rückenbeschwerden heilen.« Sie waren nun schon seit ein paar Weichen unterwegs und die Frühlingshitze war gnadenlos in den untragbaren Sommer übergegangen. Dazu kam, dass sie alle durch all die Zeit, die sie ohne Betten hatten schlafen müssen, immer wieder von Rückenschmerzen geplagt wurden. »Ich bin erschöpft, und wenn ich auch noch meine Heilmagie einsetzen muss, macht es das nicht gerade besser. Außerdem«, rezitierte sie unwillkürlich ihre alten Lehrer, »ist es nie schlecht, eine kleine Reserve Kräuter und Öle bei sich zu haben.«

Als sie den Laden betraten, schlug ihnen ein Duft entgegen, der eine Komposition aus zahlreichen Pflanzen und Flüssigkeiten war, die Laelias Geruchssinn vereinnahmte. Sie meinte sogar einige erkennen zu können, doch dann legte sich schon das nächste Aroma darüber und vertrieb das andere Kraut.

Durch die verschmierten Fenster drang nur gedimmtes Sonnenlicht herein, welches die Kräuterbündel, die an den Wänden hingen, sowie die manchmal grünen, manchmal gelblichen oder weißlichen Ölflakons beschien und mit deren Farben spielte.

Laelia machte sich sofort auf die Suche, war überrascht, wie gut das Geschäft bestückt war, und wurde bei ihrer Kräuterjagd schnell fündig.

Weil sie in einem kleinen Rausch war, schnappte sie sich mehr, als sie eigentlich brauchten, bis sie den ganzen Korb gefüllt hatte, welchen die Verkäuferin ihr gegeben hatte, als sie sah, was Laelia da alles in ihren Armen ansammelte.

Als Hadrian das Körbchen in ihren Händen entdeckte, lachte er leise, während er es ihr unaufgefordert abnahm. Er ging nach vorne zur Theke, wo Bacary sich gerade ein recht starkes Schlafmittel kaufte und nach der richtigen Dosierung fragte.

Während er hinter dem Lauscher wartete, drehte Hadrian sich zu ihr um. »Weißt du, was noch gegen unsere Rückenbeschwerden helfen könnte, Bandit?«

Sie hob auffordernd ihre Augenbrauen.

»Ein Bett.«

An diesem Abend ließ Laelia sich von ihm dazu überreden, wieder in einem kleinen Wirtshaus zu übernachten. Ihr war zwar nicht ganz wohl dabei, noch mehr Geld auszugeben, aber selbst sie sehnte sich auch nach einem richtigen Bett, ein wenig Ruhe und einer Nacht, in der sie durchschlafen konnte, anstatt Wache zu schieben.

Sie hatten Glück und ergatterten das allerletzte freie Zimmer. Ihr Pferd brachten sie im hauseigenen Stall unter und gingen dann in ihre Unterkunft, in welcher sich ein kleines Problem herauskristallisierte: Die Betten waren jeweils allerhöchstens breit genug für zwei. Laelia würde sich ihr Bett also teilen müssen. Sie war ja nicht prüde und es ging ihr auch gar nicht darum, dass sie keine Matratze für sich allein hatte, aber sie kannte Bacary und Divan nicht gut genug und auch sie schienen sich bei der Aussicht nicht sonderlich wohlzufühlen.

Also lief es zwangsläufig darauf hinaus, dass Hadrian ihr neuer Bettpartner würde, was auf eine ganz andere Art eigenartig war.

Als sie ein Fenster geöffnet hatten, um kühle Nachtluft hineinwehen zu lassen, und alle in leichte Nachtbekleidung gehüllt waren, war es wie immer Divan, der als Erster den Schlaf fand, dicht gefolgt von Bacary.

Laelia hatte sich abgewandt und widerstand dem Drang, so nah wie möglich an den Rand des Bettes zu rutschen, denn Hadrian schien das Wort Privatsphäre noch nicht vollständig in sein Vokabular aufgenommen zu haben.

»Ich möchte dir ja nicht zu nahe treten, aber gibt es einen Grund, weshalb du es drauf anlegst, aus dem Bett zu fallen? Ich frage bloß aus Interesse.«

Sie warf ihm einen Blick über die Schulter zu, bevor sie sich zu ihm umdrehte. Durch das schwache Licht schimmerte die Haut seines muskulösen Oberkörpers dunkel und bronzen, was nicht gerade dabei half, ihre Befangenheit, wenn sie es so nennen wollte, zu lösen. »Und gibt es einen Grund, weshalb du immer eine Ausrede findest, oberkörperfrei herumzulaufen? Ich frage bloß aus Interesse.«

Er fuhr sich über seinen Mund, konnte sein Lachen aber nicht verbergen.

»Ich möchte der Welt nur was zurückgeben. Du hast mir nicht geantwortet: Wieso fühlst du dich so unwohl, mit mir das Bett teilen zu müssen?«

»Du bist nicht dumm, Hadrian, ich denke, du kannst dir selbst zusammenreimen, wieso.«

Sein Schmunzeln wurde süffisanter. »Angst, dass ich über dich herfalle?«

»Wieso läuft bei euch Männern immer alles auf das eine hinaus?«

»Ist das nicht ein wenig pauschal gedacht?«

»Einverstanden, du hast recht«, stimmte sie zu. »Wieso läuft bei *dir* immer alles auf das eine hinaus? Gibt es nichts anderes, woran du denkst?«

»Soll ich jetzt ehrlich antworten?«

Er lachte leise, als sie ihn gegen die Schulter stieß, und sagte: »Ich verstehe nur nicht, wieso das hier so besonders aufgeladen wird. Ich meine, du und Divan habt auch in einem Bett geschlafen und es hatte nichts Anstößiges. Aber wenn du und ich eines teilen, ist es plötzlich verwerflich?«

»Ich habe nicht gesagt, dass es verwerflich ist.

Ich biete mich dir nur, großzügig und herzensgut, wie ich nun einmal bin, als Kissen an, und du tust gerade so, als ob ich jedes weibliche Wesen, welches sich mir auf zwei Schritte nähert, versuchen würde auszuziehen. Ich denke nicht immer an das eine.«

Sie hielt sich die Hand vor den Mund, um Divan und Bacary mit ihrem Lachen nicht aufzuwecken. »Ach komm schon! Das glaubst du wohl selbst nicht.«

Seine Augen blitzten herausfordernd. »Versuch, das Gegenteil zu beweisen, Bandit.«

Daraufhin schmunzelte sie und wusste nicht, was sie plötzlich dazu verleitete, aber irgendwas in ihr schien allein davon zu leben, ihn zu provozieren.

Das Bett knarrrte leise, als sie das Stück aufrückte, das sie noch voneinander trennte, und eine ihrer Hände an seinen Oberkörper legte. Ganz warm war er unter ihrer Handfläche.

Sie blickte honigsüß in seine Augen. »Und woran denkst du jetzt?«

Er erwiderte nichts, blieb erst still. Dann legte er mit einem neugierigen Blick eine seiner Hände an ihre Taille, ließ sie an der Stelle verweilen. Nachdem sie darauf nichts sagte, glitt seine Hand über ihren Bauch. Überdeutlich spürte sie jetzt die Wärme seiner Hand durch den dünnen Stoff ihres Nachthemdes, roch seinen Duft.

Unwillkürlich fühlte sie sich in eine andere Nacht, in einer anderen Nation zurückversetzt.

Mit trägen Lidern richtete er seinen Blick auf ihren Mund, den sie unwillkürlich befeuchtete und der nur noch wenige Fingerbreit von seinem entfernt war. Kurz dachte sie sogar, dass er seine Lippen auf ihre legen würde. Stattdessen senkten sie sich an ihre Kehle und platzierten dort einen federleichten Kuss.

Laelia schloss die Augen und legte ihren Kopf instinktiv in den Nacken.

Ein weiterer Kuss folgte und noch einer, erst zögerlich, dann zunehmend rastloser. Seine Lippen wanderten fieberhaft immer weiter nach oben, entlang ihres Kiefers, dann zu ihrer Schläfe.

Dabei murmelte Hadrian etwas, das Laelia nicht verstand.

Als er schließlich ihr Ohr berührte, vergrub sie die Finger in seinem Haar, während ihre Wangen glühten. Mit ihren Lippen streifte sie sanft über seinen Hals und seine Hand umfasste erneut ihre Taille.

»Woran denkst du gerade, Laelia?«, raunte er und sie spürte, wie sich sein Mund zu einem Lächeln verzog, als sein Atem beim Sprechen über ihre Haut kitzelte und sie erschaudern ließ.

Bacary nuschelte etwas im Schlaf, bevor sie antworten konnte.

Was Laelia daran erinnerte, dass sie nicht allein in diesem Zimmer waren. Möglichst beiläufig öffnete sie die Augen, nahm ihre Hand von ihm und rückte ein wenig ab.

»Siehst du? Ich hatte recht. Gute Nacht, Hadrian.«

Damit drehte sie sich wieder um, wartete darauf, dass ihr Puls

215

sich beruhigte, und versuchte auszublenden, wie kalt sich die Stellen anfühlten, an denen er sie eben noch geküsst hatte.

Diese ganze Situation, diese Reise, das Fehlen ihrer Familie, tat ihr definitiv nicht gut, wenn sie schon wieder begann, sich von ihm um den Finger wickeln zu lassen. Das war definitiv um einiges weiter gegangen als beabsichtigt.

Irgendwann fand sie schließlich in einen unruhigen Schlaf, während sie seinen Blick auf sich spürte.

Bacary

Die Weichen waren einer gewissen Routine verfallen, seit sie die Grenze in die Iulisch-Talinischen Lande überquert hatten: Sie wachten auf, aßen, sobald sie ein neues Dorf erreichten, und einer von ihnen beschwerte sich über die Hitze, obwohl das sehr bald aufhörte, als sie sich immer weiter nördlich bewegten. Machten kleine Trinkpausen für sich und Verschnaufpausen für ihr Zugtier, Laelia und Hadrian diskutierten wegen irgendeiner bedeutungslosen Kleinigkeit und schließlich versuchten sie einen Schlafplatz möglichst nahe einem anderen Dorf zu finden, um nicht zu riskieren, Bekanntschaft mit Wildtieren machen zu müssen.

Durch Wälder und Felder führte der Weg sie, die Wiesen hier grüner, höher und saftiger als in Kijana. Sogar Sommerregen fiel in regelmäßigen Abständen und ließ die Bäume, Gräser und Sträucher mit perlenden Wassertropfen im Licht schimmern und füllte Bacarys Gehör mit stetigem Prasseln und dem Rascheln von Tieren im Unterholz. Sie würden zwar sehr bald schon die Grenze zu Fenia erreichen, aber bis sie endlich in der Hauptstadt Fenia ankamen, würde es noch mehr als ein Halbintervall brauchen.

Dank der langen Zeit des Reisens waren sie aber mittlerweile auch perfekt aufeinander abgestimmt, indem jeder wusste, was er zu tun hatte.

Laelia sammelte Feuerholz und Hadrian trieb frisches Wasser aus einem fließenden Bach in abgenutzten Flaschen auf. Bacary und

Divan lauschten beziehungsweise hielten jeweils Ausschau nach Essbarem im Wald.

Wieder am designierten Schlafplatz vereint, hinter ihnen vier dürftige Schlafstellen, fütterte Laelia das Pferd mit Heu und Wasser, Hadrian entfachte ein Feuer, über dem Divan eine Suppe zu kochen begann, und machte Bacary Platz, der hockend vier handgroße Steine dumpf polternd in das Feuer stieß, damit sie diese in der Nacht unter ihre Decken legen und sich an ihnen wärmen konnten.

Seit fast zwei Weichen durchquerten sie nun schon einen weitläufigen Wald, den größten der gesamten mittkontinentalen Ebene, und das Wetter wurde mit jedem Tag frischer.

Schließlich saßen sie alle in Decken gehüllt und mit Schalen in ihren Schößen um das Feuer verteilt und löffelten in ihren ungewürzten Suppen, bis der Boden der Schale auch vom letzten Tropfen befreit war. Bacary war den faden Geschmack mittlerweile gewohnt, und solange es ihn sättigte, sah er keinen Grund, sich zu beschweren.

Schließlich war er in seine Decke eingewickelt, die anderen um ihn herum ebenso, und versuchte, etwas Schlaf zu finden. Nur Divan saß aufrecht und hatte ihm den Rücken zugewandt, da er für die nächsten zwei Stunden Wache halten musste, falls unerwünschte Überraschungen in diesem Gebiet auf sie lauerten.

Und diese unerwünschte Überraschung ließ in dieser Nacht nicht lange auf sich warten.

Bacary wäre beinahe hochgezuckt, als ihm etwas anderes als Rascheln und Wehen an die Ohren drang: eine menschliche, männliche Stimme, die einen Namen rief, aber nicht irgendeinen Namen. »Divan«, schallte es durch den Wald.

Der Angesprochene selbst war scheinbar so in seine Gedanken vertieft, dass er die Stimme erst nach einigen Malen des Rufens bemerkte.

»Wasula?«, hörte Bacary Divan hauchen. Divan kannte die Person also.

Bacary schloss seine Augen und konzentrierte sich darauf, regelmäßig zu atmen, als Divan sich in alle Richtungen umblickte, doch außer dem Pferd und seinem Karren, dichten Laubbäumen, einer kleinen Feuerstelle, Hadrians leisem Schnarchen und dem Zirpen von Grillen würde er nichts mit Augen oder Ohren ausmachen können. Die Stimme war noch zu weit von ihnen entfernt, näherte sich aber.

Da hörte Bacary sie wieder, aber dieses Mal viel näher als noch vor ein paar Augenblicken: »Divan!«

Bacary hörte Divan sich raschelnd aus seiner Decke schälen und in die Richtung schleichen, aus der die Stimme gekommen war.

In dem Moment, als er Divan durch das Gebüsch verschwinden und die Äste an seiner Haut kratzen hörte, sprang Bacary möglichst lautlos auf und folgte ihm durch eine angrenzende Baumreihe, während er sich bemühte, auf keine allzu großen Äste zu treten, was in einem Wald leichter gesagt als getan war. Vorsichtig blickte er schließlich hinter einem Baumstamm hervor und konnte nur schemenhaft zwei Gestalten ein paar Schritte von sich entfernt ausmachen. Es war zu dunkel, um den Fremden genauer mustern zu können. Das Blätterdach über ihren Köpfen war schlicht zu dicht bewachsen und bot dem Mond keine Gelegenheit, sein Licht auf sie zu werfen.

»*Wasula?*«, flüsterte Divan. Er hatte also nicht mit seinem Kommen gerechnet. »Was … was tust du hier, um der Götter willen?«

»Das ist deine Begrüßung, nachdem du ohne ein Wort untergetaucht bist? Nicht: Tut mir leid, Wasula? Oder: Du hast mir gefehlt, Wasula?« Er redete mit voller Stimme, worauf Divan hastig nach vorne sprang – das Unterholz knackte protestierend – und ihm seine Hand an den Mund legte.

219

»Wenn du willst, dass ich mit dir rede, musst du flüstern«, wisperte er eindringlich.

Bacary konnte seinen Kopf gerade noch schnell genug hinter der Baumreihe verschwinden lassen, als Divan sich in seine Richtung wandte, wohl um sicherzugehen, dass niemand durch Wasulas Stimme aus dem Schlaf gerissen worden war.

Einige Herzschläge lang verharrte er starr in seinem Versteck und hielt den Atem an, bis er hörte, dass sie sich schon wieder in Bewegung gesetzt hatten und sich noch weiter von ihrem Schlafplatz entfernten.

Bacary wog für einen Moment ab, ob er wieder zurückgehen sollte, denn er wusste beim besten Willen nicht, was er sich davon erwartete, die beiden zu belauschen. Allerdings wusste er auch, dass er so gut wie nichts über den Seher wusste und dass dies vermutlich seine einzige Möglichkeit wäre, das zu ändern.

Bevor er sich eines Besseren besinnen konnte, folgte er den beiden bereits durch das Dickicht, bis sie an eine Lichtung gelangten, was Bacary sehr willkommen war. Der Mond schien nun nämlich auf die beiden jungen Männer hinunter und tauchte sie in ein sanftes, weißliches Licht.

Divans Freund war ein Seher, wie Bacary nun imstande war, anhand seiner aufleuchtenden Seher-Narben auszumachen. Er hatte kurz rasiertes schwarzes Haar und ebenso dunkle Augen, einen tiefolivfarbenen Teint und ezanische Kluft. Bacary selbst wurde von den eng aneinandergedrängten Bäumen am Rand des Waldes vor ungeladenen Blicken geschützt.

Die beiden kamen schließlich zum Stehen, worauf Divan von Wasulas Arm abließ.

»Wie hast du mich gefunden?«

Wasula schwankte ein wenig, schien das aber nicht zu bemerken.

Er hob seinen Finger und stach in Divans Richtung. »Du hast

kein Recht, mir irgendwelche Fragen zu stellen, verstanden?« Es klang, als schleppe er sich durch seine Sätze. »Ich stelle die Fragen!« Er rieb sich über seine Augen und von einem Moment auf den anderen war er wieder heiteren Gemüts: »Willst du mich deinen neuen Freunden nicht vorstellen?« Er zog die Vokale ein wenig in die Länge.

Divan kniff die Augen zusammen. »Wasula, was tust du hier?« Er betonte jedes einzelne Wort.

»Ist das nicht offensichtlich? Denkst du, ich lasse mir das einfach so von dir gefallen? Als ich eingeschlafen bin, hast du noch neben mir gelegen, und als ich aufgewacht bin, warst du einfach verschwunden.«

Sie waren also ein Paar. Bacary hatte innerhalb von ein paar Minuten mehr über Divan erfahren als im gesamten letzten Intervall.

Wasula rieb sich hastig über seine Augen, als würden sie jucken. Bacary war sich nicht sicher, aber er glaubte zu erkennen, dass sie blutunterlaufen waren.

»Niemand wusste, wo du warst. Meryem ist ganz krank geworden vor Sorge. Ich dachte, dir wäre sonst was passiert, und dann finde ich heraus, dass du dich, ohne jemandem Bescheid zu sagen, auf eine Mission begeben hast.«

Divan blickte sein Gegenüber fragend an. »Wie hast du mich überhaupt …« Jäh verstummte er und musterte seinen Freund von oben bis unten.

Auch Bacary zwang sich nun, Wasula genauer anzusehen: spröde Lippen, blutunterlaufene, eingesunkene Augen, die blasse, kränkliche Gesichtsfarbe. Und seine Finger waren an den Spitzen vollkommen weiß. Dann war da noch seine leicht ungelenke Haltung und die undeutliche Aussprache, die Stimmungsschwankungen …

Traumsand.

Divans Blick hetzte im selben Augenblick hoch, zurück in sein Gesicht. »Wasula«, hauchte er rau.

Sein Gegenüber fuhr sich über die rinnende Nase. »Schau mich nicht so an, es ist nicht so dramatisch, wie du tust.«

»Hörst du überhaupt, was du da sagst?«

»Jetzt übertreib doch nicht. Ich meine, hast du allen Ernstes schon vergessen, wie gut es sich anfühlt?«

Bacary erstarrte. Divan war also einst ein Traumsandsüchtiger gewesen … Er fragte sich, weshalb er nicht bereits früher darauf gekommen war. Nun ergab es auch Sinn, wieso Divan nie Alkohol zu sich nahm, wenn sie sich in eine Schenke setzten.

Wasula leckte sich hastig über die Lippen. »Ich weiß gar nicht, wieso wir damit aufgehört haben.«

»Wir haben damit aufgehört, weil es uns fast umgebracht hat!« Divan sah aus, als ob er ihn am liebsten geschüttelt hätte, bis er zur Vernunft gekommen wäre, doch er und Bacary wussten, dass das bei Traumsandsüchtigen vollkommen sinnlos war. »Wo hast du das Zeug her?«

»Bitte«, Wasula schnaubte und hörte sich an, als würde er bei der Aussprache über seine eigene Zunge stolpern, so sehr nuschelte er. »Traumsand gibt es zu Hause an jeder Ecke.«

»Was willst du Meryem sagen?«, zischte Divan. »Du weißt, wie viel Dankbarkeit wir ihr schulden. Sie hätte sich nicht derartig um uns kümmern müssen, die wenigsten in ihrer Position tun das. Und jetzt willst du ihr sagen, dass du all die Geduld, die sie in uns investiert hat, einfach zunichtemachst … weil?«

»Weil ich dich finden wollte«, fauchte Wasula zurück. »Ich dachte, du … keine Ahnung, was ich dachte, aber niemand hatte auch nur den Hauch einer Ahnung, wohin du verschwunden warst. Es war meine letzte Option. Ich musste wissen, wo du warst. Du kannst mir keinen Vorwurf wegen etwas machen, von dem wir beide wissen, dass du es auch für mich getan hättest.«

Traumsand war eine Verlockung, der allzu viele Seher zum Opfer fielen und sich darin verloren. Grundsätzlich konnten Seher nicht gezielt Visionen hervorrufen. Allein die Götter entschieden, ob sie welche erhielten oder nicht. Doch es gab ein Mittel, das ebenfalls dazu in der Lage war, und das war Traumsand. Dies aber nicht ohne Konsequenzen.

Bacary wusste, dass man, wenn man erst einmal damit begonnen hatte, allein nicht mehr davon loskam. Berichten zufolge wusste man irgendwann einfach nicht mehr, was Vision war und was Halluzination. Die Grenzen zwischen Realität und Wahnsinn verschwammen, ohne dass man etwas dagegen unternehmen konnte. Wasula schien diese Grenze schon lange überschritten zu haben.

Nun fixierte Divan Wasula. »Du hast diesen Dreck genommen, um mich zu finden?«

»Es hat doch funktioniert, oder nicht?« Wieder befeuchtete er seine Lippen. »Ich habe euch gesehen, wie ihr hierhergekommen seid und wie du am Boden neben diesen anderen schläfst. Dass du lebst.«

»Wenn du wusstest, dass ich lebe, wieso bist du dann trotzdem noch hergekommen?«

»Weil du … alles bist, was ich habe, Divan. Deswegen.« Wieder schwankte er ein wenig, doch Divan stützte ihn, bevor er den Halt verlieren konnte.

»Wasula«, flüsterte er, schlug einen sanfteren Ton an. »Du hättest das nicht tun dürfen. Besonders nicht wegen mir.«

»Wenn du willst, dass ich aufhöre, dann komm zurück mit mir«, sagte Wasula mit einem Blick, aus dem halb Hoffnung und halb Elend sprach, und legte seine zittrige Hand mit den weißlichen Fingerspitzen zart an Divans Wange. »Wir vergessen einfach, was passiert ist, und gehen zurück nach Hause.«

Divan schluckte.

Kurz wirkte der Seher so hin- und hergerissen, gar verzweifelt, dass Bacary fast glaubte, dass Divan – göttlicher Plan hin oder her – alles schlicht verwerfen und zu Wasula zurückkehren würde.

Schlussendlich schien er es sich aber doch anders zu überlegen und wandte seinen Blick ab. »Ich will, du weißt gar nicht, wie sehr, aber … ich kann nicht. Ich muss hierbleiben und es beenden. Das ist wichtiger als du oder ich oder Meryem. Das ist meine Aufgabe.« Vorsichtig entfernte er Wasulas Hand aus seinem Gesicht. Er stellte noch sicher, dass Wasula stabil auf beiden Beinen stand, und trat dann einen Schritt zurück.

Wenn Bacary es nicht besser gewusst hätte, hätte er sich fast einbilden können, dass Divans Augen dabei leicht schimmerten. »Und du musst jetzt gehen.«

»Du entscheidest dich für diese Fremden anstatt für mich?« Schmerz spiegelte sich in seiner Stimme wider. »Was ist so wichtig, dass du mir das antun kannst?«

Divan schüttelte den Kopf. »Wasula …«

»Ich gehe nicht eher, bis du es mir nicht erzählt hast. Und du weißt, dass ich merke, wenn du lügst, also versuch's gar nicht erst.«

Sie musterten einander.

Dann hörte Bacary, wie Divan schließlich seufzte, nur um dann seine Hand auf eine von Wasulas Seher-Narben zu legen. Wasula erwiderte die Geste, indem er wiederum seine Hand auf Divans Schläfe platzierte.

Und dann blickten sie sich in die Augen.

Bacary hatte bereits Illustrationen dieses Rituals gesehen. Auch zwischen Seher und anderen Begabten funktionierte dieser Ritus, jedoch hatte Bacary nie tatsächlich die Möglichkeit erhalten, bei einem solchen dabei zu sein.

Divan zeigte Wasula eine seiner Visionen.

Beide gaben keinen Laut von sich, selbst ihre Atemzüge schienen nicht vorhanden, was Bacary irritierte. Menschen gaben immer und überall Geräusche von sich, selbst wenn sie sich bemühten, keine zu machen.

Weder blinzelten sie noch nahmen sie den Blick voneinander. Weder zuckten sie noch leuchteten sie.

Bacary hatte noch nie zwei Menschen derartig still stehen sehen, sie waren mehr Statue als Mensch. Bei dem Anblick fragte er sich, ob Divans Haut wohl so kalt wie Stein sein würde, wenn er sie in diesem Augenblick berührt hätte, ob sein Herz noch schlug.

Bevor der Lauscher dem allerdings tatsächlich auf den Grund gehen konnte, lösten die beiden sich wieder aus ihrer Erstarrung.

Wasula staunte Divan an, als er seine Hand wieder fortnahm. »Divan, das ist … du hast …«

»Ich weiß.«

»Und sie wissen nichts von dem Opfer?«

Bacary schnappte bei diesen Worten unwillkürlich nach Luft, bevor er sich geistesgegenwärtig daran erinnerte, dass er still bleiben und sich zusammenreißen musste, auch wenn in ihm das dringende Bedürfnis aufkam, aus seinem Versteck hervorzuspringen. Doch zu seinem Glück war Divan wohl zu abgelenkt gewesen, um den kleinen Laut wahrzunehmen.

Hatte er doch gewusst, dass sie für das Ritual ein Opfer würden bringen müssen. Er hatte es von Anfang an gewusst.

»Nein, natürlich nicht.«

»Du musst es ihnen sagen«, entschied Wasula plötzlich und wollte schon zu ihnen zurückmarschieren, als Divan ihn am Arm packte und eisern zurückhielt.

»Das wirst du nicht tun! Du hast gesagt, dass du erst gehst, wenn ich dir alles erzählt habe. Das habe ich. Und jetzt: geh!« Divan war mehr verzweifelt als wütend.

Wasula riss sich los. »Nein.«

»Hast du überhaupt aufgepasst bei dem, was ich dir gezeigt habe? Ich *kann* nicht anders. Ich *muss* hierbleiben.«

»Nein, das lasse ich nicht zu. Es ist mir egal, was das für Folgen hat. Du und ich … Wir müssen zusammenhalten, schon vergessen?«

»Nicht mehr.« Die Art, wie Divan bei diesen Worten schluckte, sprach vom Gegenteil.

Sein Freund machte ein Gesicht, als hätte Divan ihn geschlagen. »Was soll das heißen? Das soll's jetzt einfach gewesen sein? Du haust ohne ein Wort ab und ich soll es hinnehmen?«

»Wir beide wissen, dass du mich niemals hättest gehen lassen, wenn du die Wahrheit gekannt hättest. Du musst meine Entscheidung nicht verstehen, aber ich bitte dich, sie zu respektieren. Also bitte«, flehte er nun förmlich. »Geh jetzt einfach.«

Und auch für Bacary wurde es Zeit zu gehen, wenn er vor Divan zurück bei ihrem Schlafplatz ankommen wollte.

Er wandte sich um und stahl sich auf leisen Sohlen und leicht geduckt zurück über den Weg, über den er hierhergelangt war. Jeder Ast, der unter ihm nachgab, und jedes Blatt, das unter ihm raschelte, hörte sich in seinen Ohren an wie ein Donnerschlag.

Als Bacary schließlich bei Hadrian und Laelia ankam, war er im nächsten Augenblick schon drauf und dran, Laelia wach zu rütteln. Es würde die beiden bestimmt genauso sehr interessieren wie ihn, was Bacary gerade brühwarm belauscht hatte. Wie so oft war er durch das Zuhören und Schweigen schneller an eine Antwort gelangt als durch simple Fragerei.

Bacarys Blick schweifte zum schlafenden Hadrian.

Da kam ihm eine bessere Idee und er zog die Hand zurück, die über Laelias Schulter geschwebt hatte.

Vielleicht wäre es fürs Erste doch schlauer, Divans Geheimnis für sich zu behalten. Erneut musterte er Hadrian, nur lächelte er dieses Mal.

Ganz sicher sogar.

Laelia

Laelia richtete sich aus ihrer zusammengekauerten Position auf und streckte sich, als sie in der Ferne die Mauern der Stadt Fenia erahnen konnte.

»Ich kann es kaum glauben. Ich dachte schon, wir würden hier nie ankommen.«

»Wieso? Vertraust du meinem Orientierungssinn etwa nicht?«, fragte Hadrian, wirkte aber ebenfalls entspannter, nachdem sie die Hauptstadt direkt vor ihrer Nase hatten.

Eine halbe Stunde nach ihrer Ankunft hatten sie Karren und Pferd zu Geld gemacht, da Divan gemeint hatte, dass sie länger bleiben und die Kosten für die Stallunterkunft des Gauls zu hoch sein würden.

Sie überquerten die heruntergelassene Zugbrücke über die rauschende Vene, welche die Stadtmauer umkreiste. Die Hauptstadt Fenias war auf einem Hügel errichtet und der prächtige gräulich-silberne Palast thronte über allem und jedem. Von dort oben musste man die ganze Stadt problemlos überblicken können.

Laelia legte ihren Kopf in den Nacken: Über ihr waren fußbreite Holzbalken gespannt, die einen Schattenwirbel über den Dächern bildeten und von denen winzige Schattenlaternen hinunterhingen. Tagsüber spendeten sie Schatten, nachts versorgten sie die gesamte Stadt mit einem eigenen Sternenhimmel, wenn die Schatten die Flammen in den Lampen freigaben. Sie waren so weit entfernt vom Boden und so winzig, dass Laelia sie nur erahnen konnte. Je näher man dem Mittelpunkt des Gebildes aber war, umso besser konnte man die Schattenlaternen ausmachen. Das Zentrum des hölzernen Wirbels bildete der königliche Palast. Um genau zu sein, der Thronsaal, dessen Decke nicht aus Stein, sondern von dem luftigen Konstrukt gebildet wurde.

Hinter ihren drei Begleitern herschlendernd, wandte sie ihren Blick nun vom Himmel ab und ließ ihn in alle Richtungen schweifen. Die dicht aneinandergebauten Häuser schienen gut instand gehalten zu sein, wie sie sich Reihe um Reihe den Hügel hinaufschlängelten. Auch sonst wirkte alles gepflegt. Laelia vermutete allerdings, dass es in den weniger wohlhabenden Teilen wahrscheinlich nicht so aussah. Doch für Neuankömmlinge sollte der Schein gewahrt werden.

An der imposanten Stadtmauer schlängelten sich grüne Efeuranken empor, die in jeden Spalt krochen und alles daransetzten, den Wall einzunehmen. Für Menschen unbezwingbar, doch für die Pflanze keine große Schwierigkeit.

Sie kamen an einer Backstube vorbei und Laelia sog gierig den Geruch des warmen Brotes ein, welches gerade aus dem Ofen genommen und auf einer breiten Fensterbank zum Kühlen abgestellt wurde.

Die Kleidung war wärmer als bei ihr zu Hause in Talina, wo man unter der hier weitverbreiteten Baumwolle Bäche geschwitzt hätte. Die Überwürfe, die sie sich sogleich besorgten, waren in dem frischen, auch im Sommer ein wenig kühlen Wetter so weit nördlich jedenfalls angebrachter als ihre dünne kijanische Kluft.

Kleine Mädchen und Jungen – welche sie wie immer an ihren Bruder erinnerten und einen Kloß in ihrer Kehle entstehen ließen –, die lachend durch die Gassen flitzten, Reisende, die wie der kijanische König für die anstehenden Geburtstagsfeierlichkeiten der Prinzessin von nah und fern angereist waren, und Einheimische, die versuchten, sich ihren Weg nach Hause oder zu ihrer Arbeit zu bahnen, bildeten das bunte, trubelige Stadtbild. Vereinzelt entdeckte Laelia sogar Schattentänzer und -tänzerinnen, die ihre Begleiter wie lebende Schleppen aus schwarzer Tinte hinter sich herzogen. Ihnen folgten meist faszinierte, fast ehrfürchtige Blicke der Bewunderung.

Jedoch waren es die Straßenmusiker, die Laelia bewunderte. Mit Harfen, Flöten und sogar Lyren ausgerüstet, gaben sie fröhliche fenische Musik zum Besten. Laelia kannte einige der Stücke sogar und strich unwillkürlich über ihre Lyra.

Sie entfernten sich vom überfüllten Zentrum, schließlich auch vom reicheren Teil der Stadt und kamen in eine Gegend, die eher ihrer Preisklasse entsprach und Laelia unfreiwillig ein Gefühl von Heimat gab.

Als sie ein Zimmer bezogen hatten, mit vier Betten sogar, blickten Hadrian, Bacary und sie abwartend zu Divan.

Die Unterkunft mochte vielleicht nicht die luxuriöseste oder geräumigste sein, doch dafür gab es eine kleine Wanne im zugehörigen Badezimmer, welche förmlich darum bettelte, eingelassen zu werden. Fließendes Wasser gab es allerdings keines, obwohl anderes Laelia auch überrascht hätte. Sie konnte es trotzdem kaum abwarten, das erste Mal seit einer gefühlten Unendlichkeit ein Bad zu nehmen, während sie ein Dach über ihrem Kopf hatte, statt provisorisch Waschungen an diversen Brunnen und Seen vornehmen zu müssen.

Bacary ergriff als Erster das Wort. »Wie sieht der Plan aus?«

»Es könnte sein, dass es dieses Mal nicht ganz so leicht sein wird, an die Person heranzukommen«, gestand Divan.

Argwöhnisch stutzte Laelia. Sie setzte sich auf eins der Betten. »Wie ist das gemeint?«

»Die Person, die wir aufsuchen werden … Ihr werdet ziemlich sicher schon von ihr gehört haben.«

Hadrian setzte sich neben Divan, die Arme hinter sich positio-

229

niert, damit er sich auf seinen Unterarmen abstützen konnte. »Du kannst uns nicht zufällig verraten, wer es ist? Dann könnten wir gemeinsam versuchen, eine Lösung zu finden. Du weißt schon. *Zusammenarbeit*. Ein eigenartiges Wort, kann aber funktionieren, ob du es glaubst oder nicht.«

Säuerlich kniff Divan seine Augen zusammen, seufzte dann aber resigniert und rückte tatsächlich mit der Sprache heraus: »Es ist Prinzessin Merla.«

»Die Prinzessin?«, wiederholte Bacary. »Die Prinzessin von Fenia soll unsere Weggefährtin werden?«

»Wieso hast du uns das nicht schon früher gesagt?«, fragte Laelia ungläubig. »Wir haben dich bestimmt hundert Mal gefragt, ob du mehr über die Schattentänzerin und die Blutende weißt, und da versäumst du uns zu sagen, dass wir nach Prinzessin Merla suchen?«

»Jetzt wisst ihr es ja«, sagte Divan knapp.

»Du …« Wenn Hadrian sie nicht bewusst unterbrochen hätte, hätte Laelia für nichts garantieren können.

»Wie genau sollen wir denn bitte an sie herankommen? Sie wird wohl kaum irgendwo in der Stadt umherschlendern.« An dem verräterischen Glitzern in seinen Augen bemerkte sie, dass er Blut geleckt hatte. Das Schmieden großer Coups war ihm wohl in den letzten Weichen abgegangen. »Sie ist bestimmt rund um die Uhr von Wachen umgeben. Und als Gruppe sind wir viel zu auffällig, um halbwegs unentdeckt an sie heranzukommen.«

»Und wenn es erst mal nur einer von uns versuchen würde?«, schlug Bacary vor.

Wenn Laelia vor einem Jahr gewusst hätte, dass sie mit Hadrian, einem Seher und einem Lauscher in Fenia sitzen und planen würde, die fenische Prinzessin als Verbündete zu gewinnen, hätte sie gelacht. Und doch saß sie mit eben Hadrian, einem Seher und einem Lauscher in Fenia und plante, die fenische Prinzessin als Verbündete zu gewinnen, und ihr war zu allem, nur nicht zum Lachen zumute.

Hadrian überlegte. »Das klingt schon wahrscheinlicher, aber wie genau soll die Person zu ihr gelangen?«

»Sie könnte sich als Personal verkleidet in den Palast hineinschmuggeln«, sagte Bacary.

»Nein, zu riskant, außer jemand von uns hat einen Kontakt im Königshaus, wovon ich nicht ausgehe«, urteilte Hadrian. »Außer natürlich, wir schaffen es in den Thronsaal. Der liegt immerhin theoretisch unter freiem Himmel.«

»Und wie stellst du dir das vor? Möchtest du etwa an den Stadtmauern hochklettern?«

Hadrians Augen blitzten bei Bacarys Worten. Laelia ging vom Schlimmsten aus. »Also das ist gar keine so schlechte …«

»Nein«, schalteten sich alle drei unisono ein.

»War ja nur ein Scherz.« Laelia glaubte ihm kein Wort. »In Ordnung, verwerfen wir das. Andere Vorschläge?«, fragte Hadrian in die Runde.

»Was ist mit dem Ball zu Ehren ihres Geburtstags?«, meldete sich Laelia nun.

»Was soll damit sein?«

»Ihr hattet schon recht: Wir werden sie eher im Palast abfangen können als in der Stadt. Und ich bin mir ziemlich sicher, dass die Prinzessin auf ihrer eigenen Geburtstagsfeier leicht zu finden sein wird, oder nicht?«

»Wir wollen da also rein und … was tun? Ihr alles erzählen?«, hinterfragte Bacary in dem belehrenden Ton, den er über die Jahre vermutlich mit viel Übung perfektioniert hatte.

Sie zuckte mit den Schultern. »Etwas anderes wird uns nicht übrig bleiben. Wir müssen irgendwie versuchen, sie in eine ruhige Ecke zu locken, in der wir uns in Ruhe und ungestört mit ihr unterhalten können. Es sei denn, einer von euch hat eine bessere Idee?«

Die drei jungen Männer verneinten. Bacary kommentierte wieder: »Gut. Wo wollen wir die Einladungen herbekommen?«

»Lasst das meine Sorge sein«, sagte Hadrian. »Es ist eins meiner vielen Talente, in jeder Stadt den Schwarzmarkt ausfindig machen zu können. Aber das wird sicher einiges kosten. Ich würde sagen, zwei reichen. Wer sollen die beiden Glücklichen sein?«

»Ich würde sagen, derjenige von uns, der sich in diesen Kreisen am besten auskennt. Also du«, sagte Divan. »Und eine weibliche Begleitung würde das Bild eines harmlosen Paares nicht gerade trüben.«

Erst wollte Laelia protestieren, doch er hatte nicht unrecht. »Einverstanden. Aber wir sollten uns vielleicht davor noch ein wenig passendere Kleidung anschaffen. In den Sachen, die wir dabeihaben, werden wir kaum als Adelspersönlichkeiten durchkommen. Und apropos Adelspersönlichkeiten«, fiel ihr ein. »Sie werden doch merken, dass uns niemand dort kennt.«

»Keine Sorge«, beschwichtigte Hadrian sie und lehnte sich noch etwas mehr in seine abgestützten Arme hinein, als er ihr einen Blick zuwarf. »In diesen Kreisen tut jeder so, als kenne er jeden. Und was die Kleidung betrifft, würde ich sagen, dass ich mich erst mal umschaue, ob wir überhaupt Einladungen kriegen können, bevor wir gemeinsam zu einem Schneider gehen.«

Sie hatte sich noch nie etwas schneidern lassen und eigentlich war das auch nie ein Wunsch von ihr gewesen. Ihre Familie hatte sich kaum die Miete leisten können, da schienen ihr solche Vorstellungen vollkommen unnütz. Doch sie nickte und damit war es abgemachte Sache.

»Nachdem das jetzt geklärt ist …«, fuhr Bacary fort. »Nehmen wir an, wir kriegen die Einladungen, tragen hübsche Gewänder, kommen da rein und können sie abfangen. Gehen wir weiter vom Idealfall aus und sagen, sie glaubt uns die Geschichte. Wie stellt ihr euch dann den restlichen Abend vor? Soll sie einfach mit uns mitkommen?«

»Da ist etwas dran«, stimmte Laelia zu. »Sie ist immerhin die Prinzessin von Fenia. Es würde, denke ich, ein wenig auffallen, wenn sie auf einmal nicht mehr im Palast wäre, noch dazu so abrupt.«

»Kommt darauf an.« Hadrian sah zu Divan. »Hätte sie theoretisch ein paar Tage bis zu einer Weiche Zeit, irgendwas vorbereiten zu können, um eine Abreise nachvollziehbar zu machen? Bis zur Herbstmittweiche ist es noch eine Weile hin.«

Der Angesprochene überlegte sichtlich. »Nun … es wäre vermutlich möglich, eine Weiche zu erübrigen.«

Mit untergeschlagenen Beinen schaute Laelia von einem zum Nächsten. »Und wir hoffen dann, dass sie einen Weg findet, mit uns reisen zu können?«

»Wenn das jemand kann, dann sie. Sie wird sich, was ihre Möglichkeiten angeht, besser auskennen als wir. Außerdem ist sie nicht die Thronerbin. Einfache Prinzen und Prinzessinnen machen ständig ›Abenteuerreisen‹ über den Kontinent, um ihrer Langeweile zu trotzen. Sie könnte es als ebensolche tarnen«, schlug Divan vor.

»Das ist mir alles viel zu sehr von Annahmen und besten Szenarien abhängig.« Bacary rieb sich über seinen Schädel, der seit seiner Abreise keine Klinge mehr gesehen hatte und deswegen von winzigen Locken bedeckt war.

»Ich habe schon mit weniger gearbeitet und war mehr als erfolgreich«, warf Hadrian ein. »Lasst uns sehen, was sie vorschlägt, und damit weiterarbeiten. Obwohl … wir könnten sie auch einfach entführen.«

»Hadrian, in der normalen Welt entführt man Leute nicht einfach, weil es die einfachste Lösung ist«, bemerkte Bacary.

»Es ist ja nur ein Vorschlag. Wenn wir einen Sonnenstein auftreiben könnten, würde es nur allzu einfach gehen.«

»Sonnenstein? Ist es dein Ziel, dass wir alle gehängt werden?«, fragte Divan und erhielt Unterstützung durch Bacarys verurteilenden Blick.

»Dann eben kein Sonnenstein. Aber wir könnten eine Entführung vortäuschen, dann würde ihr immerhin niemand unangenehme Fragen stellen. Ihr würdet euch wundern, von wie vielen Leuten ich schon angeheuert wurde, um sie zum Schein zu entführen, damit sie sich Unannehmlichkeiten vom Hals schaffen konnten.«

»Ob vorgetäuschte oder echte Entführung: Wir haben schon Nero am Hals, da willst du auch noch ein ganzes *Königshaus* gegen dich aufbringen? Das wäre unser sicherer Tod. Du willst doch nur dein Verlangen nach möglichst viel Risiko und Drama befriedigen. Wenn wir alle wieder zu Hause sind, gerne, tob dich aus, aber nicht, solange ich dabei bin und meinen Kopf dabei verlieren könnte.« Laelia schüttelte ebendiesen Kopf, den sie gerne an Ort und Stelle behalten wollte, während die anderen beiden ihr zustimmten.

Hadrian seufzte theatralisch und ignorierte die angespannten und abschätzigen Musterungen der anderen. »Da will man einmal ein bisschen kreativ sein …«

Hadrian

Als Hadrian zum Marktplatz kam, war Laelia bereits da und winkte ihn zu sich, wobei sie sich auf die Zehenspitzen stellen musste, um ihn nicht aus den Augen zu verlieren.

Sie trug ein schlichtes blaues Baumwollkleid, das bis zum Boden reichte und kleine weiße Knöpfe am enger geschnittenen Oberteil hatte. Dazu hatte sie einen gräulich weißen Überwurf um die schmalen Schultern geworfen. Ihr Haar, das seit ihrem Aufbruch aus Talina um einiges gewachsen war, trug sie offen, nur ein paar Strähnen hatte sie wie einen Kranz zurückgeflochten. Außerdem schien es im direkten Licht irgendwie glänzender als noch vor ein paar Stunden, und als Hadrian sie schließlich erreichte, bemerkte er, dass sie nach Lavendel duftete … Was war bloß los mit ihm?

»Hadrian?«, hörte er sie nun sagen.

Innerlich ein wenig argwöhnisch gegenüber seinen Gedanken, sah er sie an. »Ja, Bandit?«

»Ich habe dir eine Frage gestellt.«

»Tut mir leid, ich musste nur daran denken, wie hübsch du in diesem Kleid bist.«

»Sicher«, sagte sie trocken. »Wie sieht es mit den Karten aus?«

Er räusperte sich möglichst unauffällig. Sie schlenderten nun über den Markt, kamen an Ständen mit Wolle, Gemüse und zahlreichen Schattenlaternen vorbei. Auch einige Straßenzauberer waren vertreten, die Hadrian genau beobachtete, wenn sie diese passierten. »Recht erfolgreich, würde ich mal behaupten. Ich habe jemanden gefunden, der uns zwei besorgen will. Der Preis hat es aber in sich.« Er erwähnte bewusst nicht die anderen Besorgungen, die er auf dem Schwarzmarkt gemacht hatte. Hadrian bezweifelte nämlich, dass sie nachvollziehen können würde, warum er eine sehr starke und sehr illegale Betäubungstinktur erstanden hatte, und wollte ihnen die Diskussion ersparen.

Ihre Augen blieben kurz an einer Truppe von Flötisten hängen, zu deren Füßen eine Gruppe Kinder lachend herumhüpfte, mehr oder weniger im Rhythmus der Musik.

»Wann kriegen wir sie?«

»Ich treffe mich in einer halben Weiche wieder mit ihm.«

»Und ist er vertrauenswürdig?«

»So vertrauenswürdig wie jemand, der auf dem Schwarzmarkt Handel treibt, sein kann, versprochen.« Er beobachtete, wie sie weiterhin zu den kleinen Kindern sah. »Du denkst an ihn, nicht wahr?«

Bei den Worten wandte sie sich wieder zu ihm. »Bitte?«

»An Aurel. Ich sehe, wie du die Kinder dort anschaust.«

Sie musterte für einen Moment stumm sein Gesicht, bevor sie vorsichtig sagte: »Ich … Ja. Wenn ich Jungen in seinem Alter sehe, ist es schwer …«

»Sich keine Sorgen zu machen?«, ergänzte er mit einem sanften Lächeln, während er die Hände in seine Hosentaschen schob. »Das kenne ich. Man fühlt sich für vollkommen fremde Kinder verantwortlich.«

»Ja … genau. Constantia?«, stellte sie fest.

Hadrian nickte wortlos, spürte, wie sich seine Laune bei der Erwähnung ihres Namens verdüsterte, musste aber lachen, als er ihren überraschten Gesichtsausdruck bemerkte, den er äußerst bezaubernd fand. »Warum siehst du mich so an?«

»Es ist nur … Es verwundert mich ein wenig, dass wir diesen Gedanken teilen.«

236

»Wieso das? Wir haben mehr gemeinsam, als du vielleicht denkst.«

Auch sie schmunzelte jetzt. »Tun wir das?«

»Selbstverständlich. Beide sind wir talinische Diebe und schätzen Loyalität und Ehrlichkeit.«

»Da hast du dir als Neros Handlanger ja *wirklich* das richtige Metier ausgesucht.«

Sanft stieß er sie beim Gehen an. »Nur weil ich es in meinem Beruf zwangsweise toleriere, heißt das nicht, dass ich das in meinem privaten Umfeld auch so handhabe.«

»Ich dachte, Nero hat dich großgezogen. Gehört er dann nicht auch automatisch zu deinem privaten Umfeld?«

Er zuckte mit den Schultern. »Mit Nero ist das etwas anderes. Er ist in erster Linie immer noch mein Boss.«

»Und deswegen ist es für dich in Ordnung, dass er dich belügt?«

»Er ist eigentlich vergleichsweise aufrichtig mit mir.« Er glaubte sich selbst kein einziges Wort. Was ihn jedoch erbärmlicherweise nicht daran hinderte, es glauben zu wollen.

»Das glaubst du doch wohl selbst nicht … Er hat dich ziemlich in der Hand, was?«

Sie tauschten einen wissenden Blick, als er darauf bloß erwiderte: »Seit wann analysierst du mich so genau, Bandit?«

Er bekam ihre Antwort nicht ganz mit, da er auf einmal das ungute Gefühl hatte, beobachtet zu werden. Gelassen führte er die etwas stutzige Laelia zu einem Stand mit Wollerzeugnissen, und während er so tat, als interessiere er sich brennend für einen ellenlangen Schal, sah er sich möglichst unauffällig um.

Hadrian brauchte zwar ein paar Augenblicke, aber er entdeckte die beiden verdächtig bekannten Gesichter etwas abseits von ihnen, vielleicht fünfzig Schritte entfernt von der Stelle, an der sie standen.

Hadrian streifte Laelias Arm und ließ seine Mimik aussehen,

237

als erzähle er ihr gerade etwas furchtbar Amüsantes. Rieb einen anderen Schal prüfend zwischen seinen Fingerspitzen. »Zwei Leute von Nero westseitig. Tu so, als ob ich etwas Lustiges gesagt hätte.«

Wie auf Kommando grinste sie, stellte sich auf ihre Zehenspitzen, legte ihm etwas umständlich den Schal um den Hals und betrachtete ihn prüfend, wobei sie einen kurzen, wie beiläufigen Blick über seine Schulter werfen konnte, bevor sie wieder auf ihre Fersen sank. »Die zwei mit den düstersten Mienen weit und breit?«

»Genau die.«

Skeptisch zupfte sie am Stoff herum, nahm ihn dann wieder ab. »Wie, denkst du, haben sie uns gefunden?«

»Vielleicht haben sie mich bei meinem kleinen Abstecher zum Schwarzmarkt erkannt, ich weiß es nicht genau.«

»Was sollen wir jetzt zu tun?«

»Sie loswerden.« Er bedeutete ihr, ihm zu folgen, und tat, als sähe er sich weiter nach einem Schal um.

»Und wie das?«

»Vertrau mir einfach mal, ja?«

Von ihren Beobachtern auf Schritt und Tritt verfolgt, gingen sie scheinbar unbekümmert nebeneinanderher, blieben ab und zu an irgendwelchen Ständen stehen, erstanden aber nichts, bis sie an einem Obsthandel in einer abgelegenen Ecke vorbeikamen. Der Besitzer schien gerade nicht im Geschäft zu sein und neben dem Laden tat sich eine schmale Sackgasse auf.

Hadrian bog ein und er konnte Laelia die Verwirrung ansehen, als sie ihm deutlich widerwillig folgte.

Es gab eine verriegelte Seitentür zum Obsthandel, über der ein rostiges Schild an einer ebenso rostigen Metallstange hing, welches einen Früchtekorb zeigte. Dahinter befand sich ein Tisch mit mehreren flachen offenen Kisten voll fauler Äpfel. Außerdem lagen in einer Nische ein paar säuerlich stinkende Kohlköpfe herum.

»Da kommen einem ja glatt Erinnerungen hoch«, flüsterte er

238

Laelia noch zu, die darauf leicht schmunzeln musste, bevor die zwei Männer auch schon vor ihnen erschienen.

Hadrian bedeutete Laelia, ohne sie anzusehen, mit einer Handbewegung, sich hinter ihn zu stellen, und zu seiner Erleichterung kam sie seiner Aufforderung dieses eine Mal nach. Unauffällig ließ er einen seiner Dolche in ihre Hände gleiten, bevor sie dagegen protestieren konnte.

»Guten Tag, die Herren.« Seine Stimme triefte vor Sarkasmus. »Es ist immer wieder eine Freude, eure Gesichter zu sehen.«

Der etwas Größere der beiden schnaubte. »Ich wette, du weißt nicht einmal, wie wir heißen.«

»Da hast du recht, aber ich erinnere mich vage, eure Gesichter schon einmal in Neros Anwesen gesehen zu haben. Ihr dürft euch also gerne geehrt fühlen.«

Beide knurrten.

»Hadrian«, hörte er Laelia hinter sich zischen. »Es ist vielleicht weniger schlau, sie ausgerechnet jetzt zu provozieren …«

»Aber nein!«, antwortete er laut mit einer wegwerfenden Handbewegung. »Wir sind doch alle Freunde, nicht wahr, Jungs?«

»Eigentlich nicht, nein«, sagte der Zweite mit finsterer Miene, kein Anflug eines Lächelns auf beiden Gesichtern. Was höchst eigenartig war, denn er selbst fand sich ziemlich unterhaltsam. Er verstand wirklich nicht, wieso so viele von Neros Leuten etwas gegen ihn zu haben schienen. Zuerst die zwei in Kijana, jetzt diese beiden. Wenn er es nicht besser gewusst hätte, wäre er noch beleidigt gewesen.

»Nun, wenn …«

»Schluss mit dem Geplänkel«, zischte der Erste und wie auf ein unsichtbares Zeichen stürmten sie auf ihn los.

Hadrians Augen huschten zu der Tür und den Obstkörben neben sich. In einem Satz sprang er hoch und klammerte sich an der rostigen Metallstange des Schildes fest.

Der Erste hatte ihn schon fast erreicht.

Hadrian nahm Schwung, schaukelte nach hinten über den Tisch hinweg, hakte seine Füße in einer der Holzkisten ein und riss sie mit dem folgenden Schwung nach vorne mit sich mit.

Die fauligen Äpfel kullerten aus der Box und rollten in jede Ecke der kleinen Gasse. Der Kerl, der kurz davor gewesen war, nach ihm zu greifen, sprang überrumpelt zur Seite, konnte aber Hadrian nicht mehr ausweichen, als der ihm die Holzkiste ungebremst mitten ins Gesicht krachen ließ.

Ein unschönes Knacken war zu hören.

Mit blutiger Nase und nach hinten rollenden Augen ging der Angreifer bewusstlos zu Boden.

Mit einem Grinsen ließ Hadrian die Stange los, die bereits verdächtig ächzte, rollte sich vor dem Tisch ab und kam auf die Beine, aber nicht ohne über ein paar Äpfel zu walzen.

Er hatte dieses Gefühl vermisst. Den Nervenkitzel, der durch seinen Körper schoss, diese Überlegenheit. Nur im Hintergrund bekam er mit, wie eine weitere große Holzkiste von ihrem Obst befreit wurde, beachtete es aber nicht weiter. Brüllend kam der andere Kerl mit einem Dolch in der Hand auf ihn zugestürmt, doch Hadrian griff hinter sich nach der Kiste und wehrte den Messerstich im letzten Moment mit seinem neuen hölzernen besten Freund ab.

Ein weiterer versuchter Stich durchschnitt die Luft und erneut hielt er seinen Schild eisern vor sich. Mit jedem Stich, den Hadrian erfolgreich vereitelte, wurde der Kerl schneller, unbarmherziger und ließ ihm keine Zeit, zu verschnaufen oder sich einen Vorteil zu verschaffen. Wieder wehrte Hadrian ihn mit zusammengebissenen Zähnen ab, der Schweiß war ihm bereits ausgebrochen, doch zu seinem großen Unbehagen durchbohrte die Messerspitze dieses Mal begleitet von hölzernem Knacken den Kistenboden nur wenige Fingerbreit von seinem Ohr entfernt.

Der Kerl packte zu, riss mit voller Kraft das Holz aus Hadrians

Händen und schmetterte es mit einem lauten Krachen gegen die Wand, sodass die Kiste in unzählige Splitter explodierte.

Wieder sauste die Messerspitze auf ihn zu und er wollte gerade als letzten Versuch nach den Beinen des Angreifers treten, als sein Gegenüber mit einem überraschten Aufschrei die Waffe losließ und plötzlich bewusstlos auf ihn stürzte, sodass er Hadrian mit sich zu Boden riss. Keuchend schob Hadrian ihn von sich herunter, worauf der Typ reglos liegen blieb.

Nun schaute Hadrian, immer noch am Boden, überrascht auf und erblickte eine schwer atmende, mit einer leeren Obstkiste bewaffnete Laelia, die auf den ohnmächtigen Schläger vor sich starrte, den sie gerade zu Hadrians Rettung niedergestreckt hatte.

Ihre Augen trafen sich suchend mit seinen. Sie ließ die Kiste erst sinken und dann achtlos fallen, löste ihren Blick aber nicht von seinem und streckte ihm ihre Hand hin. »Danke für den Dolch, aber ich mache das lieber auf meine Weise.«

Und obwohl sie wieder einmal in unfassbaren Schwierigkeiten steckten, umgeben waren von zersplitterten Holzteilchen, zwei Bewusstlosen, Äpfeln – teils zerstampft und teils ganz – und Blutspritzern, musste Hadrian sie einfach atemlos anlächeln, während er ihre Hand ergriff.

Und zu seiner Freude lächelte sie sofort zurück, breit und strahlend.

Etwas in seiner Brust zog sich bei diesem Anblick nicht zum ersten Mal schmerzlich-süß zusammen. Gleichzeitig meldete sich aber auch wieder sein Verstand, der ihm sagte, dass er sie lieber in Frieden lassen sollte. Bevor Hadrian weiter darüber nachdenken konnte, drängte er ihn wieder zurück und ließ sich von ihr aufhelfen.

Aufgrund der etwas unglücklichen Umstände verzichteten sie an diesem Tag auf den Besuch beim Schneider.

Bacary

»Wir müssen reden.«

Bacary saß mit einem aufgeschlagenen Buch im Schoß auf einem der Betten. Hinter ihm ein Fenster, das wohl seit mehreren Jahren keinen Lappen mehr gesehen hatte und durch welches mehr schlecht als recht den Sonnenstrahlen Einlass gewährt wurde.

Divans ungeduldiger Blick war ihm ziemlich gleichgültig. Er hatte genug Erfahrung mit der Genervtheit anderer machen dürfen, allen voran seiner Brüder, um diese gedankenlos ignorieren zu können.

Die Hand des Sehers lag auf dem Türknauf. »Muss das unbedingt jetzt sein?«

Natürlich musste es jetzt sein. Hadrian und Laelia waren gerade auf den Straßen der Hauptstadt auf der Suche nach einem Schneider, und wer wusste schon, wann sich wieder die Möglichkeit ergeben würde, unter vier Augen mit ihm sprechen zu können. Er hatte dieses Geheimnis seit jener Nacht im iulisch-talinischen Wald lange genug für sich behalten.

Als Divan nicht sofort eine Antwort erhielt, wandte er sich wieder ab, war bereits mit einem Fuß auf dem Flur.

»Natürlich nicht. Wir können auch vor den anderen beiden darüber reden, dass du uns nicht die Wahrheit über deine Vision gesagt hast, wenn dir das lieber ist.«

Schwungvoll fiel die Tür wieder zu. »Wovon sprichst du?«

Bacary legte seine Lektüre beiseite und erhob sich. Auch Divan bewegte sich vorsichtig auf sein Gegenüber zu. Die Dielen unter seinen Schuhen knarrten. »Ich habe dich in der Nacht vor ein paar Weichen im Wald beobachtet. Dich und Wasula.«

Als er Wasulas Namen hörte, erstarrte Divan mitten in der Bewegung und der Holzfußboden verstummte mit ihm. Bacary konnte fast hören, wie Divans Gedanken zu jener Nacht zurückrasten, und sah, wie er schluckte und in seine Hosentasche griff, woraufhin etwas leise rasselte.

»Ich weiß nicht, wovon du sprichst. Wer ist Wasula?«

»Sparen wir uns die leugnende Einleitung und kommen gleich zum ehrlichen Hauptteil, Divan: Ich weiß, dass du uns belügst.«

»Ich habe keine Ahnung, was du meinst«, beharrte Divan weiterhin. »Aber ich muss schon sagen, dass du eine blühende Fantasie zu haben scheinst.«

»Fantasie ... Ich lasse mich doch nicht zum Narren halten!« Bacarys Stimme wurde ungewollt lauter.

»Würde mich nicht wundern, wenn du nicht vielleicht etwas zu lange in der Sonne ...«

»Schluss damit!« Hadrian und Laelia würden jeden Augenblick zurückkehren und Bacary hatte genug von Leuten, die irgendwelche erfundenen Geschichten erzählten. Ganz besonders, wenn er wusste, dass er recht hatte. »Deine Lügen haben hier und jetzt ein Ende, wenn du nicht möchtest, dass ich dieses Gespräch vor den anderen weiterführe.«

Divan schluckte schwer, seufzte dann. Offensichtlich hatte er endlich eingesehen, dass es sinnlos war, es zu leugnen. Das hätte Bacary ihm auch schon vor fünf Minuten bestätigen können. »Bei den Göttern, ja, von mir aus, dann gebe ich es eben zu! Wie viel hast du gehört?«

»Alles.«

Erneut wirkte der Seher panisch, nur um dann zu Bacarys vollkommenem Unverständnis die Augen zusammenzukneifen und

243

ihn zu fixieren. »Du hattest kein Recht, mich in einem privaten Gespräch mit meinem Freund zu beobachten. Schon mal was von Privatsphäre gehört?«

Genau genommen waren Wasula und Divan kein Paar mehr, wie er ja selbst unmissverständlich klargemacht hatte. »Ich dachte, du hättest dich an jenem Tag von ihm getrennt. Was ein ziemlich ungünstig gewählter Zeitpunkt war, wenn man bedenkt, dass er wahrscheinlich nur noch mehr Traumsand nehmen …«

Divan hatte Bacary am Stoff seines Hemds gepackt, bevor dieser wusste, wie ihm geschah. Nur seine Zehenspitzen berührten noch den Boden. Es hatte ihn nie sonderlich gestört, dass er so klein war. Die Größe seines Wissens war ihm schon immer wichtiger gewesen als die Größe seines Körpers. Aber in Momenten wie diesen kam er nicht umhin, sich ein wenig größer zu wünschen.

Divans Hände zitterten leicht, wie Bacary spürte. Er starrte mit hochrotem Kopf auf ihn hinunter und das Pumpen seines Herzens war für Bacarys Ohren unüberhörbar.

»Wasula geht dich absolut nichts an, verstanden, Lauscher?«

Wortlos nickte Bacary und atmete auf, als Divan ruckartig von ihm abließ und er wieder Boden unter den Sohlen hatte. Kurz starrten sich beide schnaufend an, als Bacary erneut ansetzte: »Ich weiß von dem Opfer.« Divan unterbrach ihn nicht, was Bacary nur recht war. Zumindest leugnete er es dieses Mal nicht. Schweigend ließ sich Divan auf eine der Matratzen sinken, verzog aber keine Miene. »Ich habe es von Anfang an gewusst. Die Götter würden in die Gesetze der Natur niemals derartig eingreifen, ohne für Gleichgewicht zu sorgen. Aus demselben Grund haben sie auch die Gegenkräfte zu unserer Magie erschaffen. Um also die Wiederbelebung in der Zwischenwelt zu ermöglichen, muss sich einer von uns opfern, nicht wahr?«

Divan richtete sich auf, bevor er antwortete. »Ja. Ein Opfer, um das Gleichgewicht zu sichern.«

244

»Wieso hast du nichts gesagt?«

Divans dunkle Augenbraue hob sich. »Wieso ich nichts gesagt habe? Du möchtest mir ernsthaft sagen, dass ihr bereit gewesen wärt, mir zu folgen, wenn ihr die ganze Wahrheit gekannt hättet?«

Da hatte er nicht unrecht. Es hätte Bacary nur wenig gebracht, Emiola für die Kommission zurück ins Leben zu holen, nur um dann selbst möglicherweise nicht unter ihnen zu sein.

Außerdem bezweifelte er nicht, dass sowohl seine derzeitigen als auch seine zukünftigen Weggefährten gerne dabeibleiben würden, nachdem sie ihre Toten aus der Zwischenwelt befreit hatten.

»Und wer von uns soll das Opfer sein?«

»Die Entscheidung liegt bei uns. Wir werden, so makaber das auch klingt, eine Abstimmung …«

Die würde es nicht brauchen. »Hadrian.« Bacary blickte Divan fest an. »Opfere Hadrian.«

Jäh richtete Divan sich auf und fegte dabei Bacarys Buch auf den Boden, wo es dumpf aufkam, was Bacary kaum mitansehen konnte. »Das kann nicht dein Ernst sein.«

»Wieso?« Er unterdrückte den Impuls, das Buch aufzuheben und auf Schäden zu prüfen. »Irgendwer muss es sein. Und wenn es einer von uns verdient hat, dann ja wohl er.«

Divan musterte Bacary, als warte er auf etwas. Einen Rückzieher, einen neuen Plan. Doch darauf würde er lange warten dürfen.

»Niemand hat den Tod verdient.«

Das hatte sein Vater auch nicht. »Aber manche verdienen ihn weniger als andere. Und jemand, der für das Leid zahlreicher Menschen verantwortlich ist, für Nero persönlich arbeitet, gehört zu diesen anderen.«

»Das sagst *du* natürlich. Ich weiß nicht, ob die anderen damit einverstanden …«

»Wenn du nicht möchtest, dass ich den anderen von deiner Lüge erzähle und deine Mission scheitert«, Bacary hielt kurz inne, um

245

zu lauschen, ob ein ganz bestimmter Gauner auch nicht im selben Moment den Gang herunterkam, »sorgst du dafür, dass Hadrian geopfert wird. Egal mit welchen Mitteln.«

In Divans Gesicht brodelte eine Vielzahl von Emotionen, die von Unglauben bis Furcht reichten. »Erpresst du mich etwa?« Der Zorn schien die dominanteste von ihnen zu sein.

»Was glaubst du?«, erwiderte Bacary.

»Wenn diese Mission scheitert, scheitert auch dein Versuch, Emiola zurückzuholen, und so wirst du nie an die Universität können. Das würdest du nicht riskieren.«

Bacary hielt unwillkürlich inne. Das hatte er tatsächlich nicht bedacht. Aber auf seiner Prioritätenliste gab es eine einzige Sache, die sogar noch über seiner Bildung stand. »Meine Familie hat Vorrang. Also: Schwörst du auf die Götter, dass du dafür sorgen wirst, dass Hadrian das Opfer sein wird?« Jeder wusste, dass Seher einen göttlichen Schwur nicht leichtfertig leisteten. Ein Seher hielt seinen Schwur, komme, was da wolle. Und Bacary wusste, dass sein Gegenüber keine Ausnahme sein würde.

»Ich kann nicht glauben, dass ich dich nicht bemerkt habe …«

»Schwörst du es, Divan?«

Als Divan Bacary weiterhin eine Antwort verweigerte, wurde er nachdrücklicher, lauter. »Schwöre es, habe ich gesagt.«

Divans Kehlkopf hüpfte sichtbar und Bacary merkte, wie seine Augen abschweiften. Er folgte dem Blick. Divan blickte auf die Ausgabe von *Die Überlieferung der Welt*, die standardmäßig in den meisten Unterkünften zur Nachttischausstattung gehörte, selbst in den heruntergekommensten aller Spelunken.

Gerade hatte Bacary den Blick wieder auf Divan gerichtet, da nickte der auch schon. »Gut. Ich schwöre es. Bei den Göttern.«

Wenig später kehrten Hadrian und Laelia zurück und berichteten darüber, was auf dem Marktplatz passiert war. Sie mussten jetzt also, bis der Ball in einer Weiche stattfand, besonders vorsichtig durch die Stadt schleichen. Insbesondere mussten sie aufpassen, wie Hadrian immer wieder betont hatte, wenn sie auf dem Weg in ihre Unterkunft waren, keinen von Neros Männern zu ihnen zu führen.

Der Herr der Unterwelt wusste jetzt also, dass sie in Fenia waren und nicht im Lauscherwinkel.

* * *

In den nächsten Tagen bereitete sich die ganze Stadt auf die Feierlichkeiten vor und noch mehr Menschen reisten an, weshalb es besonders schwierig wurde, den Überblick in der Menge zu behalten. Doch sie hatten Glück und es gab keine weiteren Zwischenfälle.

Außerdem fiel es Bacary nun wesentlich leichter, mit Hadrian zurechtzukommen. Die Sicherheit, dass schon über ihn gerichtet war, ohne dass er es wusste, ließen jeden seiner sarkastischen und selbstverliebten Kommentare an Bacary vorbeiziehen. Bald wäre er zurück in der Stadt der Bücher und würde seinen Brüdern berichten können, dass er Emiola ausfindig gemacht und dazu den Mann, der die Verantwortung für den Tod ihres Vaters trug, auch noch seiner gerechten Strafe zugeführt hatte.

Für Bacary konnte diese Zeit gar nicht schnell genug kommen.

In den folgenden Tagen ließen Hadrian und Laelia sich wie vereinbart Kleid und Kluft anpassen und Ersterer besorgte endlich die Einladungen für den Ball. Sie schienen also für alles vorbereitet zu sein. Doch manche Dinge durchkreuzen einem die Pläne, ohne dass man es hätte vorhersehen können.

Es war der Tag vor der großen Feier, als sie zu viert mittags durch die Gassen streiften. Etwas weckte Bacarys Aufmerksamkeit und auch die seiner Gefährten, welche mit ihm zum Stehen kamen. Er hörte Stimmen. Viele Stimmen sogar. Und sie hörten sich alles andere als glücklich an.

Mehrere Menschen drängten an ihnen vorbei, alle in dieselbe

Richtung. Ohne sich absprechen zu müssen, eilten sie ihnen hinterher.

Sie kamen schließlich bei einer Tafel beim großen Marktplatz an, nur dass bereits eine große Traube von fenischen Bürgern vor ihnen dort angelangt war und ihnen die Sicht versperrte. So dicht aneinandergedrängt, konnte nicht einmal Divan einen guten Blick auf die Tafel erhaschen.

Entschlossen drängelten und quetschten sie sich durch die aufgebrachte Menge, die von Rufen des Schocks, des Entsetzens und der Wut erfüllt war. Dank ihrer Größe fiel es Laelia und Bacary wesentlich leichter, sich durch entstandene Lücken zu schummeln.

Bacary musste sich auf dem Weg die Hände über seine Ohren halten und mehrmals tief ein- und ausatmen, damit sein Gehör ihn bei dem ganzen Lärm nicht vollkommen den Verstand verlieren ließ. Er konnte nur selbst den Kopf über seine eigene Unachtsamkeit schütteln, da er nicht daran gedacht hatte, seine Ohrstöpsel mitzubringen. Um die Kopfschmerzen abzuhalten, war es ohnehin bereits zu spät: diese zuckten schon stechend unter seinen Schläfen, genauso, wie das schmerzende Dröhnen in seinen Ohren bereits eingesetzt hatte.

Als sie es schließlich bis nach vorne geschafft hatten und Bacary nun, so fest er nur konnte, seine Ohren zuhielt und seine Zähne zusammenbiss, erwartete er, auf den überdimensionalen Zetteln über sich von Steuererhöhungen zu lesen.

Doch das war nicht das, was die Zeilen verlautbarten.

DIE FENISCHE KRONE,
IHRE MAJESTÄTEN KÖNIGIN ALLANAH UND
KÖNIG KILLIAN, VERKÜNDET:
AB DEM HEUTIGEN TAGE IST ES ZUM SCHUTZ
DES GÖTTLICHEN GESCHENKS UND
DER EINZIG WAHREN IRDISCHEN VERBINDUNG

ZU DEN GÖTTERN
JEDEM MAGIELOSEN BÜRGER UNTERSAGT,
EINE BEZIEHUNG, LIEBSCHAFT ODER EHE
MIT EINEM MITGLIED DES FENISCHEN ADELS EINZUGEHEN.
BEREITS GESCHLOSSENE EHEN SIND GELÖST.
JEDER VERSTOSS WIRD NACH DEM ERMESSEN
IHRER MAJESTÄTEN GEAHNDET.
MÖGEN DIE GÖTTER ÜBER UNS WACHEN.

Vena

»Hör auf, so herumzuzappeln, du machst mich ganz nervös.«

Vena hielt auf Idas Wunsch für ein paar Augenblicke still, begann dann aber im Schneidersitz mit ihrem Oberkörper umherzuschwanken. Die Kälte des Steinbodens fraß sich nun schon seit über einer Stunde durch ihren Körper.

Ida schüttelte stumm den Kopf, ihre eisblauen Augen blitzend. Dann fügte sie hinzu: »Du kannst echt nicht stillhalten, was?«

Vena hatte den Hals leicht gereckt, als sie ihr antwortete. Ungeduldig beobachtete sie über die Köpfe ihrer Brüder und Schwestern hinweg, wie sich das Blau des Himmels immer mehr verfinsterte, während die Sonne sich träge hinter den Horizont zurückzog, dies jedoch viel zu langsam für Venas Geschmack. Doch sie wollte sich nicht beklagen, so hatte sie wenigstens noch ein wenig Zeit, sich auf das Kommende vorzubereiten. »Du weißt, dass ich es nicht mag, blöd herumsitzen zu müssen.«

»Wir sind Blutende. Wir machen den lieben langen Tag nichts anderes, als blöd herumzusitzen.« Wo sie recht hatte, hatte sie recht.

Da die Kräfte der Blutenden bei Tageslicht tief und fest schliefen, nutzten sie diese Zeit, um zu meditieren, im Fall der Kinder und Jugendlichen in den Unterricht zu gehen, *Die Überlieferung der Welt* zu transkribieren, Hausarbeit und gemeinnützige Arbeit zu leisten. Und für Vena von ganz besonderer Wichtigkeit: zu schlafen.

»Nur weil ich es gewohnt bin, heißt es nicht, dass ich es mögen muss.« Sie versuchte, ein hartnäckiges Staubteilchen von ihrem tiefroten Umhang, den jeder Blutende – außer den sieben Ratsmitgliedern natürlich – außerhalb seiner Gemächer zu tragen hatte, fortzupusten. Dabei erntete sie befremdliche Blicke von den Blutenden um sie herum, die sie ignorierte. Sollten sie doch denken, was sie wollten.

Alle waren sie hier am größten Hof der Festung der Blutenden zusammengekommen, um sich als Anwärter für die alljährliche Aufführung anlässlich der Herbstmittweiche am Kleinen Mondsee auf dem Festland zu melden. Als Blutender bekam man nur äußerst selten die Möglichkeit, die Mondinsel, welche mehrere Seemeilen entfernt von den Neuen Götterlanden im nördlichen Meer zu finden war, zu verlassen und beim Volk zu sein. Kein Wunder also, dass beinahe die Hälfte aller Blutenden jedes Jahr ihr Glück versuchten, mitreisen zu dürfen. Dieses Mal schienen es besonders viele zu sein. Ida und sie hatten bei ihrer Ankunft kaum einen freien Fleck vorfinden können.

Vena war bereits zum dritten Mal hier, hatte es aber bisher nie geschafft, ausgewählt zu werden. Doch dieses Jahr würde ihr Jahr werden, das spürte sie.

»Ich weiß, was du meinst«, murmelte Ida nun und lehnte sich im Sitzen etwas zurück, sodass ihr hüftlanges schneeweißes Haar den Boden streifte. »Ich kann selbst nicht abwarten, bis das hier endlich vorbei ist.«

»Sei doch nicht so. Das wird schon.«

»Es ist bei unseren letzten zwei Anläufen auch nichts geworden, ich bin also nur realistisch.« Sichtlich missgestimmt hob Ida die schneeweißen Brauen, die sich zusammen mit den hellen Wimpern auf der markant blassen Haut zu tarnen schienen.

Vena sah wie jeder andere Blutende ein ähnliches Bild wie Ida, wenn sie in den Spiegel blickte. Obwohl da noch der kleine Spalt zwischen ihren Vorderzähnen war, welcher Vena besonders stolz

251

machte, da er ihr irgendwie etwas Besonderes verlieh. Nicht umsonst sah man sie so oft breit strahlend grinsen.

»Schließe nicht von der Vergangenheit auf die Zukunft. Nicht umsonst ist die Gegenwart dazwischen.«

Stöhnend warf ihre Freundin den Kopf nach hinten. »Luina, bist du vielleicht anstrengend.«

Vena belächelte ihre Bemerkung bloß. »Ich hab dich auch lieb.«

Das leise Schmunzeln auf Idas Lippen entging ihr nicht.

»Mhm.«

»Wo ist Damian eigentlich?«, wollte Vena wissen.

»Bei den anderen vor …« Idas Kopf schnellte nach oben und wie auf ein Fingerschnipsen war der gesamte Hof in absolute Stille getaucht.

Vena verharrte in Gedanken, in ihrer Bewegung, in ihrem Atem.

Alle, auch Vena, hatten ihre Augen geschlossen, viele stießen einen erleichterten Seufzer aus. Sie mussten nicht zum Himmel blicken, um zu wissen, dass die Nacht endlich hereingebrochen war.

In ihren Armen, Beinen, ihrem ganzen Körper begann es zu kribbeln, in ihren Ohren leise zu surren, in den Fingern zu zappeln, in ihren Adern zu rauschen.

Ihre Magie war nach einem Tag Abwesenheit heimgekehrt und sie hießen sie mit offenen Türen willkommen.

Langsam fing Vena an, sich wieder zu regen, und öffnete ihre Augen, während sie geistesabwesend ihre Finger dehnte, als müsse sie einen tiefen Schlaf abschütteln.

»Mond und Sterne sind unsere Zeugen«, erklang nun die Stimme einer der älteren Blutenden – eine der Prüferinnen –, die am anderen Ende des Hofs stand und die Menge überblickte.

Vena und Ida sprangen hastig vom Boden auf und echoten gemeinsam mit ihren Kameraden: »Mond und Sterne sind unsere Zeugen.«

»Nun, da die Nacht gekommen ist, können wir mit dem Aufnahmeverfahren beginnen. Ihr wisst, nicht jeder von euch wird zum Kleinen Mondsee mitreisen dürfen. Nur wer die Abfolge fehlerfrei ausführen kann, darf als Repräsentant Luinas fungieren. Die Aufführung hat Tradition und ihr darf unter keinen Umständen Schande bereitet werden. Drei Phasen und damit drei Herausforderungen stehen euch bevor: Beschwörung, Konzentrationsfähigkeit und Zusammenarbeit. Scheitert ihr in einer der Phasen, verbringt ihr die Herbstmittweiche mit euren restlichen Brüdern und Schwestern hier am Großen Mondsee, seid aber natürlich eingeladen, nächstes Jahr wieder anzutreten. Und egal ob ihr nun scheitert oder nicht: Der Rat ist wie immer voller Freude, dass so viele von euch an der Aufführung teilnehmen wollen. Es ist keine Pflicht, hier zu sein, aber ein Zeichen von Treue unserer Göttin gegenüber. Möge sie euch im Laufe der Prüfungen beistehen.«

Die Blutenden applaudierten, die Vorsitzende nickte ihnen zu und kehrte dann wortlos zurück in das Innere des Gebäudes. Nun hieß es erneut: warten.

Aber es war eine angenehme Art von Warterei, wie Vena fand, nun, da sie ihre Magie durch ihr Blut fließen spürte. Bei Tag war ständig dieser Druck, die unendliche Spannung in ihr, aber bei Nacht schien ein Damm zu brechen und Magie flutete frei über ihre Seele. Es war ein Zustand, den sie kannte, seit sie denken konnte.

Sie alle wurden als Blutende geboren und sofort in die Hände des Ordens übergeben. Es war die Nordische Pflicht. Als Blutende war man einmal und für immer der Göttin Luina geweiht, war nicht einmal fähig, selbst Kinder zu zeugen. Von Geburt an war man das Kind des Rates und sah seine Familie nie wieder.

Manche kamen besser damit klar als andere. Auch Vena, obwohl sie wusste, dass es bloß eine Fantasie war und sie und ihre Eltern das erste und letzte Mal bei ihrer Geburt vor fünfzehn Jahren in einem Raum gewesen waren, sah nicht selten spätabends hinter geschlossenen Lidern das Bild dieser Eltern. Nein, es war weniger ein

Bild als vielmehr ein Gefühl der Geborgenheit, Zuneigung und Wärme. Hände, die ihr über das Haar strichen, eine Stimme, die sie in den Schlaf sang, Arme, die sie von einem liebevollen Lachen begleitet umfingen.

Als Blutende kam man sich schnell verloren vor.

Doch diese Menschen, von denen Vena träumte … für diese war sie nicht bloß eine von vielen. Sie würden Vena sagen können, wer sie ohne ihre Magie war. Eine Frage, die sie selbst nicht zu beantworten wusste.

Sie wollte wissen, von wem sie die Form ihrer Augen hatte. Woher sie kam. Wollte wissen, ob sich ihre Eltern gewünscht hatten, sie behalten zu können. Stattdessen wusste sie nichts über die Menschen, von denen sie stammte. Auch wenn sie ihre Brüder und Schwestern hatte, fühlte es sich trotzdem so an, als ob es diesen großen schwarzen Fleck in ihrer Geschichte gab, der ihr ständig im Weg stand und ihr einen Teil ihrer wahren Identität verweigerte. Sie hatte das Gefühl, nur halb zu sein. Denn so war ihre Magie alles, was Vena war.

Mit zusammengepressten Lippen drängte sie diese Gedanken wieder tief dahin zurück, wo sie hergekommen waren. Sie musste sich konzentrieren, wenn sie die Prüfungen bestehen wollte. Wenn sie zu ihrer Familie auf das Festland wollte.

Eine Schlange bildete sich über den Hof hinweg ins Innere der grauen Festung. Sie war nach Ida an der Reihe.

Es war aber nicht so, als ob man nicht wüsste, was einen erwartete. Die Anforderungen waren stets dieselben, nur die Leistungen variierten.

Zwar war sie die letzten beiden Jahre gescheitert, einmal in der ersten, dann in der zweiten Runde, aber sie war guter Dinge, dass Luina über sie wachte und ihr helfen würde, dieses Jahr endlich erfolgreich zu sein.

Als sie in den Raum mit dem Dielenboden und den kahlen Wänden trat, die diesjährigen sieben Prüfungsvorsitzenden – die Frau von eben ebenfalls unter ihnen – an einem langen Tisch ihr gegenüber, die Tür hinter ihr geschlossen, war sie allein, aber nicht wirklich einsam. Die Götter waren ihr zugetan, sie mussten es einfach sein.

Streng, wie man es von den Vorsitzenden gewohnt war, blickten sie Vena entgegen. »Sei gegrüßt, Schwester. Die erste Phase …«, setzte einer von ihnen mit monotoner Stimme an. Offenbar war er bereits müde davon, ständig dieselben Worte predigen zu müssen. »… der Prüfung beschäftigt sich mit deiner Beschwörungsfähigkeit.«

Wie auf ein Stichwort eilte ein Bediensteter herbei. Ein kleiner Kübel wurde vor ihr abgestellt, welcher mit einer dunklen Flüssigkeit gefüllt war, die durch den Schwung des Abstellens leicht hin und her schwappte. Blut.

»Du wirst von uns eine Reihe von Anweisungen erhalten, die du ausführen sollst.«

Eine Holzpuppe wurde auf einem quietschenden Holzkarren hereingerollt, eine hölzerne Zielscheibe an die Wand gelehnt, Kerzen entzündet. Bis auf die Kerzen tropfte von all diesen Gegenständen Wasser, da man sie von der Arbeit von Venas Vorgänger gereinigt hatte.

»Hast du noch irgendeine Frage, bevor wir anfangen?«

»N…«

Erneut stürzte ein Bediensteter herbei und flüsterte dem Mann aufgebracht etwas in das Ohr. Ein wildes, undefinierbares Wispern war alles, was Vena aufschnappen konnte.

Als er wieder verschwand, waren die weißen Augenbrauen des Vorsitzenden fast schon amüsiert gehoben. »Mir wurde gerade mitgeteilt, dass dieses Jahr offenbar zu viele Blutende an der Aufführung teilnehmen wollen.«

Vena blinzelte. »Aber … heißt das, ich darf nicht mehr antreten?«

255

»Nein, natürlich nicht, aber es gibt eine kleine Änderung. Wir müssen die Anzahl der Anwärter bereits in der ersten Runde dramatisch minimieren, um Chaos vorzubeugen.«

Hinter Vena ging die Tür auf und ein Junge, ungefähr in ihrem Alter, vielleicht sogar etwas älter, kam raschen Schrittes neben ihr zum Stehen, unsicher zwischen Vena und den Vorsitzenden hin und her schauend.

»Um Zeit zu sparen, wird diese Prüfung gemeinsam abgelegt. Wer sich am besten schlägt, darf in die nächste Phase. Die oder der andere muss leider bis zum nächsten Jahr warten.«

Das konnte doch nicht wahr sein, ausgerechnet bei ihrem Antritt! Sie hatte sich in Sicherheit gewiegt in dem Wissen, dass sie den Ablauf genau kannte. Und nun galt es plötzlich, zusätzlich mit jemand anderem zu konkurrieren. Sie hatte Wettkämpfe noch nie für gut befunden, noch weniger, wenn tatsächlich etwas von ihrem Sieg abhing, wie es jetzt der Fall war.

Die beiden Jugendlichen wussten es aber besser, als sich zu beschweren. Venas Kontrahenten wurden ebenfalls ein Eimer Blut, eine Puppe, Kerzen und eine Zielscheibe gebracht und auch er wurde eingewiesen. Dieses Mal aber nicht ansatzweise so halbherzig. Offensichtlich freuten die Prüfer sich über den frischen Wind, der in das Prozedere gekommen war.

Auf ein Zeichen des Vorsitzenden schließlich zogen sie aus ihren Haaren beide eine Nadel hervor, die sie stets in ihren Frisuren trugen, und stachen sich tief genug in die Unterlippe, dass ein kleiner Blutstropfen hervorquellen konnte.

Vena sog die Flüssigkeit und ihren vertraut metallischen Geschmack ein und spürte, wie ihr Körper begann, sich zu fokussieren. Sie konzentrierte sich auf die Blutmasse vor sich, stellte sich vor ihrem inneren Auge vor, wie das Blut einst durch Adern und Venen gepumpt worden war, wie es diese rot und glänzend durchfloss. Ihre eigenen Blutbahnen begannen zu kribbeln, ihre Finger streckten sich, sie sog noch einmal tief Luft ein, spürte, wie das Blut vor ihr nur darauf wartete, ihr entgegenzufließen, und schon war sie bereit.

Sie lächelte.

Dann taten sie, wie ihnen aufgetragen: schleuderten das Blut mit ausgestreckten Armen gezielt gegen vorgegebene Punkte auf der Zielscheibe. Ließen eine kleine Blutsfontäne vor sich und den Vorsitzenden entstehen. Zerplatzten aus fünf Metern Entfernung erst die kleinen Blutbeutel, die man im Hohlraum der Holzpuppe platziert hatte. Zogen das Blut durch eingearbeitete Löcher in der Vorrichtung und warfen die Puppe dann mit deren Blut um. Löschten die winzigen Flammen der Kerzen mit einem dünnen, gezielten Strahl.

»Aufhören, Blutende.«

Keuchend ließen sie ihre Hände sinken. Vena betrachtete erst ihre Hälfte des Raumes, dann die des Jungen. Zu ihrer Beunruhigung konnte sie keinen Unterschied in ihren Ergebnissen erkennen. Das fiel wohl auch den Vorsitzenden auf.

»Beide habt ihr keine schlechte Arbeit geleistet, aber vollkommen sauber ist keins der Resultate.«

Vena sah nun, als sie einen zweiten, objektiven Blick darauf warf, wovon er sprach: Während sie bei der Puppe beinahe keine Sprenkel an der Wand verursacht hatte, waren ihre Kerzen zwar gelöscht, aber umgefallen. Bei dem Jungen war es genau umgekehrt. Wo sie schwächelte, brillierte er. Wo sie ihre Stärken hatte, zog er hinterher.

»Um einen eindeutigen Sieger auszumachen, werdet ihr beide nun das von euch verwendete Blut in den Eimer vor euch zurückbefördern. In einem Zug.«

In einem Zug. Das Blut klebte an bestimmt hundert verschiedenen Plätzen in Venas Hälfte des Raumes. Jeden einzelnen Fleck, Tropfen, Sprenkel davon auf einmal zu fassen und in ihrem Eimer zu bündeln, war, als versuche man, jedem einzelnen Finger und

Zeh gleichzeitig bewusst unterschiedliche und gezielte Befehle zu geben. Nur die Ratsmitglieder wären zu so einer Leistung imstande gewesen, aber keinesfalls Schüler und auch die Prüfungsvorsitzenden selbst nicht.

»Wer am meisten Flüssigkeit gleichzeitig bündeln kann, darf morgen zur nächsten Prüfung antreten. Der junge Bruder beginnt.«

Und er machte sich alles andere als schlecht. Bis auf eine Ecke und das Blut an der Holzpuppe zog er alles in einer fließenden Bewegung in seinen Eimer. An jedem anderen Ort, zu jeder anderen Zeit hätte Vena ihm zu seiner Leistung gratuliert, aber im Moment brachte sie nicht mehr als ein Schlucken zustande.

»Beeindruckend. Und nun du, Schwester.«

Vena schloss ihre Augen. Wenn sie brillieren wollte, gab es nur einen Weg.

Luina, dachte sie. *Bitte höre mich an. Bitte hilf mir. Ich muss besser sein als er. Ich muss zum Kleinen Mondsee. Meine ... Familie könnte dort sein. Hilf mir herauszufinden, wer ich außerhalb der Blutenden bin. Bitte ...*

Bevor sie wusste, was mit ihr geschah, spürte sie, wie es durch ihren Körper zuckte. So schlagartig, so geballt, dass sie nach hinten stolperte und im nächsten Augenblick hart auf ihrem Hinterteil landete. Als sie aufblickte, waren die Gesichter der Vorsitzenden im Raum kreidebleich.

Erst begriff sie nicht recht, was der Auslöser für ihre Verblüffung war. Dann sah sie es: Alles Blut aus ihrer Hälfte war in ihrem Eimer.

Aber das war nicht das, was den Schock in den Gesichtern der Anwesenden ausgelöst hatte: Neben ihr lag der Junge leblos auf dem Boden. Er hatte keinen Tropfen Blut mehr in sich.

Vena hatte es ihm genommen.

LAELIA

Als die Nachricht über die sogenannte Protektionsordnung in der Hauptstadt auch in den letzten Haushalt vorgedrungen war, gab es eine Sache, an der es den Fenianern nicht mangelte: Wut.

Das Königshaus erklärte, dass Begabte und Magielose ohnehin unter sich bleiben und die Niederschrift dieser Gewohnheit bloß eine Sicherheitsmaßnahme für den Fortbestand der Magie wäre, was manche Stimmen sogar beruhigte.

Andere Stimmen – darunter auch Xhalisten – machten sehr deutlich, wie gering ihr Verständnis war: Sie schlossen ihre Läden, boykottierten diejenigen, die es nicht taten, blockierten die Stadttore und zogen durch die Straßen. Und das so vehement, dass das große Fest erst um eine, dann zwei Weichen verschoben wurde.

Doch die Menschen hatten zwei Probleme: Das erste war, dass jede Standhaftigkeit ihre Grenzen hatte. In Fenias Fall war diese Grenze Geld, welches die Adeligen den Leuten unter dem Tisch zusteckten, worauf der Straßenzug von Tag zu Tag immer kürzer wurde.

Das zweite Problem war ein größeres: Wenn das Königshaus die Bürger am Boden sehen wollte, dann brauchten sie bloß ihre Schattentänzer zu mobilisieren und es wäre eine besiegelte Sache. Es gab zahlreiche Zusammenstöße von Schattentänzern und Magielosen, die stets damit endeten, dass Letztere so heftig gegen Häuserfassaden geworfen wurden, dass diese Risse bekamen. Die verantwortlichen Schattentänzer behaupteten zwar, dass es nicht ihre Absicht gewesen war, die Magielosen zu verletzen, dass ihre Kräfte sich verselbstständigt hatten, doch bis auf sie selbst schenkte ihnen niemand Glauben.

Wie man es drehte und wendete, die Magielosen konnten nur verlieren.

Also normalisierte sich die Situation in der Stadt zusehends und nach nur wenigen Tagen wurden Protestrufe endgültig durch fröhliche Dekorationen ersetzt. Immerhin würde Prinzessin Merla morgen ihren siebzehnten Geburtstag feiern. Obwohl dieser ja eigentlich schon vor fast zwei Wochen stattgefunden hatte, aber wer wollte sich schon mit der Wahrheit aufhalten, wenn der Trug doch so viel angenehmer war.

Die Menschen begannen wieder zu tanzen, die Kinder wieder zu lachen, die Bürger zu arbeiten, die Armen zu betteln und der Alltag kehrte ein. Zumindest wenn man von den Soldaten absah, die Tag und Nacht durch die Gassen patrouillierten, um sicherzustellen, dass niemand es wagte, nicht glücklich zu sein.

Denn sosehr man es auch zu überspielen versuchte, etwas hatte sich verändert. Die ganze Situation fühlte sich unweigerlich wie ein Schritt an, ab dem man nicht mehr zurückkonnte. Laelia konnte nicht genau sagen, was es war, aber das Land würde nicht vergessen, was in den letzten Tagen geschehen war.

Divan war wieder einmal allein in der Stadt unterwegs, was Laelia nur recht war. Seit Tagen zog er eine noch düsterere Miene als sonst. Vermutlich aus Nervosität, weil er daran zweifelte, dass Hadrian und sie das geplante Vorhaben auch in die Tat umsetzen konnten. Und weil sie nun Zeit in Anspruch nehmen mussten, die sie dank der Proteste eigentlich nicht hatten.

Bacary hatte sich bereits vor über einer halben Stunde mit einem abgegriffenen Buch ins Badezimmer zurückgezogen, wie er es seit Kurzem immer regelmäßiger zu tun pflegte, wie Laelia aufgefallen war.

Sie selbst beobachtete vom Fenster ihrer Unterkunft aus, wie Blumenketten am Haus gegenüber befestigt und frische Blütenblätter auf dem Weg verstreut wurden, während man die zertrampelten und lädierten wegkehrte.

»Was genau siehst du dir da an, Bandit?«, hörte sie Hadrian fragen, der sich hinter sie stellte. Problemlos konnte er so über ihren Kopf hinweg auf die Straße sehen.

»Ich finde das alles einfach vollkommen übertrieben. Es ist ja nur ein Geburtstag, da muss man nicht gleich die ganze Stadt in Blumen ersticken. Ich meine …«, sie deutete auf ein Mädchen, das viel zu fröhlich und ausgelassen – kein Mensch konnte derartig übertrieben glücklich sein – durch die Gegend sprang und Blumenkronen verteilte. »Und ich dachte, die Blumenkronen wären ein billiges Klischee.«

»Mag sein, aber ein Geburtstag gehört doch ordentlich gefeiert.«

»Nicht für mich«, meinte sie schulterzuckend.

Er lächelte sie von der Seite aus an. »Du willst mir also sagen, dass du deinen Geburtstag nicht gerne feierst?«

»Dieses Jahr habe ich ihn jedenfalls nicht gefeiert und ich lebe immer noch, oder?«

»Wann hattest du denn Geburtstag?«, fragte er.

»Auf dem Schiff, als wir nach Kijana gereist sind.« Plötzlich trat er zurück und starrte sie mit großen Augen an. Bei dem ungewohnten Anblick konnte sie sich ein Lächeln nicht verkneifen. »Was?«

»Du hattest Geburtstag und hast nichts gesagt?«

»Ich glaube, an dem Tag haben wir eine neue Garnitur Kleider bekommen, die nicht nach Fisch und Algen gerochen hat, also habe ich in gewisser Weise irgendwie gefeiert«, meinte sie, doch er schien es zu überhören.

Ohne ein weiteres Wort ging er zu ihrem Bett, nahm ihre Lyra, die sie dagegengelehnt hatte, und drückte sie ihr in die Hand. Halb skeptisch, halb belustigt blickte sie auf ihr Instrument.

»Had…«

Er packte sie an der freien Hand und manövrierte sie aus dem Zimmer. Auf dem Weg die Treppen hinunter und dann nach draußen auf die verzierten Straßen fragte sie: »Was genau soll das werden?«

»Ich mache es mir hiermit persönlich zur Aufgabe, deinen Geburtstag nachzuholen, und weiß auch schon den perfekten Ort dafür. Und keine Widerrede.«

Da er nicht im Sinn zu haben schien, stehen zu bleiben, gab sie sich geschlagen und ging neben ihm her, wo auch immer er sie gerade hinführte. Eigentlich wäre jetzt der Augenblick gewesen, in dem er ihre Hand loslassen sollte, doch das tat er nicht. Sie wusste nicht, ob sie ihn darauf hinweisen sollte, denn irgendwie gefiel es ihr, wie er ihre Hand in seiner hielt, wie groß seine im Vergleich zu ihrer war.

Als er sie dann zur Seite zog, um eine Kutsche passieren zu lassen, verschränkte er ihre Finger miteinander. Ihr verräterisches Herz machte einen kleinen Satz, bevor es in der doppelten Geschwindigkeit wie zuvor weiterschlug. Sie versuchte in seinem Gesicht zu lesen, doch seine Miene wirkte wie so oft nichts weiter als leicht amüsiert.

Da strich er mit seinem Daumen sanft über ihren Handrücken. Möglichst beiläufig entwirrte sie ihre Hände, wobei seine Miene keine nennenswerte Veränderung zeigte.

Nach einer halben Stunde machte er vor einem Musikgeschäft halt, in dessen Schaufenster riesige Pedalharfen und Notenbücher mit den bekanntesten Balladen ausgestellt waren, und machte eine einladende Geste, worauf sie gefolgt von ihm durch die hölzerne Eingangstür trat. Ein kleines Windspiel war an dieser befestigt, welches ihre Ankunft verkündete.

Drinnen herrschte das reinste Chaos: Im ersten Raum schienen Cembali, Harfen, Leiern, Flöten, Trommeln, Mandolinen, Violinen und zahlreiche weitere Instrumente willkürlich im Raum verteilt herumzustehen beziehungsweise zu liegen. Kästen und Schränke, aus denen Notenblätter hervorquollen, Pedale, die in Ecken lagen, Notenständer, die übereinandergestapelt waren. Und ein Durchgang schien noch in einen anderen Raum zu führen, der vermutlich genauso unübersichtlich war wie dieser.

»Wie hast du das hier gefunden?« Laelia wusste gar nicht, wohin sie als Erstes sehen sollte.

Hadrian zuckte mit den Schultern. »Als ich vor ein paar Weichen versucht habe, mir einen Überblick über die Stadt zu verschaffen, bin ich hier vorbeigelaufen und musste an dich denken.«

»Oh.« Laelia fiel auf, dass nicht nur sie sich die größte Mühe gab, ihrem Gegenüber nicht ins Gesicht zu sehen.

Er räusperte sich. »Wie auch immer … Ganz schön durcheinander hier, was?«

»Sagt nichts, ich finde mich hier problemlos zurecht«, ließ sie eine Stimme herumwirbeln. »Wenn alle sich hier auskennen würden, bräuchte man ja keinen Verkäufer, oder?« Ein älterer Mann kam hinter dem Tresen hervor, sein Haar war an manchen Stellen bereits grau meliert. »Wie kann ich behilflich sein?«

»Wir sind auf der Suche nach einem Geburtstagsgeschenk für sie«, antwortete Hadrian.

»Das ist doch lächerlich«, seufzte Laelia. »Das ist sowieso unser gemeinsames Geld.«

»Der Gedanke zählt«, tat er ab.

Der ältere Herr wandte sich wieder an Laelia. »Dann habt Ihr ja fast am selben Tag wie unsere Prinzessin Geburtstag.«

»Nicht ganz«, korrigierte sie. »Mein Geburtstag war im Frühling.«

Der Mann warf Hadrian einen fast schon enttäuschten Blick zu, als schäme er sich für einen der Vertreter seines eigenen Geschlechts. »Ich habe meiner Frau ja immer an ihrem *Geburtstag* ein

263

*Geburtstags*geschenk gekauft und nicht erst ein halbes Jahr später. Was hattet Ihr denn im Sinn, Liebes? Eine neue Lyra vielleicht?«

»Ganz und gar nicht.« Schützend drückte sie ihr Instrument ein wenig dichter an sich.

»Keine Sorge, ich werde sie Euch nicht wegnehmen. Darf ich sie mir einmal ansehen?«

Ihr war nicht besonders wohl dabei, das Einzige, was ihr von ihrem Vater geblieben war, in die Hände eines Fremden zu legen, doch er würde kaum damit verschwinden. Außerdem schien er ihr auf den ersten Blick vertrauenswürdig. Allerdings achtete sie darauf, ihre Handflächen und Narben zu verdecken. Sie glaubte nicht, einen Begabten vor sich stehen zu haben. Nur für den Fall, dass dieser Magielose einen Groll hegte.

Er nahm die Lyra entgegen, fuhr an ihrem Körper entlang, zupfte an einer der Saiten. »Ein sehr schönes Instrument, ja wirklich.« Seine faltigen Finger strichen über die eingeschnitzten Pflanzenranken, die das dunkle Holz zierten.

»Wo habt Ihr sie denn her?«

»Sie wurde für mich angefertigt.«

»Sehr interessant«, murmelte er darauf. »Der Körper scheint kleiner und leichter.« Er klopfte gegen den Korpus. Wieder spielte er einen Ton. »Klingt auch ganz hervorragend für ihre Größe … Sie scheint aber etwas mitgenommen zu sein.«

»Vielleicht könnt Ihr sie wieder ein wenig instand setzen?«, fragte Hadrian daraufhin.

»Mit einem neuen Satz Darmsaiten, ein wenig Schleifarbeit und Lackierung sollte das kein Problem darstellen. Wenn Ihr so lange hier warten möchtet? Ihr könnt Euch hier gerne noch ein wenig umsehen.«

Sie verhandelten einen Preis und willigten ein. Nachdem er in seine kleine Werkstatt verschwunden war, stöberten sie durch den Laden, der abgesehen von ihnen menschenleer war. Der anschließende Raum, in den sie dann gingen, war genauso überfüllt und auf den ersten Blick unorganisiert, nur noch ein wenig finsterer.

Sie setzten sich auf zwei Holzhocker, umringt von allen möglichen Musikinstrumenten, und an Laelias Sitzgelegenheit lehnte eine Lyra, die sie aber nicht ansatzweise so ansehnlich fand wie ihre eigene.

»Weißt du, was komisch ist?«, setzte Hadrian nun an, den Oberkörper leicht nach vorne gebeugt, die Unterarme zwischen seinen Beinen baumelnd. »Du trägst dieses Ding mit dir herum, aber ich habe dich noch nie darauf spielen gehört.«

»Das liegt daran, dass ich nicht mehr spiele. Ich sage doch: eine absolute Geldverschwendung.«

»Wieso spielst du nicht mehr?«

»Weil ... es mich nicht interessiert«, log sie.

»Das glaube ich dir nicht. Etwas, das einen nicht interessiert, schleppt man nicht ein halbes Jahr mit sich herum.«

Erst jetzt wurde ihr richtig bewusst, dass sie tatsächlich schon fast ein halbes Jahr unterwegs waren. Einerseits war alles so schnell vergangen und dann auch wieder so langsam. Sie vermisste es, wie Aurel die Treppen runtergelaufen kam, wenn sie nach einem langen Tag wieder zu Hause war. Sie vermisste es, ihn in ihren Armen zu halten. Sie vermisste die Gespräche mit ihrer Mutter.

Ein Kloß bildete sich in ihrem Hals, den sie schnell wieder herunterwürgte.

»Warum spielst du wirklich nicht mehr?«

»Weil ... ich nicht sonderlich gut bin«, wich sie weiter aus.

Er schmunzelte. »Das glaube ich dir auch nicht.«

»Wieso nicht?«

»Deine Hände.«

Stirnrunzelnd nahm sie diese in Augenschein, konnte aber nichts Besonderes daran entdecken. Je fünf Finger und eine Narbe in den Handflächen. Die Nägel aus langer Gewohnheit, um die Saiten ordentlich anschlagen zu können, kurz gefeilt. »Was ist mit ihnen?«

»Das sind die Hände einer Musikerin«, meinte er, als wäre es selbstverständlich. »Lange und feine, schmale Glieder. Hornhaut an den Fingerkuppen. Auch wenn sie sich zurückbildet. Soll ich weitermachen?«

Ihre Hände waren wieder gesenkt. »Nur weil man vielleicht über die passenden Voraussetzungen verfügt, macht das noch keinen brillanten Musiker.«

»Aber ein Musiker mit Talent ist nicht dasselbe wie ein Musiker ohne.«

»Ja«, stimmte sie zu. »Talent spielt eine Rolle, aber ohne Übung ist das bedeutungslos. Du kannst noch so talentiert sein, aber diese eine Stelle im Stück, die du jedes Mal verhaust, musst du wohl oder übel mühsam herausüben. Und wenn man erst mal diese eine Stelle gemeistert hat, macht man plötzlich da Fehler, wo man vorher nie Probleme hatte. Ich hasse das.«

»Aber?«, fragte Hadrian mit einem kaum unterdrückten Schmunzeln.

»Aber«, fuhr sie fort, »wenn man es dann wirklich kann und die Finger wie von selbst zu wissen scheinen, was sie tun müssen, und du tatsächlich *Musik* machst, sodass das Stück plötzlich … Sinn ergibt …« Sie lächelte ungewollt. »Dann war es das alles wert.«

»Du hast recht«, stimmte Hadrian ihr ohne zu zögern zu und legte seinen Kopf spöttisch zur Seite. »Das klingt wirklich sehr danach, als ob es dir nichts mehr bedeuten würde.«

Ihre Blicke trafen sich und sie sah, wie ihr die grünen Sprenkel in seinen Augen entgegenstrahlten, wie sie in das Haselnussbraun übergingen. Wie seine Augen dicht von dunklen Wimpern umrahmt wurden. Durch das Fenster hinter ihm fiel ein breiter Sonnenstrahl, der die Staubteilchen aufschimmern ließ, die überall in der Luft herumflogen. Aber das Licht schien in seinen Augen viel leuchtender als in der bloßen Luft.

Natürlich bedeutete es ihr noch etwas, das würde es immer. Ihr Vater hatte es ihr beigebracht, als sie noch sehr jung gewesen war. Es würde immer ein Teil von ihr sein, so wie er immer ein Teil von ihr sein würde.

Sie sah wieder auf ihre Hände hinab.

Die Lyra war von allen Instrumenten, die sie spielen konnte, immer ihr liebstes gewesen, weil es ihr erstes gewesen war, auch wenn sie meist mit einer kleinen Harfe aufgetreten war, weil das die Menge eher beeindruckte.

Doch sie glaubte, dass ihr Vater ihr absichtlich anfangs ein vergleichsweise simples Instrument gegeben hatte: Wenn man lernte, Großartiges mit nur wenigem zu erreichen, dann würde man nicht mehr vieles im Leben brauchen.

Sie konnte sich noch an ihre ersten Bühnenauftritte erinnern, wie sie hinaufgestiegen war, die Finger schwitzig vor Aufregung. Wie sie plötzlich das Gefühl gehabt hatte, alles Erlernte vergessen zu haben. Jeden Griff, jeden Akkord begonnen hatte zu hinterfragen. Selbst die leichtesten Melodien waren plötzlich ein Seilakt gewesen, obwohl zu Hause beim stundenlangen Üben alles einwandfrei gewesen war. Doch mit jedem Mal war sie sicherer geworden. Sie hatte es genossen, allein und mit anderen zu musizieren, was eine ganz eigene Form der Magie war. Und sie wusste, dass ihr Vater ihr die Welt der Musik nicht um seinetwillen geöffnet hatte, sondern für sie. Dass er es nicht verstanden hätte, dass sie nicht mehr spielte, bloß weil er nicht mehr bei Mutter, Aurel und ihr war.

Doch vielleicht nicht für immer. Vielleicht würde sie ihn am Ende wieder bei sich haben, das hatte Divan doch gesagt. Er könnte wieder leben, mit *ihnen* leben.

Sie suchte Hadrians Blick, fühlte sich närrisch, aber fragte trotzdem: »Glaubst du daran, dass wir sie wiedersehen werden? Meinen Vater, deine Schwester? In der Zwischenwelt?«

Obwohl die Frage vollkommen zusammenhanglos gekommen war, überlegte er nicht lange, bevor er antwortete: »Ich weiß nicht, ob ich es glauben kann. Aber ich will es glauben. Vermutlich sogar mehr, als es ratsam wäre.«

»Es ist verrückt. Aber es hat schon immer Legenden über Heiler gegeben, die mächtig genug waren, die Toten wieder lebendig zu machen.«

»Nur dass uns diese Geschichten in Vita als Warnung überliefert wurden«, fügte er berechtigt hinzu. »Keiner dieser Heiler soll die Wiederbelebung überlebt haben, wenn man den Geschichten glauben kann.«

Laelia hatte viele Heiler kennengelernt, die fasziniert gewesen waren von diesen Mythen. Mittlerweile verstand sie besser denn je, warum.

»Genau deswegen wäre es nett, mehr über das Ritual zu erfahren, außer dass wir unsere Kräfte vereinen müssen«, sagte sie. »Aber offensichtlich haben wir uns Divan gegenüber immer noch nicht als weiterer Antworten würdig erwiesen.«

Hadrian grinste kurz über Laelias Einwurf, bevor er fortfuhr: »Wenn die Götter sich im letzten Moment umentscheiden sollten und wir uns doch opfern müssten, würdest du es tun?«

Sie zögerte nicht mal einen Augenblick lang. »Ja. Meine Familie braucht meinen Vater mehr als mich.«

Hadrian runzelte die Stirn. Laelia hätte meinen können, dass er beinahe ein wenig wütend wirkte. »Das glaubst du doch nicht wirklich?«

»Ich sage das nicht aus mangelndem Selbstbewusstsein, sondern ganz objektiv. Ich bin eine Heilerin ohne Lizenz. Wenn ich ihnen allerdings meinen Vater zurückbringen kann …«

»Dann wird sich alles auf magische Weise zum Guten wenden?

Ich glaube, du bist nicht die einzige Person in dieser Runde, die sich so was erhofft.«

»Und dir geht es anders?« Er schwieg und Laelia fügte hinzu: »Jetzt bleibt uns nur zu hoffen, dass wir Divan vertrauen können.«

»Wir sind schon so lange mit ihm unterwegs, wenn er uns in den Rücken fallen wollte, hätte er es bestimmt schon getan, anstatt uns hier ganze Intervalle lang über den Kontinent zu jagen. Auch wenn er langsam ein wenig gesprächiger werden könnte, was ...«

»Ich bin fertig. Geschmiert und gestimmt, bitte schön.« Der Ladenbesitzer stand im Durchgang und hielt Laelias Lyra in der Hand. Das Holz glänzte und die Saiten waren auch wie neu. Schon lange hatte ihr Instrument nicht mehr so vorzeigbar ausgesehen. Laelia nahm es dankbar entgegen. Drückte es reflexartig an ihre Brust, wie eine Mutter ihr Kind. »Vielen Dank.«

Mit einem Griff in seine Hosentasche legte Hadrian dem Verkäufer den vereinbarten Preis in die runzeligen Hände, doch der gab ihm beinahe die Hälfte sofort wieder zurück.

»Ein Geburtstagsrabatt. Ich muss ja versuchen, die Ignoranz meiner Spezies der jungen Dame gegenüber wiedergutzumachen. Wenn Ihr noch etwas braucht, ich bin vorne am Tresen.«

Laelia war perplex, als sie nun wieder allein waren und sie sich zurück auf ihren Sitz fallen ließ. Verständnislos sah sie das Instrument in ihren Händen an.

»Das ergibt doch keinen Sinn«, murmelte sie. »Wieso sollte er das tun, er kennt uns doch gar nicht. Vielleicht arbeitet er ja für ...«

»Es könnte auch sein, dass er einfach, ich weiß ja nicht, nett ist?«, schlug Hadrian vor.

»Menschen sind nicht *nett* zu Fremden. Und wenn sie es sind, gibt es immer einen Hintergedanken.«

»Und welchen Hintergedanken sollte er verfolgen?« Sie zuckte mit den Schultern. Er nickte in Richtung Tür. »Willst du gehen?«

Sie strich mit den Fingerkuppen über die Saiten, die Erhebungen im Holz, warf einen erneuten Blick über das Chaos und dachte darüber nach, wie sehr ihr Vater es hier geliebt hätte. Dass er gewollt hätte, dass sie spielte, auch wenn es wehtat.

Wenn du beim Spielen nichts fühlen würdest, dann würdest du sowieso etwas falsch machen, hätte er gesagt.

»Ich habe seit fast eineinhalb Jahren nicht mehr gespielt«, sagte sie jetzt, fast wie zu sich selbst. Sie wusste nicht, wo sie es besser hätte wagen können als an diesem Ort, der Musik in all ihrer Kuriosität zelebrierte. »Es wird wahrscheinlich ganz furchtbar klingen. Ich würde an deiner Stelle gehen.«

»Willst du denn, dass ich gehe?«

Sie blickte auf, überrascht von seinem Tonfall, der neckisch und ernst zugleich war.

»Ich weiß nicht«, sagte sie ehrlich, denn es fühlte sich jetzt schon intim an, ihre Lyra auch nur derart liebevoll vor ihm zu halten; sie nach all der Zeit zu spielen, würde sie förmlich entblößen. »Wie du möchtest.«

Er wies mit einem kurzen Deut seines Kopfs auf das Instrument. »Das werde ich mir doch nicht entgehen lassen.«

Bei seiner Antwort atmete sie auf, nur um sich dann wieder zu versteifen, als sie sich ihrer Reaktion bewusst wurde.

»Na dann ...« Sie beugte sich leicht vor, stellte die Lyra auf ihren Schenkeln ab und setzte den ersten Finger an. Zupfte aber nicht.

Hadrian wartete schweigend.

Sie strich über die Saiten, um zu überprüfen, ob die Tonlage passte. Dann versuchte sie sich dazu durchzuringen, den ersten Ton anzuschlagen, doch wieder gehorchten ihre Finger ihr nicht, obwohl sie das Stück bis ins kleinste Detail in- und auswendig kannte. Ihr war nicht klar gewesen, wie viel Überwindung es sie kosten würde. Ob es an Hadrian lag, dem ersten Publikum nach so langer Zeit, oder daran, dass sie ein wenig eingerostet war, wusste sie nicht genau zu bestimmen.

Es dauerte ein paar Minuten, bis sie schließlich die erste Saite anschlug.

Dann folgte gleich darauf stolpernd der nächste Ton und dann der nächste, schließlich die erste Harmonie, bis sie plötzlich einfach spielte, ohne weiter drüber nachzudenken, was sie da tat.

Sie begann erst zu summen und dann zu singen. Es war eins der Lieblingslieder ihrer Mutter. Es war kein fröhliches Lied, Laelia hatte schon immer das Melancholische bevorzugt. Die meisten Texte, die sie auswendig kannte, waren somit zwar schön für die Ohren, aber deprimierend und schwer für die Seele.

Sie spielte und spielte, bevor sie immer leiser wurde, bis sie nur noch zart die Melodie mitsang, zum Ende hin harmonierte und drei absteigende verzögerte Töne ausklangen.

Sie wusste nicht, wie viel Zeit vergangen war, doch sie spürte, dass sie es vermisst hatte, sich so zu vergessen. Die Welt schien für einen kurzen Moment für sie stillzustehen. Sie hatte nicht gemerkt, wie leer sie sich gefühlt hatte, wie sehr sie ihre Musik immer gebraucht hatte.

So lange war sie verloren gewesen, hatte nicht gewusst, was ihr noch hätte Hoffnung geben sollen. Sie hatte es sich selbst aus Trauer genommen, als wolle sie sich dafür bestrafen, dass sie ihrem Vater nicht hatte helfen können, und hatte sich das verweigert, was neben ihrer Familie das Wichtigste für sie war. Auch wenn sie von außen immer noch sie selbst gewesen war, innerlich war sie langsam verschwunden.

Die Erkenntnis, dass sie diesen Teil ihrer selbst fast verloren hätte, trieb ihr Tränen in die Augen. Sie spürte einen Druck in ihrer Brust, weil sie sich endlich daran erinnerte, wie das Leben sich vor dem Tod ihres Vaters angefühlt hatte.

Ihre Heilmagie, ihre Magie … sie waren wieder bei ihr. Sie würde sich wieder mehr wie sie selbst fühlen. Mit jedem Mal, wenn sie auf dieser Reise bereits geheilt hatte, mit jedem Mal, wenn sie nun wieder ihre Lyra spielen würde, mit jedem Mal, wenn sie singen würde. Es war zwar erst der Beginn eines langen Weges, aber das Ziel schien plötzlich erreichbar.

Sie blinzelte ihre Tränen fort, als sie aufblickte und sich daran erinnerte, dass Hadrian ihr gegenübersaß.

Er sah sie einfach nur ruhig an. Der Ausdruck in seinen Augen war so intensiv, sein leichtes Lächeln so ermutigend, dass sie spüren konnte, wie es in ihrem Bauch angenehm flatterte.

Nach wenigen Augenblicken senkte Laelia das Gesicht mit rosigen Wangen, versteckte ein Lächeln hinter ihren Haaren, während sie umständlich ihr Instrument verstaute.

Bacary

Bacary packte gerade mit Divan ihre Sachen zusammen, als er Laelia bemerkte, die sich im Spiegel neben der Eingangstür betrachtete.

Unwillkürlich hielt Bacary inne. Er versuchte sich zu erinnern, wo er das letzte Mal solch edle Kleidung zu Gesicht bekommen hatte, und kam zu dem Schluss, dass es bei Emiola gewesen sein musste.

Es war ein dunkles Smaragdgrün, welches ihrem Haut- und Haarton schmeichelte. Goldfäden waren an den Säumen in filigranen Stickereien verarbeitet. Während der Rock des bodenlangen Kleides etwas ausgestellt war, schmiegte sich das Oberteil eng an ihren schmalen Körper. Ihre Haare hatte sie locker hochgesteckt und ein paar Gänseblümchen eingearbeitet, da es sich ja um eine fenische Zusammenkunft handelte.

Sie wandte sich ihnen zu: »Kann mir vielleicht kurz jemand helfen?«

Divan stellte sich wortlos hinter sie und begann, die Schnürungen am Rücken festzuziehen. Aus Bacarys Sicht wirkte seine Technik höchst ineffizient. »Willkürlich irgendwelche Fäden zu ziehen wird dich mehr Zeit kosten, als wenn du systematisch vorgehen würdest.«

Divan wirbelte zu ihm herum. »Sonst noch irgendwelche Ratschläge?«

»Ich hatte noch nicht genug Zeit, deine Technik zu analysieren.

Sobald ich das gemacht habe, gebe ich Bescheid«, versicherte Bacary.

»Sag, wenn es zu fest ist.« Wieder an Laelia gewandt, fuhr Divan mit seiner absurden Technik fort.

Überrumpelt schnaufte sie, als er mit einem weiteren Ruck anzog. »Kann ich mich drauf verlassen, dass ihr euch um alles gekümmert habt? Und meine Lyra habt ihr auch dabei?«

»Es rührt mich, wie viel Vertrauen du in unsere Fähigkeiten hast.« Divan prüfte, ob alles fest saß. »Jetzt brauchen wir nur noch ein neues Pferd und einen neuen Karren, wo wir das alles«, er deutete mit seinem Kopf auf ihr Hab und Gut, das Bacary gerade fertig verstaute, »abladen können.«

»Seid so gut und versucht, einen Wagen zu finden, in den wir alle reinpassen.« Wieso sie auf eine andere Idee hätten kommen sollen, war Bacary schleierhaft. Sie hätte genauso dazu raten können, Schuhe zu kaufen, die einem nicht zu klein waren. »Und ihr könnt bei der Gelegenheit auch gleich ein paar neue Mäntel, festere Kleidung und Decken besorgen. Es wird kalt werden.«

»Danke für den Hinweis. Sitzt alles?«, fragte Divan.

Laelia blickte an sich herab. »Sitzt, danke.«

Der Seher trat zurück. »Und«, kam er wieder zu Wort, »du weißt noch, wie ihr dann zu unserem Treffpunkt außerhalb der Mauer kommt?«

»Du hast uns so oft damit vollgequatscht, da ist das nur schwer zu vergessen, keine Sorge«, erwiderte sie, worauf sie von Divan nur einen ungeduldigen Blick erntete. Sooft, wie Bacary den Plan schon wiederholt gehört hatte, hätte er ihn im Schlaf rückwärts runterleiern können.

»Ich muss euch damit ›vollquatschen‹, denn das hier ist wichtig, Laelia.«

»Wäre mir fast entgangen.«

»Also«, ignorierte Divan sie, »noch mal zur Wiederholung: Wir

274

haben unser Zeitfenster um mehrere Weichen überspannt. Ihr geht da also rein, schnappt euch die Prinzessin, sagt ihr, dass wir sie zu einer gewissen Megan bringen wollen, und müsst sie gleich an Ort und Stelle überzeugen, mit euch zu kommen. Wir haben keine Zeit für Bedenken.«

Laelia nickte. »Und wenn sie sich weigert, drohe ich ihr mit einem Sonnenstein, den ich nicht habe.« Diese Idee schien Bacary etwas radikal angesichts der Tatsache, dass es ihre Aufgabe war, Merla dazu zu überreden, mit ihnen zu kommen, und sie nicht zu verjagen.

»Laelia …«

»Reg dich nicht auf, Divan. Das wird schon nicht nötig sein.« Sie schnippte ein unsichtbares Staubpartikel am Saum ihres Ausschnitts. »Ich werde mich nicht vor ihr verbeugen.«

»Das verlangt auch niemand von dir, um der Götter willen. Mach einfach das, was du tun musst, um sie da rauszubekommen.«

»Euch ist schon klar, dass dieser Plan zum Scheitern verurteilt ist?«, bemerkte sie.

Das brauchte sie Bacary nicht zweimal zu sagen. Er hatte sich die Wahrscheinlichkeit mehrmals durchgerechnet, dass die heutige Nacht in einen Erfolg münden würde, und das Ergebnis wäre von keinem Gelehrten jemals als zuverlässig bezeichnet worden.

»Das mit dem Ball war doch deine Idee.« Divan wirkte mit den Nerven ziemlich am Ende.

»Schon, aber das war, bevor wir zwei ganze Weichen verloren haben und sie jetzt innerhalb von, keine Ahnung, wenigen *Minuten* davon überzeugt werden muss, uns zu vertrauen. Und wenn sie das tun sollte, ist sie entweder vollkommen hirnverbrannt oder naiv. Beides fände ich ziemlich bedenklich, besonders wenn ich mich dann auch noch mit diesem Mädchen herumschlagen muss.«

»Hast du einen besseren Vorschlag?«, grummelte Divan, doch sie alle wussten genau, dass sie den nicht hatte.

»Wenn ich einen besseren Vorschlag hätte, hätte ich wohl kaum so viel Geld für dieses Kleid aus dem Fenster geschmissen, oder? Ich wollte einfach nur sichergehen, dass wir alle wissen, wie sehr dieser Plan zum Scheitern verurteilt ist.«

»Danke, das ist mir mehr als bewusst«, entgegnete der Seher gestresst.

»Immer wieder gern.« Bacary spürte aber, wie Laelias Nervosität anstieg, obwohl sie sie gut verbergen konnte.

»Versuch einfach, vorsichtig zu sein, ja? Und achte darauf, dass Hadrian keinen Unsinn verzapft. Wenigstens weniger als sonst.«

Hadrian. Bacary fragte sich, was Laelia davon halten würde, wenn sie erführe, was Divan ihm vor wenigen Weichen geschworen hatte. Dass er geschworen hatte, Hadrian in einem halben Intervall zur Herbstmittweiche in Luina zu opfern, damit sie ihre Mission beenden konnten. Eine Aussicht, die es immer noch schaffte, Bacary in den willkürlichsten Momenten ein Lächeln zu entlocken.

»Die Einzigen«, antwortete Laelia, »die es schaffen könnten, Hadrian von Unsinn fernzuhalten, sind die Götter selbst. Und selbst die würden sich schwertun.« Wenn Laelia doch nur gewusst hätte, wie bald Hadrians Unfug schon ein Ende gesetzt sein würde. »Ich bringe euch übrigens um, wenn ihr das vermasselt.«

Divan schmunzelte. Genau wie Bacary, aber dieser tat es aus einem anderen Grund als sein Reisegefährte. »Kann ich nur zurückgeben.«

Laelia

Auf der von Schattenlaternen beleuchteten Straße unter Fenias besonderem Himmel, die Holzplanken waren natürlich auch mit Blumengirlanden umwickelt, hielt Laelia Ausschau nach Hadrian. Gleichzeitig war sie darum bemüht, den teuren Saum ihres Gewands und ihres Überwurfs nicht über den Straßenboden schleifen zu lassen.

Alle waren in viel zu freudiger Erregung. Die einen tänzelten fröhlich zu den nächtlichen Klängen einer Laute, die anderen blickten sehnsüchtig zum hell erleuchteten Schloss empor und staunten nicht schlecht, als sie Laelia passieren sahen. Immerhin gab es bestimmt nicht viele Bürger in diesem magielosen Teil der Stadt, die eine Einladung zur königlichen Geburtstagsfeier erhalten hatten. Das hatte Laelia genau genommen auch nicht, aber das war eine unwichtige Nebensache.

Sie kam zum Stehen, als sie eine Gruppe Kinder entdeckte, die sich dicht zusammengeschart hatten. Die Jungen stießen bewundernde Laute aus, während die Mädchen ein Konzert aus leisem Kichern zum Besten gaben. In ihrer Mitte hockte Hadrian, der gerade eine rot gefärbte Münze präsentierte, die er in seine Faust legte, welche er schloss und sofort leer wieder öffnete. Nur um dann auf die Schuhspitze eines kleinen Jungen zu tippen, der sofort seinen Schuh abstreifte und mit großen Augen den roten Taler hervorzog.

Hellauf begeistert bekundeten die restlichen Zuschauer nun klatschend ihren Beifall. Hadrian machte mit funkelnden Augen eine übertrieben ausladende Geste, um sich dann überschwänglich zu verbeugen, wie es sich für einen echten Magier gehörte. Nur noch ein Zylinder auf seinem Kopf und ein weißes Kaninchen in seinen Händen fehlten.

Als er sich wieder aufrichtete, glitt sein Blick über die kleinen Köpfe hinweg und blieb an ihr hängen. Ihr Herz machte einen Satz.

Er war vorgegangen, um die Einladungen und seine Robe zu besorgen. Sein athletischer Körper wurde durch eine dunkelblaue Jacke mit schmückendem Kragen vorteilhaft betont, zu welcher er passend eine etwas dunkler gefärbte Hose trug. Die seidene Weste und das weiße Hemd darunter blitzten hell hervor. Sein Haar war wie immer wild, auch wenn er es aus gegebenem Anlass versucht hatte, einheitlich nach hinten zu kämmen.

Doch das wirklich Umwerfende war das Lächeln, das sich auf seinem Gesicht ausbreitete. Es war dieses seltene, liebevolle Lächeln, welches beide seiner Grübchen erscheinen ließ.

Für Laelia war er der attraktivste Mann weit und breit.

Ihre Blicke trafen sich, seine Augen wurden noch wärmer und in ihrem Magen begann es zu flattern.

Es war schon wieder so eigenartig zwischen ihnen beiden. Seit dem Tag im Musikgeschäft fühlte sich alles viel vertraulicher an. Es war wohl diesem Gefühl zuzuschreiben, dass sie sich mit ihrer Musik ihm gegenüber geöffnet hatte, sich verletzlich machte.

Ihr war bewusst geworden, wie sehr sie sich ihm in der letzten Zeit anvertraut hatte und er sich ihr. Sie hatte ihm nicht nur von ihrer Musik erzählt, sondern auch von ihrer Familie. Dinge, über die sie sonst nie mit anderen sprach. Sie wusste nicht, wann sie begonnen hatten, einander derart zu vertrauen, und das machte sie unweigerlich nervös.

Hadrian bedeutete dem Jungen nun zwinkernd, dass er die Münze behalten konnte, lachte dann noch über etwas, das der Junge sagte. Unwillkürlich fragte sie sich, ob Aurel Hadrian mögen würde.

Hadrian trat vor sie, verbeugte sich ausladend und bot ihr seinen Arm an, den sie kurzerhand ergriff. Ein letztes Mal winkte er den Kleinen zu, als sie auch schon um die Ecke bogen, geradewegs die Hauptstraße entlang in Richtung der Feierlichkeiten.

»Hast wohl das perfekte Publikum gefunden«, bemerkte Laelia.

»Sie lieben mich nun einmal.«

»Ich wette, sie sind einfach nett, weil sie sehen, dass du ein sehr zerbrechliches Ego hast.«

»Und wie kommt es, dass *du* zu mir nie so nett bist?«, fragte er.

»Ich bin dann nett zu dir, wenn du es dir verdienst«, sagte sie.

»Und wie erreiche ich diesen mysteriösen Zustand des Verdienens, Bandit?«

Laelia zuckte mit einer Schulter. »Da musst du schon selbst draufkommen. Aber ich gebe dir einen guten Tipp: Es beginnt damit, dass du aufhörst, mich mit diesem Spitznamen anzusprechen.«

»Divan und Bacary sind bereit zum Aufbruch, *Bandit*?«, fragte er jetzt, während sie den wohlhabenderen Gegenden immer näher kamen und ihnen somit auch immer mehr prunkvoll gekleidete Paare begegneten.

Ein leises Seufzen entfloh ihr, sie antwortete aber: »Sieht so aus. Hast du die Einladungen?«

Er präsentierte ihr daraufhin zwei weiße Umschläge, die er dann in einer Jackentasche verschwinden ließ. Beruhigt blickte sie wieder geradeaus. »Keine neuen Probleme ausgelöst durch die Leute deines ... Anführers?«

»Nein, aber wir müssen trotzdem vorsichtig sein. Nero hat mit jedem Oberhaupt Geschäfte laufen. Gut möglich, dass ein paar von seinen Lieblingen heute anwesend sind. Aber ich werde sie schon erkennen, wenn ich sie sehe.«

»Und wenn du sie siehst?«

Er zuckte mit den Schultern, als läge seine Antwort auf der Hand. »Dann rennen wir.«

»Hervorragender Plan.«

»Ich lasse mir was einfallen, wenn es so weit ist.«

»Dann muss ich mich wohl mehr oder weniger auf dich und deine berüchtigten Planungsfähigkeiten verlassen?«, fragte Laelia. Eigentlich müsste ihr dieser Gedanke viel mehr Sorgen bereiten, aber aus einem Grund, den sie nicht genauer hinterfragen wollte, tat er das nicht.

Er lächelte sie skeptisch an. »Tu nicht so, als ob du damit dein Todesurteil besiegeln würdest.«

»Also ich will nur sagen, dass bei den beiden Malen, als wir wegen Neros Leuten in Schwierigkeiten geraten sind, ich diejenige war, die uns da rausgeholt hat.«

»Und wer hat die Vorarbeit geleistet? Außerdem habe ich dir als wahrer Gentleman meinen Dolch gegeben.«

»Mit dem ich nach meiner jahrelangen, umfassenden Ausbildung zur Meisterdiebin natürlich auch ohne Probleme umgehen konnte«, erinnerte Laelia ihn. Mit einer Holzkiste hatte sie sich als wesentlich effektiver und nützlicher empfunden als mit einem Dolch. »Und wer war überhaupt so unaufmerksam, dass er die Kerle auf dem Schwarzmarkt und auch auf der Reise nicht sofort erkannt hat?«, fuhr sie fort.

»Also«, lenkte Hadrian ein, »wir könnten jetzt lange rumdiskutieren, wer Schuld trägt an all diesen … Unannehmlichkeiten …«

Sie spottete: »Definitiv du …«

»Ich bin schuld, du bist schuld, sie sind schuld, wen kümmert's?«, fragte er mit einer wegwerfenden Handbewegung und zog sie etwas näher an sich heran, als sie den sanften Hügel emporstiegen und den Schlossmauern immer näher kamen, während das Gedränge um sie herum dichter wurde.

»Mich?«, warf sie ein.

»Götter, gibst du Ruhe, wenn ich sage, dass du recht hast und ich falschliege?«

Sie tat, als müsste sie überlegen, grinste dann aber zu ihm hoch. »Also, wenn du so fragst, ja, eigentlich schon, ja.«

»Ach, mein Bandit«, seufzte er. »Wäre mein Leben nicht furchtbar eintönig ohne deinen Dickschädel? Aber ein wunderschöner Dickschädel.«

Als sie schließlich vor dem offenen Torbogen ankamen, fanden sie sich in einer noch größeren, gut gekleideten und gut gelaunten Menschenmasse wieder. Als hätte es die Aufstände in Gassen gar nicht weit von hier nie gegeben.

Mit dem Strom wurden sie vorbei an einer unglaublichen Menge von prächtigen goldverzierten Kutschen, die von wahren Paradepferden gezogen wurden, in das Innere des Hofes geleitet und dann weiter in das Schlossinnere.

Laelia unterdrückte den in dieser Masse selbstzerstörerischen Drang, einfach stehen zu bleiben und mit großen Augen all den Prunk und Protz in sich aufzusaugen: schwere, dicke, ezanische Teppiche auf den Böden, die ihre Schritte schluckten. Blumenketten in jeglicher Variation an den hohen Steinwänden. Viel zu breite Gänge, zahlreiche Abzweigungen, vor denen Palastwachen standen, damit auch kein ungebetener Gast sich in diese Teile verirrte. Ihre Blicke in Kombination mit den beeindruckenden Schwertern an ihrer Seite ließen einen ohnehin kaum auf dumme Gedanken kommen. Wie sich zum Beispiel als Sympathisant der Aufstände der letzten Weichen zu bekennen.

»Beeindruckt?«, wisperte Hadrian ihr zu. Es lärmte um sie herum, mit all den Leuten, die in Richtung der Festlichkeiten drängten, sich über die Enge beschwerten und über die ersten modischen Fauxpas des Abends empörten.

Sie blinzelte. »Wenn einem so etwas gefällt.«

»Wenn dir das schon zusagt, warte erst auf den Festsaal. Aber davor müssen wir überhaupt reinkommen. Also folge mir unauffällig, auch wenn es schwierig ist, mit mir keine Aufmerksamkeit auf sich zu ziehen.«

»Das lasse ich jetzt einmal unkommentiert.«

»Das würde ich dir auch raten. Du bist jetzt eine Dame von Adel, da schickt sich deine ausfallende Mundart nicht besonders.«

Gespielt affektiert stieß sie ihm in die Seite, hakte sich dann aber brav wieder bei ihm unter, streckte den Rücken durch und hob das Kinn ein kleines Stückchen empor. »Bitte, das ist doch ein Kinderspiel.«

Ihr entging nicht, wie er versuchte, seinen Blick nicht zu auffällig über ihre Figur wandern zu lassen, und sie konnte sich ein Zucken ihrer Mundwinkel nicht verkneifen, als er die Augen bemüht abgewandt hielt.

Nun standen sie wartend vor einer verschlossenen Tür, die ein gut gekleideter Bediensteter bewachte. Immer wieder erhaschten sie einen Blick durch die Tür, wenn eine weitere Gruppe passieren durfte – nachdem sie ihm die offizielle Einladung vorgelegt hatten.

Laelia musste sich auf die Zehenspitzen stellen, um über die Köpfe der Leute hinweg überhaupt einen Blick zu erhaschen. Sie ließ es dann aber doch bleiben, als Hadrian sie amüsiert über ihre Bemühungen beobachtete.

»Guten Abend«, grüßte der ältere Mann sie nun. »Dürfte ich bitte Eure Einladungen sehen?«

Geübt fischte Hadrian die Karten erneut hervor und reichte sie seinem Gegenüber. Mit gespielter Langeweile beobachtete Laelia jede einzelne seiner Regungen, um eventuell sofort fliehen zu können. Denn das hatte Hadrian doch gesagt: Wenn sie in Schwierigkeiten gerieten, hieß es, die Beine in die Hände zu nehmen.

Hadrian schien von ihrer Anspannung Notiz zu nehmen, denn er legte seine freie Hand an ihre Taille und drückte sanft zu, als wolle er sagen: *Ruhig bleiben.*

Doch seine Berührung trug nicht unbedingt dazu bei, dass ihr Inneres ruhiger wurde.

Der Blick des Mannes glitt kurz über das edle Papier, bevor er es wieder aushändigte. »Hervorragend. Bitte, nach Euch.«

Innerlich atmete Laelia auf.

Er zog die Tür vor ihnen auf und zum ersten Mal konnte sie das Fest wahrhaftig in Augenschein nehmen.

Das Erste, das ihr auffiel, war die herrliche Musik, die vom Orchester von einem Ende des unglaublich großen Saals herüberklang.

Dann fiel ihr die Tanzfläche ins Auge, auf welcher sich schon einige zu den lieblichen Klängen bewegten, während die meisten noch an der Seite standen und sich lachend und glitzernde Flüssigkeiten trinkend unterhielten, die von umherhuschenden Kellnern ausgehändigt wurden.

Ganz nach fenischer Tradition hingen Blumen und Kletterpflanzen in jedem Winkel, Kerzen an den Wänden und Schatten krochen wie schwarzer Nebel dicht über den Boden.

Der Diener hatte bereits ihre falschen Namen verkündet, nun führte Hadrian sie die ausladende Treppe hinab, bis sie schließlich mitten im Geschehen waren.

Laelia fiel auf, dass er seine Hand immer noch an ihrem Körper hatte, aber sie war zu eingenommen von der Atmosphäre, um ihn dahingehend zu rügen, denn alles schien zu leuchten und zu schimmern. Und womöglich störte es sie auch gar nicht so sehr.

»Wir haben es geschafft«, wisperte sie nun, während er sie durch den Saal manövrierte. Die vielen interessierten Blicke anderer Ballgäste schienen an ihm vorbeizugehen, oder zumindest schenkte er ihnen keine Beachtung.

»Ich habe nicht daran gezweifelt.«

»Hast du die Prinzessin schon gesehen?« Sie hielt Ausschau nach rotem Haar, doch sie war von zu vielen Menschen umgeben, um tatsächlich irgendwas sehen zu können.

Hadrian dagegen hatte freien Blick. »Nein, bisher noch nicht. Als Gastgeberin bereitet sie gerade bestimmt ihren großen Auftritt vor. Wir müssen dann darauf warten, bis der größte Ansturm auf sie abgeflaut ist.«

»Hast du schon eine Idee, wie wir sie weglocken wollen?«

»Mein Charme und mein Aussehen werden uns aushelfen. Bis dahin amüsieren wir uns einfach ein wenig.« Er zog sie mit einer geübten Bewegung an sich, sodass sie perplex ihre Hände an seiner Brust abstützte, einer seiner Arme um ihren Rücken gelegt war und er sich tief genug zu ihr herunterbeugte, dass sie das Grün seiner Iris bis auf jede kleine Musterung hätte analysieren können.

»Dafür bin ich definitiv noch nicht betrunken genug.«

»Spiel mit. Ich muss dir noch etwas geben.«

Nicht nur war sie irritiert, weil er derart in ihre Privatsphäre eingedrungen war, sondern auch, weil ihr Gehirn in seiner Nähe immer mehr seine Tätigkeit einzustellen schien. »Und deswegen musst du mich ungebeten, vor aller Augen an dich pressen und hättest es mir nicht vorher geben können?«

»Wo bleibt dabei der Spaß?«

»Sehe ich aus, als hätte ich Spaß?«

Er antwortete ihr mit einem unwiderstehlichen Grinsen, während er eine ihrer Hände, die immer noch an seinen Oberkörper gepresst waren, in seine nahm. Sein Gesicht neigte er leicht musternd zur Seite. »Interessant. Deine Pupillen sind geweitet.«

Sie schluckte. Gerade wollte sie ihre Hand wegziehen, als sie merkte, dass er ihr etwas Kühles in die Handfläche gedrückt hatte. Verwundert schaute sie nach unten und öffnete ihre Hand leicht, sodass nur sie es sehen konnte. Es war ein winziger Dolch, den sie vorher noch nie gesehen hatte. Die Klinge war fest in ein Stofftaschentuch gewickelt. Sie sah sich geschwind um, ob es auch niemand gesehen hatte, doch seine Stimme lenkte ihre Aufmerksamkeit wieder auf ihn zurück.

»Ich habe ihn dir vorhin noch besorgt, um auf Nummer sicher zu gehen.«

»Wo, hast du dir vorgestellt, soll ich das mit mir rumtragen?« Der Schneider hatte bei der Anfertigung des Kleides vermutlich nur wenige Gedanken an mögliche Bewaffnung verschwendet.

»Keine Sorge, ich weiß, wo wir ihn verstauen können.« Bevor sie wusste, wie ihr geschah, nahm Hadrian ihr die Waffe wieder aus der Hand, kniete sich vor ihr hin und hob ihr Kleid an.

Mit großen Augen wollte sie zurückschrecken, doch er hielt sie fest, sah zu ihr auf, um ihr zu signalisieren, dass sie ihn bitte nicht treten solle.

»Ich habe leider keine Holzkiste auftreiben können, die du bei dir hättest tragen können. Aber keine Sorge«, sagte er. »Sobald wir wieder zu Hause sind, übe ich mit dir so lange mit diesem Dolch, dass du selbst mit dem stumpfen Ende Schaden anzustellen wissen wirst.«

Zu Hause, hatte er gesagt, realisierte Laelia plötzlich. Als ginge er davon aus, dass das Ende ihrer Reise zur Zwischenwelt nicht auch das Ende ihrer Geschichte bedeuten würde.

Erneut hob er den Saum und ließ den Dolch dann in ihrem Stiefel verschwinden, strich über den Stoff, als hätte er nur Schmutz entfernen wollen, bevor er sich wieder aufrichtete und sie erneut mit seinen Armen umfing.

Ihr wieder funktionierender Verstand ließ sie schnellstens und fast schon überfordert einen Schritt nach hinten treten. Als sie damals – erst kürzlich siebzehn und Halbwaise – in jener Nacht in der Taverne auf Hadrian getroffen war, hatte sie sich bewusst für ihn entschieden. Weil es ihr damals hatte gleich sein können, ob er am nächsten Morgen noch neben ihr liegen würde oder nicht. Aber die Tatsache, dass es ihr heute nicht mehr gleich wäre …

Laelia wollte keine weitere Person in ihrem Leben, erinnerte sie sich. Damals nicht und jetzt noch weniger. Niemanden, den sie zwangsläufig verlieren musste.

Mit gerunzelter Stirn betrachtete er den Sicherheitsabstand, den sie zwischen sich gebracht hatte. »Ist irgendwas?«

»Abgesehen davon, dass du persönliche Grenzen offensichtlich nicht kennst?«

»Wieso bist du jetzt auf Streit aus?«

Sie hatten beide die Stimmen gesenkt, um keine ungebetenen Zuhörer anzulocken.

»Ich bin nicht auf Streit aus. *Du* hast begonnen, mich hier in aller Öffentlichkeit zu begrapschen, *ich* wehre mich lediglich.«

Hadrians Miene verfinsterte sich, sein kantiger Kiefer trat unter der Anspannung hervor und sie konnte sich nicht daran erinnern, wann sie ihn das letzte Mal wirklich wütend erlebt hatte.

»Du wehrst dich also? Als wir in dem Bett auf dem Weg nach Fenia gelegen haben und du begonnen hast, dich an mich ranzuschmeißen, hast du aber nicht sehr unwillig gewirkt. Du schienst mir eher mehr zu wollen, wenn mich meine Erinnerungen nicht vollkommen trügen.«

Zischend stieß sie hervor: »Bist du jetzt ernsthaft wütend, weil ich nicht vor aller Augen von dir angefasst werden will?«

»Ich bin ein Dieb, aber kein Schwein, Laelia. Mir ist durchaus bewusst, dass eine Einwilligung kein Freibrief für die Ewigkeit ist. Ich bin wütend, weil ich sehr genau weiß, was sich in deinem Kopf gerade abspielt.«

Plötzlich wünschte sie, ihren Händen irgendwas zu tun geben zu können. »Spiel dich hier nicht als allwissend auf.«

»Und du entscheide dich mal, was du …«

Er unterbrach sich, rieb sich grob über den Nacken und schien dann wieder ruhiger. Die Paare auf der Tanzfläche vollführten weiter elegante Drehungen, das Orchester stimmte feierliche Töne an und der Adel wurde noch gesprächiger und lärmender.

Ein Kellner flanierte an ihnen vorbei, worauf Hadrian sich galant ein Glas nahm und in einem Zug herunterkippte.

286

»Wir müssen einen klaren Kopf bewahren«, kommentierte Laelia skeptisch.

Er ignorierte sie schlicht. »Wir brauchen aber beide unsere Köpfe, um einen klaren Kopf zu bewahren, und dieses wundersame Getränk hier hilft mir dabei, meinen nicht gegen die Wand zu hauen.

Und jetzt komm, Prinzessin Merla wird jeden Moment hier sein.«

HADRIAN

Hadrian hatte anfangs noch gedacht, dass der Abend trotz seiner Umstände amüsant werden könnte.

Er hatte geplant, Laelia ein wenig abzulenken, ihnen ein paar schöne Stunden zu bereiten, in denen er sie auf die Tanzfläche zog und sie gekonnt durch die angestimmten Stücke führte.

Daraus würde wohl nichts werden.

Sie standen abseits der Tanzfläche, er sah sich immer wieder prüfend nach bekannten Gesichtern aus Neros Mannschaft um, konnte allerdings niemanden ausfindig machen, während die Schatten über seine Füße krochen.

Laelia ließ ihre Aufmerksamkeit gelangweilt über die Menge schweifen auf der Suche nach Merla. Ein weiteres Tablett mit rätselhaften, im Licht schimmernden Flüssigkeiten kam in dem Moment an ihnen vorbei, worauf Hadrian sein altes Glas darauf abstellte und sich ein neues greifen wollte, es aber doch unterließ. Besser, er blieb nüchtern, um seine Kräfte konzentrieren zu können, wenn es hart auf hart käme.

So ließ er den Bediensteten vorbeiziehen und wollte Laelia gerade vorschlagen, dass sie sich doch noch ein wenig umsehen konnten, als das Orchester plötzlich verstummte und eine Reihe festlicher Trompetenklänge ertönte. Monarchen waren sich nur selten zu schade, leicht gefunden zu werden.

»Die fenische Königsfamilie«, verkündete der Diener. »Ihre Majestät Königin Allanah von Fenia, Seine Majestät König Killian von

Fenia und Ihre Hoheit Prinzessin Merla von Fenia, die Gastgeberin des heutigen Festtages.«

Die Paare hielten mit dem Tanzen inne und alle Gesichter wandten sich zur Eingangstreppe, wo zwei feuerrote Schöpfe sofort hervorstachen.

Trotz seines Grolls schob Hadrian Laelia geistesabwesend sanft vor sich, damit sie durch eine Lücke vor ihm spähen konnte.

Die Menge teilte sich ehrfürchtig, als das Königspaar gefolgt von der Prinzessin, die eine Schattenschleppe hinter sich herzog, die Treppe hinabschritt. Die Mimik des Königs war herzlich, die der Königin erhaben einladend und die der Prinzessin schien fröhlich, auch wenn ihm das Lächeln in ihrem Gesicht etwas aufgesetzt vorkam. Nichts, was er von den Feiern dieser Natur in seiner Heimat nicht gekannt hätte.

Königin Allanah hielt ein schlankes Glas in der Hand, welches mit einer goldenen Flüssigkeit gefüllt war. Die Trompetenlaute waren verstummt. Auch Tochter und Gatte hatten Getränke gereicht bekommen, genau wie ihr Gast König Ochuko von Kijana, der etwas abseits stand und alles stillschweigend aufzunehmen schien.

Die Königin hieß sie alle herzlich willkommen und sprach ihre Freude über ihr aller Erscheinen aus. Während sie dem Adel weiter Honig ums Maul schmierte, entging Hadrian nicht, wie ein Mann, mindestens ein Jahrzehnt älter als er selbst, sich der Familie näherte. Irgendwas an der Art, wie der Mann die junge Merla musterte, ließ Hadrian seine Muskeln anspannen und sich näher zu Laelia stellen.

»… aber ich darf nicht nur verkünden, dass meine Tochter ein Jahr älter geworden und zu einer Frau herangewachsen ist«, die Königin pausierte, bis der tosende Applaus verstummt war, »auch freue ich mich, heute mit euch etwas zu feiern, was mich als Mutter mit großem Stolz erfüllt. Lord Roarke?«

Der Mann, den Hadrian beobachtet hatte, trat nun vor und stellte sich neben Prinzessin Merla. Sofort begann vereinzelt Gemurmel auszubrechen.

»Schon lange ist Lord Roarke ein guter Freund der Familie und ein wertvolles Mitglied des fenischen Rats. Deshalb ist es mein besonderes Vergnügen, verkünden zu dürfen, dass Lord Roarke und Prinzessin Merla sich heute verlobt haben.«

Der Adel antwortete mit überraschten Lauten und ohrenbetäubendem Applaus.

Merla schien die Begeisterung nicht zu teilen. Ihre Augen wurden groß und sie wirbelte so abrupt zur Königin herum, dass sie etwas von ihrem Getränk verschüttete. Aufgebracht sagte sie etwas zu ihrer Mutter, doch dank des überwältigenden Beifalls konnte Hadrian nicht verstehen, was ihre Worte waren. Ihm entging allerdings nicht, wie Königin Allanah Merla einen einzigen Blick zusandte, der die Prinzessin sogleich verstummen ließ. Ihre Miene aber sprach weiterhin Bände, besonders als Lord Roarke sie bei sich unterhakte. Sie sah ihn nicht an wie jemanden, mit dem man sich gerade glücklich verlobt hatte.

Hadrian hätte gerne gewusst, was hier gespielt wurde, doch er würde noch genug Zeit haben, das in Erfahrung zu bringen, solange sie die Prinzessin überreden konnten, mit ihnen zu gehen. Nicht zum ersten Mal kam es ihm ein wenig unwahrscheinlich vor, eine Fremde mit königlichem Blut dazu zu bewegen, mit ihnen zu gehen. Doch für Zweifel war es schon beim Betreten des Ballsaals zu spät gewesen.

Die Königsfamilie stieß endlich an, worauf ein ganzes Meer an Gläsern über Köpfe gehalten wurde, was von oben bestimmt ein interessantes, golden schimmerndes Bild geboten hätte.

Auf die Aufforderung der Königin, nun wieder zu tanzen, löste sich die Ansammlung um die Familie und entfernte sich, um sich aufgeregt über die Neuigkeit auszutauschen. Doch viele blieben noch, um dem frisch verlobten Paar zu gratulieren sowie sich der

Königin gegenüber ein wenig beliebt zu machen. Für seinen Geschmack dauerte das alles viel zu lange.

Hadrian und Laelia stellten sich ans Buffet, behielten die Prinzessin dabei aber im Auge. Seine Begleiterin wirkte alles andere als optimistisch und ihr Ton war demonstrativ kühl, als sie sagte: »Willst du mir sagen, wie wir an sie herankommen sollen? Bis sich die Schar gelöst hat, ist der Ball doch schon vorüber.«

Hadrian ließ seinen Blick über die Tanzfläche schweifen. »Ich wüsste da etwas. Warte hier.« Ohne ein weiteres Wort begann er sich seinen Weg durch die Menge zu bahnen. Manchmal war es schlauer zu warten, manchmal wiederum hieß es, sich in das Geschehen zu werfen, solange die Möglichkeit dazu noch bestand. Der Trick war es zu erkennen, wann es nach welcher Strategie verlangte.

Doch während er auf die Prinzessin zusteuerte, mit dem Plan, sie auf die Tanzfläche zu ziehen, den einzigen Ort in diesem ganzen Ballsaal, an dem sie ungestört und ohne großen Verdacht auf sich zu lenken würden reden können, bemerkte er, dass etwas nicht stimmte. Immer mehr Gäste strömten auf die Königsfamilie zu.

Doch Merla schien mit jeder Gratulation noch panischer zu werden, ihre Haut war im Gesicht und am Hals mit roten Flecken überzogen und die Schatten um ihre Füße wurden immer schwerer und dichter.

Hadrian hielt kurz inne. Nein, da war jemand ganz offensichtlich nicht halb so froh über seine Verlobung wie jeder andere im Raum. Dies schien aber niemand zu bemerken, denn es war die Königin, die jegliche Aufmerksamkeit auf sich zog.

Er konnte nicht hören, was Merla sagte, als sie sich wieder zu ihrer Mutter drehte und ihr etwas mitteilen zu wollen schien, doch diese ignorierte sie bloß. Da legte Lord Roarke seine Hand auf Merlas nackten Arm.

Und die Schatten fluteten.

Laelia

Mit der Geschwindigkeit von fliegenden Pfeilen rauschten schwarze Schattententakel in alle Winkel, alle Höhen und alle Tiefen des Ballsaals und nahmen Laelia die Sicht, welche instinktiv die Hände über den Kopf warf und nach Hadrian suchte.

Sie sah nicht weiter als bestenfalls ein paar Schritte. Der Rest wurde eingenommen von einem Meer aus Grau- und Schwarztönen, die ihre Haut streiften. Ein fremdes, Gänsehaut verursachendes Gefühl.

Die Gäste begannen zu schreien, zu brüllen, in alle Richtungen zu rennen. Es war, als wären sie ohne Vorwarnung in einer Welt ohne Farbe gefangen.

Warte hier, hatte Hadrian ihr zugemurmelt, als er gegangen war. Das würde sich im Moment schwer bewerkstelligen lassen.

Bevor sie sich in Bewegung setzen konnte, prallten immer mehr Leute blind und ungeschickt gegen sie, in ihrem Bedürfnis, den Ausgang zu finden.

Da hörte Laelia noch etwas anderes. Es war das Klirren von mehreren Hundert Kristallen, die aneinanderstießen. Die Klänge stammten von einer Quelle direkt über ihrem Kopf.

Wenige Augenblicke lang wurden die Rufe der Gäste zögernder und verhaltener. Alle hoben gleichzeitig ihre Blicke durch den sich lichtenden Schattenschleier direkt auf einen hin und her schwingenden Kronleuchter. Und im nächsten Augenblick brach er aus der Verankerung.

Laelias Herzschlag setzte aus.

»Achtung!«, schrie jemand und ging in anderen Warnrufen ähnlicher Natur unter.

Die Momente danach zogen sich im Rückblick länger, als sie tatsächlich waren. Laelias zuerst wie gelähmte Beine rannten, doch bevor sie wusste, was geschah, warfen sich die Idioten um sie herum auf den Boden und rissen sie gleich mit sich, als der Leuchter mit ohrenbetäubendem Lärm auf den Marmorboden donnerte.

Für einen kurzen Augenblick war die hohe, brechende Kakofonie alles, was Laelia wahrnahm. Doch als sie sofort danach versuchte, wieder aufzuspringen, spürte sie einen stechenden Schmerz in ihrer Schulter.

Irritiert blickte sie an ihrer Seite hinunter und entdeckte leise aufkeuchend einen riesigen Kristallsplitter, welcher aus ihrem Körper ragte. Ein sehr undamenhafter Fluch entwich ihr.

Das Blut breitete sich bereits auf dem feinen Stoff aus wie Tinte auf nassem Papier. Damit konnte sie wohl vergessen, Geld aus der Robe zu machen.

Eine weitere Welle Schatten schoss über die Menge und nahm Laelia wieder die Sicht, doch es blieb ihr keine Zeit zu warten.

Ohne Rücksicht auf die Menschen um sie herum zu nehmen, richtete sie sich die Zähne zusammenbeißend auf, begann dorthin zu rennen, wo sie die Treppe vermutete, und als sie beinahe über die erste Stufe stolperte, wusste sie, dass sie auf dem rechten Weg war.

Überall hingen dicke schwarze Schattenstreifen in der Luft und am Boden. Als wäre der Ballsaal ein Gemälde, über welches jemand mit einem Pinsel willkürlich Striche zog.

Aber Laelia fragte sich nicht, wo sie tatsächlich herkamen. Irgendeiner der Gäste musste wohl durchgedreht sein, immerhin war sie in einem Saal voller Schattentänzer gewesen. Stattdessen war es doch eher die immer heftiger blutende Schnittwunde, die ihr Sorgen bereitete.

Also rannte sie weiter Richtung Ausgang, ohne sich umzusehen, schrie durch geschlossene Lippen gedämpft auf, wenn jemand gegen sie stieß, doch sie konnte den Kristall nicht aus ihrer Schulter ziehen. Es würde den Zustand der Wunde nur verschlimmern.

Hadrian. Sie musste Hadrian finden.

Sie musste zum vereinbarten Notfalltreffpunkt. Und sie hatte noch gedacht, dass dieser nutzlos war. Die Prinzessin würde kaum so viele Umstände machen, wenn alles halbwegs so lief wie geplant. Doch Hadrian hatte darauf bestanden, sich weitere Optionen offenzuhalten, hatte die Gegend und die Wälder außerhalb der Stadt in den vergangenen Tagen ausgekundschaftet. Sie hatte jetzt schon keine Nerven übrig für seine zu erwartende Selbstzufriedenheit, wenn sie sich wiedersahen.

Vorausgesetzt, sie überlebte.

Denn sie spürte, wie ihre Sicht immer wieder verschwamm, wie ihr Magen rumorte, wie ihr Atem immer stockender kam. Sie blinzelte, um ihre Sicht zu klären, und lief weiter.

Endlich war sie draußen und wollte schon den Hügel zum hinteren Stadttor hinablaufen, als sich vor ihren Augen wieder alles zu drehen begann und sie sich gegen eine Häuserfassade taumeln ließ, da ihre Beine sich scheinbar weigerten, sie zu tragen. Kurz schloss sie die Augen, schluckte, spürte den Schweiß und das Blut auf ihrer Haut, an ihrer gesamten ruinierten Robe.

Sie musste weiter, denn wenn sie hierblieb, würde Hadrian sie nie finden und sie würde hier mitten auf der Straße erbärmlich verbluten. Sie atmete mit geschlossenen Augen tief ein und aus, versuchte sich einzureden, dass die Verletzung nicht so gravierend war, wie sie sich anfühlte, und dass sie sie ignorieren konnte, solange sie nur weiteratmete.

Sie richtete sich langsam auf. Und in dem Moment, als sie wieder in Bewegung kommen wollte, wurde sie mit Gewalt zurück gegen die kalte Wand gestoßen.

Laelia riss die Augen auf und musste erst einige Male blinzeln, um die in ihr Blickfeld schwimmenden Flecken zurückzudrängen und zu erkennen, wer sie da gefunden hatte.

Es war einer der beiden Kerle, die Hadrian und ihr vor wenigen Weichen in der Sackgasse aufgelauert hatten. Und zwar ausgerechnet derjenige von den beiden, der Bekanntschaft mit ihrer Holzkiste gemacht hatte.

Seine Begegnung mit Hadrian und ihr hatte er wahrscheinlich nicht für sich behalten. Nero, wurde ihr schlagartig bewusst, konnte selbst also nicht weit sein. Doch darum würde sie sich wohl später sorgen müssen.

Laelia wollte schreien, begann, um sich zu schlagen. Doch er presste ihr eine seiner Hände auf den Mund, blockierte ihre Arme mit seinem, presste sie mit seinem Körper noch enger gegen die Wand.

»Na? Erinnerst du dich an mich?«

Wieder drohte ihr schwarz vor Augen zu werden. Und wieder blinzelte sie, versuchte, die Ohnmacht wegzuatmen. Ihre Brust hob sich angestrengt. Sie hoffte, dass er dachte, dass es aus Wut und nicht aus Schwäche war. »Wo ist Hadrian? Du musst mir nur sagen, wo er ist, und du bist frei.«

Sie schwieg, fixierte ihn bloß mit einem hoffentlich tödlichen Blick, obwohl alles um sie herum rotierte.

Sein Blick schweifte an ihr entlang, als er die Scherbe entdeckte. Mit einem Ruck riss er diese heraus, noch bevor Laelia auch nur daran denken konnte zu reagieren.

Ihre Bemühungen, den Schmerz zu ignorieren, waren mit einem Mal dahin. Ihr zerschmetternder Schrei wurde durch seine Hand gedämpft. Doch noch während ihr die Tränen in die Augen schossen, zwang sie sich zur Konzentration. Wenn sie nicht sofort hier verschwand, war dies ihr Ende.

Sie kannte vielleicht keine nützlichen Handgriffe wie Hadrian, dafür, erinnerte sie ein Geistesblitz, trug sie einen Dolch unter ihrem Gewand.

Mit voller Kraft biss sie Neros Mann in die Hand, der brüllend zurückzuckte und gerade lang genug abgelenkt war, damit sie nach unten schnellen, das Messer aus der Scheide in ihrem Stiefel schnappen und, ohne darüber nachzudenken, tief in ihn rammen konnte.

Fluchend krümmte er sich zusammen.

Bevor sie aber den Dolch fallen lassen und sich davonmachen konnte – Blut nun überall an ihrem Körper, wobei sie nicht sagen konnte, welches Rot von ihr stammte und welches von ihm –, packte er sie keuchend.

Und rammte seine Finger direkt in ihre Wunde.

Sie wusste nicht, was daraufhin geschah. Wahrscheinlich gaben ihre Beine einfach unter ihr nach, denn das Nächste, worüber sie sich bewusst wurde, war, dass sie auf dem Boden der Gasse lag. Ihr Atem kam nur noch abgehackt, bis sie nur wenige Momente später nichts mehr spürte.

Hadrian

Merlas Schatten stoben in alle Richtungen und Hadrian unterdrückte mühsam den Instinkt, zu Laelia zu laufen, zögerte nicht lange und kämpfte sich in die Richtung der fenischen Prinzessin. Es war vielleicht nicht das Ablenkungsmanöver, das er geplant hatte, doch er wäre ein Narr, wenn er diese Möglichkeit einfach aus seinen Händen gleiten ließe.

Bevor er sich zu den selbst in dieser Schwärze signalroten Haaren vorkämpfen konnte, hörte er erst ein kollektives Aufkeuchen, bevor der Kristallleuchter – der wohl von einem Schattenstreifen getroffen worden war – wenige Augenblicke später von der Decke brach und mit der Wucht von tausend zerbrechenden Gläsern am Boden zerschellte.

Genau an der Stelle, wo Laelia und er eben noch gestanden hatten.

Er hielt inne, obwohl er wusste, dass er zu Merla musste.

Aber das war ihm gerade herzlich egal.

Er drängelte und schubste sich durch die flüchtende Menge, die Gesichter im Vorbeilaufen absuchend, die Panik unterdrückend, und je näher er dem Zentrum der Katastrophe kam, desto lauter wurde das schmerzerfüllte Stöhnen und Schreien.

Wieder rollte eine Schattenwelle über sie hinüber. Durch den tintigen Nebel konnte er nur mit größter Mühe erspähen, dass einige nicht schnell genug gewesen waren und halb unter dem gewaltigen Leuchter gefangen waren. Hätte Hadrian nicht gewusst, dass ihm die Zeit davonlief, hätte er dem Heiler in sich nachgegeben und geholfen. Menschen waren durchschossen von Kristallsplittern, lagen blutend und unter Schock am Boden.

Er rief Laelias Namen, doch seine Stimme ging im allgemeinen Gewirr unter. Weiterhin versuchte er beunruhigt die Gesichter der Verletzten abzusuchen, doch immer noch konnte er sie nicht finden. Selbst wenn sie hier war, würde es noch mehrere Minuten dauern, bis die Schatten sich verzogen hatten, und bis dahin wäre die Prinzessin bestimmt schon fortgebracht worden.

Wie auf ein Stichwort hörte er jemanden gellend »Nein!« schreien, entdeckte dann wieder Merlas rote Mähne, die durch den Saaleingang verschwand und die Palastwachen mit einem verwirrten Gesichtsausdruck zurückließ. Immerhin war sie die Prinzessin und keine Schwerverbrecherin. Doch die vom Kronleuchter Erschlagenen hätten ihnen da mit großer Wahrscheinlichkeit widersprochen.

Hadrian raste mit großen Schritten die Treppe hinauf und war gerade rechtzeitig da, um Merla in einen der hinteren Gänge verschwinden zu sehen. Hinter sich hörte er: »Los!« Königin Allanah. »Was steht ihr noch herum? Mobilisiert alle Wachen und bringt sie zurück!«

Hadrian schlüpfte im letzten Augenblick in eine Ecke, als die Königsgarde an ihm vorbeilief, hängte sich dann an ihre Fersen.

»Sie läuft zum Hintereingang!«, rief einer der Soldaten, und wenn Hadrian nicht den Kopf dafür verloren hätte, wenn man ihn unerlaubt im privaten Bereich des königlichen Palastes entdeckt hätte, hätte er sich bei ihm für seine Mitteilsamkeit bedankt.

Schnell hatten sie Merla eingeholt, die schlitternd vor den von Wachen blockierten Hintertüren zum Stehen kam, und genauso hielt auch die Garde hörbar an, die Rüstungen metallisch klappernd.

Als sie herumwirbelte, um den Soldaten gegenüberzutreten, sah sie aus, als ob sie jeden Moment zusammenbrechen würde: Die Haare hatten sich aus der Frisur gelöst und standen wild ab, ihre

Beine zitterten selbst unter dem langen Rock verborgen deutlich und sie atmete pfeifend.

Doch der Anführer des Trupps schien sich einzubilden, dass noch etwas Rationales in ihr steckte: »Euer Hoheit, wir bitten Euch ...«

Jemand, der vor einer Minute, aus welchem Grund auch immer, mehrere Dutzend seiner eigenen Ballgäste schwer verletzt und einen ganzen Palast in finsterste Dunkelheit gestürzt hatte, war offensichtlich nicht für Rationales oder Bitten zu haben. Die Prinzessin schloss ihre Augen. Atmete tief durch, legte den Kopf in den Nacken, streckte ihre Arme nach hinten und ließ sie dann ruckartig nach vorne schnellen. Damit holte sie die Schatten hervor, die sich wie dunkle, zerfließende Flügel aus ihrem Rücken in Richtung der fenischen Männer stürzten.

Einer nach dem anderen wurde innerhalb von Bruchteilen eines Augenblicks von der Schwärze hart nach hinten katapultiert und prallte stöhnend an Wänden und auf dem Boden auf, bis schließlich niemand mehr stand.

Abgesehen von Hadrian.

»Wartet!«, rief er nun, als er aus seinem Winkel hervorkam, die Hände kapitulierend gehoben.

Merla hatte einen ihrer Schatten bereits abwartend gehoben, ihr Brustkorb schien sich einen Wettlauf mit ihrem zweifellos rasenden Herzschlag zu liefern. Mit großen, angsterfüllten Augen musterte sie ihn, wobei er wohl derjenige hätte sein müssen, der sich vor seinem Gegenüber hüten sollte.

»Wer ... was?«, begann sie zu stottern.

Hadrian hörte herannahende Schritte. Der nächste Schub Wachen musste bereits unterwegs sein. »Das war so eigentlich nicht geplant, aber ich denke nicht, dass wir viel Zeit für Erklärungen haben werden. Ich bin Hadrian, ein Heiler aus Talina, und wenn Ihr hier verschwinden wollt, bin ich Eure beste Option.«

Immer noch starrte sie ihn an – den Schatten drohend emporge-
hoben –, als wäre er ein Fabelwesen aus einer fenischen Sage. Das
wäre nicht das erste Mal, dass jemandem bei seinem Anblick die
Worte fehlten. Doch die Soldaten kamen immer näher und die Zeit
drängte.

»Ihr wollt doch von hier fort, oder? Wenn ja, sollten wir hier
möglichst bald verschwinden.«

Ihre hellgrünen Augen stierten weiter.

»Gut«, meinte er nun, marschierte an ihr vorbei zur dankens-
werterweise nun unbewachten Hintertür und war sich darüber
bewusst, dass sie mit ihrem Blick jedem seiner Schritte folgte. »Ich
dachte eigentlich, dass Ihr angesichts dessen, dass Ihr ein Massaker
im Ballsaal hinterlassen habt, gegen Euren Willen verlobt worden
seid und Megan vermisst, die erstbeste Gelegenheit ergreifen würdet, hier zu entkommen, aber …«

Ungläubig teilte sie ihre Lippen und piepste: »Woher …«

»Wollt Ihr jetzt mitkommen oder nicht?« Auch wenn die Geschichte mit der unfreiwilligen Verlobung nur ein Schuss ins Blaue
gewesen war, sagte ihm ihr Blick, dass sein Instinkt goldrichtig gelegen hatte. Ohne eine Antwort abzuwarten und gerade noch, bevor
die Wachen in den Gang einbogen, schlüpfte er aus der Tür.

Gefolgt von Merla, die ihm mit einem »Wartet!« nachkam, als er
sich mit schnellen Schritten vom Schloss entfernte.

»Wohin?«, fragte sie atemlos, den Blick auf ihre zu Fäusten geball-
ten Hände gerichtet.

Zu Laelia, dachte er, während er seinen Gang verlangsamte, damit die Prinzessin aufschließen konnte. »Zu Eurem Glück habe ich
mich in den letzten Weichen mit Eurer Stadt bekannt gemacht und
kenne daher den schnellsten und diskretesten Weg vom Palast zum
Haupttor.«

Er hatte zwar nicht geplant, flüchten zu müssen, aber jeder gute
Dieb wusste, dass man für jeden Ausnahmefall, egal wie unwahr-

scheinlich dieser auch scheinen mochte, vorbereitet sein musste. Scheiterte ein Plan, war man gut beraten, auch einen zweiten Plan parat zu haben, und lief auch dieser schief, hatte es noch niemandem geschadet, auch einen dritten oder vierten Plan aus dem Ärmel zaubern zu können.

»Zum Haupttor? Aber ...«

»Zum Haupttor«, wiederholte er bestimmt. Das Nebentor der Stadt war zu nahe am Notfalltreffpunkt, und falls Laelia dort war, wollte er die Wachen nicht zu ihr führen. Jedenfalls hoffte er, dass sie dort war.

Also schlängelten er und die Prinzessin sich durch die Stadt, hielten immer wieder inne, wenn ein weiterer Trupp von Soldaten brüllend vorbeimarschierte.

Schließlich ließ sich die Konfrontation mit den Soldaten nicht vermeiden, denn bald schon standen sie vor dem Haupttor, durch welches Hadrian vor Weichen die Stadt betreten hatte und welches von mindestens zwei Dutzend Soldaten bewacht wurde.

Diese sahen sie kommen und begannen, wie Hadrian beunruhigt beobachtete, die Zugbrücke hochzuziehen.

»Schneller!«, bellte er Merla an.

Panisch kam sie seinem Befehl nach und gemeinsam rasten sie auf das Tor zu, während die formierten Wachen zögerlich waren, ihre Waffen gegen ihre eigene Prinzessin zu erheben. Merla pflückte sie einen nach dem anderen aus dem Weg. Mit jedem Mal wurde sie blasser und die Kraft schwand ihr sichtlich, was heißen würde, dass es nur noch eine Frage von wenigen Momenten war, bis ihre Energie endgültig erschöpft wäre.

»Nicht stehen bleiben!«, rief Hadrian, während Merla weiterhin ihre Abwehr aufrechterhielt, doch die Schatten ähnelten nur mehr durchscheinendem Rauch als tintenschwarzen Schlingen.

Da kam Bewegung in die Zugbrücke, die sich ratternd und zunächst lächerlich langsam vom Ufer auf der anderen Seite der Vene

301

hob. Doch Merla und Hadrian waren bereits auf der Brücke, wurden instinktiv mit jedem Schritt schneller, als sie sahen, dass sich die hölzerne Konstruktion immer weiter anhob.

Die Soldaten hinter ihnen brüllten, liefen nun ebenfalls über die Plattform. Nur noch wenige Meter waren sie vom Ende entfernt, die Steigung der Brücke gerade noch nicht steil genug, um sie nicht abrutschen zu lassen. Es hieß also: jetzt oder nie.

»Versucht, beim Aufkommen in den Knien zu federn!«

Nur noch wenige Schritte. »Wa…«

»Springt!«, rief Hadrian und gemeinsam sprangen sie ab.

Die Prinzessin schrie, ruderte in der Luft mit Armen und Beinen, doch Hadrian genoss es mit jeder Faser seines Seins.

Mit Leichtigkeit drehte er sich in der Luft geübt in einer Rolle um die eigene Achse, kam beinahe lautlos auf der Wiese am Ufer auf, rollte sich seitlich ab und kam sofort wieder auf die Beine.

Auch die Prinzessin landete am Ufer, ihr Aufprall sichtlich ungemütlich, doch ihre Verletzungen zu analysieren kam jetzt nicht infrage.

Die Soldaten, die nach ihnen und somit zu spät gesprungen waren, landeten entweder mit einem lauten Platschen in der Vene oder schafften es nicht, die Steigung zu überwinden, und wurden zurückgeworfen.

Hadrian und Merla rannten weiter Richtung Wald. Die Brücke war angehalten worden und wurde wieder heruntergelassen, doch das dauerte und würde ihnen ein wenig Zeit schenken.

Sie brachen durch das Dickicht und ohne ein weiteres Wort bog Hadrian nach rechts ab, während Merla ihm hörbar angestrengt und vollkommen von ihren Schatten verlassen hinterherstolperte.

Bald erbarmte er sich, einen Augenblick innezuhalten, wobei Merla beinahe in ihn hineingelaufen wäre. Kurz bevor es dazu kommen konnte, stützte sie die Hände auf den Knien ab, um nach Luft zu ringen.

»Ihr würdet besser vorankommen, wenn Ihr Eure Schuhe auszieht.« Er nickte in Richtung ihrer Absätze, war sich aber nicht sicher, ob sie die Geste in der Dunkelheit überhaupt bemerkte.

Neben den zum Glück soldatenfreien Umgebungsgeräuschen hörte er ein leises Murmeln und stellte fest, dass es die Prinzessin war, die sich immer noch über ihre Knie beugte.

»Was habe ich getan was habe ich getan oh Götter was habe ich getan …«

»Wir müssen weiter«, sprach er mit ruhiger Stimme.

Es war einfach keine Zeit, um die Nerven zu verlieren. Er musste herausfinden, wo Laelia war, damit sie sich so schnell wie möglich von der Hauptstadt entfernen konnten.

Wenn die fenische Krone ihre Prinzessin wiederfand, waren all die Mühen, um diese Mission am Leben zu erhalten, umsonst, auch wenn er sich dabei ein wenig wie ein leichtgläubiger kleiner Junge vorkam.

Doch egal, ob naiv oder nicht, sie brauchten Merla.

»Kommt. Wir können uns gleich ausruhen, das verspreche ich Euch.« Er begann wieder loszutraben und bemerkte, dass sie sich tatsächlich nach ein paar verstrichenen Augenblicken wieder aufrichtete und mit ihrer wenigen verbliebenen Energie hinter ihm herlief.

Nur kurze Zeit später waren sie beim Treffpunkt angelangt.

Aber von Laelia fehlte jede Spur.

Er suchte die unmittelbare Umgebung ab, doch selbst wenn er gewollt hätte, hätte er in dieser mondlosen Nacht nichts sehen können. Er begann auf den Waldrand zuzusteuern, aber auch dort entdeckte er Laelia nicht. Sie hatte es nicht hergeschafft. Hatte entweder nicht hergefunden oder war aufgehalten worden. Hadrian tippte auf Zweiteres.

Bevor er wusste, was er tat, wandte er sich an Merla: »Kleine Planänderung. Ihr bleibt hier. Ich werde versuchen, so schnell …«

303

»Ihr lasst mich hier zurück?«, piepste sie. »Die Wachen werden mich finden!«

»Da habt Ihr nicht unrecht.« Er untersuchte die dicht bewachsenen Laubbäume um sie herum. »Ihr könnt nicht zufälligerweise klettern?«

»Wie bitte?«

»Kein Problem, das haben wir gleich.« Mit einem kräftigen Ruck hob er sie vom Boden hoch in Richtung eines halbwegs stabil wirkenden Astes, an dem sie sich gezwungenermaßen mit panisch weit aufgerissenen Augen festklammern musste, wenn sie nicht auf den Boden plumpsen wollte. »Zieht Euch hoch.«

Sie keuchte. »Die Götter mögen …«

»Jetzt.« Perplex tat sie, wie ihr geheißen, und strampelte unbeholfen mit den Beinen, bis sie sich auf den Ast gehievt hatte. Von unten sah er kaum mehr als eine Silhouette. »Versucht Euch mit Euren Schatten dort oben versteckt zu halten. Wenn Ihr stillhaltet und leise seid, wird schon nichts passieren. Ich werde mich beeilen.«

Sie schien immer noch nicht glauben zu können, dass sie jetzt auf einem Baum saß. »Aber …«

»Wenn Ihr Megan wiedersehen wollt, dann müsst Ihr mir vertrauen, Prinzessin.«

»Die Königin hat Megan hinrichten lassen!« Etwas, das er in Erinnerung behalten würde. »Wie genau soll ein Wiedersehen also bitte funktionieren?«

»Wie gesagt: Vertraut mir einfach und wartet hier auf mich. Ach ja, bevor ich es vergesse.«

Schnell hatte er einen seiner Dolche gezückt, griff nach oben und trennte eine lange, rote Locke von ihrem Haar, bevor er sie in seine äußere Jackentasche verschwinden ließ. Er bot ihr gar keine Möglichkeit, noch etwas zu erwidern, und lief bereits los in die Richtung, aus der sie gekommen waren.

Der Palast. Wenn er Laelia finden wollte, musste er es zurück in den Palast schaffen und in die Nähe der Mauer kommen, ohne auf dem Weg von übereifrigen Wachen erkannt und von Lanzen aufgespießt zu werden.

Unerkannt in die Stadt zu kommen war eine Sache der Unmöglichkeit. Dafür hatten ihn zu viele Wachen zu lange gesehen. Und selbst wenn sie ihn am Tor nicht erkannt hätten, irgendwann würde er unweigerlich einer Wache über den Weg laufen, die sich an ihn erinnerte. Eine Rüstung zur Tarnung wäre das Einzige gewesen, was ihm in dieser Situation hätte aushelfen können.

Wieder einmal verfluchte er sein auffallend gutes Aussehen; durchschnittlich müsste man sein. Aber vielleicht, keimte der Gedanke in ihm auf, vielleicht musste er es genau darauf anlegen: Wenn es ihm nicht möglich war, die Stadt ungesehen zu betreten, dann musste er eben gesehen werden.

Er tastete seine innere Jackentasche ab. Unter seinen Fingern spürte er die Wölbung des Glasflakons, gefüllt mit einem hoch dosierten Betäubungsmittel, welches er vor ein paar Tagen gemeinsam mit den Einladungen auf dem Schwarzmarkt erstanden hatte.

In einen nonchalanten Gang verfallend, verließ er das Waldgebiet und steuerte direkt auf das Stadttor zu, das mittlerweile wieder geöffnet war. Die Wachen entdeckten ihn, bevor er auch nur grüßend die Hand heben konnte. Armbrüste wurden gespannt, Lanzen und Schwerter gezückt, als er ihnen mit einem Zwinkern entgegenkam. »Stehen bleiben und Hände weg von Eurem Körper!«

Wie befohlen, er war ja ein artiger Bürger dieses Kontinents, hob er seine Hände und kam direkt unter der Stadtmauer zum Stehen. »Ich freue mich auch, euch wiederzusehen.«

»Wer seid Ihr?«

Hadrian schüttelte den Kopf, die Arme immer noch in die Höhe gereckt. »Erkennt ihr mich etwa nicht? Ihr enttäuscht mich, meine

Freunde.« Er ließ die rote Haarsträhne zwischen seinen Fingerspitzen hervorblitzen. »Vielleicht hilft euch das hier ja auf die Sprünge …«

Im nächsten Moment griff jemand grob nach seinen Handgelenken und kreuzte sie unter einem unbarmherzigen Griff hinter seinem Rücken.

»Ist ja schon gut, ihr hättet mich wenigstens aussprechen lassen …«

Im nächsten Moment wurde ein Dolch gegen seine Kehle gedrückt.

MERLA

Seit dem Augenblick, in dem Hadrian verschwunden war, schien von einem Moment zum nächsten alles in Merlas Kopf zu verschwimmen.

Was habe ich getan?

Übelkeit machte sich in ihrem Magen breit und rumorte in ihrem Körper, während die Erinnerungen in ihrem Kopf wieder und wieder abliefen, nur noch intensiver. Der Schock, den sie verspürt hatte, als Allanah die Verlobung verkündete. Die Blicke aller Anwesenden, die an ihr hafteten. Der Schweiß, der überall an ihrem Körper ausbrach. Die Schatten, die mit jedem folgenden Herzschlag immer drängender in ihr hochstiegen. Roarkes Berührung.

Und dann dieser unerklärliche Ruck, wie damals während der Trainingseinheit.

Von da an war alles schwarz vor ihren Augen geworden, aber die Schreie hatte sie trotzdem gehört. Die Furcht. Ihr eigenes Volk fürchtete sie. All das Blut war ihr Verdienst. Ihre Schuld.

Merlas Atem gab abgehackte, pfeifende Laute von sich. Nur am Rande merkte sie, wie sie gegen den Baumstamm in ihrem Rücken in sich zusammenfiel, wie sie ihre Arme um ihre Beine schlang.

Was habe ich getan, was habe ich getan, was habe ich getan.

Es floss heiß und kalt durch ihren Körper, ihr Herz pochte, schien immer schneller zu werden und am liebsten hätte sie geschrien, bekam aber keinen Ton heraus, denn alles schien falsch. Etwas in *ihr* schien falsch.

Die Königin hatte recht. Sie war eine Enttäuschung, nutzlos, eine Schande für ihre Familie.

Washabeichgetanwashabeichgetan ...

Merla schien alles so viel lauter und gleichzeitig auch nichts zu hören. Alle Geräusche, Gerüche und Sprenkel von Mondlicht schienen zu laut, zu stark, zu *falsch, zu viel*.

Sie schwitzte weiter, fror, keuchte, ihr Herz raste, es *raste*, sie konnte es deutlich in ihrer Brust pulsieren spüren, als würde es jeden Augenblick explodieren.

Panisch sog sie Luft ein, aber es schien nicht zu reichen. Egal wie oft sie es versuchte, irgendetwas in ihr schien blockiert. Sie würde ersticken, sie würde mitten in diesem Wald, alleine auf diesem Baum ersticken und sie konnte nichts dagegen tun. Sie schnappte noch schneller nach Luft und wieder schien es nicht genug, nichts war genug. Sie war nicht genug.

Ihr Kopf wurde plötzlich unendlich schwer, rollte träge hin und her. Vor ihren Augen verschwamm die Sicht, als ob sie unter Wasser die Augen geöffnet hätte, bevor sie schließlich die Lider senkte. Sie konnte nicht sagen, wie und wie lange, aber sie war sich ziemlich sicher, dass sie daraufhin das Bewusstsein verlor.

Als sie wieder zu sich kam, brauchte sie einen Moment, um sich darüber klar zu werden, wo sie sich befand, warum sie sich hier befand. Blinzelnd begannen sich die schwimmenden Silhouetten vor ihr wieder zu einem scharfen Bild zusammenzufügen.

Erst jetzt bemerkte sie, dass wieder Luft zu ihr durchdrang. Flatternd schloss sie ihre Augen. Noch nie hatte sie die Frische der Luft in ihren Lungen so geschätzt, die unaufdringliche Ruhe eines regelmäßigen Herzschlags so genossen.

Ein weiterer beflügelnder Luftstoß strömte durch sie, ihre Atemzüge wurden gleichmäßiger. Zum ersten Mal seit mehreren Minuten hatte sie das Gefühl, wieder richtig zu hören.

Eine lange Zeit saß sie einfach da und konzentrierte sich auf ihre

Atmung, besonders auf jene durch ihre Nase, da sie merkte, dass die Luft dabei zuverlässiger in ihren Brustkorb strömte.

Da raschelte es. Ein Kettenhemd klirrte.

Merla kannte dieses Geräusch.

Es waren die Schritte einer fenischen Rüstung, die jeden Moment bei ihr ankommen würden.

Hadrian

»Bevor ihr mich umbringt«, Hadrian ignorierte die kalte Schneide des Messers, während er sprach, »solltet ihr das besser noch mal überdenken.«

»Wieso sollten wir?« Die Stimme einer Frau antwortete ihm. Die Sprechende war es auch, die ihn in dieser eher ungemütlichen Position festhielt.

»Du hast die Prinzessin entführt.« Das halbe Dutzend anderer Wachen schien ebenfalls bereits seine Schwerter zu schärfen.

»Tut, was ihr nicht lassen könnt, ganz ehrlich, ich könnte mir schlimmere Arten zu sterben ausmalen. Nur wollt ihr wirklich dafür verantwortlich sein, dass die Prinzessin den Tod findet?«

»Wie meinst du das?«

»Ich bin der Einzige, der weiß, wo sie ist. Wenn ihr sie finden wollt, braucht ihr mich«, erklärte Hadrian. Diese Soldaten schienen allesamt peinlich wenig Erfahrung mit Entführungen zu haben.

Sie schnaubte und drückte ihm den Dolch noch fester an die Kehle, sodass er sich hüten würde, zu schwer zu schlucken. »Weit kannst du nicht gekommen sein. Sie muss noch in der Umgebung sein.«

»Wer sagt, dass ich keine Komplizen habe, die Merla bereits fortgebracht haben?«

Ihr kurzes Schweigen verriet ihm, dass er sein Ziel erreicht hatte. »Was willst du?«

»Ich will mich der Königin persönlich stellen. Und ausschließlich der Königin.«

Unruhiges Murmeln brach zwischen den Wachen aus. »Du willst dich stellen?« Sie packte ihn noch fester an. »Du musst uns wohl für vollkommen leichtgläubig halten. Wir verhandeln nicht mit Verbrechern.«

»Ich kann es mir auch einbilden, aber bin ich nicht gerade freiwillig durch dieses Tor in eure Hände spaziert? Beeindruckende Technik übrigens.« Er schmunzelte. »Vielleicht hast du ja später ein wenig Zeit für mich und ich kann eine Privatstunde …«

Sie unterbrach ihn und seinen Versuch, sie auf seine Seite zu ziehen, indem sie ihm beinahe die Handgelenke verdrehte. »Wieso solltest du dich ausliefern wollen?«

»Aus demselben Grund, aus dem man meine Hilfe wollen wird: Ich hänge sehr an meinem Kopf.«

»Du würdest deine Komplizen einfach so verraten?«

»Wie schon richtig festgestellt, bin ich ein Verbrecher.« So weit er konnte, drehte er seinen Kopf, um sie von der Seite sein Profil begutachten zu lassen. »Ist das also wirklich so überraschend?«

Nach kurzem Zögern waren seine Kehle und seine Hände tatsächlich frei.

»Schön. Aber du glaubst doch nicht ernsthaft, dass wir dich allein zum Palast spazieren lassen.«

»Ich schaffe das schon«, sagte er, während er sich nicht vorhandenen Staub von den Ärmeln klopfte. »Bin schon ein großer Junge, versprochen.«

»Entweder du lässt dich von mindestens zweien meiner Leute begleiten oder ich nehme dir hier und jetzt das Leben. Das ist mein letztes Angebot.«

Gespielt unglücklich willigte er ein, aber erst nachdem er seinen Kragen gerichtet hatte: »Fein.«

Abseits von der eskalierenden Menge, um schnellstmöglich vo-

311

ranzukommen und nicht behindert zu werden, führten ihn die zwei männlichen Wachen direkt an den Stadtmauern entlang, den Hügel hinauf, Richtung Palast.

Hadrians Hände waren nun gefesselt und er spürte die zwei Lanzen, die sie ihm an den Rücken hielten. Sein Gang war locker, unbekümmert.

Sie waren fast auf derselben Höhe wie der Thronsaal und auf der höchsten Ebene des Hügels, wenn er richtig schätzte. Nirgends würde man außerhalb des Palasts die Laternen am Schattenwirbel so gut sehen können wie von hier.

Seelenruhig fragte er: »Und? Wie hat euch beiden der Ball gefallen?«

»Klappe da vorne.«

»Ich habe nur versucht, Konversation zu betreiben.«

»Ich sagte *Klappe*«, wiederholte einer der Männer.

Hadrian warf einen Blick nach hinten und bemerkte, dass die Wache ihr rechtes Bein leicht nachzog. »Wenn es nach mir ginge, wärst du schon tot«, verkündete der Mann.

»Keine Sorge. So empfinden die meisten Leute, die mich kennen.«

»Schnauze jetzt!«

Hadrian blickte zu seiner Linken. Keine Menschenseele in Sicht. »Zu gerne.« Im nächsten Moment wandte er sich abrupt um und stieß dabei mit seinem Rücken gegen die kletterpflanzenbewachsene Mauer.

Ohne zu zögern, stachen beide hart in seine Richtung. Bevor sich die Lanzen aber in seinen Körper bohren konnten, sprang Hadrian in die Höhe und landete mit jeweils einem Fuß auf einem der Lanzenstäbe, deren Spitzen nun fest in den Ritzen der Mauer steckten.

Er vollführte eine Rolle in der Luft und kam hinter den beiden auf. Ihre in der Wand verlorenen Speere vergessen, wirbelten sie herum, jedoch einen Moment zu spät.

Hadrian trat kräftig in das bereits verletzte Bein des einen, welcher schreiend zu Boden ging, wo sein Kettenhemd klirrend schepperte. Sein mit Schattenwirbeln verzierter Helm kippte zur Seite.

Der andere griff hastig nach einem Dolch, welchen Hadrian mit einem gezielten Schlag einige Längen weit wegschleuderte. Als Nächstes rammte er ihm mit aller Kraft seine Schulter in die Seite und trat die Füße unter ihm weg.

Sein Kollege war bereits schwer atmend dabei, sich wieder aufzurichten. Doch Hadrian war schon beim Dolch, sank auf seine Knie, tastete mit seinen Händen auf dem Rücken blindlings nach dem Heft, bekam es endlich zu fassen und sägte die Fesseln durch. Kurz rieb er sich die Handgelenke, um die Durchblutung anzuregen. Den Dolch in eine Tasche gesteckt, zog er aus einer anderen das Betäubungsmittel und ein verdrecktes Tuch hervor.

Der Mann mit dem verletzten Bein zog sich an der Mauer hoch.

Hadrian entfernte mit dem Daumen den Korken des Fläschchens und verteilte die Flüssigkeit großzügig über den Stoff.

Der Soldat stieß sich von der Wand ab und schwang seine Faust. Hadrian fing diese ab, verdrehte ihm den Arm auf den Rücken und musste ihm das Tuch nur kurz an Mund und Nase drücken, bevor er auch schon wie ein lebloser Sack gegen ihn fiel.

Da hörte er den anderen Soldaten aufschreien und drehte sich gerade noch schnell genug um, um zu sehen, wie dieser ihm mit einem neuen Dolch in der Hand entgegenlief und die Spitze auf ihn senkte.

Gelassen hielt er im letzten Moment den Kollegen als lebendes Schutzschild vor sich und sah, wie das Messer gegen das Kettenhemd prallte. Daraufhin stieß Hadrian den betäubten Mann fest in Richtung des Angreifers, was diesen reflexartig nach seinem Kumpanen greifen ließ. Hadrian nutzte den Moment und drückte auch ihm das Tuch gegen den Mund.

Nachdem er die beiden Bewusstlosen in eine Ecke hinter ein

paar Kisten gezogen und sie gefesselt und geknebelt hatte, hielt er inne. Er hatte es in die Stadt geschafft, aber im Palast war er immer noch nicht.

Sein Blick glitt über die beiden Lanzen, die immer noch in der Mauer feststeckten, dann über seinen Kopf zu den Holzbalken. Den fußbreiten Holzbalken.

Erst versuchte er, die Lanzenspitzen zu biegen, doch sie blieben stabil. An seinem Knie brach er mit voller Kraft die hölzernen Halterungen auseinander, warf das Holz achtlos beiseite und zog die Spitzen aus den Rillen heraus, um sie über seinem Kopf erneut in den schmalen Zwischenräumen der Mauer zu versenken. Um sich an ihnen festhaltend die Füße in die Kletterpflanzen zu stemmen, welche sich hörbar spannten, und sich hochzuziehen. Als er nicht abstürzte, zog er eine der beiden Spitzen aus der Mauer und stieß sie weiter oben in die Wand, zog sich daran hoch und ließ dann die nächste Spitze folgen, um sich wieder daran hochzuziehen. Ja, das würde funktionieren.

Und Bacary hatte diese Idee vor ein paar Weichen noch für verrückt erklärt. Der Lauscher wusste das Leben einfach nicht zu genießen.

Immer weiter hangelte Hadrian sich so an der Mauer hoch, versuchte, nicht zu viel Gewicht auf seine Füße und die Kletterpflanzen zu verlagern, bis er ein gutes halsbrecherisches Stück über dem Boden hing.

Ein letztes Mal stieß er mit zusammengebissenen Zähnen die Lanzenspitzen in die Mauer, zog sich daran hoch und schlüpfte durch einen der Zwischenräume der Holzbalken.

Er setzte sich schwer atmend und schwitzend auf eine der Planken, um sich nach einer kurzen Verschnaufpause vorsichtig – eine Fingerspitze nach der anderen löste sich vom Holz – aufzurichten.

Das Konstrukt unter ihm knarrte protestierend, als er seine Augen über das Stadtbild wandern ließ. Eine leichte Brise streifte seine

Wange. Von hier oben konnte er alles auf einen Blick erfassen. Den Palast, das Haupttor, die Bürger der Stadt, sogar den Wald, in dem Merla hoffentlich immer noch auf ihn wartete.

Er war schon über schmalere Simse gewandert.

Hadrian wartete darauf, dass sich sein Brustkorb wieder beruhigte, konzentrierte sich darauf, sein Gleichgewicht zu halten, und begann sich, einen Fuß vor den anderen setzend, vom Mauerrand zu entfernen.

Hätte er nicht bereits so viel Zeit mit den Wachen verloren, wäre er vorsichtiger gewesen. Stattdessen lief er jetzt und konzentrierte sich darauf, einen stetigen Rhythmus beizubehalten.

Unter sich passierte er protzige Häuser, rasende Kutschen, eilende Wachen und schreiende Bürger, die ihre Kinder an den Ärmeln packten und in die Sicherheit der eigenen vier Wände zerrten, um dem Chaos im Palast zu entfliehen.

Schließlich wurde er langsamer, als er die Hausdächer hinter sich ließ, und hielt wenig später inne, als er auf das breite Zentrum des Schattenwirbels trat.

Hadrian blickte hinab und lächelte: Direkt unter seinen Füßen lag der Thronsaal der fenischen Krone.

An einem Ende des Saals saßen die Königin und der König auf ihrem jeweiligen Thron, goldene geschwungene Lehnen unter ihren Unterarmen. An der Seite Allanahs, deren Tochter Hadrian gerade aus dem Palast geschmuggelt und im Wald auf einem Baum zurückgelassen hatte, weilten Lord Roarke und König Ochuko persönlich.

Eine junge Soldatin trat gerade eilig vor die Königin.

Sie verbeugte sich. »Euer Majestät.« Hadrian erkannte sie. Es war die Soldatin, der er bei den Stadttoren begegnet war.

»Ich fürchte, ich habe schlechte Nachrichten: Wir haben die ganze Stadt abgesucht, aber von der Prinzessin und ihrem Entführer fehlt jede Spur.«

315

Hadrian verstand sich ja eher als Retter in der Not.

»Nichts? Ihr wollt mir sagen, dass Eure Truppen die gesamte Stadt abgesucht haben und keine Spur meiner Tochter und dieses Verrückten«, jetzt war er definitiv beleidigt, »gefunden wurde?«

Die Soldatin verblieb bemerkenswert aufrecht.

»Unglücklicherweise ja, Euer Majestät. Obwohl …«

»Obwohl was?«, hakte die Königin nach.

»Tatsächlich hat er sich uns gestellt. Ich habe ihn daraufhin begleitet von zwei Wachen zu Euch bringen wollen, allerdings …«

»Ist das ein schlechter Witz?«

»Weder er noch meine Männer sind offenbar hier angekommen.« Nur wenige hätten den Mut besessen, Fenias Königin etwas Derartiges zu beichten.

»Er, die einzige Person, die weiß, wo meine Tochter sich befindet, hat sich Euch persönlich gestellt und Ihr habt es geschafft, ihn zu verlieren?«

Schlauerweise enthielt sie sich einer Antwort. »Wir sind noch dabei, das Waldgebiet nach ihr abzusuchen, aber es sieht nicht gut aus.«

König Killian auf dem Thron neben Allanah blieb stumm. Lord Roarke schien allerdings nicht vorzuhaben zu schweigen. »Wie ist das möglich? Wie kann man so unfähig sein? Wie hat die gesamte Wache meine Verlobte aus den Augen verlieren können?«

»Nun, sie ist mit dem Unbekannten durch das Haupttor geflüchtet und hat uns mit ihren Schatten angegriffen.«

»Wo waren Eure Waffen? Eure Armbrüste, Speere, Schwerter und Schattenwerfer?«

Die junge Frau wirkte bei der Frage der Königin ein wenig irritiert. »Bei uns, Euer Majestät, aber es war uns nicht wohl dabei, die Prinzessin zu verletzen.«

»Was wohl ist und was nicht, ist immer noch meine Entscheidung«, erwiderte Allanah. Nach einer kurzen, bedeutungsschweren

Pause fuhr sie fort: »Ich möchte, dass Ihr die nach meiner Tochter suchenden Wachen abzieht.«

Hadrian musste sich verhört haben.

Die junge Frau schien seinen Gedanken zu teilen.

»Verzeihung?« Auch die restlichen Männer und Frauen im Raum starrten die Königin an.

»Sie werden anderweitig gebraucht. Die Truppen sind hoffentlich bereits dabei, alle einzusammeln, die gesehen haben, dass Prinzessin Merla im Ballsaal die Kontrolle über die Schatten verloren hat?«

»Ja, Euer Majestät.«

»Sehr gut, dann sollen die restlichen Wachen dazustoßen. Ich möchte, dass sie so effizient wie möglich ruhiggestellt werden. Lord Roarke wird die Operation leiten.« Letzterer verstand, nickte und ging gemeinsam mit der Soldatin davon.

»Allanah«, Ochukos sanfte, etwas schleppende Stimme ließ sie zu ihm blicken, als sie nur noch zu dritt im Saal waren, ausgenommen die beiden Gardisten, die am Eingang Wache hielten. Und natürlich Hadrian, der sie aus gefährlicher Höhe beobachtete. »Was hast du vor?«

»Wir geben ihr einen Vorsprung«, antwortete sie. »Ich kenne Merla. Sie wird paranoid, wenn sie so lange einfach davonkommt, ohne dass wir ihr auf die Spur kommen. Und wenn sie paranoid wird, wird sie nervös, und wenn sie nervös wird, macht sie Fehler.«

Hadrian runzelte bei den Worten die Stirn, als ein Bediensteter den Thronsaal betrat. Er wirkte noch grüner hinter den Ohren als die Soldatin von eben. Und verängstigter. Er verbeugte sich gehetzt und wirkte, als würde er beim nächsten lauten Geräusch in sich zusammenfallen.

»Was ist passiert?«

Er sagte etwas, sprach jedoch zu leise, um für Hadrian verständlich zu sein.

Allanah seufzte. »Das muss wohl bis morgen warten. Schickt ihn fort. Und sprecht lauter. Ich verstehe Euch kaum.«

Der Diener zögerte. »Aber er sagt, dass es jetzt sein müsse. Es sei von äußerster Dringlichkeit.«

»Jeder meiner Besucher denkt, dass seine Audienz von äußerster Dringlichkeit wäre.«

»Es ist ... Nero, Euer Majestät.«

Hadrians Herzschlag setzte aus.

Ohne zu zögern, meinte Allanah: »Holt ihn herein.«

Als sein Ziehvater daraufhin in den Saal trat, musste Hadrian sich unwillkürlich hinsetzen.

Nero trat vor die Königin und verbeugte sich gerade so weit, wie es eben noch respektvoll wirkte. Wie absurd dieser Anblick war, ihn so vor sich zu sehen, dachte Hadrian, während er zu ihm hinabstarrte. Er war schließlich nicht die Art von Mann, der sich vor jemand anderem verneigte. Jedoch war er auch ein intelligenter Mann und wusste, dass man es sich besser nicht leistete, die fenische Königin herauszufordern.

»Nero. Ich muss zugeben, mit Eurem Erscheinen habe ich heute nicht gerechnet.« Hadrian konnte sie beruhigen, denn sie war nicht die Einzige, der es so ging.

Sie kannten sich. Das misstrauische Stirnrunzeln des kijanischen Königs neben ihr bestätigte Hadrian, dass auch er schon Bekanntschaft mit Nero gemacht hatte. Selbst die heiligsten Oberhäupter sahen sich dann und wann in ein Geschäft mit Nero und seinem Bund verwickelt. Hadrian hatte so manche dieser Aufträge selbst ausgeführt.

»Ihr wisst doch, dass ich stets darauf achte, keine der großen Feierlichkeiten zu verpassen.«

»Wenn Ihr hier seid, um meine Tochter zu beglückwünschen, muss ich Euch enttäuschen«, bemerkte die Königin.

»Ich bin tatsächlich wegen Eurer Tochter hier. Um genau zu sein, wegen der Person, die ihr zur Flucht verholfen hat.« Hadrian konnte nicht behaupten, überrascht zu sein.

»Ihr kennt ihn?«

»Ja, könnte man so sagen.« Beinahe hätte Hadrian gelacht. Seinen Humor hatte er wohl von Nero. »Und ich glaube, dass es in Eurem Interesse sein wird, mir zu helfen, ihn *und* Eure Tochter zu finden.«

»Was veranlasst Euch dazu, das zu glauben? Sie mag meine Tochter sein, aber …«

»Glaubt mir. Hier steckt viel mehr dahinter, als Ihr wisst«, sagte Nero.

Hadrian horchte auf. Das konnte nicht sein. Nero konnte nicht von der Zwischenwelt wissen.

»Wagt es nicht, mich noch einmal zu unterbrechen«, entgegnete Allanah ruhig, aber mit zusammengekniffenen Lippen.

Nero nickte. »Verzeiht, Euer Majestät.«

Stumm inspizierte sie ihn weiterhin, meinte dann aber: »Ihr sagt, dass hier mehr dahintersteckt? Das habe ich mir bereits gedacht. Es war mir vom ersten Augenblick an suspekt, dass Merla das alles gemeinsam mit einem Fremden geplant haben sollte.«

Zumindest war er nun fremd und nicht verrückt.

Nero nickte erneut. »Lasst es mich so sagen: Ihr habt größere Sorgen als ein geplatztes Geburtstagsfest.«

Es musste um diese Megan gehen, welche die Königin laut Merla hatte hinrichten lassen. Hadrian fragte sich, was sie wohl getan hatte, dass es der Königin so gefährlich werden konnte, wenn sie wieder am Leben war und sprechen konnte.

»Dementsprechend möchte ich Euch gerne jemanden vorstellen. Komm herein, Wasula.« Nero winkte einer Person am Eingang zum Thronsaal.

Ein junger Mann trat durch die Flügeltür. Seine weißen Fingerspitzen hoben sich deutlich von seinem dunklen Teint ab, das konnte

Hadrian selbst aus einer solchen Entfernung erkennen. Ein Traumsandsüchtiger also.

Bei seinem Anblick lehnte Allanah sich in ihrem Thron zurück. »Jetzt bin ich aber gespannt.«

Nero deutete über seine Schulter hinweg auf die beiden Gardisten. »Ihr werdet die da rausschicken wollen. Das Folgende ist nicht für das gemeine Ohr bestimmt.«

»Ihr glaubt doch nicht wirklich, dass ich dumm genug bin, meine Wachen wegzubeordern, wenn Ihr im Raum seid? Sie bleiben, wo sie sind. Ihr könnt flüstern.«

Wasula und Nero traten vor und taten zu Hadrians Frustration wie geheißen. Als sie wieder zurücktraten und ihre Stimmen hoben, fiel Hadrian sofort auf, dass die sonst so blassen Wangen der Königin glühten.

Was Hadrian darum gegeben hätte, den Traumsandsüchtigen auszufragen. Woher er von der Zwischenwelt wusste, warum er Nero davon erzählt hatte. Hadrian wurde einmal mehr das Gefühl nicht los, dass Divan ihnen allen etwas verschwieg.

»Wir müssen sie aufhalten«, stellte Allanah fest und blickte Nero in dessen vernarbtes Gesicht. »Das ist die einzige Möglichkeit. Wenn sie dem Volk die Wahrheit kundtun, war all unsere Arbeit für nichts. Wir müssen ihnen Einhalt gebieten, bevor sie ihre Mission vollenden können.« Und Megan der Königin gefährlich werden konnte.

»Und natürlich bin ich mehr als gewillt, Euch dabei behilflich zu sein, Euer Majestät«, stimmte Nero ihr zu. »Aber ich finde schon, dass ich mir eine kleine Gegenleistung verdient habe, angesichts all der Umstände, die ich in meinem Dienst für Euch auf mich genommen habe und weiterhin nehmen werde, findet Ihr nicht auch? Gerade eben wurde einer meiner Männer schwer von einem Mädchen der Gruppe in einer Seitengasse überfallen. Natürlich hat er ihre Höflichkeit entgegnet, aber der Schaden ist dennoch angerichtet.«

Er sprach von Laelia. Sie hatte es also aus dem Palast geschafft, war aber dank Nero nicht weit gekommen.

Demnach war sie also nicht mehr im Palast. Er war umsonst hier.

Leichtfüßig ließ er den deckenlosen Thronsaal hinter sich, bis er zu einem Dach gelangte, welches die Holzbalken beinahe streifte. Geübt sprang er hinab und hangelte sich an der Regenrinne zurück auf Straßenniveau.

An die Wand gedrückt und jedes Mal rechtzeitig in die Schatten flüchtend, wenn eine Patrouille an ihm vorbeimarschierte, arbeitete er sich durch die Gassen. Verwechselte einen Kleiderhaufen nach dem anderen mit einem Menschen, erlaubte sich aber nicht, einen auszulassen.

Er hatte zu viel Zeit verloren.

Wieder gelangte er in eine verlassene Gasse, warf einen flüchtigen Blick auf den Haufen in der Ecke. Hadrian wollte bereits weitergehen, hielt dann aber doch inne.

Etwas Dunkles war wie ein Fächer um den vermeintlichen Müllhaufen ausgebreitet. Um den grünen Haufen, der sich als Kleid entpuppte.

Sofort war Hadrian neben ihr auf dem Boden und das Erste, was er sah, war ein dunkler Fleck an ihrer Schulter, der einen metallischen Geruch verbreitete.

Ihr Gesicht war zur Seite geneigt. Er sprach sie an, rüttelte leicht an ihrer unverletzten Schulter, jedoch zeigte sie keine Reaktion.

Sie atmete, schwach, aber es war besser als nichts. Sein Blick glitt erneut zu ihrer Wunde und dann über den Boden um sich herum. Er entdeckte den blutverschmierten Kristallsplitter gar nicht weit weg von ihm, gemeinsam mit dem Dolch, den er ihr beim Ball gegeben hatte und der ebenso rot starrte. Neros Handlanger musste den Kristall entfernt haben. Als ausgebildete Heilerin wusste sie es nämlich besser, als den Fremdkörper herauszuziehen, bevor jemand die Blutung stillen konnte.

321

Er löste ihren Arm und ihre verletzte Schulter aus ihrem Überwurf und dem Ärmel, krempelte seine eigenen hoch und begann sofort zu heilen. Er hatte keine Zeit und auch nicht die Mittel, seine Hände zu reinigen, auch wenn er in seinem Hinterkopf seine Meister aus Vita bereits schimpfen hören konnte.

Und durchaus war er sich der Parallele dieser Heilung bewusst. Vor einem halben Jahr war er derjenige gewesen, dem der Tod in einer ähnlich verdreckten Gasse in den Nacken geatmet hatte, während Laelia ihn wieder zusammengefügt hatte.

Seine beiden Handflächen begannen warm an ihrer Haut erst nur unmerklich, dann heller zu glühen. Er konzentrierte sich darauf, den Heilungsvorgang in ihrem Körper zu beschleunigen.

Doch zu seiner Beunruhigung schloss sich die Wunde zwar, aber Laelia rührte sich nicht. Ihre Augen blieben geschlossen und ihre Atemzüge waren nur noch bei genauem Hinschauen zu erkennen.

Er machte unbeirrt weiter, ließ immer mehr seiner Kraft in sie strömen, verbat sich, darüber nachzudenken, dass er sofort hätte herkommen sollen, dass sie bereits zu viel Blut verloren hatte.

Eine weitere Minute verging. Eine weitere Minute, in der sie sich nicht regte und ihre Augen sich nicht öffneten. Er spürte, wie die Nacht und die Akutheilung auch an seinem Körper zehrten.

»Lia«, sprach er nun geistesabwesend, sein Unterhemd durchgeschwitzt und sich mit einem ungeduldigen Kopfschütteln die ebenfalls feuchten Haare aus dem Gesicht schleudernd. Doch seine Hände behielt er auf ihr, obwohl er wusste, dass nicht mehr viel Zeit blieb. Wenn sie in der nächsten Minute nicht aufwachte, konnten auch seine Kräfte nichts mehr bewirken.

Er weigerte sich, ein weiteres Mal ihren Atem abzuhören. »Du stirbst nicht, verstanden?«, forderte er, obwohl er keine Antwort erwartete. »Du stirbst nicht«, sprach er nun noch bestimmter, als versuche er den Tod selbst davon zu überzeugen, seine Finger von ihr zu lassen. Doch als weiterhin nichts passierte, wanderten seine Au-

322

gen unwillkürlich zu ihrem Gesicht. »Lia«, sagte er wieder, dieses Mal sanfter. Er mochte ihren Namen. Er hätte sie öfter so nennen sollen.

Und dann musste er aus irgendeinem Grund daran denken, was er sich auf dem Weg zu Merla und der Tanzfläche gedacht hatte. Dass man, wenn man etwas wollte, wissen musste, ob man darauf warten sollte oder es selbst in die Hand nehmen musste.

Seit Constantia verschwunden war, hatte er immer geglaubt, genau zu wissen, was er wollte: Er hatte sich an seinen Eltern rächen und seine Schwester finden wollen.

Oder vielleicht war es weniger ein Wollen als ein Suchen und Finden gewesen. Die Suche nach Constantia, wegen der er auf dieser Reise war. Genugtuung, die er bei Nero gefunden hatte. Ablenkung, die er bei all diesen Mädchen gesucht hatte.

Er betrachtete die reglose Laelia, immer noch keuchend beide Hände an ihre Schulter gepresst.

Aber vielleicht wusste er doch nicht immer, was er wirklich wollte. Vielleicht hatte er etwas übersehen.

Und da öffnete sie ihre Augen.

Merla

Merlas Kopf schnellte nach oben und beinahe hätte sie sich am Ast über sich den Schädel angeschlagen.

Die Soldaten hatten sie gefunden.

Wie von Hadrian empfohlen, versuchte sie ihre Schatten um sich zu sammeln, allerdings war sie noch so erschöpft von ihrer Selbstverteidigung in der Stadt, dass keiner ihrer dunklen Tentakel sich zeigen wollte. Einst hätte sie diese als Freunde bezeichnet, aber seit der Eskalation bei der Übungseinheit, und besonders seit der Hinrichtung, machte sich stets ein mulmiges Gefühl in ihrem Magen breit, wenn sie ihre Magie einsetzte. Musste sie jetzt etwa jeden Augenblick jedes Tages damit rechnen, die Kontrolle über ihre eigene Magie zu verlieren?

Die stapfenden Schritte kamen näher. Eine Stimme rief ihren Namen.

Panisch klammerte sie sich am Baumstamm fest. Der nächtliche Frost bildete aus ihren Atemzügen kleine Wölkchen vor ihrem Mund und ihrer Nase.

Die Person war nun direkt unter ihrem Baum. Sie kniff ihre Augen zusammen.

»Merla.«

Ihre Augen flogen auf. Unter sich erspähte sie Hadrians Silhouette und die eines Mädchens, das er auf seinem Rücken trug. Träge hatte sie ihre Arme um seinen Hals und ihre Beine um seinen Torso geschlungen, auf welche er stützend seine Hände gelegt hatte.

Merlas Schultern fielen herab. »Fenia sei Dank.« Sie betrachtete die fenische Uniform mit der festen Hose, dem Kettenhemd, dem Gürtel, der über der grünen Schärpe festgezogen war. »Wieso habt Ihr eine Rüstung an?«

»Ich habe sie mir von zwei Wachen ausgeborgt. Die beiden schienen mir nicht, als würden sie diese in nächster Zeit gebrauchen. Ich möchte Euch ja wirklich nichts vorschreiben, aber würde es Euch etwas ausmachen, wieder runterzukommen?«

Wackelig und mit zusammengepressten Lippen erhob Merla sich aus ihrer Sitzposition auf alle viere, um sich dann am Ast festzuklammern und sich von dort ungelenk zu Boden zu hangeln. Sie unterstand sich, ihr schmerzendes Hinterteil zu reiben, als sie wieder auf beiden Beinen stand und ihre Robe abklopfte, die sichtliche Spuren von den Ereignissen der Nacht davongetragen hatte.

Doch die Stimme des Mädchens lenkte ihre Aufmerksamkeit von den Flecken auf ihrem Rock ab. »Lass mich runter«, verlangte sie von Hadrian.

»Wie unhöflich von mir: Euer Hoheit, darf ich Euch Laelia …«

»Bitte, Hadrian«, unterbrach Laelia ihn flüsternd, worauf Hadrian sie vorsichtig von seinem Rücken gleiten ließ, wobei er nicht gerade zufrieden darüber wirkte, das tun zu müssen. Sichtlich mühevoll hielt sie sich aufrecht, nur um ihn sanft fortzuschieben. »Damit das klar ist: Ich werde mich nicht verbeugen oder dich mit Hoheit oder was weiß ich nicht allem ansprechen.«

Zum ersten Mal erlaubte Merla sich, die beiden Fremden genauer anzusehen. Es war nun einmal keine Zeit gewesen, im Eifer des Gefechts gewissenhafte Beobachtungen anzustellen. Erst jetzt bemerkte sie beispielsweise die Narbe in Hadrians Gesicht.

Wie er stammte Laelia wohl aus den Iulisch-Talinischen Landen. Ihre Haut war zu dunkel für Fenia und ein wenig zu hell, um weiter aus dem Süden zu stammen. Laelia mochte vielleicht ein bis zwei Jahre älter und ein wenig größer sein als sie selbst.

Merla widerstand dem Drang, den beiden nicht ins Gesicht zu sehen. »Ich verstehe. W…wohin gehst du?«

Laelia war bereits einige Schritte in Richtung des Waldrandes gestapft, Hadrian dicht auf ihren Fersen, als befürchte er, sie jeden Moment auffangen zu müssen. Doch die Heilerin kam zum Stehen und warf ihr einen fragenden Blick zu.

»Zu Divan und Bacary?«

»Wem?«

Stirnrunzelnd wandte Laelia sich zu Hadrian um, nur um dann stockend einen Schritt nach hinten zu tun, als sie merkte, wie dicht er bei ihr stand. »Was genau hast du ihr erzählt?«

»Als wir vor den bewaffneten königlichen Wachen geflohen sind, war nicht viel Zeit für ein Pläuschchen«, sagte er.

Laelia wandte sich wieder an Merla. »Wir erklären es dir auf dem Weg.«

»Auf dem Weg … weg von hier?«, fragte Merla und verspürte den Drang, auf und ab zu marschieren.

»Natürlich, oder willst du hierbleiben und darauf warten, dass die Wachen dich finden?«

»Nein, aber … Ich kenne euch doch nicht.«

»Wieso bist du Hadrian dann überhaupt gefolgt?«, fragte Laelia berechtigterweise.

Ich bin Hadrian, ein Heiler aus Talina, und wenn Ihr hier verschwinden wollt, bin ich Eure beste Option.

»Er sagte, dass er mich von hier fortbringen kann«, antwortete Merla.

»Und willst du das immer noch?«

Wollte sie das immer noch? Sie wollte Roarke nicht heiraten, sie wollte dem Volk nicht gegenüberstehen nach allem, was sie verbrochen hatte, sie wollte nicht von den Wachen gefunden werden, die wohl jeden Moment hier aufkreuzen würden, und sie wollte nicht sehen, welche Folgen ihr Kontrollverlust im Ballsaal gehabt hatte. Was Nolan wohl denken würde, wenn er von ihren Taten erführe?

Sie hatte ihn nicht mehr zu Gesicht bekommen, seit er wegen der Aufstände nach dem Erlass der Protektionsordnung in umliegende Städte gereist war, um die Lage dort zu stabilisieren. Dass er ihren Geburtstagsfeierlichkeiten deswegen nicht hatte beiwohnen können, hatte sie anfangs noch traurig gestimmt, aber jetzt nicht mehr.

Sonst hätte auch er innerhalb kürzester Zeit genau wie Merla zum ersten Mal in ihrem Leben Bekanntschaft mit der dunklen Seite ihrer Magie machen müssen. Der blutrünstigen Seite. Merla schluckte und versuchte sich dazu zu bringen, einen Moment lang wie Megan und Nolan zu sein. Mutig zu sein.

»Ja.«

»Dann versuch, leise zu sein, und folge uns.«

Wieder begannen sie sich möglichst lautlos fortzubewegen, doch schnell merkten die anderen beiden, dass Merla aufgrund ihrer Schuhwahl nicht mit ihnen Schritt halten konnte, obwohl Laelia und Hadrian immer noch sichtlich entkräftet waren. Merlas Füße schmerzten, als ob sie gerade durch die ganze Stadt gerannt wäre, was auch zutraf.

Hadrian betrachtete wie schon vorhin ihre Schuhe, deren Absätze aussahen, als würden sie jeden Moment zerbrechen. »Wenn wir hier verschwinden wollen, sollten wir etwas an Geschwindigkeit zulegen.«

»Aber ich kann doch nicht barfuß laufen!«, empörte Merla sich.

»Ach, kein Problem, ich kenne da einen Trick«, meinte Laelia und streckte ihre Hände aus. Etwas unsicher schlüpfte Merla aus ihren Schuhen heraus und hätte fast geseufzt, als der Druck auf ihren Fersen und Ballen mit einem Mal nachließ. Abgelenkt von dem erleichternden Gefühl und dem kühlen Gras zwischen ihren Zehen, händigte sie Laelia also ihre Schuhe aus und bemerkte zu spät, wie

327

diese nach einem kurzen, prüfenden Blick die Absätze umfasste und mit einem Ruck abbrach.

Merla keuchte auf und betrachtete ihr ruiniertes Schuhwerk in den Händen des fremden Mädchens.

»So. Jetzt müsste es gleich viel besser gehen«, urteilte Laelia mit einem zuckersüßen Lächeln auf den Lippen. »Und jetzt los: Bacary und Divan bringen uns um, wenn wir nicht bald aufkreuzen.« Mit diesen Worten marschierte sie mit immer noch zittrigen Beinen davon und drehte sich nicht einmal um, um sich zu vergewissern, ob man ihr folgte.

Etwas unbeholfen ließ Merla die Schuhe fallen, kam aber nicht umhin, Hadrian vorsichtig zu fragen: »Ist sie immer so?«

Sie bemerkte, dass er Laelia hinterherschaute und sich der Hauch eines Lächelns auf seine Lippen stahl. »Man gewöhnt sich dran.«

Bacary

»Ich habe ein ganz schlechtes Gefühl bei der Sache. Und angesichts unserer sonstigen Probleme will das etwas heißen.«

Bacary blickte in die Runde vor sich, die sie nun alle in einem Karren saßen, der abseits von regulären Pfaden ratternd durch die kühle Nacht fuhr.

Er hörte die Äste laut unter den Holzrädern brechen, die Grashalme rascheln, die Feldgrillen zirpen, Hadrian die Zügel spannen.

Laelia, deren Kleid vollkommen ruiniert war, blickte ihm bei ihrer Antwort nicht ins Gesicht, sondern in den Nachthimmel über sich. »Was genau beunruhigt dich denn, Bacary?«

Die Antwort war doch so offensichtlich: »Wir haben die fenische Krone gegen uns aufgebracht. Wir haben eine vermutlich bereits fieberhaft gesuchte Prinzessin in unserer Mitte.«

Merlas Atem beschleunigte sich deutlich. Sie hatte sich in einer Ecke des Wagens die Arme um die Beine geschlungen und starrte sie alle mit großen Augen an. Er fragte sich, wo sie ihre Schuhe gelassen hatte, wo die fenische Königin doch bekanntermaßen so sehr auf Sauberkeit bedacht war.

»Ich denke, die Problematik ist eindeutig.«

Laelias genervter Gesichtsausdruck erinnerte Bacary an Nkem, der ihn nur allzu oft mit einem ebensolchen Blick bedacht hatte. Er wollte nicht daran denken, mit welchem Blick sein Bruder ihn willkommen heißen würde, wenn er heimkehre. Was hoffentlich bald geschehen würde, denn die Ungewissheit nagte an ihm: Ob seine

Brüder die Entschädigung bereits hatten bezahlen können, wie wütend sie auf ihn waren, ob sie ihm jemals verzeihen würden.

Hoffentlich würden sie verstehen, wieso er diesen zugegebenermaßen drastischen Schritte hatte gehen müssen. Nicht alles in seiner Macht Stehende zu versuchen, um zurück an das Institut und anschließend auf die Universität zu dürfen, widersprach allem, was ihn ausmachte. Das Lernen und Forschen aufzugeben war keine Option für ihn.

»Die Frage war nicht ernst gemeint, Bacary.«

»Wenn sie nicht ernst gemeint war, wieso hast du sie dann überhaupt gestellt? Ich denke, es gibt wichtigere Dinge zu besprechen.«

Laelia blinzelte einige Male, bevor sie wortlos wieder gen Himmel starrte. Bacary wusste nicht, wieso sie frustriert war. Seine Bemerkung war berechtigt gewesen.

»Götter, Bacary, wenn du was zu sagen hast, dann sag es doch«, hörte er Hadrian leise genug murmeln, dass die anderen es nicht hören konnten, aber Bacarys Gehör entging es nicht. Er war sich ziemlich sicher, dass auch Hadrian sich dessen sehr genau bewusst war.

»Deine Kommentare kannst du dir sparen, Hadrian. Besonders da wir wegen dir in dieser Situation sind.«

Das Leder der Zügel unter Hadrians Händen spannte sich.

»Ist das so?«

»Natürlich.«

»Auf diese Erklärung bin ich gespannt«, sagte Hadrian.

»Du hättest einen anderen Weg finden müssen, die Prinzessin aus der Stadt zu befördern.«

Er lachte freudlos. »Einen anderen Weg? Es gab ja auch so viele Alternativen.«

»Dein Geltungsdrang mit Hang zum Dramatischen macht nun auch dich zu einem gesuchten Mann und damit sind auch wir in Gefahr«, klärte Bacary ihn auf.

»Die Stadt war überlaufen von Wachen, die den Auftrag hatten, mich gefangen zu nehmen. Nebenbei eine Stadt, die umgeben ist von einer Mauer, und leider kann ich nicht durch Wände gehen. Es gab keinen anderen Weg, als durch die Tore zu flüchten, und die sind, welch Überraschung, bewacht.«

»Ich dachte, du bist ein großer Mann in Neros Bund, da hätte ich mehr erwartet«, sagte Bacary, sich deutlich Divans warnenden Blickes bewusst.

»Was?«, krächzte Merla und schaute Hadrian an, als wäre dieser eine Skulptur aus Sonnenstein. »Du arbeitest für Nero?« Ihr Atem wurde noch hastiger. »Ist das eine Falle? War die Zwischenwelt nur ein Köder? Bringt ihr mich etwa zu ihm?«

»Natürlich nicht«, wandte Divan sofort ein und strafte Bacary flüchtig mit einem weiteren mahnenden Blick. »Nero hat nichts mit alldem zu tun.«

»Ich soll mich nicht fürchten, obwohl ihr mit einem von Neros Leuten zusammenarbeitet?«

Bacary hörte fasziniert, dass Merlas Herzschlag schon fast doppelt so schnell wie normal pumpte. »Sie hat durchaus recht«, stimmte er dankbar zu. »Ich finde es höchst beunruhigend, wie achtlos ihr damit umgeht, einen Verbrecher unter euch sitzen zu haben.«

»Keine Sorge, Bacary, wenn ich dich hätte umbringen wollen«, kommentierte Hadrian, seinen Blick auf den Weg vor sich gerichtet, während er das Pferd dirigierte, »wärst du bereits tot.«

Merla winselte. Wenn Hadrian doch nur gewusst hätte, wie sinnlos seine Drohungen waren. Ein Ruf ins Nichts. Wenn er nur gewusst hätte, dass Bacary von ihnen beiden nicht derjenige war, der sich um seinen Tod Gedanken machen musste.

»Wenn Nolan wüsste, was ich hier tue«, hörte er Merla nun wispern.

»Nolan«, griff Divan auf, wohl dankbar für einen Themenwechsel, »dein Bruder, nicht wahr?«

Bacary vermutete, dass der Seher versuchte, ihre Aufregung ein wenig zu dimmen, denn sie wirkte immer noch, als würde sie bei einer plötzlichen Bewegung Hadrians schreiend aus dem Karren springen wollen. Außerdem half das getrocknete Blut in Hadrians Gesicht und an seinen Händen nicht besonders, ihn weniger bedrohlich wirken zu lassen.

»Ja.« Vorsichtig begutachtete die Prinzessin jeden Einzelnen von ihnen.

Bacary hätte zu gerne gewusst, was sie dachte. Früher war er stets dankbar gewesen, wenn er in einem Raum gesessen hatte, in dem nur Begabte anwesend waren. Aber seine Gefährten waren stets so geheimniskrämerisch, dass es ihn in Momenten wie diesem unerwartet ziemlich störte, wenn nicht gar verrückt machte, nicht zu wissen, was in ihren Köpfen vorging.

»Habt ihr denn Geschwister?«

Divan schüttelte den Kopf.

Hadrian zögerte, genau wie Laelia, worauf sie unfreiwillig gleichzeitig ein knappes Ja von sich gaben. Hadrians dunkle Stimme bildete einen wohlklingenden Kontrast zu Laelias klarer und glockenheller Klangfarbe. Sie tauschten einen kurzen, für Bacary undurchschaubaren Blick, bevor Laelia sich rasch wieder abwandte. Hadrian musterte sie noch eine Weile, bevor er ihr ebenfalls den Rücken zuwandte.

»Ja«, eröffnete Bacary als Letzter. »Drei Brüder in der Stadt der Bücher.«

Merla wirkte immer entspannter und lächelte ihn vorsichtig an. »Die Stadt der Bücher? Du bist also ein Lauscher am Institut?«

»Ich war es. Es gab da ein paar … Missverständnisse«, entgegnete er. »Aber wenn diese Mission so läuft wie geplant, dann sollten diese schnell wieder behoben sein.«

Und mit ihnen auch andere Probleme, jedoch behielt er sich dieses eine Mal vor, nicht vollkommen aufrichtig zu sein.

Wobei er selbstverständlich nicht log: Er behielt bloß ein paar Details für sich, und das war wohl nicht verwerflich.

Vena

Vena hörte einen der Blutenden in der Prüfungskommission Befehle geben. Hörte, wie eine Diskussion um sie herum ausbrach, wie man nun weiter vorgehen sollte. Bald schienen aber alle zu wissen, was sie zu tun hatten.

Alle außer Vena. Denn alles, was Vena tun konnte, war, den blutleeren Blutenden neben sich stumm anzustarren. Wie er neben ihr lag und mit leeren Augen zur Zimmerdecke blickte, fast als wäre er bloß in Gedanken verloren und ebenso abseits von dem Geschehen hinter ihnen wie Vena selbst.

Sie hatte den Blick immer noch nicht von ihm gelöst, als Ratsvorsitzende Nora sich neben ihr niederhockte. Dass und wann sie den Raum überhaupt betreten hatte, war Vena vollkommen entgangen.

»Vena? Das ist dein Name, oder?« Ihre Stimme war so ruhig.

»Ja«, antwortete Vena nach einem kurzen Zögern.

»Was ist passiert, kannst du mir das sagen?«

Statt Vena meldete sich eine Frau der Prüfungskommission zu Wort. »Sie hat ihm in einem Zug das ganze Blut aus dem Körper entrissen, bevor wir eingreifen konnten. Das ist passiert.«

»Ich habe Vena gefragt«, sagte Nora, immer noch ihren Blick suchend, der sich nicht finden ließ.

»Ich … ich weiß es nicht. Ich habe gemacht, was ich immer mache, wenn ich meine Magie herbeirufe, und dann ist es einfach passiert.«

»Du hast es also nicht mit Absicht gemacht.«

Zum ersten Mal regte sich bei diesen Worten etwas in Vena und sie wandte den Kopf, um Nora ins Gesicht zu sehen. »Natürlich nicht. Ich weiß wirklich nicht, wie das passiert ist. Ich habe so was noch nie gemacht. Ich wusste nicht einmal, dass ich so was kann.«

Das musste zweifellos ein Missverständnis sein. Vena war zu solchen Leistungen nicht imstande, geschweige denn zu solchen Taten. »Ihr müsst mir …«

»Niemand verlässt diesen Raum ohne meine Erlaubnis«, sprach Nora plötzlich. Einer der Prüfer hatte seine Hand auf den Türknauf gelegt, ließ aber sogleich von diesem ab.

Die Ratsvorsitzende fuhr fort, indem sie Vena weitere Fragen stellte, von denen Vena die allerwenigsten bis gar keine tatsächlich beantworten konnte. Es fühlte sich nicht an, als stelle man ihr die Fragen, sondern einer Traumversion ihrer selbst. So wie man sich im Traum, egal wie realistisch er auf einen wirkte, immer ein wenig fehl am Platz fühlte, als wäre nur eine Hälfte des eigenen Verstandes voll und ganz anwesend. Selbst ihre Hände, die sie doch so gut kannte, sahen aus irgendeinem Grund anders aus in ihren Augen. Fühlten sich anders an, als sie ihre Finger vorsichtig bewegte.

Irgendwann fiel Vena auf, wie ruhig es plötzlich um sie herum geworden war. Blinzelnd sah sie auf und wieder in Noras Gesicht, das immer noch direkt vor dem ihren schwebte.

»Ich glaube dir, Vena. Das tue ich. Das hier ist nicht deine Schuld. Und ich verspreche dir, alles wird gut werden. Aber dafür musst du mir etwas versprechen, in Ordnung?«

Sie nickte automatisch.

»Du darfst niemandem davon erzählen. Wir beide wissen, dass es ein Unfall war, so was passiert tragischerweise, aber du weißt: Wenn das jemand rausfindet, wird eine andere Version der Geschichte daraus gesponnen werden. Solange wir also nichts Genaueres wissen«, wandte sie sich auch an die restlichen Anwesenden, »schweigt ihr über das, was ihr hier gesehen habt.« Jeden Einzelnen bedachte sie mit ihren Blicken. »Es hat keinen Sinn, jetzt Panik zu schüren. Ihr redet mit niemandem über das hier Gesehene, auch nicht miteinander.«

»Aber was werdet Ihr unseren Brüdern und Schwestern dann erzählen?«, hörte Vena sich fragen.

»Wir sind mächtig, Vena. Aber wenn wir nicht aufpassen, kann diese Macht, die wir in uns tragen, auch unsere größte Schwäche sein. Wer sagt also, dass ihm das nicht passiert ist? Dass er sich nicht selbst hat ausbluten lassen? Je weniger die anderen wissen, umso besser.«

Die Anwesenden – die sieben Prüfungsvorsitzenden – stimmten ihr einspruchslos zu. Einfach so.

Als man Vena daraufhin anwies, zurück auf ihr Zimmer zu gehen, fühlte sie sich vollends verwirrt. Das konnte doch nicht alles gewesen sein, irgendwas mussten sie doch noch von ihr wissen wollen. Sie konnte doch nicht einfach in ihr Zimmer gehen. Es fühlte sich abgrundtief falsch an, normal weiterzuleben, nachdem etwas so Abnormales mit ihr passiert war.

»Du kannst gehen, Vena«, sagte Nora, als sie sah, dass sie sich immer noch nicht vom Boden erhoben hatte. »Wenn wir noch Fragen haben, kommen wir zu dir. Bis dahin versuche dich etwas auszuruhen.«

* * *

Vena fragte sich, was Nora unter dem Begriff »Ausruhen« verstand. Denn sie lag in ihrem Bett, hatte die Decke über sich geworfen und war in ihr Nachthemd gehüllt, aber sie konnte kein Auge zutun. Dafür, dass sie an so wenig dachte, war ihr Gehirn überraschend beschäftigt.

Sie merkte gar nicht, dass sie die Nacht über wach geblieben war, bis es an ihrer Tür klopfte, und als Vena diese öffnete, stand Ida vor ihr.

335

»Wieso bist du noch nicht angezogen?«

»Wofür angezogen?«

Ida runzelte die Stirn und schlüpfte an ihr vorbei ins Zimmer, bevor sie Venas Kleiderkasten mit Schwung öffnete. »Die zweite Prüfungsphase? Ich warte jetzt schon seit über einer halben Stunde auf dich. Es geht gleich los.«

Als Ida Vena ihren Mantel reichte, ergriff sie den roten Stoff nur zögerlich. »Ich habe es nicht in die zweite Prüfungsphase geschafft.«

»Dein Name steht aber auf der Liste. Also los, beeil dich.«

Das konnte unmöglich sein. Nach allem, was geschehen war, konnte sie die erste Prüfung auf keinen Fall bestanden haben.

»Was ist los mit dir? Deine Füße stehen erstaunlich fest am Boden, dafür dass du um diese Uhrzeit normalerweise schon durch die Gegend hüpfst.«

»Was mit mir los …« Da erinnerte Vena sich. Ida wusste nicht, was am gestrigen Tag vorgefallen war. Niemand wusste es, außer Nora und den Kommissionsmitgliedern. In Idas Kopf war Vena immer noch Vena. In Idas Kopf war alles wie zuvor, nichts Außergewöhnliches.

Vena hätte es ihr gefahrlos erzählen können, denn ihre beste Freundin hätte niemandem etwas verraten, wenn Vena sie darum gebeten hätte. Aber das wollte sie nicht. Wenn sie das getan hätte, hätte sie mit ihr darüber reden müssen. Und auch wenn Vena wusste, dass sie sich über vieles gerade nicht im Klaren war, wusste sie auch, dass es ihr letztes Bedürfnis war, darüber zu reden.

Es gab also keinen Grund, es nicht zu unterlassen. Denn wenn all die Menschen um sie herum nichts darüber wussten, war es dann überhaupt tatsächlich passiert? Sie hatte immer schon gewusst, dass das Leben bloß eine Sache der Wahrnehmung war. In Venas Ohren klang das einleuchtend und sie spürte, wie sich ein Lächeln auf ihrem Gesicht ausbreitete. »Gar nichts. Und jetzt komm, wir müssen los«, antwortete sie und warf sich ihren Umhang um die Schultern.

Die Unfähigkeit, zwölf Stunden lang still zu sitzen, um die eigene Konzentrationsfähigkeit unter Beweis zu stellen, hatte Vena das vorhergehende Jahr die Teilnahme an der dritten Prüfungsphase gekostet. Drei Stunden hatte sie den Zustand der Meditation damals aufrechterhalten können, bevor sie ihrem steten Bewegungsdrang nachgegeben hatte und von einer der Aufsichtspersonen kurzerhand aus dem Prüfungsraum geschickt worden war.

Dieses Mal gab sie bereits nach einer halben Stunde auf und spürte, wie ihre Knie im Schneidersitz auf und ab wippten. Seufzend öffnete sie die Augen und wartete darauf, dass man sie hinauswinkte. Stattdessen sah sie, wie sich die Prüfer gegenseitig etwas zuflüsterten und sich demonstrativ umdrehten.

Verwirrt ließ Vena ihre Lider wieder zufallen. Vermutlich hatten sie sie übersehen, immerhin saßen mehrere Dutzend Anwärter um sie herum, die es ebenfalls galt mit Argusaugen zu überwachen. Aber sie würde die Möglichkeit nutzen, es noch weiter zu versuchen, wenn sie sich ihr schon präsentierte. Sie würde es schaffen. Sie musste sich nur konzentrieren, musste ihre Gedanken forttreiben lassen, wie der Wind die Wolken am Himmel.

Doch etwas drängte sich in das Schwarz vor ihren Augen. Es war ein metallischer Geruch. Dann folgte kalter Schweiß an ihrem Körper. Dieser Ruck, der sie durchfahren hatte. Augen, die blicklos vor sich hin starrten …

Bevor sie es verhindern konnte, begannen ihre Füße zu wippen. Wieder öffnete sie die Augen und weigerte sich, das zischende Flüstern ihrer Gedanken anzuhören, tat, als nehme es nicht einen Großteil ihres Verstandes ein.

Der Blick einer der Prüferinnen begegnete ihr, nur damit sie sich dann schnell wieder abwandte. Es gab keinen Zweifel. Sie hatte Venas Fehlverhalten gesehen und trotz allem ignoriert.

In jeder anderen Situation wäre Vena so ehrlich gewesen und hätte sich umgehend selbst der Prüfung verwiesen. Es wäre nicht gerecht gewesen gegenüber den anderen Teilnehmern, die es tatsächlich fertigbrachten, sich den Platz bei der Vorführung zu verdienen.

Aber das hätte bedeutet, dass Vena nicht mit auf das Festland reisen dürfte, was keine Option für sie war. Sie konnte nicht sagen, wieso und woher es stammte, aber seit Jahren hatte sie dieses Bild im Kopf, diese Hoffnung, dass ihre Eltern sie genauso sehr sehen wollten wie Vena sie. Dass sie Jahr für Jahr zur Vorführung der Blutenden am Kleinen Mondsee reisten, nur in der Hoffnung, ihr näher zu sein, selbst wenn sie nicht wussten, wie sie aussah. Dass eine Stimme ihr zuwisperte, die sie nur aus ihrer Erinnerung kannte: »Wir werden dich besuchen kommen im Norden. Jedes Jahr. Versprochen.« Nur weil sie in ihren Augen so einzigartig und wichtig war.

Also schloss sie die Augen und begann erneut.

LAELIA

Um die besorgniserregend schnell schrumpfenden Geldreserven aufzustocken, verkauften sie die Stoffteile ihrer teuren Ballroben, die nicht blutverschmiert oder zerrissen waren. Zwar fand sich ein nettes Sümmchen zusammen, aber über kurz oder lang würde es sie nicht mehr über Wasser halten.

In dieser nördlichsten Nation des Kontinents war besonders an den Temperaturen deutlich zu spüren, dass der Sommer sich auf seinen Abschied vorbereitete und der Herbst bereits hinter dem Vorhang auf seinen großen Auftritt wartete.

Sie waren in einer Herberge über einem Wirtshaus abgestiegen, welches ihnen aufgrund ganz besonders qualitativer Musiker empfohlen worden war.

Die Behausung grenzte an die Vene, war ein paar Stunden von der Hauptstadt entfernt und klein, aber fein. Allerdings wegen der näher rückenden Festtage auch recht kostspielig. Laelia vermisste die Generosität, für welche die Luiner angeblich so bekannt waren.

Hadrian, Bacary und Divan waren bereits nach unten gegangen, um das erste warme Abendbrot seit Ewigkeiten zu sich zu nehmen. Merla war im Badezimmer und ließ das Färbemittel einwirken, das sie mit Laelias Hilfe eingearbeitet hatte, da ihr Haar einfach zu bekannt war, um nicht erkannt zu werden.

Außerdem hatte Divan Laelia darauf aufmerksam gemacht, dass es der Prinzessin wohl guttun würde, ein wenig Zeit für sich zu haben.

Laelia sollte es recht sein, denn sie selbst konnte eine ruhige Minute mehr als gut vertragen. Es war bereits dunkel, ein paar Schattenlaternen hingen hier und da. Sie kniete in einen gefütterten Überwurf gehüllt am Ufer der Vene etwas abseits im Garten des Wirtshauses und betrachtete die Narbe an ihrer Schulter in einem der gefrorenen Teile des Flusses.

Vorsichtig tastete sie danach. Es schmerzte nicht mehr, Hadrian hatte gute Arbeit geleistet, aber die Wunde war einfach zu tief gewesen, um keine Spuren zu hinterlassen.

»Willst du nicht essen kommen?« Wie so oft hatte sie ihn nicht einmal kommen gehört.

Laelia schob, ohne Hadrian anzusehen, den Stoff ihres schlichten Kleides zurück über ihre Schulter und richtete sich auf. Für mehrere peinliche Momente wusste sie nicht, was sie sagen sollte. Ein Zustand, den sie sonst eigentlich nicht kannte. »Gleich.«

Er schien schon gehen zu wollen, hielt dann aber inne. Seine Hände wanderten in seine Hosentaschen. »Die Musik ist tatsächlich recht erträglich. Ich bin mir nicht sicher, aber ich glaube gesehen zu haben, wie Divan mit seinem Fuß im Takt gewippt hat.«

»Und du bist gekommen, um mir das mitzuteilen?« Das war das erste Mal seit zwei Weichen, dass sie allein waren und ihr Gespräch mehr als drei Worte umfasste.

»Ich habe ein wenig Luft gebraucht.« Er setzte sich neben sie auf den Boden, bevor sie entscheiden konnte, was sie davon halten sollte. »Ein fröhlicher Divan macht mir Angst. Ist irgendwie unheimlich.«

Sie schnaubte leise. »Wo du doch sonst nur Frohsinn in deinem Umfeld gewohnt bist.«

»Ein Ergebnis meines grenzenlosen Charmes.« Er beobachtete sie, wie sie ihr Spiegelbild vor sich musterte, und stieß sie sanft mit der Schulter an. »Willst du das etwa unkommentiert lassen?«

»Fürs Erste.«

Sein Spiegelbild schüttelte den Kopf, als habe es endgültig genug von etwas. »Hör mal, ich versuche jetzt seit Tagen, dich darauf anzusprechen, aber du …«

Sofort begann sie sich aufzurichten. »Es ist ziemlich kühl. Wir sollten …«

»Nur eine Frage und zwei Minuten, dann halte ich meinen Mund.« Er hatte ihr Handgelenk umfasst. »Bitte!«

Instinktiv wollte sie ihm seine Bitte ausschlagen, doch sie hielt sich zurück. Sonst scheute sie sich auch vor keiner Konfrontation, noch weniger vor einem simplen Gespräch. Laelia musste sich eingestehen, dass es höchste Zeit war, diese Lächerlichkeit zu beenden. Sie setzte sich wieder. »Von mir aus.«

»Nicht so enthusiastisch.«

Sie verdrehte die Augen. »Was wolltest du mich jetzt also fragen?«

Worauf er schließlich wissen wollte: »Vertraust du mir eigentlich?«

Erstaunt zuckte sie bei dieser Frage leicht zurück. »Natürlich vertraue ich dir.«

Erst als sie es ausgesprochen hatte, merkte sie, welche Worte sie da leichtfertig von ihren Lippen gelassen hatte. Laelia brachte es gerade noch über sich, die Hände nicht wie eine drittklassige Bühnendarstellerin über ihren Mund zu schlagen.

Sie spürte seinen Blick auf ihr, erwiderte ihn aber nicht, nicht einmal auf der sich spiegelnden Wasseroberfläche. Geistesabwesend ließ er von ihrem Handgelenk ab. »Das war … überraschend.«

»Und nicht das, was ich sagen wollte.«

»Das wiederum überrascht mich nicht. Und sieh einer an, du lebst noch, obwohl du zugegeben hast, dass du mir vertraust.«

Zwar lebte sie noch, aber sie hätte nichts dagegen gehabt, jeden Augenblick vom Blitz getroffen zu werden. Immer noch sah er sie von der Seite an, und als er so nahe rückte, dass sein Arm ihren berührte, hinterging ihr Puls sie und begann in die Höhe zu schnellen. »Was ist, wenn ich dir sage, dass das kein Grund zur Besorgnis ist?«

»Dann würde ich dir sagen, dass du falschliegst.«

»Wieso?«

Sie gab nach, blickte nun doch wieder zu ihm hoch und meinte: »Weil das nur böse enden kann.«

»Habe ich dir jemals einen Grund gegeben, mir nicht zu vertrauen?«

»Nein«, gestand sie, nachdem sie kurz überlegt hatte. »Aber das kommt noch.« Das tat es bei jedem. Bei Monia und ihren Eltern, Laelias Meistern. »Es ist einfacher, gleich von dem Teil auszugehen, der unweigerlich kommt. Kurz und schmerzlos.«

»Wenn das so ist …« Im nächsten Moment nahm er ihre rechte Hand und legte sie mit seiner eigenen sanft an seine Brust. Sein regelmäßiger Herzschlag pulsierte unter ihrer Handfläche.

Laelia konnte nicht behaupten, mit dieser Entwicklung der Dinge gerechnet zu haben. »Was genau tust …«

»Meine zwei Minuten sind noch nicht vorbei.« Er hob seine freie Hand feierlich. »Laelia.« Er schmunzelte, als er ihren Gesichtsausdruck bemerkte, »ich verspreche dir hoch und heilig, bei allen Göttern, meiner Magie, bei all meinen Dolchen: Wenn ich dir wehtue, darfst du mir doppelt so sehr wehtun.«

Sie fiel bei diesen Worten nicht nur aus allen Wolken, sie wurde förmlich aus ihnen gestoßen.

Ein breites Lächeln formte sich ohne ihr Zutun. »Du weißt, wie lächerlich du gerade aussiehst, oder?«

Er lachte leise, was etwas in ihrer Brust warm werden ließ. Er hatte ein so schönes Lachen, dass die Götter ein Instrument damit hätten füllen müssen, nur damit man es wieder und wieder hören konnte. »Jederzeit, Bandit.« Wenn sie nicht schon gelächelt hätte, hätte sie es spätestens jetzt getan.

Wenn wir schon so weit sind, dachte sie in einem Anflug von Übermut, als sie ihre Hand zurücknahm, *kann ich das auch gleich hinter mich bringen.* »Ich glaube übrigens, dass ich dir wieder einmal Dank schulde. Für die Heilung.«

»Keine Ursache«, tat er ab. »Ich konnte ja nicht zulassen, dass du mich so einfach loswirst.«

»Langsam überholst du mich mit diesen Rettungsaktionen. Ich muss mal wieder für Ausgleich sorgen.«

»Keine Sorge.« Er grinste. »Ich bin mir sicher, dass es genug Leute da draußen gibt, die mir nur zu gerne eine runterhauen würden.«

Wenig später betraten sie die Schenke und setzten sich zu Divan und Bacary an einen Tisch. Laelia bestellte sich das Fettigste, was die Küche zu bieten hatte, und lauschte mit ihren Reisegefährten den verschiedenen Musikern, die eine Ballade nach der anderen zum Besten gaben. Irgendwann, angesteckt von den Gästen um sie herum, stimmte auch ihr Tisch mit in den Gesang ein.

Divan trällerte besonders falsch und laut und Bacary hielt sich mit beiden Händen fest die Ohren zu. Es hätte Laelia nicht gewundert, wenn er jeden Augenblick das Weite gesucht hätte. Auch Hadrian wippte ein wenig im Takt, während sie selbst aus voller Kehle die Textstellen mitsang, die ihr bekannt waren. Es waren nicht wenige, denn sie war eine Zeit lang mit Freunden in ähnlichen Schenken aufgetreten. Sie versuchte die Erinnerung an Monia zu unterdrücken, die im Publikum immer am lautesten, falschesten und glücklichsten mitgesungen hatte. ›*Dann musst du niemals Sorge haben, keine Töne zu treffen, denn du kannst dir immer sicher sein, nicht die schlechteste Sängerin im Raum zu sein*‹, hatte Monia ihr erklärt.

»Laelia«, meinte Divan. »Du bist doch Musikerin.«

Sie wollte fast aus Gewohnheit der letzten Intervalle verneinen, ließ es dann aber doch sein. »Ich werde mich nicht auf diese Bühne stellen, Divan.«

»Wieso? Überallhin schleppst du diese Lyra mit, eine Kostprobe kann also nicht zu viel verlangt sein.«

»Außer natürlich, du traust dich nicht«, ergänzte Hadrian wie beiläufig, doch ihr entging nicht das herausfordernde Glitzern in seinen Augen.

Laelia verzog ihre eigenen zu Schlitzen und fixierte ihn.

»Ich weiß, was du vorhast.«

Galant lehnte er sich ein wenig zurück und sah sie herausfordernd an. »Funktioniert es denn?«

Sie schmunzelte. »Ein bisschen. Na schön.« Sich geschlagen gebend, nahm sie einen letzten Schluck von ihrem Getränk, rutschte ein wenig ungeschickt von der Bank und marschierte direkt auf den Schankwirt zu.

Eine Viertelstunde später war sie dran, setzte sich an das hörbar verstimmte Cembalo am einen Ende der Bühne und zögerte nicht lange, bevor sie einen iulisch-talinischen Klassiker erklingen ließ, der sich immer gut eignete, um die Aufmerksamkeit und Gunst seines Publikums zu gewinnen. Sie war nie besonders begabt am Cembalo gewesen, aber für relativ unkomplizierte Trinklieder, wie dies eins war, reichten ihre Fähigkeiten noch aus. Aber das war auch nicht weiter wichtig, da wahrscheinlich nur ein Bruchteil der Gäste den Unterschied zwischen Moll und Dur erkannt hätte.

Sie genoss das ekstatische Gefühl und die Aufregung, die jedes Mal durch ihren Körper tanzten, wenn sie auftrat. Einfach aus voller Kraft singen zu können, alles rauszulassen, was sich in ihr staute, und sich nicht zügeln zu müssen. Es war, als trete sie in eine andere Welt mit anderen Regeln. Auf der Bühne wurden Dramatik und Emotion zelebriert und nicht von schicklicher Bescheidenheit verpönt.

Als der Wirt sie nach bestimmt einem Dutzend Liedern zu tosendem Beifall von der Bühne schickte und ihr einen kleinen Lohn gab, war sie einerseits erschöpft, andererseits so voller Energie, dass sie am liebsten wie ein kleines Mädchen durch die Menge gehüpft wäre.

Sie wollte gerade auf den Tisch zusteuern, an dem Hadrian und Divan ihr schon überschwänglich applaudierten, als sich ihr jemand in den Weg stellte.

»Du hast wirklich Talent.«

Irritiert schweifte ihr Blick zu dem Gesicht eines jungen Mannes mit einem blonden Schopf und wässrigen blauen Augen hoch. Er hatte einen Lautenkoffer in seiner Hand, der ein wenig mitgenommen wirkte.

»Danke. Kenne ich dich?«

»Nein, tut mir leid. Ich bin Kai.« Sie bemerkte, wie er den Blick kurz an ihr hinabgleiten ließ.

»Und ich bin nicht interessiert.«

Ein unbehagliches Lachen war seine Antwort. »Das … deswegen habe ich dich nicht angesprochen. Ich bin Musiker.« Er deutete auf seinen Lautenkoffer. »Zur Herbstmittweiche spiele ich beim Rat beim Kleinen Mondsee und bin hier nur auf Durchreise.«

»Und?«

»Ich habe eine kleine Truppe und könnte eine weitere Sängerin gut gebrauchen. Die Bezahlung ist nicht schlecht und die Übernachtung gleich in der Festung.«

»Oh.« Nun war es Laelia, der etwas unbehaglich zumute war. »Das ist ja sehr nett und alles, aber ich glaube, da muss ich ablehnen.«

»Sicher?« Er betrachtete sie eine Weile und sie wollte die Stille schon beenden, als er sagte: »Du hast eine tolle Stimme und würdest sicher gut reinpassen.« Seine Augen blickten sie warm an, als er daraufhin lächelte. »Wie heißt du eigentlich?«

»Laelia.«

»Ich würde mich sehr freuen, dich dabeizuhaben, Laelia.«

»Also …«

»Bandit.« Hadrian tauchte hinter Kai auf, die Miene ruhig, die Haltung lässig und elegant wie eh und je. Aber wenn sie es sich nicht bloß einredete, sah sie auch ein wenig Misstrauen hervorblitzen, das er mit einem gelassenen Lächeln zu kaschieren versuchte. »Wo bleibst du? Wir warten schon auf dich. Divan meint, unbedingt mit uns sprechen zu müssen. Und Bacary ist schon hochgegangen. Ich zitiere: *Ich halte es keinen Augenblick länger in dieser Kakofonie aus ordinärem, primitivem und gefährlich falschem Gesang aus.*«

Kai wirkte sichtlich verwirrt über sein Erscheinen. Hadrian hatte so seine Gewohnheit, mit seinem Auftreten auf die eine oder andere Art Eindruck zu machen. Sofort verspürte Laelia den Drang, sich näher zu Hadrian zu stellen, gab diesem Wunsch aber nicht nach.

»Kai, Hadrian. Hadrian, Kai.«

»Ist das dein …?«

»Nein«, beeilte sich Laelia klarzustellen. »Wir sind … Freunde.« Geflissentlich ignorierte sie daraufhin Hadrians Blick.

»Und ihr? Worüber habt ihr euch gerade unterhalten?« Als interessiere es ihn nicht wirklich, verfolgte Hadrian beiläufig die Darbietung eines ganz passablen Flötisten auf der Bühne.

»Dies und das«, sagte Kai, der nun begann, an seinem Koffer herumzuwerkeln.

Aufhorchend wandte Hadrian sich ihnen wieder zu. Er sah aber nicht Kai, sondern sie an. »Ist das so?«

»Kai, es war wirklich nett, dich kennenzulernen, aber unsere Freunde warten. Und danke für das Angebot, aber ich denke, ich werde es weiter ablehnen müssen.«

Sie konnte ihm die Enttäuschung deutlich ansehen, auch wenn er versuchte, es zu verbergen. »Ich bin bis morgen Mittag noch hier, falls du deine Meinung ändern solltest.«

Sie nickte und lächelte entschuldigend, bevor sie mit Hadrian gemeinsam Divan einsammelte und sie zu dritt die Treppe zu ihren Zimmern erklommen.

346

Divan ging bereits in Laelias und Merlas Zimmer vor, als Hadrian sie sanft am Unterarm fassend davon abhielt, ihm zu folgen. Fragend sah sie ihn an.

»Er hat dir ein Angebot gemacht?«

»Ja, das hat er und ich habe es abgelehnt. Weiter?«

Er stützte sich neben ihrem Kopf am Türrahmen ab. Dass sie so nah beieinanderstanden, ließ etwas in ihrem Bauch angenehm flattern. »Was für ein Angebot?«

Sie machte sich aus seinem Griff frei, lächelte zuckersüß und schlug einen sarkastischen Tonfall an. »Er hat angeboten, mit mir durchzubrennen, was denkst du denn?«

»Beeindruckend, der Mann weiß, was er will.«

»Ha, du bist vielleicht lustig.«

»Was wollte er wirklich?«

Sie fühlte sich mehr und mehr in die Enge gedrängt, als er sie so eindringlich musterte. »Gibt es einen Grund, wieso du das unbedingt wissen willst?«

»Ich zeige bloß *freundschaftliches* Interesse an deiner Person.«

»Frage ich dir denn Löcher in den Bauch, *Freund*?« Was Hadrian konnte, konnte Laelia schon längst.

»Durchlöchere mich nur. Ich bin ein offenes Buch.«

Ein Schnauben war darauf die einzige Antwort, zu der sie sich herabwürdigte.

»Was ist?«

»Du willst behaupten, dass du immer ehrlich zu mir warst?«, wollte sie ungläubig wissen.

»Ja, das will ich.«

Das kam ihr doch sehr unwahrscheinlich vor. »Immer?«

Wieder schien er bejahen zu wollen, als sie eine Emotion für einen kurzen Wimpernschlag in seinen Augen aufblitzen sah, die sie von ihm nicht kannte. Und nur weil es vollkommen fremd in seiner Regung war, fiel es ihr auf: Zweifel. Was unweigerlich auch sie zweifeln ließ, als spiegelten sich ihre Emotionen in den seinen. »Hast du mir irgendwas zu beichten, Hadrian?«

»Nicht, dass ich wüsste, Bandit.«

»Was …«

»Kommt ihr jetzt, oder was?« Divan hatte die Tür aufgerissen und blickte auffordernd zwischen ihnen hin und her. »Wir warten schon seit Ewigkeiten auf euch beide.«

Merla

Merlas Haare waren frisch gefärbt fest in ein Handtuch gewickelt, als sie sich auf ihr Bett sinken ließ. Das Braun war fast so dunkel wie Divans schulterlange Mähne, die er gerade zu einem kurzen Pferdeschwanz zusammenband. Laelia hatte gemeint, dass sich die Farbe mit jeder Haarwäsche weiter verflüchtigen würde, was Merla nur recht war. Auch wenn sie ihre Haare immer ein wenig befangen gemacht hatten, da sie durch diese immer besonders schnell auffiel, war es ebenso eigenartig, in den Spiegel zu blicken und das Gefühl zu haben, dass etwas nicht passte; als läge dem Spiegel etwas auf der Zunge.

Es hatte ihr gutgetan, die letzte halbe Stunde allein zu sein. Sie hatte durchatmen können. Vor wenigen Weichen war sie noch im Palast gewesen und nun war sie rund um die Uhr von Menschen umgeben, die sie kaum kannte. Und musste ihnen glauben, dass diese sie zu Megan bringen würden.

Hadrian, der die Tür hinter sich fester als nötig schloss, lenkte ihre Aufmerksamkeit abrupt auf ihn. Er setzte sich neben Divan auf das andere Bett, Bacary lehnte mit verschränkten Armen an der Wand und Laelia saß mit untergeschlagenen Beinen neben ihr.

Immer wieder spähte Laelia für Merla auffällig unauffällig mit gerunzelter Stirn zu Hadrian hinüber. Merla sah sich zwischen den anderen um. Sie hatte bisher mit keinem von ihnen viel gesprochen. Nicht weil sie es nicht wollte, aber es war für sie schon schwer genug, sich mit *einer* Person anzufreunden, geschweige denn mit vieren und das auch noch gleichzeitig, während sie auf der Suche nach ihrer toten besten Freundin auf der Flucht vor der Königin war.

»Also, was gibt es denn so Wichtiges? Müssen wir noch eine Prinzessin finden?« In Hadrians Stimme schwang ein belustigter Unterton mit. Überhaupt schien er nur diese Emotion zu kennen. In den zwei Weichen, in denen sie nun schon mit ihnen reiste, hatte sie nur wenig über ihn herausfinden können, außer dass er unglaublich selbstsicher, geradezu halsbrecherisch risikofreudig und ja, auch umwerfend gut aussehend war, was sie zugegebenermaßen ein wenig einschüchterte. Er mochte der attraktivste Mann sein, den sie je gesehen hatte, aber das vergaß sie schnell, wenn sie sich ins Gedächtnis rief, für wen er arbeitete.

Divan rieb gegen etwas in seiner Hand und bei genauerem Hinschauen erkannte Merla, dass es eine winzige Holzschatulle war. »Wie ihr wisst, ist die fehlende Person, um unseren Kreis zu vervollständigen, eine Blutende. Ihr wisst sicher auch, wie schwer es ist, an diese heranzukommen.«

»Kein Außenstehender darf die heiligen Städte des Rats und seiner Blutenden betreten«, brachte Bacary es gewohnt präzise auf den Punkt, während er sich von der Wand abstieß und vor Divan stellte.

Merla war aufgefallen, dass Bacary für umständliche Formulierungen keine große Geduld besaß und Aussagen gerne wörtlich verstand. Manche mochten darin vielleicht eine Art von Naivität hineininterpretieren, doch so sah Merla das keinesfalls. Viele hätten auch sie vermutlich als naiv bezeichnet, doch sie selbst wusste, dass scheinbare Naivität eine bewusste Entscheidung sein konnte, um sich die Welt so zurechtzulegen, wie man sie gerne hätte. Dass sie ein Schutzmechanismus sein konnte.

»Und die Reise zur Mondinsel wird noch viele weitere Weichen in Anspruch nehmen, vorausgesetzt, wir kommen überhaupt bis zu den Blutenden vor. Wenn wir rechtzeitig zur Herbstmittweiche alle zusammen sein wollen, dürfen wir keine Zeit verlieren«, schloss Bacary.

Der Rat der Sieben, der aus den mächtigsten Blutenden seiner Generation bestand und die Regierung von Luina bildete, lebte gemeinsam mit den restlichen Blutenden des Landes zurückgezogen auf der Mondinsel, welche mehrere Schiffsreisetage vor der nordöstlichen Küste lag.

»Du vergisst aber«, erklärte Divan, »dass die Herbstmittweiche bald ansteht.«

Bacary überlegte einen Moment und nickte dann. »Ich verstehe.«

Laelia seufzte. »Erklärung bitte.«

»Wegen der Herbstmittweiche reisen der Rat und die Blutenden zum Kleinen Mondsee auf dem Festland, um mit dem Volk zu feiern«, führte Divan aus. »Das ist nur eineinhalb Weichen von hier, was heißt, wenn wir morgen zeitig aufbrechen, können wir die Blutenden noch vor den Festtagen sprechen und sogar noch vor dem Ende der Feierlichkeiten wieder zurück sein.«

»Das ist ja schön und gut«, kommentierte Bacary, »aber wie willst du nicht nur zu den Blutenden vordringen, ohne umgebracht zu werden, sondern auch noch einen von diesen religiösen Vorzeigegläubigen dazu überreden, mit dir mitzukommen? Die Blutenden dürfen ihren Kreis nicht verlassen. Und woher weißt du, dass die benötigte Person überhaupt hier sein wird? Es kommen ja nie alle Blutenden an Land.«

»Sie wird dort sein, vertraut mir da einfach. Und wie wir zu ihr kommen … genau deswegen wollte ich mit euch reden. Wir brauchen einen Plan, wie wir mit ihr sprechen können, ohne aufgehalten zu werden. Aber bedenkt, dass wir nicht ewig Zeit haben: Der Aufenthalt in Fenia hat viel zu viel Zeit in Anspruch genommen, das heißt, wir müssen jetzt besonders effizient sein.«

Mit aufgehalten werden meinte er umgebracht, dachte Merla plötzlich und versuchte, tief durch die Nase zu atmen. Obwohl die

Blutenden so gläubig waren, waren sie nicht unbedingt für ihre Güte und Barmherzigkeit Eindringlingen gegenüber bekannt. Merla selbst hatte es immer vermieden, mit ihrer Familie auf Nationsbesuch zur Mondinsel reisen zu müssen. Auch wenn vieles vermutlich nur übertriebene Erfindungen waren, hatten Luinas Nachkommen in Merlas Vorstellung immer schon etwas Unheimliches an sich gehabt.

Laelia räusperte sich. »Ich glaube, Kai könnte uns da weiterhelfen.«

Divan, Bacary und auch Merla blickten irritiert.

»Kai?«, wiederholte Divan den genannten Namen.

»Sie meint den Blonden, der sie unten mit seinen Blicken ausgezogen hat«, erklärte Hadrian, während er seine Arme hinter seinem Kopf verschränkte und sich auf dem Bett ausstreckte.

Laelias Aufmerksamkeit fiel einmal mehr auf ihn, nur dass sie dieses Mal keinen Hehl daraus machte, dass sie ihn anschaute. »Ich bin mir sicher, dass ich in seinem Kopf noch vollständig bekleidet war, aber danke für deine geistreiche Bemerkung.

Was ich sagen wollte …«

»Stets zu Diensten, Bandit.«

Laelia strich sich bemüht gelassen über ihren Rock. »Kai ist Musiker und wurde mit seiner Truppe als Teil des Musikprogramms zum Rat eingeladen. Und hat mir vorgeschlagen mitzukommen.«

»Was?« Hadrian fuhr in einer geschmeidigen Bewegung hoch und musterte sie mit unverhohlenem Interesse, bei dem Merla, wenn es ihr gegolten hätte, knallrot geworden wäre, doch an Laelia schien es schlicht abzuprallen. Merla stellte sich vor, dass man mit so viel Selbstvertrauen, wie Laelia es hatte, stets das Gefühl haben musste, die Welt im Sturm erobern zu können.

Auch die restlichen Anwesenden schienen nun aufzuhorchen.

»Er hat gefragt, ob ich mitkommen möchte. Ich habe zwar abgelehnt, aber er hat gemeint, dass das Angebot noch bis morgen stünde.«

»Hervorragend!« Divan wirkte begeisterter als in den gesamten letzten zwei Weichen, seit Merla ihn kennengelernt hatte. »So wird niemand Fragen stellen. Aber natürlich müsste ich mitkommen, damit du das richtige Mädchen finden kannst.«

Laelia zog leicht ihre Augenbrauen zusammen. »Bist du denn musikalisch?«

»Vermutlich nicht in deiner Definition.«

»Und wie willst du deine Anwesenheit vor den Blutenden dann rechtfertigen?«

»Wir könnten so tun, als wären wir Geschwister.« Die beiden wechselten einen Blick und niemand musste es aussprechen, um zu wissen, welche Worte in der Luft lagen. Bis auf die Augenfarbe und die Bräune vielleicht sahen Divan und Laelia sich ungefähr so ähnlich wie Merla und Hadrian. »Oder auch nicht. Ich könnte so tun, als wäre ich dein anhänglicher Verlobter.«

Immer noch wirkte Laelia nur minder überzeugt, nickte schließlich aber. »Einverstanden.«

»Das heißt, ihr wollt ihn anlügen und ausnutzen, nur um dann sofort wieder kehrtzumachen?«, warf Merla zögerlich ein.

»Wenn du in den nächsten fünf Minuten eine bessere Idee aus dem Hut zaubern kannst, wie wir ungehindert Zugang zu den Blutenden erhalten können und dabei das Zeitfenster nicht verpassen, um buchstäblich die Toten zum Leben zu erwecken«, sagte Laelia, »nur her damit.«

Leider hatte Merla diesen nicht.

»Und der Rest von uns?« Hadrian blickte zwischen Laelia und Divan hin und her. »Wir sollen … was? Hierbleiben, während ihr den ganzen Spaß habt?«

»Du wirst schon eine Beschäftigung finden. Wie wär's zum Beispiel, wenn ihr versuchen würdet, ein paar Taler aufzutreiben? Das kannst du doch so gut«, schlug Divan vor, bevor er in die Runde nickte. »Dann würde ich sagen: Wir haben einen Plan. Nichts wie los.«

353

Laelia

Am Morgen des nächsten Tages blickte Laelia auf den, beschönigend ausgedrückt, bescheidenen Kleidersack, der vor ihr auf dem Bett lag. Allein beim Gedanken an die Kälte weiter im Norden begann sie schon zu frösteln.

Merla stand hinter ihr und band Laelia gerade ihre Lyra fest auf den Rücken. Ihr rotes Haar hatte das braune Färbemittel gut aufgenommen und hing in einem dicken, geflochtenen Zopf über ihren Rücken. Ihre vielen Sommersprossen wollten aber einfach nicht zu diesem Bild passen.

Sie zog ein letztes Mal fest, was Laelia zu verstehen gab, dass sie nun bereit war aufzubrechen.

Als sie vor die Tür traten, blieb Laelia unwillkürlich stehen, als sie hörte, wie es unter ihren schweren, ledernen Stiefeln knackte. Sie verharrte weiter in ihrer Bewegung, blickte hinab und erkannte, dass sie auf einer dünnen Schicht Schnee stand. Prüfend trat sie auf die Stelle und wieder vernahm sie das knisternde Geräusch, was eigenartig angenehm für das Gehör war.

Langsam bückte sie sich, nahm eine gehäufte Menge in ihre Handfläche und beäugte, wie sie in ihrer Hand zu schmelzen begann, bis ihre Handmitte sich vor Kälte rot färbte. Es blendete sie beinahe, so weiß leuchtete es in der gesamten Umgebung, selbst dem Himmel schien sämtliche Farbe abhandengekommen zu sein.

In Talina hatte sie Schnee nie zu Gesicht bekommen, und kaum war sie in Luina angekommen, machte das Wetter es sich zur Aufgabe, zu verdeutlichen, dass hier andere Regeln herrschten.

Schließlich fanden sie sich bei den anderen vor den Ställen ein. Kai und Divan waren gerade dabei, ihr Pferd zu zäumen und den Karren anzuspannen. Die anderen Musiker würden beim Kleinen Mondsee dazustoßen.

Bacary kommentierte immer wieder, wie ungeschickt sie sich alle anstellen würden, worauf er nur böse Blicke von Divan erntete. Der Einzige, der fehlte, war Hadrian. Auch beim Frühstück hatte Laelia ihn nicht gesehen.

Kai entdeckte sie als Erster. »Morgen! Ladet einfach alles hinten auf.«

»Ich mache das schon«, bot Merla an und nahm Laelia ihre Last ab. Ihre Art, sich ständig nützlich machen zu wollen, machte Laelia ein wenig misstrauisch.

Viele Gerüchte kursierten darüber, was mit der Prinzessin in der Ballnacht geschehen war: Offiziell behauptete das Königshaus zwar, dass sie entführt worden sei, doch das Volk war sich nicht zu fein, eigene Hypothesen aufzustellen und zu behaupten, dass sie fortgelaufen sei, was das Königshaus natürlich rege dementierte.

»Wann können wir aufbrechen?«, fragte Laelia an Divan gewandt.

Dieser trat vom Gaul zurück und betrachtete sein Werk. Eine weißliche Wolke schwebte vor ihrer aller Münder und den geröteten Nasenspitzen. »Dir auch einen guten Morgen. Und wenn Kai mit dem Pferdegeschirr fertig ist …«

»Bin ich«, verkündete jener.

»Dann ist das wohl unser Stichwort.«

Unruhig beobachtete Laelia, wie die anderen begannen, sich voneinander zu verabschieden, doch konnte sie ihre Füße bald schon nicht mehr stillhalten und stapfte mit einem flüchtigen »Bin gleich wieder da« durch die dünne Schneedecke zurück in die Herberge. Ihre Schuhe hinterließen auf ihrem Weg die Treppen hinauf eine erst weiße und dann nasse Spur.

Vor seiner Tür klappte sie ihre Kapuze herunter und klopfte dann zweimal mit geballter Faust an das Holz, welches bei jedem Schlag vibrierte.

Erst nach einer gefühlten Ewigkeit schwang die Tür knarrend auf und Hadrian kam dahinter zum Vorschein, bloß in ein lockeres Hemd und eine Hose gehüllt. Nichts, was darauf hingewiesen hätte, dass er überhaupt vorgehabt hatte, sich zu verabschieden.

»Wir brechen gleich auf«, sprach sie ohne weitere Einleitung.

»Das ist mir bewusst«, bemerkte er.

Schon seit dem gestrigen Abend hatte sie gespürt, dass etwas zwischen ihnen nicht ganz in Ordnung war. Laelia wusste, dass er ihr irgendetwas verheimlichte, auch wenn jeder andere zu ihr gesagt hätte, dass sie sich das bloß einbildete. Immerhin wirkte er nicht wie jemand, der dringend etwas loszuwerden hatte. Aber das tat er doch nie.

»Willst du dich nicht verabschieden?«

»Das habe ich schon getan, bevor Divan heute das Zimmer verlassen hat.«

Sie stolperte beinahe über ihre Zunge, da es ihr so sehr widerstrebte, ihren nächsten Gedanken auszusprechen. »Und was ist mit mir?«

»Wenn ich mich nicht irre, rede ich doch in ebendiesem Augenblick mit dir, oder nicht?«

»Was ist los mit dir?«

Erst jetzt bemerkte sie, dass er einen Dolch in seinen Fingerzwischenräumen hin und her wandern ließ. »Was soll los sein?«

»Du weißt, was ich meine. Wieso verhältst du dich seit gestern so eigenartig?«

Er verschränkte seine Arme und lehnte sich gegen den Türrahmen. Die Geirrten allein wussten, wohin er seinen Dolch hatte verschwinden lassen. Der Anblick gefiel ihr nicht.

»Bandit, es sind etwa drei Weichen, in denen wir uns nicht sehen werden. Ich habe eher gedacht, dass du jubeln wirst, da du mich endlich für eine Weile loswirst.«

Misstrauisch und zugegebenermaßen auch ein wenig neugierig musterte sie ihn. »Bist du etwa eifersüchtig?«

Er verzog einen seiner Mundwinkel zu einem herablassenden Lächeln. »Ich bitte dich.«

Etwas in ihrem Inneren begann bei dieser Antwort bedrohlich zu kochen. Es war weniger das, was er sagte, als die Art, wie er es sagte. Nur einmal, an einem einzigen Ort, hatte sie ihn in dieser Haltung erlebt. »Komisch, denn du hast dich gestern ziemlich eifersüchtig angehört.«

»Ich habe nur gefragt, was dieser Kai von dir wollte.« Gelangweilt hob er eine Braue. »Das war alles. Wir beide wissen, dass ich es nicht nötig habe, eifersüchtig zu sein.«

Sie blinzelte. Er war immer schon recht großspurig durchs Leben gelaufen, aber niemals war er ihr gegenüber derart herablassend gewesen. Obwohl, wieder musste sie sich berichtigen. Denn in Neros Anwesenheit hatte er sich genauso verhalten. Nur hatte sie gedacht, dass er diese Seite von sich seinem Anführer vorbehielt. Es hätte sie nicht gewundert, wenn sie hinter Hadrian Nero im Zimmer entdeckt hätte. Fast hätte sie es sogar ein wenig gehofft. Denn zumindest hätte sie dann eine Erklärung für sein Verhalten gehabt.

Ihr wurde bewusst, wie lange sie ihn bloß schweigend angestarrt hatte, und sie räusperte sich. Sie rang darum, sich den Schmerz, der ihre Brust unangekündigt durchzuckte, nicht anmerken zu lassen. »Wenn du das sagst.«

Hadrian rollte seinen Nacken, als wäre er verspannt.

»Also dann: Ich wünsche eine gute Reise.«

Sie war sich nicht sicher, ob sie ihrer Stimme trauen konnte, also nickte sie bloß, ohne ihn wirklich anzusehen, schlug ihre Kapuze wieder hoch, drehte sich um, und noch bevor sie den ersten Schritt in Richtung der Treppen getan hatte, hörte sie, wie hinter ihr die Tür ins Schloss fiel.

Hadrian

Als die Holztür wieder hinter ihm geschlossen war, behielt Hadrian seine Hand noch etwas länger als nötig am Türknauf. Er lag kalt in seiner Handfläche, im krassen Gegensatz zu dem knisternden Feuer, welches er eben im Kamin entzündet hatte.

Hadrian wusste, wenn er die Tür jetzt öffnete, hätte er genug Zeit, auf der Treppe zu ihr aufzuschließen und sich für sein Verhalten zu entschuldigen. Sein Griff wurde noch ein wenig fester bei dem Gedanken daran, wie er ihr die Kapuze erneut vom Kopf ziehen, ihre zarte Hand umfassen und über die von der Kälte rosigen Wangen fahren könnte.

Schlussendlich ließ er los, wandte sich ab und nahm dieselbe Hand, um sich grob durch die Haare zu fahren, um sich etwas anderes zu tun zu geben, als doch noch durch die Tür zu stürzen und ihr wie ein Narr hinterherzulaufen. Oder sich selbst einen ordentlichen Haken zu verpassen, bei der Erinnerung an ihren bestürzten Gesichtsausdruck, den er zu verantworten hatte.

Genauso erinnerte er sich allerdings an Laelias Gesichtsausdruck, als sie mitten in einem verwüsteten Haus gestanden hatte, einen Umschlag in ihrer Hand. Und bis heute hatte er ihr nicht gesagt, dass er schuld war. Dass Nero sie und ihre Familie bloß wegen ihm derart brutal ins Visier genommen hatte.

Er mochte sie, wobei das wohl noch etwas untertrieben war, wenn er vollkommen ehrlich mit sich war. Aber er kannte sie auch. Wenn er ihr die Wahrheit gesagt hätte, konnte er sich sicher sein, dass das die letzten Worte sein würden, die er jemals an sie richten würde. Mit Monia hatte sie es nicht anders gehandhabt.

Selbst für den unwahrscheinlichen Fall, dass sie ihn nicht ewig meiden würde, würde sie wegen Nero immer eine Zielscheibe auf ihrem Rücken tragen. Es wurde Zeit, dass Hadrian der Wahrheit in die Augen sah: Die Wahrscheinlichkeit, dass sie an seiner Seite mehr als ein Jahr überlebte, schätzte er ungefähr genauso hoch ein wie die Überlebenschancen von Neros nächster Hand. Egal wie er es durchspielte, und auch wenn er es die letzten Intervalle zur Seite geschoben hatte, es lief alles darauf hinaus, dass eine Lösung nicht in Sichtweite war, solange Nero am Leben war. Und niemand wusste besser als Hadrian, dass sein Ziehvater sie alle überdauern würde; solange Nero leben wollte, würde er es auch tun.

Eine ganze Weile verging, bis er das vehemente, ohrenbetäubende Hämmern vernahm, welches durch das bescheidene Zimmer tönte. Immer noch erschöpft, rieb er sich über die Augen, trat vom Feuer fort und wanderte schließlich zur Tür, hinter welcher Divan stand, der alles andere als amüsiert wirkte. Er wartete gar nicht, sondern stürmte bereits an Hadrian vorbei.

»Kann ich dir irgendwie behilflich sein? Du müsstest doch schon auf dem Weg zum Kleinen Mondsee sein.«

Divan musterte ihn wortlos vom Kopf bis zu den Zehenspitzen, als sehe er etwas, was Hadrian bei dem Blick in seinen Spiegel verborgen blieb. Unbeeindruckt ließ er die Durchleuchtung über sich ergehen.

Schließlich sagte Divan: »Was hast du angestellt, Schönling?«

»Mit …?«

»Du weißt genau, mit wem.«

Er hielt inne. »Hat sie denn etwas gesagt?«

Divan deutete auf eine seiner Narben. »Man muss mir nichts sagen, um mich etwas wissen zu lassen.«

Nun war es an Hadrian, Divan abschätzend zu betrachten.

»Dich interessiert die Lage zwischen uns beiden so sehr, dass du eine deiner heiligen Missionen dafür aufschiebst und anstatt aufzubrechen mir noch nachläufst?«

Mit der Frage hatte Divan sichtlich nicht gerechnet. Er schluckte. »Nun, irgendwer muss ja was sagen.«

»Das also ist der Grund?«

»Was genau willst du mir unterstellen?«

»Dass du uns nicht alles sagst, was du weißt.«

Divans Gesicht spiegelte nicht die Unwissenheit wider, die in seinen Worten steckte. »Das ist lächerlich. Was sollte ich vor euch geheim halten?«

»Sag du es mir.« Aber dieses Spiel, das Divan jetzt seit mehreren Intervallen mit ihnen trieb, konnte auch Hadrian spielen. »Ich habe es euch nicht erzählt, aber als ich zurück in die Stadt gegangen bin, um Laelia zu suchen, habe ich etwas mitbekommen.«

»Und zwar …?«

»Du hast jemandem von unserer Mission erzählt, nicht wahr?« Hadrian wusste, dass er ins Schwarze getroffen hatte, als Divan den Mund aufklappte, nur um ihn dann wieder zu schließen.

»Das nehme ich mal als ein Ja.«

»Woher …«

»Ich stelle die Fragen. Wieso hast du uns das verheimlicht? Was weiß diese Megan, was die Königin die Öffentlichkeit nicht wissen lassen möchte?«, hakte Hadrian, ohne zu zögern, weiter nach. Er war lange genug geduldig mit Divan gewesen, aber sein Interesse daran, noch länger auf richtige Antworten zu warten, schwand.

Und das nicht zwingend für sich selbst.

»Das fenische Königshaus weiß davon?«

Hadrian seufzte. »Lenk nicht ab. Mach das hier nicht schwerer, als es ist, und beantworte meine Frage: Wieso bringst du die gesamte Mission in Gefahr?«

Als der Seher ihm wieder nicht antwortete – nach über einem

halben Jahr, in dem er ihm unfreiwillig über den ganzen Kontinent gefolgt war, in dem er sich dieses halsbrecherische Theater angetan hatte –, reichte es Hadrian ein für alle Mal. Er hatte genug davon, geduldig zu sein. Er hatte Divan genug Möglichkeiten gegeben, ehrlich zu ihm zu sein, und wenn er nicht entgegenkommend sein wollte, fein, aber das hieß auch, dass Hadrian es genauso wenig sein musste.

Das Gute daran, wenn man ganze Intervalle lang zivilisierter schien, als man war, war, dass die Menschen nicht erwarteten, dass man plötzlich das Verdorbene in sich hervorholte.

Hadrian war ein Betrüger, Gauner und Verbrecher. Zeit also, dass er es wieder einmal zeigte.

Auch wenn Divan massiger war als er, war Hadrian größer, gewiefter und flinker. Bevor der Seher wusste, wie ihm geschah, hatte Hadrian ihn in einer mühelosen Bewegung gepackt, mit einem gezielten Tritt aus dem Gleichgewicht gebracht und gegen die Zimmerwand gepresst, wo er ihm die frisch geschärfte Spitze eines Dolches an die Kehle hielt.

Als er Divans große Augen sah, lächelte Hadrian.

»Was zum …«

»Das letzte halbe Jahr habe ich nach deinen Regeln gespielt. Jetzt spielst du nach meinen: Wenn du nicht willst, dass ich dir die Kehle aufschlitze, hältst du den Mund, bis ich etwas anderes sage, verstanden?«

Divan sah aus, als wäre er kurz davor, etwas zu entgegnen, unterließ es dann aber klugerweise.

»Gut. Du erinnerst dich daran, wie ich zu Laelia gesagt habe, dass ich dir den Dolch in den Rücken rammen würde, wenn du irgendeinen Mist mit uns abziehst?« Divan blieb stumm und nickte.

»Dann lass mich das noch mal zur Sicherheit klarstellen, damit wir uns auch richtig verstehen: Wenn du uns mit deiner Dummheit den Zugang zur Zwischenwelt kostest …« Hadrian verdrehte ruckartig einen von Divans Armen, sodass dieser ein schmerzverzerrtes Stöhnen mit zusammengepressten Lippen dämpfte, Hadrian aber nicht einen einzigen Augenblick aus den Augen ließ.

»Wenn du Laelia umsonst auf diese Reise mitgezerrt haben solltest, dann schlitze ich dich auf. Langsam.« Hadrians Griff wurde noch fester. »Du sorgst also gefälligst dafür, dass wir alle unversehrt in die Zwischenwelt rein- und wieder rauskommen. Ich kann nur für dich hoffen, dass Allanah und Nero uns nicht vorher finden. Und dass ihre Soldaten dich vor mir in die Hände kriegen.«

Er hatte vieles getan. Doch eine Grenze hatte er gekannt: Mord. Es war das Einzige gewesen, was ihn von Nero unterschied, was ihn auf eine gewisse Weise geerdet hatte. Diesen Teil von sich hatte Hadrian ihm nicht übergeben wollen. Doch das musste Divan nicht wissen.

»Verstanden?« Als Divan nichts erwiderte, stieß Hadrian ihn erneut hart gegen die Wand. »Verstanden, Seher?«

Divans Nasenflügel bebten unter den hektischen Atemzügen.

Er nickte.

Ohne ein weiteres Wort ließ Hadrian von ihm ab, trat zurück und beobachtete, wie Divan sich unwillkürlich leicht über seinen Knien zusammenkrümmte und nach Luft schnappte.

»Du bist doch krank«, röchelte er, stürzte aus dem Zimmer, was Hadrian nicht daran zweifeln ließ, dass sie jeden Moment aufbrechen würden.

Geistesabwesend steckte Hadrian den Dolch zurück in die provisorische Halterung an seinem Unterarm.

Er konnte für Laelia, aber auch für Divan nur hoffen, dass sie das nordische Mädchen finden würden.

Vena

Überschwänglich klopfte Vena an die Zimmertür, während sie den bis zum Rand mit Salatblättern und Gräsern gefüllten Korb in ihrer Hand zu einem Rhythmus, den nur sie hörte, hin und her schwang und ihn dabei hölzern knacken und knarzen ließ. Sie hatte das Gemüse, ohne groß auf die skeptischen Blicke um sie herum zu achten, aus der Küche entwendet und in ihrem Korb verstaut, bevor sie hierhergeschlendert war.

Natürlich hatte sie gerade eigentlich keinen Zutritt in die Küche, nachdem sie in den letzten Weichen nachts immer wieder den Süßigkeitenvorrat entleert hatte und unglücklicherweise bei einer ihrer schlaflosen Aktionen von einer der Küchenhilfen auf frischer Tat ertappt worden war. Aber zugegebenermaßen war es auch schwer, mit ihrem Mantel unentdeckt zu bleiben.

Das hatte sie schon früh begreifen müssen: Als Blutende zog man automatisch die Blicke der anderen auf sich, da konnte man es genauso gut zelebrieren. Es ergab keinen Sinn, sich verstecken zu wollen, wenn man ohnehin immer gefunden wurde.

Schließlich öffnete Ida die Tür und sofort fiel ihr Blick auf den Korb in Venas Händen. »Wo hast du das jetzt schon wieder her?«

»Aus der Küche.«

»Hat die Oberköchin nicht geschworen, dich mit ihrem Kochlöffel windelweich zu prügeln, solltest du dich noch mal bei ihr blicken lassen?«

»Ich bin gerannt, bevor sie mich packen konnte. Aber erinnere mich daran, ab sofort mit einem Messer unter meinem Kissen zu schlafen.«

Ida lachte. »Wollen wir noch auf Damian warten? Er hat gemeint, dass er mit uns gemeinsam zur letzten Phase will.«

»Ach, er überlebt das schon. Er schafft es, auch ohne seine geliebte Ida hinauszugehen. Na los«, Vena zog am Arm ihrer Freundin. »Wir kommen sonst noch zu spät!«

»Wir kommen sicher nicht zu spät«, widersprach Ida, gab Venas Zerren aber nach und ließ sich von ihr fortführen.

Der breite Gang, den sie entlanggingen, war von züngelnden Fackeln erleuchtet, die in Wandhalterungen angebracht waren und sich mit Erkerfenstern abwechselten, die Tageslicht hereinließen.

Die graue Festung der Blutenden war auf einem gewaltigen Felsen erbaut, der durch eine schmale Brücke mit dem Rest der Mondinsel verbunden war. Jedoch war es nicht bloß ein gewöhnlicher Felsen: Ein jahrhundertealtes unterirdisches Tunnelsystem war in ihm versteckt. Ein architektonisches Meisterwerk, welches sich spiralförmig von oben bis unten durch den Fels schlängelte, mit mehreren Kammern und Sälen, Küchen und Lehrräumen ausgestattet. Fast wie ein großer Ameisenbau, bloß für Blutende.

Vena brachte ihre Aufregung zum Ausdruck, während sie dem oberirdischen Teil der Festung immer näher kamen. »Es ist die letzte Prüfungsphase. Die Ratsmitglieder sind zum ersten Mal dabei!«

»Du tust so, als ob wir nicht regelmäßig Unterricht bei ihnen hätten.«

»Aber nur zweimal im Jahr sieht man das volle Ausmaß ihrer Kräfte.« Bei der Generalprobe zur Aufführung und bei der Vorführung vor dem Volk. »Ich will auf keinen Fall etwas verpassen und vorher müssen wir noch zu den Ställen. Abgesehen davon, dass wir aus dem Programm fliegen, wenn wir nicht rechtzeitig da sind.« Die letzte Phase war Venas Meinung nach der einfachste der drei Prüfungsabschnitte: die Zusammenarbeit. In den letzten Weichen

365

waren sie die ganze Prozedur so oft durchgegangen, dass sie es mit geschlossenen Augen gekonnt hätte. Es war ihr erstes Mal in der dritten Phase, also wollte sie nichts dem Zufall überlassen.

Sie wäre definitiv nicht so nervös gewesen, wenn sie zumindest eine der letzten Phasen tatsächlich bestanden hätte. Und mehr Schlaf bekommen hätte. Nur war ihr dieser in den letzten Weichen nur allzu selten vergönnt gewesen.

Jedes Mal, wenn sie ihre Augen schloss, bereute sie es, sie nicht doch offen gelassen zu haben …

»Vena? Alles in Ordnung?«

Sie blinzelte und lächelte. »Ja, ich bin nur aufgeregt.«

Vena lief neben Ida den Gang entlang und warf einen flüchtigen Blick aus einem offenen Fenster, durch welches ein eisiger Wind wehte. Sie sah die Pfeiler, welche die Brücke zwischen der Bastion und dem Land aufrecht hielten und zu einem Teil im gefrorenen Wasser des Sees standen.

Nachdem sie die Oberfläche erreicht und die Brücke überquert hatten, stapften sie in ihren gefütterten Stiefeln eilig durch den wadenhohen Schnee.

Für Vena war das knirschende Geräusch wie Musik in den Ohren. Es war die beruhigende Musik ihrer Heimat.

Schließlich schoben sie die schweren hölzernen Stalltüren mit vereinten Kräften auseinander und retteten sich ins Warme.

Vena roch sofort das Heu und den Pferdemist, der wohl bald wieder von einem der Stallburschen ausgemistet gehörte.

Bevor sie mit Ida in den hinteren Teil des Stalles treten konnte, wurde das Stalltor hinter ihnen erneut aufgeschoben und ein junger Blutender trat hindurch.

Damian hauchte sich in die Hände, die Wangen und die Nasenspitze bereits gerötet und leuchtend, dank seiner blassen Haut. »Hier seid ihr! Dachte mir schon, dass Vena dich hierhergeschleift hat.«

Ida nahm eine seiner Hände in ihre und küsste ihn schnell auf die Schläfe. »Du weißt doch: Wenn Vena etwas will, ist sie schwer davon abzubringen.«

Vena hielt sich nicht weiter mit ihnen auf, denn die Versammlung würde bald eingeläutet. Also trat sie zu einer der hinteren Boxen, wo die Wildkaninchen für die Probedurchläufe gehalten wurden.

Sie legte ihre Hände auf das niedrige Holztürchen und spähte ins Gehege: weiß, braun, schwarz, gescheckt und in jedem Falle flauschig hüpften sie über das frische Heu oder lagen ganz gemächlich herum. Das Stroh raschelte bei jedem Hüpfer.

Als Vena die Kaninchen ansah, kam sie nicht umhin, Schuldgefühle zu verspüren. Sie wusste, dass sie sich nach all den Jahren daran gewöhnt haben sollte, dass sie diese Tiere für ihre Magie opfern mussten, aber trotzdem war ihr Gewissen noch immer nicht damit zu vereinen. Es kam ihr einfach nicht gerecht vor, dass diese Tiere nur dafür leben sollten, diesen einen Zweck zu erfüllen.

»Tut doch nicht so. Ihr macht jedes Mal mit.« Ohne die beiden anzusehen, nahm sie ihren Korb und schüttete den Inhalt in die Mitte der Box, bis auch der letzte Rest bei den Kaninchen gelandet war. Ein paar der Tiere blieben skeptisch fern und schienen noch nicht ganz begriffen zu haben, dass sie nun essen konnten. Andere streckten sich vorsichtig auf ihren Läufen aus, um probeweise am ersten Blatt zu knabbern, sich dieses dann zu stibitzen und darüber herzumachen.

»Wollt ihr mir jetzt helfen oder nicht?« Wie erwartet, nickten beide. »Passt auf, dass keiner von den Kleinen entwischt.«

Vena öffnete die Box, nur einen Spaltbreit, damit sie hindurchpasste, und schloss sie dann wieder hinter sich. Sie sah sich um und griff sich, wie immer, den Kleinsten von allen, bevor er bemerkte, dass sie über ihm stand. Er zappelte und schlug mit seinen Beinen, doch Vena griff sanft um, sodass er bequemer in ihren Armen lag.

»Na? Bereit für die Freiheit?«, fragte sie ihn leise und strich ihm über das weiche Fell seines Rückens.

Dann übergab sie ihn an Damian, der die hintere Stalltür bereits geöffnet hatte und das Kaninchen nun auf dem Schnee absetzte. Als es sich erst ein wenig hilflos umsah, gab Damian ihm einen sanften Klopfer auf das Hinterteil, worauf es sich doch von der Stelle rührte und bald schon außer Sichtweite davonhoppelte.

So gingen die drei weiter vor, bis sie insgesamt über dreißig Tiere freigelassen hatten, und Ida sagte: »Wir sollten aufhören, sonst bemerkt man noch, dass welche fehlen.«

Vena hätte ihr gerne widersprochen, musste sich aber eingestehen, dass sie recht hatte, und strich dem letzten Kaninchen über die Ohren, worauf es scheu in eine der hinteren Ecken davonflitzte.

Seufzend richtete Vena sich auf und schlüpfte aus der Box. Im Hintergrund hörte sie, wie die Nager weiter an den Salatblättern knabberten. »Ich fühle mich immer noch schuldig.«

»Du weißt, dass wir sie brauchen«, versuchte Damian sie zu entlasten, worauf sie nichts erwiderte und stattdessen stumm nickte, bevor sie ihnen bedeutete, dass es Zeit war aufzubrechen.

Nach zehn Minuten fanden sie sich am Vorführplatz am Ufer des Großen Mondsees wieder. Es war tiefste Nacht. Der nordische Herbst war unnachgiebig, kalt und karg, wobei die Nächte noch einen draufzusetzen wussten.

So wie jedes Mal, wenn Vena diesen Ort betrat, schien sie seine historische Macht zu durchfahren. Der *Überlieferung der Welt* nach war es der Ort, an dem Luina verletzt und von der Armee der Geirrten verfolgt zusammengebrochen war. Vena sah beinahe vor sich, wie das Blut aus einer Wunde an Luinas Schulter in einen kleinen Teich geflossen war und sich dunkel mit dem Wasser vermischt hatte. Eine Szene, die auf zahlreichen Illustrationen auf ebenso zahlreichen Wandteppichen verewigt war.

Eine unbändige Magie hatte sie in diesem Augenblick durchfahren und innerhalb von wenigen Stunden einen Großteil der Geirrten besiegt. Der Rest war Geschichte.

Das Blut ihrer Gegner soll die Vene des Festlands tiefrot gefärbt haben. Bis heute glaubte so mancher, das gefrorene Blut der Göttin im Ewigen Eis finden zu können, wenn man nur tief genug graben würde.

Vor ihr erstreckte sich ein Meer aus roten Mänteln und weißen Haut- und Haarstellen, die darunter hervorblitzten, und einer Geräuschkulisse, aus welcher die vertrauten Stimmen und Gelächter ihrer Kameraden hervortraten. Die meisten hatten sich bereits in Reih und Glied aufgestellt, im perfekten Abstand zu den jeweiligen vorderen und hinteren Reihen und Nachbarn. Erhellt wurde ihre Sicht durch zahlreiche Fackeln, die gleichzeitig wohlige Wärme spendeten.

Irgendwann spaltete Vena sich von ihren Freunden ab und rannte noch im letzten Augenblick an die richtige Stelle zwischen einem Mädchen und einem Jungen ihrer Altersgruppe. Sie gehörte auf dem Platz zu den jüngsten Teilnehmern.

Im nächsten Augenblick schon bebten Trommelschläge durch die Masse und schienen jeden Laut mit einem Schlag verstummen zu lassen. Die Sieben, in ihre einzigartigen königsblauen Umhänge gehüllt, betraten den Platz und begaben sich auf ihre Position an vorderster Front. Die Trommelschläge verklangen. Das einzige Geräusch machten die Mäntel, die im Wind flatterten.

Beinahe unisono senkten die Blutenden, und damit auch Vena, die Köpfe vor den Oberhäuptern der nordischen Nation.

»Mond und Sterne sind unsere Zeugen«, verkündete Nora nun mit gewaltiger Stimme.

Die Blutenden erwiderten ihren Gruß »Mond und Sterne sind unsere Zeugen« und reagierten auf die unausgesprochene Aufforderung, die Köpfe zu heben.

Nora war keine Frau der Rhetorik. Es brauchte keine großen

Worte. Die meisten von ihnen machten dies nämlich nicht zum ersten Mal und Vena war positiver Dinge, auch bald zu diesen meisten dazugehören zu dürfen. »Mir wurde zugetragen, dass die letzten Proben gut und fehlerfrei verlaufen sind. Hoffentlich läuft es heute genauso, denn bei der Aufführung vor dem Volk am Kleinen Mondsee in wenigen Weichen gibt es keinen zweiten Anlauf.«

Vena wurde von einem Unwohlsein ergriffen, als einige der älteren Betreuer, die außerhalb der Formation standen, daraufhin zustimmend nickten und damit zu verstehen gaben, dass jeder, der in dieser Generalprobe in der kleinsten Weise scheiterte, bei der tatsächlichen Aufführung nicht würde anwesend sein dürfen.

Was für Vena nicht infrage kam. Jetzt war sie endlich so weit gekommen und hielt dementsprechend unerschütterlich daran fest, dabei zu sein. Sie atmete tief durch. Sie hatte trainiert, hatte das Training regelrecht genossen, da es so ablenkend war.

»Bringt das Blut«, verkündete Nora.

Eine ganze Schar an Bediensteten eilte herbei, schlängelte sich durch die Zwischenräume in den Reihen und stellte vor jedem einen Eimer Tierblut ab. Erneut kroch an diesem Tag Unwohlsein in Vena hoch. Sie fühlte sich unweigerlich in den Prüfungsraum zurückversetzt.

Unauffällig musterte sie ihre Nachbarn. Sie wollte nicht daran denken, nicht jetzt, nicht genau jetzt, aber sie tat es:

Stellte sich vor, was passieren würde, wenn sie wieder diesen Ruck spüren sollte, wenn sie wieder die Kontrolle verlor, wenn sie wieder jemanden …

Nora hob in Einheit mit den restlichen Ratsmitgliedern feierlich ihre Arme, worauf die Masse im Einklang den Kopf senkte.

Vena verbannte alles aus ihrem Kopf. Die Aufgabe war grundsätzlich nicht schwer. Doch um den gewünschten Effekt beim Publikum zu erzielen, musste jeder Einzelne von ihnen fehlerlos arbeiten. Scheiterte einer, scheiterten alle. Und natürlich wollte niemand dieser eine sein.

Nicht umsonst war dieses Szenario ausgewählt worden, um die Gruppenfähigkeit zu testen. Eigensinn fand an diesem Ort keinen Platz. In einer gemeinsamen Bewegung griffen sie alle in ihr Haar, zogen eine der Nadeln hervor, stachen sich in die Unterlippe und riefen ihre Fähigkeiten hervor.

Wie erhofft, lief alles einwandfrei. Gemeinsam mit den Ratsmitgliedern stießen sie, eine Reihe nach der anderen, im gleichmäßigen Rhythmus der Trommeln exakt gleich hohe und breite Blutsfontänen in die Luft, um sie zu einer einzigen großen Welle zu vereinigen. Sie alle wurden in einem exorbitanten Schatten begraben.

Wie eine Mauer ließen die Sieben das Blut mit ausgestreckten Armen gerade in den Himmel schießen, bevor sie herumwirbelten und es mit einem lauten Knall in das Seewasser fallen ließen. Es wirkte wie ein brutaler Wasserfall, nur noch viel eindrucksvoller.

Die gesamte Wasseroberfläche färbte sich rot.

Noch einen Moment lang verweilten die Ratsmitglieder in ihrer gestreckten, triumphierenden Position.

Schließlich senkten die Ratsmitglieder die Arme und so konnten auch die Schüler es ihnen nachtun, sodass Vena sich etwas erschöpft lockerte, die kleinen Schweißperlen von der Stirn strich, die Verbindung mit dem Blut beendete und vorsichtig zu lächeln begann, als sie sich zu ihrer Seite umsah und realisierte, dass alles gut gegangen war. Ihre Nachbarn waren wohlauf.

Und im nächsten Augenblick brachen sie alle in tosenden Applaus und Jubelrufe aus, in welche Vena enthusiastisch einstimmte, während sie und ihre Nachbarn einander in Ekstase zulächelten.

»Sehr gut«, lobte Nora sie, was wieder für Ruhe sorgte.

»Wenn ihr es zur Eröffnung der Herbstmittweiche genauso macht, kann das Volk nicht anders, als große Augen zu machen.

Wirklich gut gemacht, meine Brüder«, Vena war sich sicher, dass sie es sich bloß einbildete, aber kurz verweilte Noras Blick auf ihr, »und Schwestern.«

Vena lockerte nun ihre Schultern, ihren Nacken, blickte zur Seite und beobachtete, wie die Betreuer bereits begonnen hatten, einzelne Blutende aus der Menge zu holen. Vena war zwar kein Fehler aufgefallen oder unterlaufen, aber die Betreuer fanden immer Mängel, wenn sie sie nur akribisch genug suchten.

Ihre Euphorie verflog schlagartig, als eine der Betreuerinnen in ihre Richtung marschierte und dabei nicht besonders zufrieden wirkte. Fieberhaft begann Vena zu überlegen, ob sie nicht synchron gewesen sein könnte, doch ihr wollte einfach kein Fehler einfallen. Sie nahm Haltung an. Das würde sie der Betreuerin, wenn nötig, auch genauso mitteilen.

Doch die Prüferin marschierte geradewegs an ihr vorbei und Vena beobachtete über ihre Schulter hinweg, wie sie auf Ida zusteuerte.

* * *

»Beruhige dich, Süße«, bat Damian seine Freundin, als diese später in seinem Zimmer auf und ab lief. Ihre Mäntel lagen achtlos auf Damians schmalem Einzelbett, auf welchem nun auch Vena saß und angestrengt nach Worten suchte, die ihre Freundin trösten könnten.

»Das ist einfach nicht gerecht! Ich habe vielleicht einen Augenblick später als der Rest meiner Reihe eingesetzt, habe es aber noch geschafft. Sollten sie uns nicht eher dafür belohnen, wenn wir einen kühlen Kopf bewahren und nicht sofort in Panik ausbrechen?«

Damian brachte sie zum Stehen, indem er ihr eine Hand auf die Schulter legte. »Du hast ja recht, aber du weißt, wie diese Wachhunde sind: In der Öffentlichkeit wollen sie nichts riskieren. Die

Leute haben jetzt schon Angst vor uns, aber das ist besser, als eine Witzfigur zu sein.«

»Witzfigur? Als ob die bemerken würden, wenn ich einen Bruchteil später einsetze! Ich bin mitten in der Reihe, man sieht mich ja kaum. Das ist so peinlich.« Ida vergrub das schmale Gesicht in ihren Händen. »Ich wünschte, ich hätte mich dieses Jahr nicht gemeldet.«

Damian rieb ihr kurz über die Schulter, wisperte ihr zu, dass er ihr einen Tee holen gehen würde, und ließ sie so allein zurück.

Vena erhob sich. »Sieh es doch positiv. Nichts geht über die Herbstmittweiche am Großen Mondsee, ohne irgendwelche Tölpel, die denken, dass wir Kinder fressen.«

Ida hob ihren Kopf, die Stirn gerunzelt. »Ja, das lässt sich leicht sagen, wenn man dabei sein darf, Vena.«

Diese zuckte bei ihren Worten leicht zusammen. »Du brauchst jetzt nicht schnippisch zu werden.«

»Oh doch. Ich würde gerne sehen, wie *du* reagieren würdest, wenn du schon wieder nicht mitreisen dürftest.«

»Hör auf, dich an mir abzureagieren, ich bin nicht schuld.«

Die weißen Augenbrauen fanden über Idas Nasenansatz beinahe zusammen. »Wenn ich es mir recht überlege, eigentlich schon. Ich wollte gar nicht mit dieses Jahr, aber du musstest mich ja dazu überreden, es zu tun.«

»Wenn du nicht dabei sein wolltest, wo ist dann das Problem?«

»Das Problem ist, dass ich jetzt dastehe wie die letzte Versagerin.«

Vena atmete tief durch. »Mach dich nicht lächerlich. Niemand hält dich für eine Versagerin.«

»Wenn du das wirklich glaubst, bist du noch naiver, als ich dachte. Aber weißt du was? Wenigstens muss ich mir dann nicht dein ewiges kindisches Gelaber darüber anhören, dass du vielleicht deine Eltern in der Menge findest. Ich würde wenigstens für die

Blutenden mitkommen, du willst doch nur dorthin in der Illusion, dass Mami und Papi auf dich im Publikum warten.«

Vena atmete zischend aus.

Und plötzlich stieg diese Wut in ihr hoch. Wut darüber, dass sie ihre Eltern nie hatte kennenlernen dürfen, dass ihr Schicksal von Geburt an vorgeschrieben gewesen war. Wut darüber, dass sie sich nicht mehr auf ihre Kräfte verlassen konnte. Wut darüber, dass sie nichts daran ändern konnte, dass sie jemanden …

Ida interpretierte ihr langes Schweigen offenbar falsch. Sie seufzte und blickte mit wieder entspannten Gesichtszügen und leicht zusammengepressten Lippen zu Vena.

»Tut mir leid, das hätte ich nicht sagen sollen.«

»Nein, hättest du nicht.« Ihre Brust hob und senkte sich immer heftiger.

»Ich weiß, dass dir das nahegeht und ich dir das so nicht an den Kopf hätte werfen dürfen. Es ist nur … das alles ist so demütigend. Bitte nimm es mir nicht …«

»Du heulst hier herum, weil … was? Du eine Prüfung nicht bestanden hast?«, unterbrach Vena sie nun zischend. Sie hatte es noch nie gemocht zu streiten, aber sie konnte nicht anders. Ihr Zorn blendete sie förmlich, so überwältigend war er und ergriff Besitz von ihrer Zunge, bevor ihr Verstand es konnte. »Hast du überhaupt eine Ahnung davon, was andere Leute mit sich rumzuschleppen haben, und du heulst wegen so einem Schwachsinn?«

»Vena, was ist …«

»Du bist unmöglich, weißt du das? Ernsthaft, deine Probleme will ich haben.«

Ohne ein weiteres Wort marschierte sie an ihr vorbei zur Tür, riss diese auf und knallte sie mit voller Kraft hinter sich zu. Sie wartete darauf, dass die Befriedigung über ihren Ausbruch einsetzte.

Sie wartete immer noch auf sie, als sie sich auf der Toilette übergab.

Merla

Eine Weiche verging, der frühe Schnee schmolz und hinterließ statt zauberhafter weißer Landschaften öde Böden und grausiges Wetter. Die Jahreszeit schien auch Merlas Kameraden die Laune maßgeblich zu verderben.

Merla dagegen begrüßte die Ruhe und die schwindende Hektik. Außerdem begann sie sich langsam an ihr neues Spiegelbild zu gewöhnen. Sie überlegte sogar, noch eine Tönung dunkler zu färben, immerhin hatte Laelia ihr Mixturen des pflanzlichen Färbemittels bereitgestellt, falls sie ihren Ansatz nachfärben müsste.

Doch sie hatte die Befürchtung, sehr bald schon noch mehr an sich verändern zu müssen. Denn jedes Mal, wenn jemand sie etwas länger betrachtete, begann sie bereits panisch zu schwitzen vor Angst, dass sie vielleicht erkannt worden war. Das führte dazu, dass sie nun zum gefühlt dutzendsten Male an diesem Tag den Waldrand entlangspazierte, um Begegnungen mit Fremden auf ein Minimum zu beschränken. Das Unterholz knackte unter ihren bequemen Stiefeln, Äste strichen an ihrem Mantel entlang und verursachten ein kratzendes Geräusch. Es war bloß eine Frage der Zeit, bis sie jemand erkennen und der Königin ausliefern würde.

Merla hatte sie vor dem ganzen Volk bloßgestellt, erinnerte sich die Prinzessin nun, hielt inne und kniff unwillkürlich leicht die Augen zusammen. Als Regentin musste man flexibel sein, man musste bereit sein, Opfer für sein Volk zu bringen.

Aber Roarke zu ehelichen wäre nicht bloß außerhalb dessen gelegen, wo sie sich wohlfühlte. Das wäre ein ganzer fremder Ozean gewesen, in dem es zu schwimmen galt. Ohne schwimmen zu können.

Sie war siebzehn Jahre alt, wurde es für sie nicht langsam Zeit, Verantwortung zu übernehmen? Die Königin hatte ihren Vater immerhin bereits mit sechzehn geheiratet. Nolan hatte in die Ehe mit Cara eingewilligt, um dem Königreich Stabilität und Sicherheit zu garantieren.

Wollte sie Roarke heiraten? Nach alldem, was er ausgelöst hatte?

Aber er befehligte die stärksten und meisten Soldaten der ganzen Nation. Er war vermögend, sein Adelstitel tadellos und seine Familie diente der Krone seit Jahrhunderten treu.

Vielleicht ging es nicht darum, was sie tun wollte, sondern was sie tun musste. Für Fenia, für das Volk, für die Magie. Die sie seit der Ballnacht nicht mehr hervorgerufen hatte. Nach all dem Chaos und dem Leid, das sie den Menschen zugefügt hatte.

Wollte sie denn überhaupt weiter dazu beitragen, dass die Magie erhalten blieb? Immerhin fürchtete sie sich mittlerweile sogar, ihre eigenen Schatten zu benutzen, nach allem, was sie ihr allein in der letzten Zeit zuschulden hatten kommen …

Eine Hand schoss plötzlich neben Merla aus dem Gestrüpp hervor. Sie packte sie grob am Arm, presste sie mit dem Rücken gegen den durch eine Rüstung geschützten Oberkörper ihres Angreifers. Merla wollte schreien, doch er schlug ihr die behandschuhte Hand vor den Mund, bevor sie auch nur einen Laut hervorbringen konnte.

Ich wurde erkannt, dachte sie panisch. *Er hat mich erkannt und wird mich zur Königin bringen.*

Er zerrte sie hastig tiefer in den Wald. Äste schlugen ihr ins Gesicht, zerkratzten ihre Wangen. Sie trat um sich, doch nichts schien ihn zu Fall bringen zu können. Ihre Schatten waren instinktiv bereit, sich dem Gegner zu stellen, doch im nächsten Augenblick spürte sie einen überwältigenden Schmerz auf der nackten Haut ihres Halses. Ihr Schrei wurde durch seine Hand gedämpft, während ihr Tränen in die Augen traten. Sonnenstein.

Sie hielten inne, doch Merla war zu sehr konzentriert auf den alles vereinnahmenden Schmerz, der sich in ihrem ganzen Körper ausbreitete wie ein rasendes, zerstörerisches Feuer.

Zu ihrer Erleichterung nahm er den Stein von ihrer Haut. Sie wäre kraftlos in sich zusammengesunken, wenn er sie nicht so eng umklammert gehalten hätte. Der Fremde brachte seinen Mund furchtbar nahe an ihr Ohr. Sie zuckte zusammen, als sein Atem über ihre Haut strich. »Versucht auch nur, Eure Schatten heraufzubeschwören, und Ihr seid tot.«

Etwas in ihr gefror. Denn sie kannte diese Stimme. Ihren Albträumen war sie ganz besonders bekannt.

»Nickt, wenn Ihr verstanden habt.«

Mit rasendem Herzschlag tat sie, wie ihr geheißen.

»Gut. Und jetzt«, Roarkes Griff um ihren Oberkörper wurde noch enger und sie hatte Mühe, Luft zu holen, »hört Ihr mir brav zu, so wie es sich für eine Prinzessin gehört.«

Laelia

Laelia und Kai stimmten gerade ihre Instrumente, als Divan den Gaul mit einem solchem Ruck zum Stehen brachte, dass Laelia nach vorne katapultiert wurde. Kai drehte vor Überrumpelung einen Wirbel gänzlich durch.

Beinahe wollte sie Divan schon anfahren, dass er um der Instrumente willen doch ein wenig sachter hätte stoppen können, als sie sah, weshalb sie überhaupt stehen geblieben waren.

Der Kleine Mondsee lag noch mehrere Kilometer entfernt von ihnen. Stattdessen waren sie drei am Rand der Wasserfelder, neben der Hauptstadt eine der größten Städte Luinas. Um genau zu sein, befanden sie sich auf einer steinernen Brücke, die weiter ins Stadtzentrum führte.

Ein Blutender hatte vor ihnen die Hand gehoben und inspizierte sie mit eisblauen Augen. Auch wenn sie sich bemühte, kam Laelia einfach nicht umhin, seine Gestalt etwas genauer zu bestaunen. Er war der erste Blutende, den sie außerhalb einer Illustration zu Gesicht bekam.

Den Gerüchten von Menschenopfern und Blutrausch mochte sie keinen Glauben schenken, aber jetzt, da sie seine Erscheinung genauer inspizierte, konnte sie nachvollziehen, wieso so mancher Tölpel gemeine Geschichten über Luinas Kinder verbreiten mochte.

Der Blutende setzte an: »Es tut mir leid, aber ich muss Euch bitten, Euer Gefährt in einem der lokalen Ställe unterzubringen, außer Ihr könnt mir Eure Händlerlizenz vorweisen.«

Besonders zu den Festtagen, wenn ein Großteil der jungen Blutenden und der gesamte Rat an einem Ort konzentriert waren, wurden die Sicherheitsvorkehrungen bis auf das Lächerlichste verschärft.

»Wir sind Musiker auf Spielreise«, entgegnete Kai und deutete auf die Laute in seiner Hand. Divan versuchte währenddessen, ihr Pferd ruhig zu halten, welches begann, mit seinen Hufen auf dem Boden zu scharren. »Wir sind Teil des Musikprogramms für die Festtage.«

Er blickte hinter sie, wo die Karren und Kutschen sich bereits aufzustauen begannen. »Also keine Händlerlizenz.«

Man wies ihnen den Weg zu einer angeblich günstigen Unterkunft, die alles andere als günstig war, da die Herbergen und Bauern zu dieser Jahreszeit die Preise gerne um das Vierfache in die Höhe trieben. Hätten sie länger als nur einen Tag hier verweilen müssen, wäre Laelia sich definitiv nicht zu fein gewesen, ihnen die Leviten zu lesen.

So zahlten sie aber, schulterten ihr bescheidenes Hab und Gut und marschierten zu dritt durch die so kurz vor der Herbstmittweiche vielbeschäftigte Stadt.

Laelia wickelte sich fest in ihren Umhang, während sie das Treiben um sich herum betrachtete.

Um sich vor dieser Kälte zu schützen, waren die meisten Gebäude, anders als in Talina, aus robustem Stein erbaut, und jeder Schornstein schien zu rauchen.

Aus den Fenstern roch Laelia gebratene Kartoffeln, frisch gebackenes Brot, warme Suppen und andere Köstlichkeiten. Ihr Magen knurrte, als sie sich vorstellte, wie Kartoffelscheiben in einer fettigen Soße schwammen und nur darauf warteten, von ihr verspeist zu werden.

Auf ihrem Weg entdeckte Laelia einen Stand, wo ein junges Mädchen Brieffalken verkaufte. Ein solches Geschenk schrie praktisch nach einem gewissen Dieb, an welchen sie nach der fragwürdigen Abschiedsszene, die er ihr geboten hatte, gerade nicht denken wollte. Sie wandte sich wieder ab.

Nach reichlichem Fußmarsch hatten sie die Stadt durchquert und waren vor den Toren angelangt, die einen auf das offizielle Gelände und zu der steinernen Festung des Rates führten. Allein der Anblick des schmucklosen Gesteins veranlasste sie dazu, ihren Mantel noch enger um sich zu schlingen, als ob sie die Kälte des Gemäuers unter ihren Handflächen bereits aus dieser Entfernung fühlen konnte.

Dieses Mal waren es zwei Blutende, ein Mann und eine Frau, die sie in Empfang nahmen. Sie schienen aber besser gelaunt als ihr Kollege bei den Ställen und ließen sie nach einer kurzen Inspektion ihrer Einladung passieren.

Laelia betrat, begleitet vom metallischen Stöhnen und Quietschen eines sich öffnenden Tores, die beängstigend schmale Brücke: Wasser schlug sanft gegen die breiten Säulen und gegen das Gestein des stellenweise grün bewachsenen Felsens, auf welchem die Burg thronte.

Als sie schließlich in dem ihnen zugewiesenen Zimmer saßen, ließ Divan seine dunklen Augen über die spärliche Einrichtung wandern, während Laelia sich auf eines der Betten setzte.

Kai schob gerade die breite Lade zu, in welcher er seine Sachen verstaut hatte. »Ich werde mal beginnen, die anderen zusammenzutrommeln«, verkündete er und Laelia spürte seinen Blick auf ihr. »Möchte mich einer von euch vielleicht begleiten?«

Bevor Laelia zustimmen oder ablehnen konnte, antwortete Divan, seiner Auffassung nach wohl für sie beide. »Wir bleiben hier, wir haben noch etwas zu besprechen.«

Kai nickte also bloß und ließ die beiden dann allein im Zimmer zurück.

Laelia wandte sich an Divan, der ihr gegenüberstand.

»Wie groß ist die Wahrscheinlichkeit, dass dies das letzte Mal ist, dass er uns gesehen hat?«

»Sehr hoch«, antwortete er. Daraufhin holte er einen ledernen Geldbeutel aus seiner Hosentasche hervor und warf ihn auf Kais Bett. Dumpf klimpernd kam der Beutel auf. »Den Dankesbrief schreiben wir ihm ein andermal.«

»Was ist also der Plan?«

Er ließ sich neben ihr auf die Matratze sinken. »Ich werde mich hier an den belebtesten Orten ein wenig umschauen, um sie aufzuspüren. Je schneller ich sie finde, umso besser. Währenddessen wartest du mit unseren Sachen bei den Ställen.«

Als sie die Augenbraue anhob, gab sie sich besonders viel Mühe, es besonders verurteilend aussehen zu lassen, damit er sie auch nicht übersehen konnte. »Darf ich dich an das letzte Mal erinnern, als wir uns aufgeteilt und bei den Ställen verabredet haben?«

»Das heute ist anders. Die Blutenden können sie nicht dazu zwingen zu bleiben. Aber ist sie einmal ausgetreten, darf sie nie wieder zurückkehren.«

Die Göttermale in ihren Handflächen juckten bei diesen Worten beinahe. »Und du denkst, dass sie sich dazu bereit erklären wird?«

»Sie muss.«

Laelia lehnte sich zurück und legte den skeptischen Gesichtsausdruck ab. »Wen sucht sie überhaupt?«

»Ihre Eltern.«

»Sie ist eine Waise?«

Als würde er seine Antwort abwägen, pausierte er kurz. Doch er nickte schließlich. »Wir werden ihr alles erklären und sie sogleich mitnehmen müssen. Wir dürfen nichts riskieren, wenn wir rechtzeitig zu den Feiertagen zurück sein, die Mission beenden und deinen Vater finden wollen.«

»Weiß sie überhaupt, dass ihre Eltern tot sind? Ich dachte, Blutende würden bereits bei der Geburt von ihren Eltern getrennt.«

Wieder hatte er die Schatulle zwischen seinen Fingern, strich über die Einkerbungen der filigranen Schnitzereien in ihrem Holz. »Nein, sie weiß es nicht. Aber das wird keinen Unterschied für sie machen, glaub mir. Sie hatte auch ohne Familie immer ein Zuhause. Das Beste, was die meisten Waisen mit viel Glück bekommen, ist ein Platz im Heim und vielleicht ein, zwei Freunde an der Seite, die man unweigerlich wiedersieht, weil jeder früher oder später ins Heim zurückkehrt.«

»Du scheinst ja ziemlich viel darüber zu wissen.« Da kam ihr ein Gedanke, den sie wohl besser vorsichtig äußerte.

»Bist du etwa in einem aufgewachsen? Einem Heim?«

Die Schatulle ließ er wieder verschwinden. »So in etwa.« Dass sein Kiefer sich anspannte, bemerkte sie allerdings auch.

Laelia musterte ihn.

»Habe ich irgendwas im Gesicht?«

»Nein, es ist nur … Du weißt alles über uns. Über dieses Mädchen, Merla, mich, uns alle. Aber wenn man dir eine persönliche Frage stellt, tust du so, als ob du das Konzept von Antworten nicht verstündest.«

»Das tue ich sehr wohl«, sagte er. Sie schnaubte. »Was?«

»Nichts.« Sie seufzte, wie man es nur nach einem Lachen tun konnte. »Du bist heute nur ganz besonders amüsant. Wie lange sind wir jetzt schon gemeinsam unterwegs? Und in all dieser Zeit hast du kein Wort über deine Vergangenheit verloren.«

Die Narbe an seiner Schläfe verzerrte sich, als er die Miene verzog. »Was tut meine Vergangenheit denn zur Sache?«

»Es gibt Menschen, die gerne ihre gesamte Lebensgeschichte unterbreiten.«

»Jemand, der gerne darüber spricht, was hinter ihm liegt«, er erhob sich, wohl mehr als bereit, seine Mission endlich zu Ende zu bringen, »hat das Schlimmste noch vor sich.«

Vena

Vena nickte den beiden Blutenden zu, die am Tor zur Brücke Wache hielten, und wollte diese passieren, als sie ihr den Durchgang blockierten.

»Wohin des Weges?«

»In die Stadt.« Raus aus der Festung. Das war der einzige Gedanke, den sie fassen konnte. Sie brauchte etwas, das sie ablenkte. Einen Ort, der laut genug war, um die eigenen Gedanken zu übertönen, die sie nicht mehr hören wollte.

»Du weißt: Wir dürfen erst nach der Aufführung in die Stadt.«

»Eine Ausnahme wird ja wohl erlaubt sein.«

»Was genau hast du denn vor?«

Wie von selbst begannen ihre Beine leicht zu zappeln. »Nur ein kleiner Spaziergang, weiter nichts.«

»Den kannst du auch in der Festung machen. Kehr um.«

»Es ist doch nur für höchstens eine Stunde«, flehte sie. »Ich verspreche, ich bin auch bald wieder zurück.«

Er schüttelte den Kopf. »Tut mir leid, aber das sind nun mal die Regeln.«

Vena starrte ihn an. Normalerweise hätte sie seine Worte respektiert. Aber mittlerweile kam ihr nichts mehr wirklich normal vor, am wenigsten sie selbst.

Sie tat, als würde sie umkehren, um zurück zum Tor zu gehen, tatsächlich aber sandte sie eine leise Bitte an ihre Göttin.

Luina, dachte sie. *Bitte höre mich an. Ich weiß, ich habe es nicht*

*verdient, dass du mir hilfst. Ich bin eine furchtbare Freundin, ich …
habe furchtbare Dinge getan. Aber ich habe keine Kontrolle mehr
über mich und meine Kräfte. Bitte hilf mir, Besitz über die Blutbahnen der Wachen zu ergreifen und sie bewusstlos werden zu lassen. Ich
werde noch verrückt, wenn ich keine kurze Rast halten kann. Bitte,
Luina: Hilf mir.*

Sie atmete tief durch, saugte einen Tropfen Blut aus ihrer Unterlippe, die noch wund war von der letzten Probe, fixierte den Wäch-
ter, der mit ihr gesprochen hatte. Fühlte die Schwere seines Blutes.

Und dann den Ruck.

Vena zuckte zurück, konnte sich dieses Mal aber noch rechtzeitig
auffangen, bevor sie nach hinten stürzen konnte.

Sein gesamtes Blut spritzte auf seine Partnerin, während er selbst
dumpf und zweifellos tot auf dem Boden aufschlug.

»Was … *was hast du getan?*«, hörte sie die noch lebende Wache
krächzen.

Venas Herz blieb stehen.

Und dann rannte sie.

»Stehen bleiben!«, brüllte die Wache nun und warf sich ihr in
den Weg. Im nächsten Moment packte sie Vena an ihrem Umhang.
Diese keuchte verzweifelt, während sie versuchte, sich loszureißen,
und der Kragen ihr gleichzeitig die Luft an der Kehle abschnürte.
Die blutverschmierten Hände der Wache krallten immer noch an
ihrem Saum.

»Lass mich los!«, verlangte Vena kreischend. Als die Wache aber
immer noch eisern an ihr festhielt, löste sie mit einem schnellen
Zug die Bindung um ihren Hals und hörte, wie die Frau unsanft
hinter ihr hinfiel.

Vena sog keuchend Luft ein, blickte nicht zurück und rannte, wie
sie noch nie in ihrem Leben gerannt war, über die nun freie Brücke.

Erst als ihre Füße brannten und sie fürchtete, sich übergeben zu
müssen, kam sie dank eines Baumes geschützt vor neugierigen Bli-

cken am Stadtrand zum Halten und beugte sich schwer nach Luft ringend über ihre Knie. Dann die Hände über ihre Ohren, die Augen fest zusammengepresst. Sie hatte es schon wieder getan. War so naiv gewesen zu glauben, wenn sie niemandem davon erzählte, wenn sie sich weigerte, daran zu denken, dass sich alles zum Guten wenden würde.

Aber sie hatte es getan.

Sie war eine Mörderin.

Vielleicht wussten die anderen es nicht, vielleicht spürten sie es nicht, aber sie wusste und spürte es, und das genügte, um es für sie real zu machen. Und sie hatte keine Ahnung, was diese neue Realität für sie bedeutete.

Als sie das Gefühl hatte, wieder ein bisschen besser atmen zu können, und sich sicher war, mögliche Verfolger abgehängt zu haben, richtete sie sich wieder auf.

Zu ihrem Glück hatte sie unter ihrem Mantel noch einen weiteren getragen, da ihr traditioneller Überwurf einfach nicht dick genug war. Dieser war dunkelblau und dünn, aber zumindest hatte er eine Kapuze. Hastig band sie sich einen Pferdeschwanz, zog die Kappe hoch und stopfte rasch ihr Haar darunter.

Alles gut verstaut, die Kapuze so tief wie nur irgend möglich in ihr Gesicht gezogen, betrat sie die Stadt und schlängelte sich durch die Massen. Sie war noch nie hier gewesen und hatte dementsprechend nicht die geringste Ahnung, wo sie hinging, aber solange sie sich nur von der Festung entfernte, war es die richtige Richtung.

So kam es, dass sie irgendwann auf dem Marktplatz landete. Hätte sie hier ihren roten Umhang getragen, wäre sie von allen Seiten begafft worden. In manchen Augen hätte stille Bewunderung gelegen, in anderen blanke Furcht. Immerhin machten schon seit Jahrhunderten die furchtbarsten Gerüchte über Blutende die Runde, selbst im eigenen nordischen Umland.

Vena dachte daran, was sie vor nicht einmal einer halben Stunde getan hatte. Vielleicht waren ja nicht sämtliche Gerüchte vollkommen an den Haaren herbeigezogen.

Je näher Vena dem Zentrum kam, desto zittriger wurde sie. Nun stand sie mitten in einer Menge. Vena war eine einsame Gestalt in einer nächtlichen Kulisse inmitten ihrer Landsleute, die sich an der Vorführung eines Theatertrupps erfreuten, welcher Luinas Kampf mit der Armee der Geirrten anhand von Handpuppen nachstellte.

»Vena?« Eine Hand legte sich auf ihre Schulter.

Erschrocken zuckte sie zurück und sofort begann sie sich wieder durch die Menge zu kämpfen, wagte nicht zurückzublicken. Sie hätte nie stehen bleiben sollen, realisierte sie jetzt.

Ihr Name war genannt worden, die Person kannte sie also. Es konnte nur ein Blutender sein. Schweiß brach an ihrem Körper aus und sie erstarrte innerlich. Man hatte sie doch ertappt, würde sie einsperren, bestrafen, sie in einer winzigen Zelle verrotten lassen.

Vena hatte keine andere Wahl. Wenn sie nicht im Gefängnis jeglicher Freiheit beraubt werden wollte, musste sie fort von hier. Weg von den Blutenden und allem, was sie kannte.

»Warte doch!«

Nun achtete sie nicht mehr darauf, die Leute um sie herum nicht zu stören, und bahnte sich mit ausgefahrenem Ellenbogen ihren Weg durch die Menge, bis sie in eine Gasse gelangte.

Die sich als Sackgasse herausstellte.

Hinter sich hörte sie laufende Schritte, die plötzlich anhielten. »Und ich dachte schon, mit dir würde es einfacher als mit den anderen.«

Sich auf das Schlimmste vorbereitend, drehte sie sich langsam um und erblickte die letzte Person, die sie hier erwartet hätte.

Einen Seher.

Und dann begann er zu erzählen.

MERLA

Egal was man von Hadrian hielt, ob man ihn mochte oder fürchtete, eines musste man ihm lassen: Der Dieb besaß eine Überredungsgabe, wie sie kein Zweiter nachahmen konnte. Merla hätte es nicht überrascht, wenn er es geschafft hätte, die Vene zu überreden, in die entgegengesetzte Richtung zu fließen. Oder Leichen dazu zu bringen, ihre eigenen Gräber zu schaufeln.

Und auch sie war gegen seine Fähigkeiten nicht immun gewesen. Nach Tagen, in denen sie kaum etwas anderes als das Innere ihres Zimmers hatte sehen wollen, hatte er sie dazu bewegen können, sich die Haare zurückzubinden und sich einen schwarzen Überwurf um ihre Schultern zu legen, um mit ihm und Bacary eine Magieküche aufzusuchen, die der Heiler ausgekundschaftet hatte.

Magieküchen waren der größte illegale Schandfleck des magischen Alltags, wie das Königshaus zu sagen pflegte. Hier trafen Magielose auf Begabte, um Geschäfte zu vollziehen, die das Königreich nicht sehen wollte. Und wenn sie es denn sahen, konnten die Betroffenen damit rechnen, für eine lange Zeit selbst nichts anderes als Eisenstäbe und kahle Wände zu Gesicht zu bekommen. Offiziell handelte es sich zwar bloß um Begabte, die den Magielosen für ein paar Taler ihre Dienste anboten, was grundsätzlich nicht untersagt war. Aber dass man sich in diesen Kellern gefährlich weit jenseits des erlaubten Rahmens bewegte, war kein Geheimnis.

Dementsprechend tummelten sich in solchen Einrichtungen nicht nur illegale Geschäftemacher, sondern auch Verbrecher in

Hülle und Fülle. Und jene, die kurz davor standen, ein solcher zu werden.

Beim Gedanken daran, wohin sie gerade durch die Nacht marschierten, wurde Merla zwar unsagbar unwohl zumute, aber mehr als Unbehagen war es schlussendlich auch nicht, was sie empfand. Denn sobald das Unwohlsein in ihr drohte in Angst umzuschlagen, erinnerte sie sich, dass sie mit einem von Neros Männern jeden Morgen beim Frühstück saß, also konnte es viel schlimmer doch nicht sein. Das redete sie sich jedenfalls ein. Außerdem hatte Divan ihnen aufgetragen, ein wenig Geld zu beschaffen, und auch wenn es Merla zutiefst widerstrebte, gegen noch mehr Regeln zu verstoßen, wusste sie auch, dass sie unbedingt schwerere Geldbeutel benötigten, wenn sie sich bis zu und während den Festtagen auch wirklich in dieser bestimmten Unterkunft wissen wollte. Und der illegale Weg war oft der profitablere, wie Merla in der letzten Zeit schmerzlich hatte realisieren müssen.

Sie fragte sich unweigerlich, ob Hadrian überhaupt jemals Angst verspüren konnte, wenn Menschen wie er oft genau das waren, was andere – Merla nicht ausgeschlossen – als ihre größte Furcht bezeichnet hätten.

Er hielt ihr jetzt die Tür zu einer Schenke auf, die zu Merlas Überraschung nicht viel kurioser oder zwielichtiger wirkte als die Schenke, die zu ihrer Unterkunft gehörte.

»Warum setzt du deine Kapuze nicht auf?«, flüsterte Bacary ihr zu, während Hadrian zum Tresen hinüberging, um ein Gespräch mit dem Wirt zu suchen. »Du wirst noch erkannt.«

Merlas Wangen glühten, als sie die dunkle Haube daraufhin tief in ihr Gesicht zog und ihren Blick senkte. Sie hatte vollkommen vergessen, dass sie ja eigentlich darauf hätte achten müssen, nicht erkannt zu werden, und hatte Mühe, ihr Gesicht aufgrund dieser Unachtsamkeit nicht in den Händen zu vergraben. Aber eigentlich war es ihre tief sitzende Scham, die ihr zu schaffen machte.

Da winkte Hadrian ihnen zu, zu ihm zu kommen.

»Das sind die beiden, von denen ich gesprochen habe«, sagte er zu dem Wirt. »Ein Lauscher und eine Schattentänzerin, wie versprochen.«

Der Wirt betrachtete die beiden skeptisch. Erst jetzt fiel Merla auf, dass auch er ein Begabter war. Eine seiner Lauscher-Narben blitzte hinter seinem Ohr auf, als er sein Gesicht zur Seite wandte, um einen Blick mit einem anderen Wirt zu tauschen, der gerade einen Kelch mit einem Lappen trocknete. Seine Schläfen zierten dieselben Narben, die auch auf Divans Schläfen thronten.

Der Wirt neben Hadrian wandte sich wieder an Merlas Gruppe. »Ich weiß ja nicht. Drinnen ist es schon ziemlich überfüllt.«

»Wir wollen auch nicht lange bleiben«, versprach Hadrian gelassen, während er sich kurz über die Stoppeln auf seinem Gesicht fuhr, die er neuerdings zur Schau stellte. »Wir sind nur hier, um uns ein bisschen was dazuzuverdienen, und dann sind wir auch schon wieder weg. Wenn ihr wollt, kann ich auch ein paar der Gäste dazu bringen, ein bisschen mehr Geld bei den Getränkebestellungen liegen zu lassen.«

Der Seher hinter dem Tresen schien von dieser Idee ziemlich angetan, so wie er sofort darauf ansprang. »Lass sie nur«, sagte er zu seinem Kollegen. »Hübsche wie er bringen immer besonders viel rein.«

»Wie du meinst.«

Der Lauscher führte sie durch die beengte, stickige Küche, bis sie durch eine weitere Tür traten. Sie stiegen eine Wendeltreppe hinab, die nicht einmal ein Geländer vorzuweisen hatte. Merla ließ ihre Hände die Wand entlanggleiten, um den Schein eines Halts zu wahren, was ihr pochendes Herz aber nur mäßig in Sicherheit zu wiegen schien.

Schließlich landeten sie vor einer letzten Tür. Der Lauscher klopfte in einem ganz bestimmten Rhythmus gegen das Holz, von dem Merla annahm, dass er sich jeden Abend, wenn nicht jede Stunde änderte.

Die Tür schwang auf und da, wo es der Schenke an Kuriosität und Zwielichtigkeit gefehlt hatte, waren die Räumlichkeiten, die sich nun vor Merla auftaten, mit nichts anderem gefüllt. Es war ein ganz persönlicher Blick in das Reich der Geirrten:

Auch wenn das Zimmer nur sehr unzureichend von wenigen Schattenlaternen beleuchtet wurde, konnte Merla deutlich erkennen, dass der Lauscher recht gehabt hatte damit, dass die Magieküche bereits gefüllt war. Dass so viele Begabte und Magielose in einen so kleinen Raum passen konnten, musste an ein Wunder grenzen. Die tief hängende Decke machte die Situation nicht besser.

Am liebsten wäre Merla sofort umgekehrt. All die Geschichten über die Magieküchen waren wahr. Denn auch wenn als Begabter seine Dienste anzubieten eigentlich kein Verbrechen war, war es das sehr wohl für Heiler, welche die Prüfung nicht absolviert hatten. Oder für Seher, die ihre Visionen durch Traumsand erzwangen. Und Lauscher, welche die Gedanken eines Magielosen lasen, um sie dem Meistbietenden weiterzuverkaufen.

In dieser Räumlichkeit kam man kaum drei Schritte weit, ohne bei einem kurzen Umherblicken mindestens acht solcher Verbrechen mitanzusehen.

Der Wirt steckte sich in dem Moment, in dem die Tür aufschwang, mit zusammengekniffenen Augen und zusammengepressten Lippen hastig Stöpsel in seine Ohren, bevor er auch Bacary ein Paar reichte, der sich selbst schon seine Ohren zudrückte. »Hier. Das sollte zumindest ein wenig aushelfen.« Bacary nahm die Stöpsel sichtlich dankbar entgegen.

Aber auch für Merla, die keine Lauscherin war, war der Geräuschpegel überwältigend, stellte sie fest, als sie sich an den Tischen vorbeischoben. Sie versuchte, nicht jede einzelne Person beinahe umzulaufen, die ihr entgegenkam, da sie kaum weiter als ein paar bescheidene Armlängen sah und kein Platz war auszuweichen.

Noch dazu waren die Geräusche so ungleichmäßig: Ihr drang Gelächter ans Ohr, gleich darauf ein Schluchzen, dann ein wütender Aufschrei und dann wieder Gelächter.

Im Augenwinkel fiel ihr auf, wie auch Hadrians Weg immer wieder blockiert wurde, aber so, wie die Personen ihn ansahen, zweifelte Merla ein wenig daran, dass es aus Versehen geschehen war.

Sie steuerten gemeinsam auf einen großen Vorhang zu und zu Merlas Erleichterung war hinter ihm nur halb so viel Trubel wie vor ihm vorzufinden. Dieser Bereich war wohl bloß den arbeitenden Begabten vorbehalten.

»Also«, setzte der Wirt an, der sie geführt hatte, »ist einer von euch dreien schon mal in einer Magieküche gewesen?« Bacary und Merla verneinten. Hadrian wenig überraschend nicht. »Es ist jedenfalls keine große Hexerei. Solange ihr es halbwegs überzeugend rüberbringt, kaufen die Magielosen euch alles ab. Und lasst euch immer im Voraus bezahlen, vergesst das nicht! Wir überprüfen übrigens, ob ihr uns bei den Prozenten auch nicht übers Ohr haut. Lauscher, auf dich werden viele Paare zukommen. Sag einfach das über die Gedanken, was der Zahlende von ihnen beiden hören will. Heiler, wenn sie ihren Arm heilen wollen, konzentriere dich auf ihre Beine und umgekehrt, du verstehst? Aber du warst ja sowieso schon mal hier. Und du, Schattentänzerin, erzähle ihnen einfach, dass du ihre Seele mit deinen Schatten heilen …«

»Einen Moment mal.« Merla war bemüht, nicht zu weit vom Boden aufzublicken. Doch das, was er gerade beschrieb, war weit von dem entfernt, was sie erwartet hatte, als sie zugestimmt hatte mitzukommen. Sie hatte erwartet, ein paar gelangweilte Jugendliche mit ihren Schatten zu unterhalten, unter keinen Umständen das hier. »Was soll das heißen? Ich dachte, man würde hier tatsächlich seine Kräfte anbieten.«

»Dann bist du am falschen Ort, Liebes«, schnaubte der Wirt, während er prüfend noch mal seine Stöpsel feststeckte. »Du glaubst doch zum Beispiel nicht ernsthaft, dass sich irgendein Seher freiwillig für einen Magielosen Traumsand reinzieht. Das meiste von dem Sand, der hier rumliegt, ist unecht. Es geht darum, die Leute möglichst lange bei euch zu behalten, sie zahlen immerhin für Zeit.«

Merla konnte nicht glauben, was sie da hörte. »Aber …«

»Alles klar, danke«, unterbrach Hadrian sie und begann schon, Bacary und sie erneut auf die andere Seite des Vorhangs zu dirigieren. »Wir finden uns zurecht.«

Als sie sich mitten im Trubel wiederfanden und Hadrian Merlas Mimik las, setzte er an: »Keine Sorge, du musst es nicht so machen, wie er es vorschlägt. Du kannst dir ruhig tatsächlich Mühe geben, das mache ich auch immer.«

Ihnen wurden drei verschiedene Tische in verschiedenen Winkeln des Raums zugewiesen, die ihr Arbeitsbereich für den Abend sein würden.

Merla bekam noch mit, wie sich um Hadrians Tisch umgehend eine Traube bildete. Bacary war in eine ruhigere Ecke gesetzt worden wie die meisten Lauscher, wie Merla beobachtete. Ihre Stirn und ihr Hals wurden feucht und ihre Wangen glühend heiß in der Hitze, die sich um sie herum staute.

Merlas erster Kunde ließ nicht lange auf sich warten: Es handelte sich um eine junge Frau, vielleicht ein paar Jahre älter als Divan.

Sie rutschte erst ein wenig unbehaglich auf ihrem Stuhl umher, so wie auch Merla, als man sie niedergesetzt hatte. Ob sie genauso uneinig über diesen Ort war wie sie?

Merla wartete darauf, dass die Frau sie ansprach, doch als dies einige unangenehme Momente ausblieb, sah sie sich gezwungen, selbst die Initiative zu ergreifen. Das einzig Gute an dem ständigen Lärm um sie herum war, dass die Stille, die sich zwischen zwei Leuten ausbreitete, zumindest nicht auch von zusätzlicher Geräusch-losigkeit unterfüttert wurde: »Wie kann ich dir behilflich sein?«

»Ich … Du bist eine Schattentänzerin, richtig?«

»Genau.« Merla hoffte sehr, dass sie keine allzu extravaganten Kunststücke von Merla erwartete, noch dazu, wo ihre Schatten ihr mittlerweile fremd waren.

Merlas Antwort schien die Magielose ein wenig aufzulockern. »Sehr gut, das ist toll. Ich habe vor einigen Intervallen meine Mut-ter verloren und, nun ja, mir wurde gesagt, dass manche Schatten-tänzer einem da weiterhelfen können.«

Die durchscheinenden Verfärbungen unter ihren Augen fielen Merla erst jetzt auf, denn bei dem fehlenden Licht erschienen diese Schatten erst mal unter jedermanns Augen. Aber ihre waren nicht nur von äußerem Lichtverlust gezeichnet. »Womit genau?«

»Damit, dass es aufhört wehzutun.« Sie schluckte. »Ich will ein-fach zu dem Teil vorspringen, in dem ich das Ganze hinter mich gebracht habe und endlich wieder atmen kann, ohne dass es sich anfühlt, als … wäre etwas in mir ständig kurz davor zu ersticken, verstehst du?«

Ob Merla das verstand? Sie wünschte so sehr, dass sie es nicht ge-tan hätte. »Aber was genau erwartest du von mir?«

»Das musst du doch wissen, du bist die Begabte. Mir wurde vom Wirt versichert, dass Schatten mir helfen könnten. Mir ist es gleich, wie du es anstellst, solange es einfach aufhört.«

Wenn Merla einen Weg gekannt hätte, ihr zu helfen, sie hätte ihn ihr gezeigt. Und dann hätte sie sich selbst den Weg gewiesen. Denn wie konnte eine einzelne Person durch ihr Fehlen in einer so über-füllten Welt ein so großes Loch schlagen? Es war ihr unbegreiflich.

Merla blickte sich unwillkürlich um, während sie mit ihren Hän-den rang. Sah gefälschte Visionen, gefälschte Heilungen, gefälschte Seelensorge, gefälschte Hilfe. Alles um sie herum war schlicht und ergreifend falsch.

Sie konnte sich nicht an das letzte Mal erinnern, als sie etwas derartig angewidert hatte wie dieser Ort in diesem Moment. All diese Ausnutzung und Ungerechtigkeit, von Menschen wie der Frau, die Merla erwartungsvoll ansah in dem festen Glauben an das Versprechen, dass sie ihre Probleme in diesem Raum zurücklassen würde können. Eine Frau, die Merla in einem anderen, magielosen Leben selbst hätte sein können.

Es war abscheulich.

Die Magie war ein Geschenk, hatte Allanah immer gesagt. Ein Geschenk, um die Menschen zu beschützen, Gutes zu bringen. Aber das tat die Magie hier nicht. Stattdessen beutete sie diejenigen aus, welche ihr hilflos ausgeliefert waren, wo sie nur konnte, wann sie nur konnte, wie sie nur konnte.

Merla hätte der Frau also etwas vorspielen können, so wie die meisten Begabten um sie herum es taten … Doch vielleicht wurde es ja Zeit aufzuhören, wie die meisten Begabten zu sein.

»Das kann ich leider nicht«, sprach sie, nachdem sie einmal tief durchgeatmet hatte. »Ich kann dir nicht helfen und noch weniger meine Schatten.«

»Was soll das heißen, du kannst mir nicht helfen?« Ihr Gegenüber sprang auf. Merla entdeckte entsetzt die Tränen, die in ihren Augen schimmerten und es jeden Moment auf ihren Wangen gleichtun würden. »Du musst mir helfen können!«

»Es tut mir wirklich leid, ich wünschte, ich …«

Die Frau stürmte davon, noch bevor Merla ihren Satz zu Ende führen konnte.

Die Prinzessin wischte sich gerade hastig mit einem ihrer Ärmel über ihre Augen, als Hadrian und Bacary auch schon bei ihr waren.

»Der Wirt hat uns gesagt, dass bei dir etwas schiefläuft«, erklärte Bacary, dessen Blick Merla auswich, genauso wie dem Hadrians. Sie hatte schon genug Schuldgefühle wegen der Magielosen, und

Megan, sie konnte sich nicht auch noch mit ihren Schuldgefühlen ihnen gegenüber auseinandersetzen. »Was war denn los?«

»Ich …«

Ein Schrei ersparte Merla die Antwort.

Mit einem Mal war der gesamte Lärm der Magieküche wie ausgelöscht.

Der Schrei war vom Tisch eines Blutenden gekommen. Seine Augen waren vor Schock geweitet, sein Mund leicht geöffnet.

Und sein Gewand voller Blut. Auch die umliegenden Magielosen und Begabten waren nicht verschont geblieben.

Denn auf dem Tisch vor ihm lag die reglose Gestalt eines älteren Mannes, der niemals ein alter Mann würde werden können.

Merla war wie versteinert bei der Szene, die sich ihr bot.

»Ich weiß nicht, wie das passiert ist«, hörte sie den Blutenden hauchen, immer noch auf die Leiche starrend. Die übrigen Anwesenden im Raum taten es ihm nach. »Ich wollte nur seinen Kreislauf in Bewegung bringen und dann war da auf einmal dieser Ruck …«

Um Merla herum brach das Reich der Geirrten ein, als den Leuten langsam zu dämmern begann, was geschehen war. Sowohl Magielose als auch Begabte versuchten sich zur Tür zu kämpfen. Riefen, dass man ihnen Platz machen sollte. Die Wirte packten den Blutenden an den Armen, der sich nicht einmal wehrte, sondern nur auf den leblosen Mann auf der Tischfläche starrte.

Doch Merla konnte nur an eines denken: Ruck. Das war das Wort, das der Blutende verwendet hatte, um den Unfall zu beschreiben. Genau wie damals bei ihrem Unfall mit der Küchenhilfe. Wie in der Ballnacht. Das konnte doch unmöglich ein Zufall sein, oder?

All diese Vorfälle hatten einen Zusammenhang, wurde Merla mit einem Mal bewusst. Und dieser Zusammenhang war die Magie.

Aber diese war doch dazu da, das Leben zu beschützen, oder

nicht? Doch Merla musste an Megan denken, dann die Opfer des Balls, jetzt dieser Mann. Wie viele Leben hatte die Magie noch gekostet, von denen Merla nicht wusste?

Und wie viel Ungerechtigkeit würde sie sich sonst noch zuschulden kommen lassen, bis ihr jemand Einhalt gebot?

LAELIA

Noch bevor Laelia, Divan und Vena das Gasthaus sahen, konnten sie seine Gäste und die bereits angestimmten Feierlichkeiten hören.

Es war Nacht. Die vierte Nacht der Herbstmittweiche, um genau zu sein, doch an Schlaf war heute wohl kaum zu denken.

Die Pfade entlang schlängelten sich einerseits zahlreiche Schattenlaternen und andererseits auch magielose Laternenketten, die in ihrer Erscheinung trotzdem ihren ganz eigenen Zauber versprühten. An jeder Ecke schien Musik und Gelächter zu ihnen herüberzuwehen, die einen tanzten, die anderen sangen und noch andere schlugen sich die Mägen voll und schienen zumindest für diese Nacht keine finsteren Gemüter zu kennen.

In der Schenke im Erdgeschoss ging es nicht weniger ausgelassen zu. Sofort wurden ihnen beim Eintreten mehrere Tabletts voller Essen unter die Nase gehalten, bei denen sie kräftig zuschlugen.

Die Blutende schien sich keine Gedanken darüber zu machen, ob man sie anstarrte oder nicht, und schaufelte sich die Hälfte des Tabletts in eine Tasche ihres Umhangs und sagte zu nichts Nein. Sie war offensichtlich besonders erpicht darauf, auch ja keine der Freuden dieser Weiche zu verpassen. Vielleicht sogar, um sich ohnmächtig zu feiern.

Vena überragte sie alle, während sie nach oben traten, doch wirkte sie mit ihren langen, schlaksigen Gliedern auch immer ein wenig unbeholfen. Auch als sie in ihren Schlafzimmern ihre Siebensachen abwarfen, drang der Lärm von unten gedämpft bis zu ihnen nach oben.

Es dauerte nicht lange, bis sie erst Bacary und dann Merla gefunden hatten. Hadrian fehlte allerdings.

Divan und Vena blieben bei ihnen, Laelia entschuldigte sich, um sich dann in ihrem Zimmer das erste richtige Bad seit Ewigkeiten zu gönnen. Sie wunderte sich schon ein wenig, dass Divan sich ihr nicht dramatisch in den Weg warf und sie nicht noch am selben Abend dazu aufforderte, für das Ritual zusammenzukommen. Aber selbst er musste sich wohl eingestehen, dass sie viel zu erschöpft waren von der beschwerlichen Reise und sie nicht anders konnten, als ihre Kräfte noch einen Tag ruhen zu lassen.

Zwei Tage würden wohl ausreichen müssen, um die Mission zu beenden.

Laelia versuchte, nicht daran zu denken, dass sie morgen bereits ihren Vater wiedersehen würde. Der Gedanke war einfach zu aufwühlend und sie zu erschöpft, um aufgewühlt zu sein. Aber sie musste sich auch keine Gedanken machen, denn sie war bereit mit jeder Faser ihres Körpers.

Als sie wieder an der Luft und unter freiem Himmel war, endlich ein sauberes Kleid an ihrem Leib, schien die Musik noch lauter und die Leute noch fröhlicher, was vermutlich den Getränken in ihren Händen und ihrer guten Gesellschaft zu verdanken war. Immer wieder kreuzten Kinder ihren Weg, liefen unaufhaltsam über das Grundstück. Sie waren nicht trunken von Wein oder Schnaps, sondern badeten in der Freude der ansteckenden und aufkratzenden Energie dieses vierten Feiertages, der ganz im Namen Luinas stand.

Statt sich zu den anderen an die Vene zum großen Lagerfeuer zu gesellen, wanderte Laelia weiter über das Gelände, auf dem sich etwas abseits der Schenke überall kleine Grüppchen tummelten. Es gab sogar vereinzelt eigene Feuerstellen, um die sich mehrere Generationen von Familien versammelt hatten.

Laelia schlenderte gerade weiter, als sie mitten in der Bewegung innehielt. Denn dort am Ufer der Vene stand Hadrian.

Er hatte einen Kelch in der Hand und lehnte an einem der Holzmasten, welche die lange Kette Laternen aufrecht über den Köpfen hielten. Dieser spezielle Mast steckte unter seinem Gewicht bereits ein wenig schief in der Erde. Das Licht der brennenden Kerzen, an denen das Wachs bereits heruntertropfte, umfing seine Erscheinung warm und tauchte ihn in ein gelbliches Licht.

Er war allein. Keine Frau an seinem Arm. Laelia sah also nichts von den Szenarien vor sich, welche sie sich in den letzten Tagen ausgemalt hatte, wenn sie sich nicht hatte beherrschen können. Dafür hatte er aber neuerdings einen Dreitagebart, der sich mit dunklen Stoppeln auf seinem Gesicht bemerkbar machte.

Doch sie wollte nicht mit ihm sprechen. Nicht, solange sie nicht wusste, ob sie Neros Hadrian oder den jungen Mann der letzten Intervalle vor sich hatte.

Sie war schon dabei, wieder umzukehren, als er sich umwandte, sein Getränk an die Lippen gesetzt.

Offenbar war sie nicht ansatzweise so lautlos, wie er es auf den Beinen war.

Er senkte den Kelch, ohne von ihm zu trinken.

Und sie selbst hatte keine Ahnung, was sie mit diesem inneren Durcheinander aus Wut über sein Verhalten bei ihrer letzten Begegnung und Aufregung darüber, ihn wiederzusehen, anfangen sollte. Gefühle waren eine einzige Zumutung, entschied sie für sich.

»Ihr seid pünktlich wieder zurück. Es ist also alles nach Plan gelaufen?«, setzte er an, ein paar Meter von ihr entfernt.

»Wir hatten ja kaum eine andere Wahl, oder nicht?«

»Ihr habt die Blutende gefunden?«

Seine unnütze Fragerei irritierte sie. »Vena, ja.«

»Und wann genau plant unser geliebter Seher nun, das Ritual durchzuführen?«

399

»Morgen Abend.«

Beiläufig nahm er nun doch einen Schluck. »Und Kai? Wo treibt er sich herum?«

Schon wieder eine so unnütze Frage. Er war dabei gewesen, als sie entschieden hatten, Kai nicht einzuweihen.

»Er ist beim Rat geblieben. Wir sind nur zu dritt zurückgereist.«

Sie konnte ihren Augen kaum trauen, als blitzschnell etwas über sein Gesicht huschte, das mit Erleichterung vergleichbar gewesen wäre. Doch schon nippte er an seinem Kelch, dessen Griff er mit einer Eleganz umfasst hielt, welche deutlich von seiner blaublütigen Abstammung sprach. »Schade, ich mochte ihn.«

»Nein, mochtest du nicht.«

»Vielleicht«, entgegnete er, fügte aber nichts mehr hinzu.

Gut, wenn er es nicht ansprechen wollte, dann würde sie es eben tun, denn sie hatte ein für alle Mal genug von diesem Theater.

Sie tat einen Schritt auf ihn zu. »Ist das alles, was du mir zu sagen hast?« Ihr Körper rief danach, sich am Lagerfeuer im Garten des Gasthauses aufzuwärmen. Ihre Nasenspitze und Ohren wurden langsam taub im Wind, ihre Wangen schmerzten sogar ein wenig.

»*Ihr seid pünktlich wieder zurück*. Was Besseres fällt dir nicht ein? Oder bist du schon so gelangweilt von mir, dass du dich nicht einmal mehr dazu herabwürdigen kannst, mit mir zu sprechen, da ich nun keine geeignete Ablenkung mehr für dich bin?«

Sie hatte sich entschieden: Sie war wütend.

Unbeeindruckt hob er sein Getränk erneut an, und ohne lange nachzudenken, schlug Laelia es ihm aus der Hand, worauf der Kelch mitsamt seinem Wein, in einem hohen Bogen durch die Luft flog und über den Boden kullerte.

»Lass mich das alles mal kurz zusammenfassen: Du möchtest, dass ich dir vertraue, bringst mich dazu …«, sie brach mitten im Satz ab. »Wie auch immer. Nur um dann von einem Moment auf den anderen wieder Neros arroganten, herablassenden Handlanger raushängen zu lassen? Was genau soll das?«

»Wozu habe ich dich gebracht?« Er musterte sie auf einmal so intensiv, dass sie erst eine Weile brauchte, bis sie antwortete.

»Zu gar nichts.«

»Hat sich aber nicht so angehört.«

»Darum geht es jetzt nicht.« Sie hatte ihm nicht eine Frage gestellt, nur um dann selbst eine beantworten zu müssen.

»Doch. Beende den Satz.«

»Wieso, damit du über mich spotten kannst?«

Er schüttelte langsam den Kopf. Sie sah wie seine Kieferpartie arbeitete. »Das würde ich nicht tun.«

Sie neigte den Kopf, genoss es, ihn ausnahmsweise aus der Reserve zu locken. »Weißt du, vor einem Intervall hätte ich dir da zugestimmt, aber da du anscheinend entschieden hast, deinem Anführer nacheifern zu müssen, kann ich dir das nicht mehr ganz glauben. Und ich war noch dumm genug zu glauben, dass dir etwas an mir läge.«

Ein beherrschter Unterton mischte sich in seine Stimme. »Ja, mir liegt was an dir.«

Sie schnaubte. »Erzähle das jemandem, der dir Glauben …«

»Meine Götter«, unterbrach er sie. »Willst du es denn nicht verstehen? Ich empfinde etwas für dich, Laelia. Sehr viel sogar.« Grob fuhr er sich über den Nacken.

Laelia starrte ihn an.

Bei ihrem fraglos erschütterten Anblick lachte er freudlos. »Ich wäre dir sehr verbunden, wenn du mir antworten könntest.«

»Mir war nicht bewusst, dass das eine Antwort gefordert hat.«

»Dann tut es das jetzt.«

Sie schluckte schwer. »Sag so was nicht, wenn du es nicht so meinst.«

»Ich meine es aber so.«

401

»Wieso dann dieses Theater vor meiner Abreise?«

Er senkte seine Hand, die nun, genau wie seine andere, in seinen Hosentaschen verschwand. »Hast du dich jemals gefragt, wieso Nero so hart mit dir umgesprungen ist?«

Sie fragte sich ernsthaft, ob Hadrian sich Divans Fähigkeit abgeschaut hatte, systematisch keine Antworten zu geben.

»Was hat das damit zu tun?«

»Hast du dich jemals gefragt, wieso Nero so hart mit dir umgesprungen ist?«, wiederholte er seine Frage, dieses Mal eindringlicher.

»Weil er ein Mistkerl ist?«, sagte sie.

»Nun, das mag stimmen. Aber der eigentliche Grund war ich.«

»Wieso du?«

Vorsichtig war er es, der einen Schritt auf sie zu tat. Der Abstand zwischen ihnen wurde geringer. »Er hat durch einen seiner Männer mitbekommen, dass wir eine Geschichte hatten. Und Nero wäre nicht Nero, wenn er das nicht gegen mich verwendet hätte: An dem Tag, als ich dich das erste Mal gemahnt habe, hat er mir angeboten, seine Hand zu werden. Was ich abgelehnt habe.«

»Neros Hand?« Laelia blieb der Atem stehen. »Da kannst du dir gleich einen Dolch in deinen Bauch rammen.«

Er hob leicht einen seiner Mundwinkel. »Das war mir durchaus bewusst. Ich habe also abgelehnt. Was ihm nicht gefallen hat.«

»Das will ich dir auch geraten haben, sonst würde ich mich gezwungen sehen, dir eine Ohrfeige zu verpassen, und ich würde es nur halb so sehr genießen, wie du vielleicht denkst.«

»Deine Fürsorge rührt mich. Ich hoffe, du verstehst«, versuchte er sie wieder auf das ursprüngliche Thema zurückzulenken. »Ich bin der Grund, wieso er Aurel und deine Mutter hat entführen lassen.«

Für eine ganze Weile herrschte ein unangenehmes Schweigen.

»Dir ist klar, dass das absoluter Blödsinn ist, oder?« Verständ-

402

nislos, dieser Trottel, hob er die Brauen. »Du bist nicht schuld. Nero sucht doch nur nach einem Grund, anderen wehzutun. Und es war seine Entscheidung, meiner Familie wehzutun. Nicht deine. Oder hast du gewusst, was er vorhatte?«

»Selbstverständlich nicht.« Er wirkte verwirrter, als sie ihn jemals zuvor erlebt hatte, was etwas unfreiwillig Charmantes an sich hatte. »Jetzt verstehe ich nicht: Du hasst mich nicht? Du willst mir nicht meinen Kelch gegen den Kopf werfen?«

Jetzt verstand sie wieder nicht. »Wieso sollte ich dich hassen?«

»Du hasst auch Monia.«

»Ich … Bei ihr ist es auch etwas anderes. Sie hat gewusst, dass meine Eltern in Gefahr waren, und hat mir nichts gesagt. Das hast du aber nicht.«

»Ich habe dich die ganze Zeit angelogen«, sagte er noch mal.

»Du hast nicht gelogen«, korrigierte sie ihn und suchte nach einer passenderen Formulierung. »Bloß ein wenig ausgelassen. Du würdest mich nicht anlügen, wenn es um so etwas geht.«

»Aber gesagt habe ich auch nichts«, fügte er hinzu.

»Wieso versuchst du, dich selbst schlechtzumachen?«

»Tue ich nicht, ich lege bloß die Fakten offen. Ich hätte es dir sagen sollen. Ich war manchmal sogar kurz davor. Aber ich habe mich davor gedrückt.«

»Ja«, stimmte sie ihm nun zu. »Du hättest es mir sagen sollen. Auch wenn du immer noch nicht die Schuld an dem Ganzen trägst, hättest du es mir sagen sollen. Zufrieden?«

»Ich hatte einfach das Gefühl, dich ständig zu belügen.«

»Du bist ein Dieb. Täuschung und Lüge sind deine Sprache«, erinnerte sie ihn.

Er verneinte. »Das ist etwas anderes. Es geht um die Menschen, die mir etwas bedeuten.«

Sie musterte ihn. »Und das war der Grund, wieso du auf einmal so komisch warst?«

»Laelia«, ihr fiel auf, dass er sie bisher kein einziges Mal Bandit genannt hatte, »ich mag gut aussehen, aber Glück bringe ich keines. Ich möchte dich nicht wissend in etwas hineinzuziehen, was nicht gut für dich ist. Du wirst immer ein Mittel zum Zweck in Neros Augen sein, den er gegen mich verwenden kann. Es kommt einem Todesurteil gleich. Das kann ich einfach nicht verantworten.«

»Nur gut, dass du das nicht musst, da ich sehr gut dazu fähig bin, selbst für meine Entscheidungen Verantwortung zu tragen. Was gut für mich ist und was nicht, weiß ich selbst immer noch am besten.«

»Ich bin der Letzte, der an deiner Entscheidungsfähigkeit zweifelt«, erwiderte Hadrian. »Aber wenn du denkst, dass es gefährlich ist, Neros Hand zu sein, dann versuche mal, jemandem nahezustehen, den er am Boden sehen will. Ich habe lange genug für ihn gearbeitet, um zu wissen, dass es nicht gut ausgeht.«

»Ich habe es geschafft, das letzte halbe Jahr zu überleben«, erinnerte sie ihn. »Irgendwas sagt mir, dass das ein ziemlich eindeutiges Indiz dafür ist, dass ich mit ein paar halben Jahren mehr rechnen darf. Es tut mir leid, wenn es dir nicht gefällt«, fügte sie hinzu, als sie sah, dass er noch nicht vollends überzeugt wirkte, »aber es ist meine Entscheidung, und du wirst wohl oder übel lernen müssen, damit zu leben.«

»Du willst mir also weismachen«, raunte er, nachdem er sie auf ihre Worte kurz schweigend angeblickt hatte, und tat weitere, bedachte Schritte auf sie zu, bis er ihr so nahe war, dass sie ihren Kopf leicht in den Nacken legen musste, um ihm ins Gesicht sehen zu können, »dass du einen, wie sagst du es immer so treffend, reichen und eingebildeten Senatorensohn für gut befindest?«

»Zu meiner Verteidigung: Du *bist* eingebildet.«

Er schmunzelte und sie tat es ihm instinktiv nach. Nun stand er beinahe unmittelbar vor ihr. Eine Weile sahen sie sich bloß in die Augen und beide wirkten sie, als ob sie immer wieder kurz davor wären, etwas zu sagen, nur um es dann doch zu verwerfen.

Laelia war unbeschreiblich froh, als er die Stimme hob. »Ich würde dich ja jetzt fragen, ob du auch etwas für mich empfindest, aber die Frage scheint mir irrelevant.«

Da war er, der richtige Hadrian. Sie verdrehte die Augen, denn das war die richtige Laelia. »Sagen wir so: Du bist mir nicht egal. Um ganz ehrlich zu sein, bist du mir sogar sehr unegal.«

Er lachte leise und bei dem Geräusch weitete sich etwas in ihrer Brust.

»Sehr unegal also, hm?«, sagte er, ihr schelmisch zuzwinkernd.

»Du bist unmöglich.«

Er überwand den letzten kleinen Schritt, der zwischen ihnen lag.

»Und du umwerfend.«

Sanft umfing er ihre Taille mit seinen Händen, verweilte kurz und zog sie dann mit sachtem Druck an sich. Überall, wo sie sich berührten, kribbelte es, und dort, wo sie sich fast oder nicht berührten, wünschte sie sich, dass sie es taten.

»In jedem Sinne des Wortes. Einfach umwerfend, Lia.«

Lia, nicht Bandit.

Ihr gefiel das. Sehr sogar.

Warm spürte sie seinen Atem nun auf ihrem Gesicht.

»Du bist … warm«, wisperte sie.

Sie hörte, wie er daraufhin leise lachte. Sein Mund schwebte direkt über ihrem und verweilte dort für einige Herzschläge. Dann hauchte er einen Kuss auf ihren Mundwinkel.

In ihrem Bauch flatterte es, ihr Herz raste und ihre Lippen prickelten. »Hadrian?«

»Lia?« Sein Atem kam schneller. Wieder küsste er sie seitlich auf die Lippen, nur um dann federleicht darüberzustreichen. Ihre Finger vergruben sich im Stoff seines Hemds.

»Versprich mir, dass ich dir nicht doppelt so sehr werde wehtun müssen wie du mir«, brachte sie hervor, streifte beim Sprechen seinen Mund.

Sanft nickte er. »Versprochen.«

Da wartete sie nicht länger, stellte sich auf ihre Zehenspitzen und küsste ihn.

Das Erste, was sie neben dem Kribbeln in ihrem ganzen Körper bemerkte, war, wie weich Hadrians Lippen waren und dass er nach süßem Wein schmeckte.

Er legte ihren freien Arm um seinen Hals, schlang seinen um ihren Rücken. Dann erst erwiderte er den Kuss, und dies von einem Moment auf den anderen derart entfesselt, dass ihrer beider Atem bald nur noch mit viel Mühe mithalten konnte. Laelia war benommen und schwindelig von diesem Moment. Trunken von ihm. Fühlte nur und dachte nicht.

Ihr war gar nicht aufgefallen, dass sie begonnen hatte, nach hinten zu weichen, bis sie mit dem Rücken plötzlich gegen einen Laternenmast stieß und überrascht aufkeuchte.

Hadrian lachte an ihren Lippen, was ein Gefühl war, von dem sie im selben Moment mit absoluter Sicherheit wusste, dass alle anderen Gefühle daneben blass aussahen. Mit seinem ganzen Körper drückte er sie weiter gegen die Laterne, bis sie ihn überall unmittelbar spürte. Der Mast protestierte, aber Laelia bestimmt nicht.

Mit gespreizten Fingern konnte sie ihm endlich durch sein Haar fahren, während er ihr seine freie Hand in den Nacken legte, um einen Kuss zu vertiefen, der immer verzweifelter wurde in dem Versuch, all die aufgestauten Sehnsüchte mit einem Mal zu befriedigen.

Widerwillig löste sie aber irgendwann ihre Lippen von seinen, um ihre Stirn für eine kurze Pause an seine zu legen, und rang um Atem.

»Sehr überzeugend argumentiertes Versprechen«, grinste sie atemlos.

»Warte erst, bis du die anderen Argumente gehört hast«, raunte er heiser, bevor er seinen Daumen an ihren Mund führte, um ihre

Lippe sanft einen Spaltbreit zu teilen, bevor er mit dem darauffolgenden Kuss einen Laut aus ihr hervorlockte, bei dem sie froh war, dass niemand in der Nähe war, um ihn zu hören.

Und dann küsste sie ihn wieder. Wieder und wieder, einfach weil sie so lange gewartet hatten, es wieder tun zu können, und es sich endlich erlaubten.

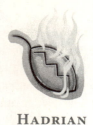

Hadrian

Als Hadrian am Morgen aufwachte und sich strecken wollte, fand er sich nicht in der Lage, die Streckung tatsächlich ausführen zu können, da er die schlafende Laelia in seinen Armen hielt.

Er kam zu der Erkenntnis, dass es eine mehr als angenehme Weise war aufzuwachen und dass er insgeheim erleichtert war, dass sie nicht wieder einfach verschwunden war, ohne ein Wort zu sagen. Außerdem fragte er sich, wie es dazu kam, dass sie immer ausgerechnet über einer versifften Schenke zusammenfanden. Er musste das so schnell wie möglich ändern.

Ihr Kopf lag an seiner nackten Brust und ihren Arm hatte sie quer über seinen Oberkörper geworfen. Die Beine hatten sie unter der Bettdecke ineinander verschlungen. Ihr dunkles Haar war wild über ihrem Kissen ausgebreitet.

»Bist du auch schon wach«, brummte sie, schlug stirnrunzelnd die Augen auf, rührte sich aber kein Stück.

Er konnte nicht widerstehen, jetzt, da er sie einfach so berühren konnte, ohne dass er fürchten musste, dass sie ihn treten würde, und fuhr noch im Halbschlaf mit seinen Lippen an ihrer Schläfe entlang. Zufrieden spürte er unter seinen Fingerkuppen, wie die Hitze in ihr hochstieg.

»Bist du schon lange auf?«

»Ich habe ja versucht, wieder einzuschlafen, aber du schnarchst ganz schön laut.«

»Das hast du«, er küsste sie auf die Stelle unter ihrem Ohr, von der er sich zu erinnern glaubte, dass sie dort besonders empfindlich war, »dir sicher nur eingebildet.«

Sie kicherte – er hatte sich also nicht falsch erinnert –, was ein so fröhliches Geräusch von ihr war, dass er sich erst daran würde gewöhnen müssen. »Bezweifle ich, nachdem ich direkt neben dir geschlafen habe.«

»Dir stand es immer noch frei, das Bett zu wechseln«, erinnerte er sie mit vom Schlaf rauer Stimme, während er in die Schublade seines Nachtkastens griff, um eine Minzpastille herauszufischen, die er Divan entwendet hatte, um zu sehen, ob er es bemerken würde. Hatte er nicht. Auch Laelia reichte er eine, nachdem sie ihn mit Blicken dazu aufforderte.

»Ach«, sagte sie schließlich, während sie gemächlich begann, Muster auf seinen Oberkörper zu zeichnen. »Ich wollte nicht, dass du beim Aufwachen denkst, dass ich wieder verschwunden wäre. Was ich sogar fast getan hätte, nur war das Bett hier schon so schön aufgewärmt.«

Er richtete sich auf einem seiner Ellenbogen auf und lächelte zu ihr hinunter. »Das ist der einzige Grund, weshalb du geblieben bist?«

»Exakt«, zog sie ihn mit glitzernden Augen auf. Hadrian hatte ihre Augen immer schon gemocht. Er beugte sich dichter über sie. »Sicher?«

»Mhmmm«, brachte sie noch hervor, bevor er seine Lippen auf ihre legte.

Dieser Kuss war anders als der in der gestrigen Nacht. Er küsste sie langsam und genüsslich und zärtlich, als hätten sie alle Zeit der Welt. Trank von ihren Lippen, als wären sie kostbarer Wein.

Als er sein Gesicht wieder hob, legte sie nun eine Hand an seine durch die Stoppeln raue Wange und strich über eines seiner Grübchen.

Ihre Blicke trafen sich, verfingen sich ineinander und sein Herz zog sich zusammen. »Gut, vielleicht könntest du auch ein Grund für mein Bleiben gewesen sein.«

Nach zwei Stunden stahl Laelia sich schließlich doch noch aus seinem Zimmer. Sie hatte ihr Nachthemd betrachtet, dessen Träger gerissen waren, ihr Haar lose zerrauft und eine Bettdecke um ihren Körper gewickelt. »So kann ich unmöglich hier rausgehen.«

Hadrian hatte sich auf der Matratze zurückgelehnt und die Hände hinter seinem Kopf verschränkt. »Mir gefällt's.«

Ein Kissen landete in seinem Gesicht, bevor sie auch schon aus der Tür war.

Als er wenig später die Treppe hinunterstieg, saßen Laelia, Divan, Bacary, Merla und eine Blutende – das war dann wohl Vena – bereits an einem für sechs Leute nicht gerade großen Tisch. Auch die restlichen Plätze des Hauses waren besetzt. Zum Großteil waren es Gäste des letzten Abends, die den nächsten Feiertag damit einläuteten, dass sie versuchten, ihren Kater und ihre Müdigkeit mittels fettigem Essen abzuschütteln, um mittags in die Kapelle zu gehen und abends mit beruhigtem Gewissen rauschend feiern zu können.

Noch während Hadrian sich dem Tisch näherte, hörte er Bacary ansetzen: »Gut geschlafen?«

Laelia nahm einen Schluck von einem Wasserglas. »Ja, ganz hervorragend sogar.«

Sie hatten allerdings, dachte Hadrian zufrieden, nicht viel Schlaf gefunden.

»Du?«

»Nein«, brachte Bacary ohne Umschweife hervor. »Du kannst dir vorstellen, dass ich recht überrascht war, als ich auf einmal ein Bett mit Divan teilen musste.«

»Gleich am Morgen so eine fröhliche Stimmung verbreiten, was, Bacary?«, kommentierte Hadrian, der nun zu ihnen trat und sich auf den letzten freien Stuhl Laelia gegenüber fallen ließ.

410

»Ich sage nur, dass ihr das nächste Mal wenigstens vorher Bescheid sagen könntet, bevor ihr das ganze Zimmer beschlagnahmt.«

Vena sah auf. »Hadrian? Hallo, ich bin Vena.«

Er löste seinen Blick flüchtig von Laelia, um Vena kurz zu mustern, stockte aber für einen Moment bei ihrem lächelnden Anblick. Irgendwas an der Blutenden irritierte ihn. »Das habe ich mir fast gedacht.«

Während sie aßen, spähte Hadrian immer wieder zu Laelia hinüber, mit einem verschwörerischen Lächeln auf den Lippen, das sie schmunzelnd wieder auf ihren Teller blicken ließ.

Divan räusperte sich. »Laelia?«

»Hm?«, sie blickte auf.

»Das ist mein Bein.«

Sie zuckte leicht zurück.

Bacary und Vena begannen prustend zu lachen und Hadrian tat, als müsse er husten, um sein Gelächter zu verbergen.

»Du hattest da ein Staubkorn an deiner Hose. Ich wollte dir einfach nur behilflich sein«, tat Laelia schulterzuckend ab.

»Natürlich …«

Bacary, der sich wieder beruhigt hatte, sah in die Runde.

»Nun, da wir alle beisammensitzen: Wie sieht der Plan aus? Die Feiertage sind in zwei Tagen vorüber.«

»Heute Abend«, antwortete Divan. »Heute Abend verschaffen wir uns Zugang zur Zwischenwelt.«

»Wird auch langsam Zeit«, raunte Laelia.

»Aber warum so lange warten? Warum nicht jetzt gleich nach dem Frühstück?«, warf Hadrian in seinem Stuhl zurückgelehnt ein, während er unter dem Tisch seinen Dolch locker zwischen seinen Fingern wendete.

»Weil wir alle Zugriff auf unsere Kräfte brauchen, um das Portal zu öffnen, und Venas Kräfte erwachen bloß nachts«, erinnerte Divan sie.

411

»Vorschlag: Wie wär's, wenn du uns endlich von diesem Ritual erzählen würdest? Wir würden es heute Nacht sowieso erfahren, aber schon vorher Bescheid zu wissen, kann ja niemandem schaden.«

Alle anderen murmelten zustimmend, außer – wer hätte das gedacht – Divan.

Dieser seufzte. »Von mir aus.« Die Müdigkeit machte den Seher weniger resistent, womit Hadrian kein Problem hatte. Alle lehnten sie sich jetzt weiter vor, um seinen Worten zu lauschen. »Aber mehr als den Anfang kenne selbst ich nicht. Denn auch wenn ihr glaubt, dass ich euch aus purer Lust und Laune nichts darüber erzählt habe, liegt es tatsächlich einfach nur daran, dass ich auch nicht viel mehr weiß als ihr:

Wir müssen uns einen verlassenen Winkel suchen, damit wir während des Rituals nicht gestört werden. Es gibt hier in der Nähe eine Lichtung, die sich gut eigenen würde.«

»Wo genau ist diese Lichtung denn?«, hakte Merla nach, blickte dabei aber auf ihren Teller und nicht auf den Seher.

»Etwas weiter die Vene aufwärts, es ist eigentlich nicht zu übersehen. Dort verbinden wir uns über unsere Hände und rufen unsere Kräfte hervor. Selbst mit unser aller Kräfte vereint werden wir alle Stärke unserer Magie hervorrufen müssen. Aber so eng, wie unsere Bindung zu den Göttern in dieser Weiche ist, sollte es hoffentlich ausreichen. Und dann … übernehmen die Götter.«

Laelia wartete darauf, dass er noch etwas hinzufügte, und schnaubte dann. »Mehr weißt du nicht? Ob die Toten zu uns kommen, wir zu ihnen, was genau wir tun müssen, um sie zu uns holen zu können?«

»Wie gesagt«, meinte Divan. »Ich habe euch von Beginn an offengelegt, dass mir nicht mitgeteilt wurde, wo sich die eigentliche Zwischenwelt befindet. Aber wir sollten auf alles gefasst sein.«

Es war ein Götterspiel, von dem sie hier sprachen. Alles konnte in diesem Fall also tatsächlich auch alles und noch mehr bedeuten.

»Wartet. Wir wollen heute schon in die Zwischenwelt?«, fragte Merla und blinzelte mehrmals. »Jetzt schon?«

Laelia hob eine Braue. »Möchtest du etwa warten? Ich für meinen Teil warte jetzt seit fast vier Intervallen auf diese Möglichkeit. Ich werde es nicht bis zum letzten Augenblick hinauszögern.«

»Schon«, antwortete Merla etwas kleinlaut.

»Willst du Megan etwa nicht wiedersehen?«

»Doch, natürlich, nur …«

»Nur?« Der Prinzessin schien keine passende Antwort in den Sinn zu kommen. »Dachte ich's mir doch. Es ist also beschlossene Sache: Heute Abend bringen wir es ein für alle Mal zu Ende.«

* * *

Hadrian war spät dran, als er am selben Abend erneut sein Zimmer verließ und im Gehen seine Lederjacke überwarf, während er den verlassenen Gang durchquerte. Dumpf drang der Lärm der turbulenten Feier im Garten durch die dünnen Wände zu ihm durch.

Divan hatte er gesagt, dass er noch etwas Geld für die baldige Heimreise auftreiben wolle.

Tatsächlich aber hatte er seinen Dolch geschärft, sich vor den mit Rissen durchzogenen Badezimmerspiegel gestellt und seinen Dreitagebart rasiert. Immerhin würde er heute Laelias Vater begegnen und wollte es vermeiden, schon beim ersten Eindruck zu scheitern, da es dank seiner doch etwas … unkonventionellen Vergangenheit schon genug Potenzial gab, beim zweiten und dritten Eindruck nicht allzu gut abzuschneiden. Denn auch wenn Laelia sich vielleicht dazu entschieden hatte, das Risiko einer Beziehung mit ihm auf sich zu nehmen, wagte Hadrian doch stark zu bezweifeln, dass ihr Vater ihre Überzeugung teilen würde.

Und ja, da war auch noch diese unbedeutende Geschichte mit seiner Schwester, die er jetzt seit zwölf Jahren suchte, die er heute aus dem Reich der Toten zurückholen würde. Ein Tag wie jeder andere also.

Prüfend rieb er sich nun über die glatte Haut seines Kinns und steuerte auf die Treppe zu.

Eine Tür wurde hinter ihm vorsichtig geöffnet und leise Schritte waren zu hören, doch er achtete nicht weiter darauf. Was sich zurückblickend als eine äußerst ungünstige Entscheidung erweisen würde. Im nächsten Moment spürte er etwas Hartes an seinem Kopf, einen kurzen, stechenden Schmerz und dann nichts mehr.

Divans Stimme war das Nächste, das Hadrian wahrnahm. »Das ist ein Desaster!«

Hadrian fragte sich im ersten Moment, ob er womöglich etwas zu tief ins Glas geschaut hatte und dann vielleicht seinen ganzen Kopf im selben Glas versenkt hatte. Ihm entwich ein unansehnlicher Fluch, als er versuchte, sich zu bewegen, und er gab einen noch unansehnlicheren Fluch zum Besten, als er sich an den Hinterkopf fasste. Übelkeit stieg in ihm hoch.

»Er wacht auf.« Laelias Stimme, gleich neben ihm.

Er öffnete die Augen und stellte fest, dass er am Boden lag, mitten auf dem Gang ihres Stockwerks.

»Und er liegt am Boden«, raunte er ihr zu. »Macht euch bitte keine Umstände.«

Ihm entging nicht, wie sie sein Gesicht rasch absuchte, wie sie ihre Lippen leicht zusammengepresst hatte, wie sich die Falte zwischen ihren Brauen von ihrer besten Seite zeigte.

»Wie geht es dir?«

»Abgesehen davon, dass mein Kopf gleich explodiert, ganz hervorragend.«

»Wie viele Finger siehst du?«

»Zweiundzwanzig.« Tatsächlich verschwamm seine Sicht ihm leicht, doch es war nicht der Rede wert.

»Ich bin jetzt wirklich nicht für Scherze aufgelegt, Hadrian.«

»Alles halb so schlimm, wirklich. *Wirklich*, Bandit«, wiederholte er, als die Anspannung immer noch nicht von ihr wich, und strich ihr dabei über den Arm. Erst jetzt bemerkte er den kühlen Lappen, den sie ihm an den Kopf drückte, der seiner Aufgabe aber nur mäßig nachkam. »Ich habe schon Schlimmeres ausgehalten, vertrau mir, das wird schon wieder. Was ist passiert?«

Die Skepsis, die eben noch aus ihrem Gesicht verschwunden war, kehrte wieder zurück. »Du erinnerst dich nicht. Verspürst du Übelkeit …«

»Ich sage dir, was passiert ist!«, unterbrach Divan sie. Wenn Hadrian es nicht besser gewusst hätte, hätte er glauben können, dass Divan jeden Augenblick explodieren würde, was etwas unfreiwillig Komisches an einer Situation hatte, die sicherlich alles andere als freiwillig komisch war.

»… würdest du bitte aufhören zu lächeln, Schönling? Wir haben über eine halbe Stunde auf dich gewartet, um dich hier niedergestreckt vorzufinden!«

Richtig, jetzt erinnerte er sich wieder: Jemand hatte ihn von hinten angegriffen. »Ich bitte vielmals um Verzeihung«, sagte er. »Das nächste Mal werde ich mir einen anderen Tag aussuchen, um mir meinen Schädel einschlagen zu lassen.«

»Hast du jemanden gesehen?«

Sein Kiefer arbeitete. »Nein.«

»Hast du – Warte mal, hast du dich etwa *rasiert*?«

»Woher willst du wissen, dass ich das war? Vielleicht hatte der Angreifer ja ein paar Minuten totzuschlagen.«

»Du hast uns warten lassen, um dich zu *rasieren*? Würdest du deine kosmetischen Verpflichtungen vielleicht auf einen Tag verlegen, an dem unser Schicksal nicht von wenigen Stunden abhängt?«, ignorierte Divan Hadrians durchaus nachvollziehbaren Einwurf.

»Man muss eben Prioritäten setzen.«

Divan blinzelte mehrmals hintereinander, bevor er sich steif wieder an Laelia wandte. »Kriegst du ihn wieder auf die Beine, damit ich ihm höchstpersönlich eins überziehen kann?«

Ihre Hand nahm das feuchte Tuch fort, glitt sanft unter seinen Kopf, legte ihn in ihren Schoß und begann dort, warm zu werden. Hadrian schloss bei der heilenden Magie die Augen. Zu schnell für seinen Geschmack verebbte der Magiefluss wieder, doch die Schmerzen waren nun zumindest ertragbar. »Es sollte kein Problem sein, nur wird er heute bestimmt nicht mehr so weit auskuriert sein, um seine Fähigkeiten herbeirufen zu können.«

Der Seher stöhnte. »Hervorragend, wirklich. Und morgen Nacht?«

»Sollte sich einrichten lassen.«

»Aber?«

Hadrian blickte in Laelias Gesicht, in welchem die kleine, niedliche Falte wieder einzog. »Aber findet ihr das nicht ein wenig verdächtig? Warum sollte jemand so beschränkt sein, sich ausgerechnet einen Kerl wie Hadrian als Opfer auszuwählen?«

»Raub?«, versuchte es Hadrian.

»Nein, ich habe deine Taschen durchsucht, es ist noch alles da.« Hadrian unterstand sich schwer, einen Kommentar darüber abzulassen, dass sie sich an seiner Kleidung zu schaffen gemacht hatte, während er bewusstlos gewesen war. »Und jemand von Neros Leuten kann es auch nicht gewesen sein, sonst wärst du nicht mehr am Leben. Wieso würde dich jemand also einfach ohne jeden Grund niederschlagen?«

»Mir würden da sogar mehrere Gründe einfallen«, murrte Divan, was Laelia mit einem einzigen Blick quittierte.

»Was ist, wenn jemand gewusst hat, dass er seine Kräfte heute brauchen würde, und ihn nur schwer genug verletzen wollte, damit es nicht dazu kommen konnte?«

Spontan fiel Hadrian wieder die Königin ein, die offensichtlich alles daransetzte, sie davon abzuhalten, Megan zurückzuholen, verwarf den Gedanken aber wieder. Wenn es tatsächlich ein fenischer

Soldat gewesen wäre, wäre Allanah nicht davor zurückgeschreckt, ihn umzubringen und ihn auch für den letzten Feiertag unschädlich zu machen. Nach dem, was er im Thronsaal gehört hatte, bezweifelte er, dass diese Frau Skrupel hätte, sich das zu nehmen, von dem sie meinte, dass es ihr zustand, selbst wenn sie dabei über Leichen gehen musste. »Da ist schon was dran«, stimmte Hadrian ihr schließlich zu. »Wir können nur hoffen, dass dieser Jemand das Weite gesucht hat. Allerdings stellt sich mir da noch eine Frage: Wenn der Angreifer tatsächlich wusste, was wir vorhaben, wieso hat er dann nicht Divan angegriffen ...«

»Wie reizend du doch immer bist, Schönling«, unterbrach Divan ihn.

»Ich meine ja nur: Wieso muss ich immer derjenige sein, der die Schläge kassiert? Lässt mein gutes Aussehen etwa die Hemmschwelle für Gewalt sinken?«

»Oder vielleicht bist du auch einfach nur ein arroganter Idiot? Vielleicht liegt es daran?«

Hadrian schüttelte den Kopf und bereute es sofort. »Divan, jetzt ist wirklich nicht die Zeit für schlechte Scherze.«

Vena

Vena war es gewohnt, auf die Nacht zu warten. Aber selbst in all ihren Jahren bei den Blutenden hatte sich ein Tag noch nie so lang angefühlt wie dieser. Der sechste und letzte Tag der Herbstmittweiche.

Der Tag, an dem sie endlich die Zwischenwelt betreten würde.

Irgendwann fragte sie sich leise, ob dies vielleicht der Moment in der Geschichte der Welt wäre, an welchem die Sonne nicht mehr untergehen würde. Bloß um sie sechs länger vor ihren Fenstern auf und ab marschieren und ständig auf die Zeit spähen zu lassen.

Doch irgendwann hatte die Sonne wohl genug von dem Schauspiel und erbarmte sich: Zu sechst beobachteten sie, wie der Horizont auch den letzten Lichtstrahl hinter seinen Vorhang zog. Unter Venas Haut kribbelte es.

Divan nickte: »Das ist unser Stichwort.«

Sie ließen die an diesem letzten Feiertag besonders turbulenten Feierlichkeiten hinter sich.

Die Anspannung, teilweise froher, teilweise besorgter Natur, stand ihnen allen wie mit dicker schwarzer Tinte ins Gesicht geschrieben. Außer Hadrian, von dem man hätte meinen können, dass er sich gerade auf den Weg in eine nette Schenke machte.

Merla dagegen war das absolute Gegenteil von ihm. Den ganzen Tag schon lief sie wie auf Eierschalen durch die Gegend, wohl in Erwartung, das nächste Opfer von Hadrians Angreifer zu sein. Divan hatte kaum ein Wort gesprochen, seit sie aufgebrochen waren, Laelia marschierte bestimmten Schrittes voran und bildete die Spitze der Gruppe und Bacary linste immer wieder zu Hadrian.

Vena allerdings hatte andere Sorgen, wenn sie ihre Gefährten so ansah. Sie hatte bereits zwei Menschen getötet. Fünf weitere Namen hinzuzufügen war keines ihrer Ziele.

In nur wenigen Minuten würde sie gezwungen sein, ihre Kräfte einzusetzen, in Anwesenheit von fünf blutdurchpumpten Menschen. Kräfte, auf die sie nicht mehr vertrauen konnte, weil sie ein Eigenleben entwickelt und sie zu einer Mörderin gemacht hatten.

Wenn ihre Eltern und sie wiedervereint waren, würde Vena keine andere Wahl haben, als mit ihnen unterzutauchen. Die Frage war nur, ob sie das überhaupt wollen würden, wenn sie ihnen offenbarte, weshalb sie das mussten.

Vor ihr kam Divan zum Stehen. »Wir sind da.«

Ein menschenleeres Feld erstreckte sich vor ihnen, das sich jenseits des Waldes ausbreitete. Die trockenen Gräser bogen und streckten sich unter dem leichten Wind, wie Fell unter einer streichelnden Hand.

Laelia warf ihnen allen einen Blick über die Schulter zu. »Worauf warten wir noch?«

Gemeinsam drangen sie bis zum Zentrum der Wiese vor.

Divan sah ihnen, einem nach dem anderen, fest ins Gesicht. »Bevor wir anfangen … ich möchte euch danken. Ich weiß, für viele von euch war die Reise hierher beschwerlich und lang, aber ich weiß es zu schätzen, dass ihr Talina, Iulius, Kijana, Ezana, Fenia, Luina und mir genug vertraut habt, um mir bis hierher zu folgen. Ich hoffe sehr, dass es euch die Anstrengungen am Ende wert sein werden. Ich für meinen Teil habe nie daran gezweifelt.«

Keiner sagte etwas. Venas Herz schlug mit jedem seiner Worte schneller. Ob aus Vorfreude oder Angst, wusste sie nicht recht, aber darüber wollte sie sich jetzt keine Gedanken machen.

Divan hatte vollkommen recht, sie mussten den Göttern vertrauen. Luina hätte Vena nicht auf diese Reise geschickt, wenn sie nicht geglaubt hätte, dass sie bereit dafür wäre. Es wurde also Zeit, dass auch Vena daran und an sich glaubte.

Divan zog etwas unter seinem Mantel hervor und legte es zwischen sie in die Mitte, wo der Gegenstand im Gras unterging. »Ein Glücksbringer.« Es war ein Buch, aber nicht einfach irgendein Buch: DIE ÜBERLIEFERUNG DER WELT.

»Nehmt euch bei den Händen.«

Zuversichtlich griff Vena fest auf der einen Seite nach Bacarys und auf der anderen Seite nach Divans Hand. Der wiederum reichte Hadrian die Hand, der Laelias Finger bereits mit seinen verschränkt hatte.

Letztere zögerte einen Moment, bevor sie Merla ihre Handfläche hinhielt.

Die Prinzessin starrte bloß auf den dargebotenen Arm.

Anstatt sie für ihr Verhalten zu rügen, wie sie es wohl alle von Laelia erwartet hatten, streckte die Heilerin ihren Arm schlicht noch weiter in ihre Richtung, nickte gar ermutigend.

Merla kam der Aufforderung mit einem Seufzen nach und schloss mit Bacary den Kreis.

»Gut. Damit die Götter sich mit uns in Verbindung setzen können, versucht so viel Magie in euch zu sammeln, wie ihr nur könnt. Es ist die einzige Nahtstelle, die wir zu ihnen haben, also nutzt sie.«

Mit zappelnden Zehen senkte Vena ihre Lider. »Und vergesst nicht: Egal was passiert, egal wohin wir kommen oder was unseren Weg kreuzt, wir bleiben zusammen. Es ist Zeit.«

Vena machte kurz ihre Hände frei, um sich in die Lippe zu stechen, griff dann wieder nach ihren beiden Nachbarn und schloss die Augen. Sie spürte, wie ihre Blutbahnen zu vibrieren begannen. Vorsichtig dirigierte sie die Vibration in ihre Hände, genauestens darauf bedacht, nur ihr eigenes Blut anzuzapfen.

Ein breites Lächeln trat auf ihr Gesicht, als ihre Finger überwältigend kribbelten und immer intensiver durchflutet wurden. Von einem Ruck aber fehlte jede Spur.

Mut fassend öffnete sie die Augen.

Sah, wie Merlas Schatten so konzentriert um ihre Hände spielten, dass diese nicht mehr sichtbar waren. Wie es durch Hadrians und Laelias Finger leuchtete, als hielten sie in beiden Händen eine kleine blaugrüne Sonne. Wie Divans und Bacarys Stirnen im Licht der Heilmagie verschwitzt glänzten.

Da erst bemerkte sie den Nebel.

Aus allen Himmelsrichtungen schloss er kreisförmig zu ihnen ins Zentrum der Lichtung auf. Die Stellen, die er passierte, schienen wie vom Angesicht der Welt ausradiert.

Die anderen schienen die Nebelschwaden ebenfalls bemerkt zu haben und blickten in die Runde.

»Nicht aufhören. Ignoriert es einfach«, meinte Divan laut.

Im selben Moment hatte der Nebel Vena erreicht. Aber nicht nur sie: Allesamt tauchten sie in das undurchsichtige Weiß ein, und bevor Vena sich's versah, leistete ihre Sicht Folge.

Keine schwarzen Schatten, keine blaue Heilmagie.

Die Welt hatte keine Farben mehr.

Vena hätte mitten über der Heiligen See der Unsterblichen schweben können, hätte zurück zu Hause sein können, sie hätte es nicht wahrgenommen.

»Ich sehe nichts«, sagte Merla hörbar panisch.

Vena hatte das Bedürfnis, ihre Hände an ihr Gesicht zu heben, um zu überprüfen, ob sie diese noch würde erblicken können. Aber Divans Anweisungen waren unmissverständlich gewesen, komme, was wolle, einander nicht loszulassen.

Doch der Nebel war nicht allein angereist.

Augenblicke später pfiff es schlagartig an Venas Ohren und mit einem kräftigen Stoß wurde sie fort von Divans und Bacarys Händen nach hinten geworfen. Überrumpelt keuchte sie auf, als sie von einem scharfen Schlittern begleitet aufkam. Sie bildete sich ein, Merla aufschreien und Divan fluchen zu hören.

Es dauerte einen Moment, bis Vena realisierte, dass es nicht der Ruck gewesen war, der sie gepackt hatte, sondern ein Windstoß.

Einen zweiten Moment, um zu bemerken, wie sie unter ihrem Mantel begann zu schwitzen.

Und einen dritten, um sich darüber klar zu werden, dass sie nicht auf einem Bett aus Halmen gelandet war, als sie unzählige kleine und harte Körnchen unter ihrer Handfläche spürte.

»Was …« Es rieselte an Vena herunter und durch ihre Fingerzwischenräume, als sie sich zögernd aufrichtete. Unter ihren Stiefeln knirschte es.

Denn sie stand nicht mehr auf einer Lichtung in Luina.

Sie stand auf Sand.

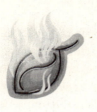

Laelia

»Du siehst das auch, oder?«, fragte Laelia.

Der Nebel zog sich langsam wieder zurück und gab Laelia die Sicht frei. Wobei sie sich nicht sicher war, ob ihre Augen ihr einen Streich spielten oder nicht.

Denn was sie sah, war nicht Luina bei Nacht.

Sondern eine Wüste bei Tag.

Eine Wüste mit mehr Sand als Sterne am Himmel und welche bloß endete, weil der Nebel nun in der Ferne verharrt war und die Aussicht auf zweifellos mehr Goldgelb nahm. Mit meterhohen Dünen, die der Wind im Sand errichtet hatte wie Wüstenwellen, auf einer trockenen See. Manche dieser Dünen sogar so hoch, dass ihre Spitzen jenseits des Nebels in die Luft ragten. Aber neben den großen Bauten des Windes zeichneten auch kleine Muster das Bild mit wellenartigen Rillen auf dem Boden unter ihren Füßen.

»Entweder das, oder jemand hat meinen Kopf in einen Eimer voller Sand gesteckt«, antwortete Hadrian, der es geschafft hatte, auch während des Windstoßes seine Finger mit ihren verschränkt zu halten.

Sie richteten sich gemeinsam auf, während Laelia sich über die staubtrockenen Lippen leckte. Erst seit wenigen Minuten war sie hier und schon spürte sie Sandkörner zwischen ihren Zähnen, Haaren und an weiteren Stellen, von denen sie Sand gerne ferngehalten hätte.

Auf den Schweiß konnte sie auch verzichten. »Meine Götter, das hält man ja nicht aus.« Sie löste die Masche ihres Überwurfs und ließ diesen gemeinsam mit der Wolljacke, die sie getragen hatte, zu Boden fallen, was mit einem dumpfen Prasseln beantwortet wurde. Zumindest hatte sie ein kurzärmeliges Kleid angezogen. Ihre Stiefel schüttelte sie ab, musste ihre Strümpfe aber anlassen, da sie sich andernfalls die Füße verbrannt hätte.

Natürlich hatten sich in diese auch schon Körner verirrt. Aber warum auch nicht in ihre Kleidung flüchten, wenn sie eine ganze Wüste zur Verfügung hatten.

Hadrian tat es ihr gleich.

»Hier drüben!«

Sie wirbelten herum und sahen Divan im Tal einer besonders großen Düne winken. Merla, Vena und Bacary hatten sich bereits um ihn geschart und trennten sich gerade von überflüssigen Schichten.

Als sie bei ihnen waren, fächelte Laelia sich unaufhörlich Luft zu. »Als du gesagt hast, dass wir uns auf alles gefasst machen sollen, habe ich nicht mit einer Reise in eine Nebelwüste Ezanas gerechnet.« Warm spürte sie dabei den Sand unter ihren Füßen, der jede ihrer Bewegungen im Boden nachzeichnete. Es konnte sich nur um Ezana handeln. Divan hatte ihnen gesagt, dass sie an einen Ort gelangen würden, der sich auf ihrem Kontinent befand. Die einzige Nation ihres Kontinents mit derartigen Wüsten war Divans Heimat.

»Das nächste Mal, wenn wir in die Zwischenwelt gelangen, nehme ich Sandalen für dich mit«, sagte Divan daraufhin.

Bei seinen Worten hielt Laelia inne, denn das erste Mal rief sie sich in Erinnerung, wo der Nebel sie eigentlich hingebracht hatte.

Die Zwischenwelt. Endlich waren sie hier.

Sie wusste zwar nicht, was sie sich all die Zeit, die sie auf diesen Moment hingefiebert hatte, vorgestellt hatte, aber eine Wüste war es gewiss nicht gewesen.

»Die Mythen stimmen also«, murmelte Vena mit glänzenden

Augen, als sie sich mit geöffneten Lippen umsah. »Es gibt die Zwischenwelt wirklich.«

»Habe ich die letzten Intervalle denn irgendetwas anderes behauptet? Hadrian, wenn das, was du sagen willst, keine Entschuldigung beinhaltet, will ich es nicht hören.« Aber selbst Divans harte Worte konnten seiner sichtlichen Erleichterung nichts anhaben.

Neben Laelia schloss Hadrian seinen Mund, nur um ihn wieder zu öffnen. »Ich möchte ja kein Spaßverderber sein, aber für ein Reich der Toten sind hier alle erstaunlich lebendig. Oder seht ihr irgendwen?«

Alle sechs musterten sie ihre Umgebung. Außer ihnen war weit und breit niemand zu sehen. Laelia versuchte, ihre Ohren zu spitzen, ob sie vielleicht so etwas wie ein Flüstern hören konnte, merkte aber schnell, dass der Versuch vergeblich war.

»Meine Götter… Da«, sagte Divan plötzlich. Sie wirbelte zu ihm herum. »Bei der Nebelwand.«

Laelia folgte seinem Blick bis zu den weißen Schwaden, schüttelte den Kopf. »Was genau sollen wir da erkennen?«

»Seht ihr es etwa nicht?«, fragte Divan ungläubig.

»Wir sind keine Seher«, sagte Bacary. »Bist du dir sicher, dass du es mit keiner Fata Morgana verwechselst?«

Seufzend stapfte Divan ein paar Schritte weiter nach vorne und deutete mit ausgestrecktem Arm hinter sich. »*Dort.*«

Zuerst sah Laelia wieder nur nichts als Nebel.

Bis sie bemerkte, dass sich Teile von der Wand lösten. Und sich Gestalten aus diesen Teilen formten.

»Bei allen Göttern«, murmelte Merla.

Wenn die Wüste ein Meer aus Sand war, war dieser Nebel ein Meer aus Menschen, die stellenweise aus den Tiefen der Nebelschwaden gespült wurden. Vereinzelt kamen sie Laelias Gruppe näher. Zwar in keiner grundsätzlich hohen Geschwindigkeit, aber wenn eine Armee aus Toten auf einen zukam, war jede Geschwindigkeit zu hoch.

Laelia suchte die Gestalten ab, stellte aber beunruhigt fest, dass ihr keine bekannt vorkam.

»Was sollen wir jetzt tun?«, hauchte Merla.

»Warten«, antwortete Divan.

Merla wich zurück, als man das Gesicht des ersten Schemens bereits erahnen konnte. »Warten *worauf*?«

»Lia?«

Bei der Stimme, die hinter Laelia ertönte, erstarrte sie.

Divan schmunzelte. »Darauf.«

Mit klopfendem Herzen wandte Laelia sich um und hob die Hände vor ihren Mund, als sie sah, wer da hinter ihr stand.

Ihr Vater lächelte. »Mein kleines Mädchen.«

Bevor sie wusste, was geschah, sank sie auf die Knie, schlug sich die Hände vor die Augen und brach in Tränen aus.

Ihr Körper wurde von unkontrollierten Schluchzern geschüttelt. Laelia wollte aufhören zu weinen, versuchte es wirklich, aber sie konnte einfach nicht. Sie weinte, wie sie es sich seit Intervallen nicht mehr erlaubt hatte zu tun.

Eine Hand legte sich auf ihre Schulter und nahm ihr sanft die Hände aus dem Gesicht. »Krieg ich keine …«

Bevor er den Satz beendet hatte, hatte sie die Arme um seinen Nacken geschlungen und das Gesicht an seiner Schulter vergraben.

Als er die Umarmung erwiderte und ihr beruhigend über den Kopf strich und sie realisierte, dass es Realität und kein Traum war, begannen ihre Schultern noch heftiger zu beben.

Sie wollte die Augen nicht öffnen. So oft hatte sie geweint, weil sie gewusst hatte, dass sie ihn nie wieder würde umarmen können. So oft hatte sie es geträumt, und jedes Mal, wenn sie die Augen aufgemacht hatte, war es vorbei gewesen. Also behielt sie die Augen fest geschlossen, und wenn sie es für immer würde tun müssen.

»Ich kann nicht glauben, dass du wirklich hier bist. Ich vermisse dich so«, brachte sie schniefend und erstickt hervor, auch wenn man kaum etwas verstand.

Er wischte ihr eine Träne vom Gesicht. »Du hast ja keine Ahnung, Kleines. Darf ich dich kurz ansehen?« Zögerlich hob sie das Gesicht von seiner Schulter und rieb sich über die Augen. Ihr fiel auf, dass er neben einem Lebenden außerhalb der Zwischenwelt nicht aufgefallen wäre. Sie hatte schon befürchtet, dass die Toten, die sie hier antreffen würden, zerfallen und unaussprechlich aussehen würden. »Du hast Glück, dass du die Gene deiner Mutter hast.«

Sie lachte und weinte zugleich.

Da bemerkte sie, dass sie nicht die Einzige war, die ihren Toten gefunden hatte.

Merla umarmte gerade ein Mädchen mit braunem Haar, welches wohl Megan war.

Bacary sprach mit schimmernden Augen zu einem Mann, bei dem es sich vermutlich um seinen Vater handelte. Aber Emiola schien noch nicht zu ihm gefunden zu haben.

Aber nicht nur Emiola fehlte. Von Venas Eltern war weit und breit ebenfalls nichts zu sehen. Die Blutende wanderte von einer Himmelsrichtung zur nächsten und wieder zurück.

Mit einer bösen Vorahnung suchte Laelia ihre goldgelbe Umgebung ab, nur um Hadrian allein etwas abseits stehen zu sehen, die Hände tief in den Hosentaschen und mit dem Fuß Muster in den Sand zeichnend.

Er bemerkte wohl ihren Blick, sah auf, lächelte und zuckte mit den Schultern. Ihr entging nicht, wie sein Kehlkopf dabei deutlich hüpfte. Bei seinem Anblick krampfte sich ihr Herz schmerzhaft zusammen. Mit einem salzigen Geschmack auf den Lippen wandte sich Laelia an ihren Vater. »Papa? Ich möchte dir einen Freund vorstellen.«

Als sie Hadrian daraufhin bedeutete, dass er zu ihnen kommen sollte, winkte er bloß ab. Es widerstrebte ihr zwar, ihrem Vater von der Seite zu weichen, aber genauso wenig wollte sie, dass Hadrian alleine herumstehen und allen anderen dabei zusehen musste, wie sie das bekamen, weshalb sie hierhergekommen waren, während er wieder einmal in einer Sackgasse gelandet war.

Laelia wollte Hadrian schon zurufen, da schaltete ihr Vater sich bereits ein: »Ich beiße nicht.«

Dieses Angebot konnte Hadrian schwer ausschlagen. Als er bei ihnen stand, erhoben ihr Vater und sie sich.

»Papa, das ist Hadrian. Er kommt auch aus Talina.«

Hadrian streckte ihrem Vater seine Hand hin. »Ich freue mich, Euch endlich kennenzulernen.«

Ihr Vater ergriff seine Hand und schüttelte sie. »Hadrian. Ich habe schon von dir gehört.«

Laelia und Hadrian tauschten einen Blick. »Von den zahlreichen alten Damen, denen ich Tag für Tag in die Kutsche helfe, hoffentlich?«

»Selbstverständlich«, lachte ihr Vater.

»Wenn wir zurück in Talina sind, könnt Ihr Euch gerne selbst von meinen tadellosen Manieren überzeugen«, bot Hadrian müde lächelnd an. Der Gedanke, ihren Vater bald schon wieder zurück in Talina bei ihrer Familie zu haben, ließ ihre Augen erneut feucht werden.

Da schwand das Lächeln auf den Lippen ihres Vaters. »Das wird wohl leider nicht möglich sein.«

»Wieso nicht?«

»Weil ich tot bin, Kleines.«

Die anderen waren wie auf ein Stichwort verstummt und traten näher an sie heran. Laelia bemerkte sie kaum.

»Aber deswegen haben uns die Götter ja hergeschickt. Wir sind hier, um euch zu uns zurückzuholen.«

»Ich kenne den Grund, warum die Götter euch zusammengerufen haben. Und dieser Grund ist nicht, Gräber freizuschaufeln.«

Als er bedauernd lächelte, wirbelte Laelia mit pochendem Herzen herum.

»Divan«, fixierte sie ihn. »Wovon spricht er?«

Der Seher erwiderte ihren Blick. Dass er dabei aber so überraschend schuldbewusst aussah, trieb ihren Puls nur weiter in die Höhe. »Ich ...«

»Und wo ist Emiola?«

»Meine Eltern?«

Neben Laelia musterte Hadrian ihn ruhig. »Meine Schwester?«

Wieder schien Divan ansetzen zu wollen, nur um dann schluckend den Kopf zu schütteln.

Laelias Vater trat zu Megan und Bacarys Vater mit einer Selbstverständlichkeit, als wäre es schon vor Ewigkeiten abgesprochen gewesen. Als wären sie alle durch ein Wissen verbunden, das ihr fehlte.

Ihr Vater nickte Divan aufmunternd zu, als mache er ihm nun die Bühne frei.

Dieser seufzte und begann endlich zu reden: »Er hat recht. Ich habe euch angelogen. Ich habe euch nicht zusammengeholt, damit wir die Toten zurück unter die Lebenden holen. Kein Mensch wird jemals dazu imstande sein.«

Wenn Laelia ein Lauscher gewesen wäre, war sie sich sicher, dass sie gehört hätte, wie Hadrian, Vena, Merla, Bacary und sie gleichzeitig aufgehört hatten zu atmen.

Divan hatte sie belogen. Ihr Vater würde tot bleiben und sie konnte nichts dagegen tun.

Das konnte, nein, durfte nicht sein Ernst sein, entschied sie, während sie den Kopf schüttelte. Laelia hatte ihre Familie zurückgelassen. Hatte sich ihm angeschlossen. Hatte mehrmals ihr Leben für diese Mission riskiert. Es musste eine andere Erklärung geben.

»Sag mir, dass das bloß ein schlechter Scherz ist«, hauchte sie, die Hände bebend.

»Ich wünschte, es wäre so.«

»Was …« Die Hand ihres Vaters legte sich bestimmt auf ihre Schulter.

»Lass ihn ausreden, Kleines. Vertrau mir«, fügte er hinzu, als er ihren Gesichtsausdruck sah. Sie schluckte die Worte, die sich unaufhaltsam in ihr Bahn brachen, schwer hinunter, musste aber den Blick abwenden, um der Beherrschung auch weiterhin Herrin zu bleiben.

»Beginne bei deiner Vision, Divan«, riet ihr Vater nun.

Der Seher nickte knapp.

»Gemeinsam erhoben sie sich,
Ließen zurück, was neu und gut und schön war,
Und schenkten dem Boden der neuen Welt das Herz der Magie.

Auf dass die Magie die Nahtstelle zwischen Irdischem und Göttlichem war.
Auf dass die Magie das neue Leben vor den Geirrten bewahrte.

Diese Worte haben die Götter mir damals in meiner Vision zugetragen.«

»Ich verstehe nicht.« Laelia konnte Merla versichern: Sie war nur eine von fünf in dieser Runde, die gerade dasselbe empfanden wie sie. »Das ist das Ende der *Überlieferung der Welt*.«

»Das stimmt nicht ganz«, sagte Divan. »Es ist die vorletzte Seite. Die tatsächliche letzte Seite wurde schon vor Jahrhunderten entfernt. Die Götter haben sie mir gezeigt:

Die Magie würde schön und grausam zugleich sein.
Sie würde Weile haben.
Und sie würde ein Ende haben.
An dem Tag, an dem das Schlechte dem Guten nicht mehr gleich sein würde.
Und keinen Tag länger.«

Eine geheime letzte Seite. *Die Überlieferung der Welt* hatte eine

430

geheime letzte Seite. Und ihr Inhalt war genauso verständlich wie alles, was sich gerade vor Laelias Augen abspielte.

Als sie ihn alle bloß wortlos anstarrten, fuhr Divan fort: »Die Götter wussten immer, dass die Magie endlich sein würde, dass die Begabten die Magie früher oder später nur noch missbrauchen würden. Und dieser Zeitpunkt ist gekommen.

Sie wollen einen Neustart. Einen neuen Kontinent. So wie die Götter es ihrem Kontinent damals geboten haben.

Und wir sechs sollen diesen Neustart bringen. Einen Neuanfang, der das Ende der Magie bedeutet.«

Abgrundtiefes Schweigen.

Bacary wirkte leicht gehetzt, Vena sprachlos, Hadrian nachdenklich, Merla wie kurz vor der Ohnmacht und Laelia … sie fixierte erneut Divan.

Als der erste Schock überwunden war, prasselten plötzlich so viele Fragen gleichzeitig von allen Seiten auf Divan ein, dass er die Hände hob und sie alle übertönte.

»Ich kann eure Fragen nur beantworten, wenn ich sie tatsächlich verstehen kann!«

»Man könnte es dir auch auf den Arm tätowieren und du würdest nicht Frage und Antwort stehen«, zischte Laelia.

»Laelia …«

»Wir sechs sollen das Ende der Magie bedeuten?«, unterbrach sie ihn, denn sie konnte seine Ausreden einfach nicht mehr hören.

»So ist es«, bestätigte er nach einer kurzen Pause, in der er sie gemustert hatte. »Der Tag, an dem wir den Kontinent errichten, ist der letzte Tag, an dem das Herz der Magie schlagen wird.«

»Das ist doch verrückt!«, platzte es aus ihr heraus und sie las in den Gesichtern der anderen, dass sie wenig überraschend zum selben Schluss gekommen waren wie sie. »Zuerst sagst du uns, dass wir die Macht haben sollen, die Toten wieder zum Leben zu erwecken. Und jetzt sagst du uns, dass wir die Macht haben, die Magie verschwinden zu lassen? Dass wir unserem Kontinent seit seiner Entstehung prophezeit sind? *Wir?*«

»Deswegen ist Allanah also hinter uns her«, schloss Hadrian. »Nicht wegen Megan. Sondern wegen dem, was uns vorherbestimmt ist.«

»Und das Opfer, von dem Wasula gesprochen hat«, fügte Bacary hinzu. Laelia waren weder dieses Opfer noch dieser Wasula ein Begriff, aber nach Divans Begrifflichkeit war sie die Vertreterin einer Göttin, also was wusste sie schon.

»Damit hat er nicht einen von uns, sondern die Magie gemeint.« Divan nickte den dreien zögerlich zu. »Die Herrscher wissen schon lange, dass es eine neue Generation von Göttern geben würde, welche der Magie ein Ende bereiten wird. Seher Xhalel hat es ihnen schon vor Jahrhunderten vorhergesagt und erklärt, was die letzte Seite der *Überlieferung der Welt* tatsächlich zu bedeuten hat. Seither kehren sie die Wahrheit aber unter den Teppich.«

»So wie du das letzte halbe Jahr die Wahrheit unter den Teppich gekehrt hast, meinst du?«, fragte Laelia beherrscht.

»Wieso hast du uns dann in die Zwischenwelt gebracht, wenn es uns sowieso nie vorherbestimmt war, den Toten zurück ins Leben zu helfen?«

»Es ging nie darum, dass ihr den Toten helft, wenn ihr in die Zwischenwelt gelangt, sondern, dass sie euch helfen. Denn die Götter wissen, dass einige von euch von allein nicht bereit dazu sind, die Magie ein für alle Mal zu opfern. Oder liegen sie da falsch?«

»Du kannst uns nicht weismachen, dass du deine Magie freiwillig aufgeben willst«, antwortete Bacary.

»Die Magie hat euch ohne Frage viele Türen geöffnet, ja«, sagte Megan an Divans Stelle, die aus der Reihe all der Toten hervortrat. »Aber ihr dürft nicht vergessen, wie vielen Menschen die Magie Türen auch verschlossen hat. Wie viele Leben sie gekostet hat.« Ihr Blick richtete sich auf Vena und Merla, die beide aussahen, als wüssten sie sehr genau, wovon Megan sprach. »Und es wird nicht aufhören. Die Protektionsordnung ist nur der Anfang. Die Götter versuchen bereits, die Oberhäupter mit den Magieausfällen und Kontrollverlusten der Begabten zu warnen, aber sie wollen einfach nicht hören. Nicht nur in Fenia, auch in anderen Nationen werden sie ähnliche und noch härtere Regeln folgen lassen. Findet ihr also nicht, dass ihr es schuldig seid, eure Magie für etwas anderes als euch selbst einzusetzen?«

»Aber wer soll die Menschen dann beschützen, wenn nicht die Magie?«, fragte Merla.

»Du weißt so gut wie ich, dass die Magie die Menschen schon lange nicht mehr schützt, Mer. Sie hilft denen, die es am wenigsten brauchen, und ist eine Gefahr für die, die am verwundbarsten sind. Für euch ist es ein Geschenk und für den Rest der Welt ein Fluch. Er ist sogar euch schon zum Verhängnis geworden: Wenn die Magie noch gut wäre, hätten die Meister deine Mutter geheilt, Laelia. Aber es geht ihnen schon lange nicht mehr darum, Gutes damit zu tun. Vena, dich hat die Nordische Pflicht deiner Familie entrissen. Hadrian, dich hat sie deine Schwester gekostet.«

Das ergab allerdings keinen Sinn. Die Nordische Pflicht war eine Regelung, die festlegte, dass Luinas Kinder an den Rat übergeben werden mussten.

Auch Hadrian schien Megans Gedankengang nicht folgen zu können. »Was hat die Nordische Pflicht mit meiner Schwester zu tun?«

»Das wird dir Divan noch erklären. Dann wirst du verstehen, wovon ich spreche.«

»Aber ...« Vena schüttelte den Kopf, blickte auf ihre Hände.

»Wenn wir das tun sollten ... wenn wir die Magie abschaffen.« Ihre Stimme war kaum mehr als ein Hauch. »Was sind wir schon ohne sie, wenn sie dann kein Teil mehr von uns ist?«

»Nicht weniger als das, was ihr jetzt seid«, antwortete Laelias Vater sanft, nur um dann den Blick seiner Tochter aufzufangen. »Ihr alle seid so viel mehr als die Dinge und Menschen, die ihr verloren habt. Das, was ihr noch zu gewinnen habt, ist bei Weitem bedeutender. Die Entscheidung können wir nämlich nicht für euch treffen.«

Im Augenwinkel sah Laelia plötzlich, wie die Nebelwand wieder zum Leben erwachte. Sie steuerte geradewegs auf sie zu und kreiste sie zunehmend enger ein.

»Ihr müsst euch fragen, ob ihr Teil der Lösung oder des Problems sein wollt. Und die Tatsache, dass ihr im Gegensatz zu den meisten diese Wahl überhaupt habt, sollte die Entscheidung für euch bereits gefällt haben.«

Im nächsten Augenblick war der Nebel schon bei ihnen und Wüste, Tote und Farben fort.

Divan

Zurück auf der Lichtung in Luina, sah oberflächlich zwar alles genauso aus, wie Divan es verlassen hatte, aber doch auch wieder nicht.

Denn die anderen kannten endlich die Wahrheit, und an der Art, wie sie nun in die Runde blickten und dann auf die Welt um sie herum, erkannte er, dass auch sie etwas anderes sahen. Besonders als sie auf *Die Überlieferung der Welt* blickten, die immer noch in ihrer Mitte ruhte.

Das Gute war, dass sie ihm endlich nicht mehr mit ihrem ständigen Misstrauen gegenüber seiner Mission die Nerven rauben würden und ihn vielleicht bald nicht mehr alle fünf Minuten mit irgendwelchen Fragen belästigen würden, die er nicht ehrlich beantworten konnte.

Das Schlechte war, dass dieser fragenfreie Tag noch nicht gekommen war.

»Was jetzt?« Es war ausgerechnet Merla, die als Erste das Wort ergriff. Ihm entging nicht, wie sie ständig auf die Baumreihe hinter sich starrte. Vermutlich beobachtete sie den Nebel, der sich immer noch herumtummelte.

»Ihr habt Fragen«, antwortete Divan, der weiter den Geschmack der Wüste auf den sandigen Lippen hatte. Sie alle rieben sich im Angesicht der Kälte, der sie ohne ihre Schichten ausgesetzt waren, Arme und Hände. »Stellt sie.«

Bacary schien keine weitere Einladung zu brauchen. »Wenn

Emiola nicht in der Zwischenwelt ist, heißt das, dass sie noch am Leben ist?«

»Sie ist am Leben, ja.« Die Götter hatten ihm in seiner Vision jeweils einen Traum eines jeden von ihnen gezeigt, sodass er für jeden persönlich einen Anreiz hatte spinnen können, um sie dazu zu bringen, sich ihm anzuschließen.

»Und was«, erhob der Schönling nun die Stimme, was Divan unwillkürlich die Muskeln anspannen ließ, denn er hatte nicht vergessen, was Hadrian ihm noch vor seiner Abreise zum Kleinen Mondsee so unmissverständlich klargemacht hatte, »ist mit meiner Schwester? Was soll heißen, dass ich sie durch die Nordische Pflicht verloren habe? Sie ist nicht bei ihrer Geburt verschwunden, sondern mit drei Jahren. Und ich gebe dir den gut gemeinten Rat, mir keine weitere Lüge aufzutischen.«

Divan war nicht ansatzweise lebensmüde oder leichtsinnig genug, um das bei ihm noch zu versuchen. »Und du bist dir sicher, dass du es wissen willst?«

»Du hast wohl vergessen, wieso ich dir überhaupt gefolgt bin.«

»Wie du meinst.« Dass er in keiner Position war, mit dem Schönling zu verhandeln, war Divan deutlich bewusst, aber auch, dass Hadrian die Wahrheit nicht gefallen würde.

»Du hast schon richtig verstanden: Deine Schwester ist als Blutende zur Welt gekommen. Deine Eltern allerdings wollten sie dem Rat nicht übergeben und haben sie behalten, heimlich. Sie wussten, dass man sie ihnen sofort weggenommen hätte, wenn rausgekommen wäre, wer da noch in eurem Haus lebte. Es ging auch alles erstaunlich gut, bis …«

»Bis *was*?«

»Es gibt einen guten Grund, warum Blutende besonders in ihren ersten Lebensjahren die Aufsicht des Rats brauchen. Sie sind unberechenbar, können ihre Kräfte nicht kontrollieren. Und deine Schwester war nicht die Ausnahme von der Regel.«

Mit jedem Wort, das Divan an ihn gerichtet hatte, war Hadrian ruhiger geworden, was Divan wiederum beunruhigte. »Was ist passiert?«

»Eines Nachts, als du geschlafen hast, ist sie wohl in dein Zimmer geschlichen, um mit dir zu spielen. Und hat dich aus Versehen beinahe verbluten lassen. Deine Eltern wussten an dem Tag, dass sie das Unvermeidbare nicht länger hinauszögern konnten.«

Divan konnte ihnen ihre Entscheidung nicht verübeln. Auch wenn sie Constantia hatten fortschicken müssen, war ihnen das lieber gewesen, als eines ihrer Kinder in Lebensgefahr zu wissen. »Und so entschieden sie, sich der Regel doch zu beugen und Constantia zum Rat bringen zu lassen.«

Hadrians Schultern hoben und senkten sich sichtlich. »Wo ist sie jetzt?«

Früher oder später hätte Divan es ihm sowieso beichten müssen. Nur wäre ihm das Später lieber gewesen. »Sie steht neben dir.«

Kurz sah Divan Hadrian zögern, als er zur Seite sah. Genauso wie er gezögert hatte, als er beim Frühstückstisch vor wenigen Tagen das erste Mal auf sie geblickt hatte.

Auf Vena.

Zum ersten Mal, seit Divan ihn kannte, erlebte er den Schönling sprachlos. In jeder anderen Situation hätte er diesen Anblick genossen.

»… Vena?«

»Ja, aber sie kann sich nicht mehr erinnern«, sprach Divan, als Vena ihn bloß weiterhin anstarrte, genau wie sie die Toten in der Zwischenwelt angestarrt hatte. Das war offenbar nicht die Art von Familienzusammenkunft, die sie sich immer vorgestellt hatte. »Sie war drei Jahre alt und wurde großgezogen, als hätte es diese drei Jahre mit euch nie gegeben. Du hast sie ja selbst kaum erkannt.« Nicht einmal ihren mittkontinentalen Namen haben sie ihr gelassen.

»Ich habe mir das alles also nicht bloß eingebildet? Diese Erinnerungen an ein Zuhause jenseits der Blutenden? Diese Stimme?«, fragte Vena leise.

»Nein, hast du nicht.«

Hadrians Lippen waren leicht geöffnet, als er vorsichtig einen Schritt auf sie zu tat. »Stimmt es, was er da sagt?«

Seine Schwester wich mit einem überforderten Ausdruck auf dem blassen Gesicht nach hinten. »Ich weiß es nicht … schon möglich.«

Als er sie daraufhin einer Musterung unterzog, einem zweiten ersten Blick, machte sich ein vorsichtiges Lächeln auf Hadrians Gesicht breit. »Constantia«, sprach er und Divan musste kein Lauscher sein, um die Hoffnung in seiner Stimme aufzuschnappen. »Wenn er recht hat, dann …«

»Ich heiße Vena, nicht Constantia«, brachte sie mit dünner Stimme hervor, während sie von einem Fuß auf den anderen trat und noch ein Stück nach hinten wich, fort von ihrem Bruder.

»Natürlich bist du das. Du hast doch selbst gesagt, dass du dich an manches noch erinnerst.«

»An wenig, wenn überhaupt. Ich könnte dir nicht sagen, was echt ist und was ich mir über die Jahre eingeredet habe. Aber an diesen Namen erinnere ich mich bestimmt nicht mehr.« Sie schluckte. »Oder dich.«

Hadrians Lächeln begann zu verblassen. »Das ist nur der Schock, der da aus dir spricht, Constantia.«

Divan fiel auf, dass Hadrian sich nun, da er den Namen wieder nennen konnte, keine Gelegenheit nehmen lassen würde, es auch zu tun. Vena dagegen schien sich aber genau das zu wünschen.

»Ich weiß, das ist viel auf einmal, aber ich denke, wenn wir erst mal etwas Zeit miteinander verbracht haben …«

»Wenn ich es die gesamten letzten Jahre meines Lebens nicht geschafft habe, mich an dich zu erinnern«, unterbrach Vena ihn, »werde ich es auch mit mehr Zeit nicht können.«

Divan ergriff das Wort, denn irgendwer musste es ja tun, da Hadrian darauf keine Antwort zu haben schien. Der Seher wandte sich aber an alle fünf, blickte einen nach dem anderen an. »Versteht ihr jetzt, was Megan gemeint hat, als sie gesagt hat, dass die Magie uns schon selbst so viel gekostet hat? Und zweifellos noch kosten wird? Ganz zu schweigen davon, in welche Situation sie die Magielosen nun schon seit Jahrhunderten zwingt.

Und das, weil es zu viel Macht in der Hand von wenigen ist, die zu sehr fürchten, sie zu verlieren.«

»Warum ausgerechnet wir und nicht jemand anderer?«, fragte Laelia.

Dass sie die giftige Natur der Magie nicht infrage stellte, war zumindest ein Anfang. »Nur wir sechs haben jetzt die Möglichkeit, Teil dieser Veränderung zu sein, und ausschließlich wir.«

Und wieder, zu Divans Verblüffung, war es Merla, die das Schweigen brach, den Blick wieder hinter ihn geheftet. »Ich wünschte wirklich, ich hätte das alles vorher gewusst ...«

»Vorher ...?«

»Roarke hat mich dazu gezwungen«, platzte es aus ihr heraus. »Ich konnte ja unmöglich wissen, was für Auswirkungen das haben würde, wenn wir aufgehalten würden.«

Divan beschlich eine dunkle Vorahnung, auch die anderen wurden unruhig. »Wovon sprichst du, Merla?«

Da rief jemand: »Fasst sie!«

Plötzlich lösten sich Silhouetten aus dem Nebel und stürzten sich aus allen Richtungen auf sie. Nur waren es dieses Mal keine Toten, sondern fenische Soldaten.

Die Männer packten jeweils zu zweit Vena, Bacary, Laelia und ihn, sodass sie sich nicht aus ihren Griffen lösen konnten. Gewaltsam wurde Vena gleich darauf eiligst eine rostige Vorrichtung um den Kopf geschnallt, die ihren Kiefer fixierte und ihre Zähne zusammenpresste. Er hatte von solchen Geräten bereits gehört: Sie

439

waren für Blutende im Gefängnis vorgesehen, damit sie nachts kein Blut einsaugen konnten.

Der Schönling musste sich gleich mit einem Dutzend von ihnen herumschlagen. Innerhalb kürzester Zeit hatte er ein Drittel von ihnen außer Gefecht gesetzt, warf einen sogar so weit von sich, dass er im Nebel verschwand. Aber sie waren schlicht und ergreifend in der Überzahl.

Sie waren vorbereitet gewesen, realisierte Divan, während er vergeblich an seinen Armen zog. Hatten gewusst, mit wem sie es hier zu tun haben würden.

Merla ließen sie als Einzige frei.

»Was ist hier los?«, brüllte Divan in ihre Richtung.

Merla zuckte sichtlich zusammen und senkte den Blick. »Es … es tut mir leid. Ich konnte ja nicht ahnen …«

»Was hast du getan?«

»Ich …«

»Nur keine falsche Bescheidenheit, Prinzessin.« Eine weitere Gestalt trat aus dem Nebel hervor. Es handelte sich um einen Mann mit zernarbtem Gesicht und einem befriedigten Lächeln auf den Lippen. Seine Haltung sprach von einer maßlosen Selbstüberzeugtheit, die Divan gefährlich bekannt vorkam. »Wieso die Scham? Nur dank Eurer Kooperation hat das hier so reibungslos ablaufen können.«

Wie auf ein Stichwort erstarrte Hadrian, der den Wachen bis jetzt noch zu schaffen gemacht hatte. »Ich hätte es wissen müssen, dass du dahintersteckst.«

Divan wurde sich in dem Moment bewusst darüber, dass er wohl gerade unverhoffte Bekanntschaft mit Nero höchstpersönlich machte. Er hätte allerdings sehr gut ohne diese Begegnung leben können.

»Was meint Nero damit, Merla?«, fragte er sie jetzt.

Merla sah immer noch nicht hoch. »Ich sollte euch dazu bringen, hierzubleiben, bis sie hier ankommen.«

Auf einmal ergab der Vorfall vom Vortag Sinn. Auch Laelia schien nun ein Licht aufzugehen. »Du warst es also, die Hadrian niedergeschlagen hat.«

Alle waren sie blindlings in ihre Falle getappt.

»Wieso hast du es getan?«, fragte Divan weiter.

»Sie haben gedroht, dem Königreich zu verraten, dass ich für all die Toten im Ballsaal verantwortlich bin, wenn ich ihnen nicht helfe, euch einzusperren. Und sie würden mir Sonnenstein unter die Haut tun, haben sie gesagt.«

Auch wenn die Arme, die Divan gepackt hatten, ihn immer noch rücksichtslos umklammert hielten, richtete er sich so weit auf, wie sie es zuließen. »Weißt du, was einer der Vorteile am magielosen Dasein ist, Merla? Sonnenstein kann dir nichts mehr anhaben.«

Er konnte sich unmöglich einbilden, wie hin- und hergerissen sie daraufhin wirkte. »Ich verstehe, was du meinst, ich kann meine Schatten ja selbst kaum noch ansehen, aber … was, wenn ich damit endgültig das Einzige aufgebe, was mich je stark gemacht hat?«

»Nein, Merla. Du bist nicht wahrhaftig stark, weil du Macht hast«, sagte er. »Du bist wahrhaftig stark, weil du die Macht, die dir gegeben wurde, wahrnimmst. Das gilt für uns alle.«

Alle sechs sahen sich nun an, physisch gefesselt, aber mental immer noch eine Entscheidung in ihrer Hand, die nicht nur sie vollends befreien würde.

Merla wirkte immer noch unentschlossen. »Das lässt sich leicht sagen. Aber der Hof denkt etwas anderes von mir. Und wenn erst die Wahrheit über die Ballnacht an das Königreich gerät …«

»Dann achte nicht darauf, was der Hof denkt. Denn die Götter halten offensichtlich etwas ganz anderes von dir. Wieso glaubst du also, dass es der Hof ist, der recht hat?«

Merlas Stirnrunzeln schien nicht nur Divan aufzufallen, denn Nero, der sie mit einem überlegenen Lächeln beobachtet hatte, verlor ebendieses. »Packt sie«, befahl er knapp.

Die Wachen hatten sie beinahe erreicht.

Doch Divan sah es ihren so smaragdgrünen Augen an.

Sie hatte die Entscheidung gefällt, und das wahrscheinlich unbewusst schon vor Langem.

Am Rücken der Prinzessin begannen sich Schatten zu formen.

Und ein weiteres Mal wartete eine alte Welt darauf, wiedergeboren zu werden.

Danksagung

Meine liebsten Danksagungen sind jene, die sich anfühlen wie eine große, verwirrende Ansammlung von Insiderwitzen, also macht euch auf etwas gefasst:

An erster Stelle gilt mein Dank dem dtv Verlag, dafür, dass ihr so viel Vertrauen in meine Geschichte und meine Charaktere gesteckt habt. Ich bin euch so unendlich dankbar, dass ihr mir das hier ermöglicht, also versuche ich es erst gar nicht in Worte zu fassen, da das zum Scheitern verurteilt wäre.

Danke an Julia Kniep. Ich hätte mir keine bessere Lektorin wünschen können. Dafür, was du aus dieser Geschichte und mir herausgekitzelt hast, hättest du eigentlich mehr als das Zwanzigfache dieses Absatzes verdient. Aber das würdest du mir wahrscheinlich nicht erlauben.

Auch bei Sweek muss ich mich bedanken, dass ihr gemeinsam mit dtv den Wettbewerb ins Leben gerufen habt, dank dem ich jetzt diese Zeilen schreiben darf und gemeinsam mit so lieben Menschen wie Viviana Iparraguirre De las Casas und Linda Rottler auf diese Reise gehen darf. Danke an Jenny-Mai Nuyen, Ivonne Ludwig, Stefanie Broller und Elisabeth Leuthardt, dass ihr die herzlichste Jury wart, und an Susanne Stark, Kim A. Zambellini, Dominique Schikora und Julia Morper für noch mehr Herzlichkeiten.

Einen Dank mit Herzchen in den Augen an Katharina Netolitzky für das Cover, das auch auf den sechsundzwanzigsten Blick noch umwerfend ist, und für die wundervolle Karte, die auf unerklärliche Weise aus meinen Skizzen gezaubert werden konnte.

Auch Bookstagram darf an dieser Stelle nicht fehlen, für all die tollen Leute, mit denen ich durch diese Plattform Bekanntschaft machen durfte und die mit mir gemeinsam der Veröffentlichung entgegengefiebert haben; Jana, Michelle, Laura, Seren, Katha, Sarah und so viele mehr, dass ich gar nicht alle aufzählen könnte. Einen ganz besonderen Dank an Marius, du weißt ja, warum.

Wie versprochen, Vivi: Danke an Ben Platt, der mir seine Einkaufsliste vorsingen und mich damit zum Weinen bringen könnte.

Und abgemacht ist abgemacht: Danke an Kurt Pfeiffer.

Claudia Welsch, weil es wenige Menschen gibt, die so sehr an mich glauben wie du.

Danke an meine Donaukanal-Unterstützerinnen: Laura für deine Mühen und Begeisterung, diese Geschichte aus meinem Laptop herauszubekommen. Michelle, weil du meine erste Leserin warst und dir für mich sogar den Zeh blutig schlagen würdest.

Isabel Pugna dafür, dass du dieses Buch bis zum Umfallen gelesen hast, du mir auf den Kopf haust, wenn ich es mal wieder nötig habe, und genauso leicht zu unterhalten bist wie ich. Die Prozente kriegst du dann natürlich noch.

Timur, für deine nicht enden wollende Neugier und Solidarität.

Danke an meine Eltern, dass ihr der ganzen Welt am liebsten von eurem Stolz erzählen würdet (und es auch tut) und mich nicht verhungern lasst.

Und zu guter Letzt: Danke dir, lieber Leser, ob du nun für Laelia, Divan & Co. abgestimmt hast oder erst in der Buchhandlung auf diese Geschichte aufmerksam geworden bist. Wenn du dich auch nur für kurze Zeit vergessen und einen Bruchteil der Liebe spüren konntest, die ich dieser Welt gegenüber empfinde, habe ich mein Ziel erreicht.

Junge Talente – Grandiose Fantasy

ALLE LIEFERBAREN TITEL, INFORMATIONEN UND SPECIALS FINDEST DU ONLINE

Auch als eBook
www.dtv.de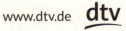